21 世纪全国高等院校旅游专业现代应用型系列教

总主编 叶骁军

旅游市场营销实用教程

主　编　王仲君
副主编　黎宏宝
编　者　王辉晖　杨传明
　　　　范轶琳　黄　玮

南开大学出版社
天　津

图书在版编目(CIP)数据

旅游市场营销实用教程/王仲君主编. —天津：
南开大学出版社，2010.5（2012.8重印）
（21世纪全国高等院校旅游专业现代应用型系列教材）
ISBN 978-7-310-03411-6

Ⅰ.①旅… Ⅱ.①王… Ⅲ.①旅游市场－市场营销学
－高等学校－教材 Ⅳ.①F590.8

中国版本图书馆 CIP 数据核字(2010)第 065461 号

版权所有　侵权必究

南开大学出版社出版发行
出版人：孙克强
地址：天津市南开区卫津路 94 号　　邮政编码：300071
营销部电话：(022)23508339　23500755
营销部传真：(022)23508542　邮购部电话：(022)23502200
＊
天津泰宇印务有限公司印刷
全国各地新华书店经销
＊
2010 年 5 月第 1 版　　2012 年 8 月第 2 次印刷
787×960 毫米　16 开本　21.875 印张　400 千字
定价：39.00 元

如遇图书印装质量问题，请与本社营销部联系调换，电话：(022)23507125

21世纪全国高等院校
旅游专业现代应用型系列教材
编撰指导委员会
（按姓氏笔画排列）

卜复鸣	万绪才	王　冰	王安国	王仲君	王建平
王雅红	叶骁军	田克勤	邓　辉	任　平	任昕竺
何若全	华国梁	朱　跃	朱俊彪	沈文娟	沈鸿秋
刘晓航	刘庆友	李　岫	李亚非	陆　锋	沙　润
余晓红	杨新海	钟元凯	周乃翔	周武忠	肖　飞
郑云波	康　泰	袁祥林	喻学才	顾　钢	黄震方
蒋亚奇	鲁　斌	臧其林	魏向东		

21世纪全国高等院校
旅游专业现代应用型系列教材
编写组

叶骁军	王建平	马洪元	田克勤	刘晓航	单鹏飞
于德珍	邢夫敏	柯　英	李　晓	黎宏宝	谢　佳
李雪冬	陈建军	吴　捷	吴新宇	曹灿明	王雅红
刘　华	许云华	蔡军伟	王辉晖	杨传明	唐　锋

总 前 言

旅游,最时尚的活动。

旅游,最让人钟情的积极休闲方式。

当旅游成为一种产业,而且是世界最大的产业的时候,关于她的研究,关于她的人才培养——专业教育,便纷至沓来……

中国的旅游业离不开世界的土壤,中国的旅游教育是世界旅游教育的有机组成部分。中国最初的旅游教材主要是在借鉴国外教材的基础上编撰的。最初的教材,她们,是中国旅游教材的弹词开篇;她们,是中国旅游教育的奠基石;她们,是国产旅游教材的阶梯……

其后,旅游教材如雨后春笋,茁壮成长。

旅游科学是理论与实际密切结合的科学。中国高等教育已进入大众化时代,它要求每一个大学毕业生必须既具有高度的理论基础,也必须具备实际的工作能力。旅游教材应跟上现代社会的发展,告别一支粉笔一本书的时代,告别仅给教师一本书让教师自己制作 PPT 的时代,告别学生纸上写作业的时代,进入电脑网络教学的时代,进入通过现代教学手段实现理论与实践教学密切结合的时代。

我们这套教材是为适应高等教育大众化时代,要求本科教育培养现代化应用性新型人才的大趋势而产生的。她是由国内多所高等院校旅游类专业的资深教师联合编撰的最新旅游类专业新概念系列教材。

本教材适合旅游类专业(包括旅游管理、饭店管理、导游、餐饮与烹饪等专业)本科生使用,同时也适合于广大的旅游爱好者及相关培训使用。

教材具有以下特点：

1. 系统性。全套教材每本约 30 万字，包括旅游理论、旅游资源、旅行社管理、酒店管理、财会管理等模块。

2. 时效性。它采用了 21 世纪最新的体系、理论、观点、数据、资料和案例。

3. 统一性。全套教材体例统一，教学要素完整，章节层次脉络清楚。各章节有内容提要和练习。其他教学要素如教学大纲、重要概念、图片、表格、阅读材料、资料卡片等刻制在光盘中。

4. 实践性。重视实践活动，有书面及电子实训和练习。可用电脑和网络进行作业和实训。

5. 方便性。为了方便教师课堂教学和学生课后学习的需要，本书配有与教材相配套的网页式辅教光盘。光盘采用 Frontpage 软件制作，版面活泼，色彩丰富，使用方便。内容包括课程教学大纲、全书各级目录、主要内容、重要概念、图片和表格、练习和思考，以及超级链接：扩展知识面的阅读材料、资料卡片等。生动、形象、直观，可与纸质教材相互配合使用，大幅度减轻教师负担，特别是基本免除教师板书之劳。

编者
2009.7

内容简介

　　本教程是 21 世纪全国高等院校旅游专业现代应用型系列教材之一。全书的编写吸收了国内外旅游市场营销的前沿理论、最新观点和经典案例,并将市场营销学的一般原理与旅游市场营销的实践相紧密结合,全面、系统地阐述了旅游市场营销基本理论和方法在旅游活动中的具体应用。全书体系新颖,内容翔实,案例丰富,文字精练;主要内容包括:旅游市场营销基本问题、旅游市场营销观念、旅游市场营销战略、旅游市场营销环境扫描、旅游市场细分与目标市场选择、旅游产品市场定位与竞争战略选择、旅游产品策略、旅游价格策略、旅游分销策略、旅游促销策略、旅游营销策划与营销控制、旅游异质产品营销、旅游目的地营销、国际旅游市场营销和旅游网络营销等。

　　本教程既可用为普通高等院校、高职高专各旅游专业(如旅游管理、酒店管理、旅游外语、旅行社管理和导游等)研究生、本专科同类课程的教材,又可作为自学考试、旅游企业、旅游管理部门人员的培训教材。

　　为了方便教师课堂教学和学生课后学习,随书附有与教材相配套的辅教光盘,内容包括教学大纲、全书各级目录、主要内容、重要概念、丰富的图片和表格、练习和思考,以及超级链接、扩展知识面的阅读材料、资料卡片等,生动、形象、直观,可与纸质教材相互配合使用,免除教师板书之劳。

　　本书光盘《〈旅游市场营销实用教程〉辅教光盘》挂在南开大学出版社网站。

目 录

第一章 绪论:旅游市场营销基本问题 …………………………… (1)
  第一节 旅游服务、旅游业与市场营销 ………………………… (1)
    一、旅游、旅游服务与服务生产 ……………………………… (1)
    二、旅游业:旅游企业的集合 ………………………………… (6)
    三、旅游企业市场营销活动过程 ……………………………… (7)
    四、旅游市场营销:是什么与为什么 ………………………… (8)
  第二节 旅游营销市场和市场行为:需求分析 ………………… (9)
    一、旅游营销市场:旅游产品买方的集合 …………………… (9)
    二、旅游消费者市场与购买行为 ……………………………… (11)
    三、旅游团体市场:组织机构购买与决策过程 ……………… (12)
  第三节 旅游营销管理 …………………………………………… (15)
    一、营销管理与旅游营销管理 ………………………………… (15)
    二、旅游营销基本问题:观念、战略和策略 ………………… (16)

第二章 营销观念:旅游营销导向与抉择 ………………………… (19)
  第一节 经营观念演进与变革 …………………………………… (19)
    一、观念:行动的导向和主宰 ………………………………… (19)
    二、由供给导向转到需求导向:观念演进与变革 …………… (22)
    三、旅游营销:是需求导向还是供给导向 …………………… (25)
  第二节 导入新理念:旅游营销创新与发展 …………………… (26)

一、服务营销:服务质量与质量控制 …………………………………(26)
　　二、顾客忠诚与顾客关系维持:关系营销 …………………………(28)
　　三、内部营销:员工满意与忠诚 ……………………………………(31)
　　四、生态文明、可持续发展与旅游业对策:绿色营销 ……………(34)
　　五、从"4P's"到"4C's"再到"4R's" ………………………………(36)
　第三节　营销伦理:理性、良知与社会责任 …………………………(38)
　　一、与旅游相关的伦理问题 …………………………………………(38)
　　二、伦理规范:旅游营销行为理性与社会责任 ……………………(39)

第三章　营销战略:旅游战略规划与环境探查 …………………………(43)
　第一节　营销战略与旅游战略规划 ……………………………………(43)
　　一、营销战略规划及其程序与要求 …………………………………(44)
　　二、战略规划:路径与步骤 …………………………………………(48)
　　三、战略规划过程:探查、分割、优先和定位 ……………………(53)
　第二节　一项基础工作:旅游信息搜集与营销调研 …………………(54)
　　一、旅游营销信息:种类、发掘与搜集 ……………………………(54)
　　二、营销调研的步骤 …………………………………………………(56)
　　三、问卷设计 …………………………………………………………(58)
　　四、抽样 ………………………………………………………………(61)
　　五、方法选择:文案调查法、观察法和询问法 ……………………(62)
　　六、旅游市场预测 ……………………………………………………(63)
　第三节　环境扫描:机会与威胁 ………………………………………(69)
　　一、旅游营销微观环境透视 …………………………………………(70)
　　二、旅游营销宏观环境扫描与评估 …………………………………(72)
　　三、营销环境:市场机会与环境威胁 ………………………………(74)
　　四、旅游营销机会识别、选择和利用 ………………………………(74)
　　五、旅游环境威胁:预警与对策 ……………………………………(81)

第四章　营销战略:旅游市场分割、优选与定位 ………………………(85)
　第一节　旅游市场:分割与甄别 ………………………………………(85)
　　一、旅游倾向与市场细分 ……………………………………………(86)
　　二、旅游需求的异质性与同质性 ……………………………………(87)
　　三、旅游市场细分:变数与主要类型 ………………………………(87)
　　四、有效细分市场甄别 ………………………………………………(93)

五、市场细分并非越细越好:反细分策略 …………………………………(94)
　第二节　旅游目标市场优选 ……………………………………………………(95)
　　一、细分市场评价与比较:目标市场及其优选 …………………………(95)
　　二、目标市场营销:策略类型与选择 ……………………………………(97)
　第三节　优势竞争:旅游产品市场定位 ………………………………………(103)
　　一、市场定位及其功效 ……………………………………………………(103)
　　二、产品差异与竞争优势选择 ……………………………………………(104)
　　三、旅游产品市场定位步骤 ………………………………………………(106)
　　四、市场定位传播与沟通 …………………………………………………(107)
　　五、定位不是一成不变的:重新定位策略 ………………………………(108)
　第四节　旅游市场竞争:竞争者分析与竞争战略选择 ………………………(109)
　　一、竞争者分析 ……………………………………………………………(109)
　　二、估计竞争者的反应模式 ………………………………………………(109)
　　三、竞争战略选择 …………………………………………………………(110)

第五章　营销策略:旅游产品规划与开发 ……………………………………(113)
　第一节　旅游整体产品与产品规划 ……………………………………………(113)
　　一、旅游整体产品概念及分析 ……………………………………………(113)
　　二、产品规划:要素与策略 ………………………………………………(117)
　第二节　旅游新产品开发 ………………………………………………………(127)
　　一、新产品与产品开发方式 ………………………………………………(127)
　　二、产品开发程序 …………………………………………………………(129)
　第三节　品牌策略:旅游品牌与品牌营销 ……………………………………(131)
　　一、品牌、名牌与名牌效应 ………………………………………………(131)
　　二、品牌策略选择与运用 …………………………………………………(132)
　　三、旅游品牌营销 …………………………………………………………(133)

第六章　营销策略:旅游产品价格 ……………………………………………(136)
　第一节　旅游产品的一般定价与特殊定价 ……………………………………(136)
　　一、价格制定:主要因素与程序 …………………………………………(136)
　　二、战术性定价与特殊定价技巧 …………………………………………(142)
　　三、新产品定价策略 ………………………………………………………(145)
　　四、价格评估 ………………………………………………………………(147)
　第二节　旅游产品价格调整 ……………………………………………………(148)

一、低价、高价和随行就市价格 …………………………………… (148)
　二、提价与降价 …………………………………………………… (150)

第七章　营销策略:旅游产品分销 …………………………………… (153)
第一节　分销渠道、渠道设计与评估 ……………………………… (153)
　一、分销渠道:渠道结构、类型及其长度与宽度 ………………… (153)
　二、渠道设计制约因素与旅游营销中介 ………………………… (155)
　三、渠道管理 ……………………………………………………… (158)
第二节　与旅游营销相关的物流 …………………………………… (161)
　一、物流与旅游行业物流 ………………………………………… (161)
　二、住宿业及餐饮业物流 ………………………………………… (164)
　三、旅游购物品物流:采供与分销 ………………………………… (167)
　四、会展物流 ……………………………………………………… (168)

第八章　营销策略:旅游促销 ………………………………………… (173)
第一节　产品促销:旅游信息沟通与促销策略 …………………… (173)
　一、旅游及旅游产品促销:信息沟通 …………………………… (173)
　二、旅游促销组合:促销方式选择与优化搭配 ………………… (174)
第二节　促销组合:旅游人员推销与推销管理 …………………… (174)
　一、人员推销及其优势 …………………………………………… (174)
　二、旅游人员推销步骤 …………………………………………… (175)
　三、推销管理 ……………………………………………………… (177)
第三节　促销组合:旅游广告设计与策略 ………………………… (179)
　一、旅游广告及其促销功能 ……………………………………… (179)
　二、旅游广告设计 ………………………………………………… (180)
　三、广告策略 ……………………………………………………… (182)
第四节　促销组合:旅游营业推广策略选择 ……………………… (186)
　一、营业推广及其促销特点、主要类型 ………………………… (186)
　二、旅游营业推广策略 …………………………………………… (188)
第五节　促销组合:旅游公共关系 ………………………………… (191)
　一、旅游公共关系及其类型与促销作用 ………………………… (191)
　二、旅游公共关系:活动、过程与工具 …………………………… (193)
　三、公共关系与企业危机化解 …………………………………… (197)

第九章　旅游营销策划与营销控制 (202)
第一节　旅游营销策划:要素、程序与表述 (202)
一、旅游营销策划、策划要素与主要分类 (202)
二、旅游营销策划的程序 (206)
三、策划表述:旅游营销策划书 (210)
第二节　旅游营销控制 (215)
一、旅游营销控制及其程序 (215)
二、营销控制方法:年度计划、盈利能力、效率与战略控制 (216)

第十章　旅游异质产品营销 (223)
第一节　传统与创新:宾馆住宿业营销管理 (223)
一、宾馆住宿业营销活动及其策略 (223)
二、社会餐饮业市场营销 (226)
第二节　旅游中间商服务市场营销 (233)
一、旅行社:产品优化与营销策略 (233)
二、旅游交通服务产品与市场营销 (237)
第三节　旅游景区、康乐业和旅游购物品营销 (241)
一、旅游景区景点营销:产品开发、创新与保护 (241)
二、康乐业:产品开发与市场营销 (246)
三、旅游购物品营销策略 (251)
第四节　节事旅游与会展旅游市场营销 (255)
一、节事旅游及其营销策略 (255)
二、会展旅游营销:市场开拓与发展 (258)

第十一章　目的地营销:旅游产品、市场开发与管理 (262)
第一节　旅游目的地与目的地营销 (262)
一、旅游目的地:分析与认知 (262)
二、什么是旅游目的地营销 (263)
第二节　旅游企业:目的地营销管理 (269)
一、分析与识别:旅游目的地游客分类 (269)
二、旅游景点景区与游乐设施:组合产品开发 (271)
三、旅游目的地营销战略与策略 (272)
第三节　政府与旅游目的地营销 (278)
一、权力与权力营销 (278)

二、旅游目的地营销：权力效应分析…………………………………(281)
　　三、旅游营销中的政府作为 ………………………………………(283)
　　四、非权力策略 ……………………………………………………(285)

第十二章　国际旅游市场营销……………………………………………(287)
　第一节　国际旅游与国际旅游营销管理……………………………………(287)
　　一、国际旅游与国际旅游营销 ……………………………………(287)
　　二、国际旅游营销管理：营销战略和营销组合策略……………………(289)
　第二节　入境与出境旅游市场：分析与开发………………………………(292)
　　一、入境旅游市场分析 ……………………………………………(292)
　　二、出境旅游市场：需求、客流与管理 ……………………………(294)
　　三、边境旅游 ………………………………………………………(301)

第十三章　网络营销：旅游企业营销技术创新……………………………(307)
　第一节　网络营销与旅游业发展……………………………………………(307)
　　一、网络营销：特点、信息资源优势与策略 ………………………(307)
　　二、旅游业发展的一场革命：旅游网络营销………………………(311)
　第二节　旅游企业网站建设与网络系统……………………………………(314)
　　一、旅游企业网站建设与网络营销 ………………………………(314)
　　二、计算机预订系统 ………………………………………………(319)
　　三、全球分销系统 …………………………………………………(320)
　　四、旅游目的地营销系统 …………………………………………(321)
　第三节　网络新技术与旅游营销线上线下协同新战略……………………(324)
　　一、网络新技术趋势 ………………………………………………(324)
　　二、网络营销新范式 ………………………………………………(327)
　　三、旅游网络营销新战略 …………………………………………(329)

主要参考文献………………………………………………………………(334)

后记…………………………………………………………………………(336)

第一章 绪论:旅游市场营销基本问题

本章提要

旅游产品是旅游服务生产的结果。旅游市场营销是为了达到个人或组织旅游需求与实现共赢、可持续目标的交换而规划并实施意念、产品研发、定价、分销和促销的过程。旅游营销市场即旅游产品买方的集合。旅游营销管理的最基本问题是:营销观念、营销战略和营销策略。

第一节 旅游服务、旅游业与市场营销

旅游的历史堪称久远。无论哪个民族,相伴着原始宗教、祭祀、节会、商事、婚聘、纳贡、探访、游憩,以及最初的文化交流等活动的发生和发展,旅游便随之而生发起来。而在现代社会,旅游则日趋于公众化和生活化。

一、旅游、旅游服务与服务生产

旅游是什么?这是一个看似简单却并不容易回答的问题。人们观察旅游的角度不同,就会有不同的认识;人们的认识不同,对旅游就会有不同的解释。

(一)旅游:需求与活动

现实世界中有一种倾向,即社会文明的进步和发展愈益强化和密切了经济、政治、文化以及社会生活各个领域的人际往来与交流活动,人们不仅需要进行交往和交流,而且还需要交往和交流的庄重场景与亲和气氛。而另一种明显的倾向是,不断发展的经济带给了人们不断增加的收入,日新月异的社会变化又促使人们适时转变和接受了新的生活理念,还提供了越来越多的闲暇;与此同时,人们却也经受着由职业事务工作和其他境遇所带来的越来越大的身心压力乃至生存压力,人们自然需要进行自我解压和释放,且在物质生活满足之后对心情放松、精神愉悦和享受快乐的需求也越发强烈。

于是,不管是个人还是团体,无论因公交往、交流,还是因私交际、修身养性、体验新鲜、回归自我、调剂生活、寻求情趣、追寻快乐,抑或出于其他何种动机和目的,在不同程度上都会产生一种需求,且只要具备条件的,又都将乐于付诸行动——时常利用节假日选定目的地外出旅行,并在逗留期间进行诸如交际、游览、探幽、观光、赏玩、朝觐、求知、购物、私访、休闲、度假、节庆、体验和娱乐等活动。这就是旅游。

因此,可以这样说,旅游既是人的一种需求——旅游需求,又是为满足这种需求而进行的活动。而且,现代旅游也已不再是通常所说的"旅行游玩"或"游山玩水"。我们认为:从现代意义上看,旅游即客处交际或消遣,多指闲暇客处并逗留目的地进行非营业性消遣;广义上还包括公务客处并逗留目的地进行交际。

(二)旅游服务:供给与产品

旅游者一旦出行,几乎都会产生对"吃、住、行、游、购、娱"的全部或部分需求。这些旅游需求的满足,全赖于可选的相应旅游服务。旅游服务是由相关从业人员向旅游者提供的,为的是尽可能满足其旅游需要。这就构成为旅游供给,在总体上又形成为旅游业。而且,就服务本身来看,其又可视为由劳务活动、利益或满足所组成的用于出售的一种产品形式。而且服务的供给总是一个过程,对于服务来说,"过程就是产品"。

显然,我们的结论是:旅游服务作为旅游从业人员利用旅游资源、旅游设施条件和方法,并在分工协作下从事和提供满足旅游需求的劳务活动过程,是一种供给,同时又形成为具有营利性的旅游产品。

(三)旅游产品:非物质产品、异质产品与选择性组合产品

旅游产品,无论是从它的形态、特质还是结构等诸方面来看,都属于一种可用于交换的特殊产品。

1.旅游产品是一种非物质产品

旅游产品作为一种形式,所表现的是旅游服务和服务过程。在旅游服务生

产过程中,尽管需要利用物质性旅游资源和设施条件,但更重要的是旅游从业人员无形的和非物质的劳务性服务。而且,正是这种非物质的劳务性服务,才构成旅游产品的实质和内涵主体。可以说,旅游产品就以这种非物质的劳务性服务而存在。对于旅游者而言,旅游产品表现为一种经历和体验。比如,乘飞机飞行、游览名山大川、参观艺术博物馆、夜间在宾馆食宿和娱乐等。虽然,在这些经历和体验中,如飞机座位、宾馆客房的床位、餐厅的食物等是有形的和物质的,但它们都只是供旅游者获得体验的辅助条件,而绝不是旅游者消费行为的标的。旅游者期望得到的,是由旅游经历所带来的见识、快乐、兴奋等体验。而这些体验一旦发生,只是留下一段供日后回忆的记忆,很显然,旅游产品是非物质性的。

2. 旅游产品是一种异质产品

旅游服务的提供方包括许多不同的部门组织,即使在同一部门组织中亦有为数众多的企业,由于旅游需求是多样多种的,因而满足旅游需求的旅游服务是一种差异性服务。这具体表现在:第一,旅游服务不是一个单一体,而是相关服务要素的集合。如果某一部分的服务不到位,就会导致整体服务质量的差异。第二,旅游服务具有多样化。服务往往是人对人的,服务人员不可能被训练成像机器人那样只有标准动作而没有变化。况且,即使完全遵照规范的操作程序,服务人员在提供同样的服务时,其表现也会存在差异。而从旅游者的角度来说,如果有两次接受到不同的服务,或看到另一个人接受到更好的服务,都会留下印象差异。第三,不同旅游者的需求是有差异的,即使是同一种服务规范,由于旅游者的个性差异,无论在同一或不同场合,所需要的是不同的服务体验。第四,旅游服务的同一组成部分在不同情况下对不同旅游者的重要性很可能是不同的。因此,旅游产品是异质的。

3. 旅游产品是一种选择性组合产品

从供给角度看,旅游产品是旅游目的地或旅游服务提供方为旅游服务需求方提供的一次旅游活动所需要的吃、住、行、游、购、娱各种单项产品的组合,包括景点产品(旅游吸引物、设施与环境、导游服务等)、交通产品(交通设施、交通工具和条件、客运服务)、住宿产品(住宿设施和服务)、餐饮产品(餐饮品质、环境和服务)、娱乐产品(娱乐项目质量、设施环境和服务)和购物产品(购物设施、环境条件和零售服务——不含可供零售的有形商品)等。而且,对于这种组合产品,旅游者可以购买整体产品(如包价旅游),也可以选购某一项或某几项单项旅游产品(如航班座位、宾馆客房)。显然,旅游产品又属于选择性组合产品。

(四)旅游服务生产

旅游产品是旅游服务的一种形式,也是旅游服务生产的结果。这便牵涉到一个问题——服务生产。

1.生产与服务生产

生产,一般地说,就是资源投入,成果产出;严格地是指将投入的要素资源转化成物质产品和非物质产品的活动过程。旅游服务是一种非物质产品,是利用有形工具、设备、自然物等物质资源和体力、智力、知识及软技术(如咨询、管理等)等非物质手段和方法,满足旅游者需求的直接或间接接触活动过程。

简言之,旅游服务是一个过程。这个过程,集物质资源与设备、非物质手段、人员和旅游者等要素及其互动接触过程为一整体;按作业程序和互动要求,它形成为旅游服务的生产系统,即旅游服务生产。"服务生产(Servuction)一词,用来描述服务的生产系统"(科特勒,2002)。

2.旅游服务生产流程

旅游服务生产流程是用以供给旅游者并使其享受到一系列服务作业环节和步骤安排的程序。掌握旅游服务生产流程,就可以在各个阶段跟踪旅游者,了解是否向他们提供了合适的和使之满意的服务。比如,上海——海口的一次航空飞行服务流程:

第一次接触:预订机票

第二次接触:买票

第三次接触:到机场的登机柜台前办理登机手续

第四次接触:候机大厅

第五次接触:登机

第六次接触:飞行

第七次接触:降落

第八次接触:等候提取行李

第九次接触:从机场到宾馆的交通运输服务。

案例 1-1　白天鹅宾馆酒吧服务程序

(1)迎客。要求:微笑;见到来宾即上前招呼问候。请问几位?

(2)带位。要求:指示动作,在客人稍前侧引领入座。旅行团客待问明人数,准备好台椅后再带位。

(3)拉凳,示座。要求:到位后即主动上前拉椅,并示意客人就坐。

(4)递酒牌。要求:翻开酒牌递给客人(先女后男)。

(5)整理台面。要求:把花瓶、烟盅、意见卡移至无人坐的地方。

(6)问饮品。要求:介绍特饮,描述鸡尾酒的配方。烈酒类,如 Cin、Rum、Vodka、Scotch 等需问明加冰还是净饮,还是加上其他饮料。Verouth、Martini 要问 Dry 还是 Sweet。推销特饮咖啡、蒸馏水、矿泉水代替普通咖啡、冰。

(7)复述柯打。要求:把客人所点复述一遍,检查错漏。西方旅行团要问明分单还是合单。

(8)落单。要求:按要求写上日期、工号、人数,需附上特殊注明的饮品,要在柯打单上显示出来。属于鸡尾酒的要写鸡尾酒名,而不是写配方,如:Cimlet/Vodka+OJ 应写:Screwdriver,有 Coupon 的需在柯打单上说明,所有柯打单均需打上时间。

(9)出酒水。要求:用托盘备好纸巾、杯垫等。饮品跟好 Garnish、Stirer、Chocolate 等。

(10)酒水上台。要求:在客人右边送上饮品,并说明品名。饮品放于客人面前,先女后男,要求不能一次过同一位置上齐,纸巾、花生放于易取之处。朱古力、冰水、白兰地/甜酒放成"品"字型。Mexer 只能混合一半,Stirer 放在 Cxrafe 杯内。

(11)添酒水,换烟盅。要求:巡台时为客人倒满啤酒、汽水,收掉空罐,离台前再问是否需要另一杯饮品。用正确的手法换烟盅。

(12)准备账单。要求:提早打好账单,分单的要分清楚,并核定账单,属改错的单要有领班以上人员签字方有效。

(13)结账,谢客。要求:用账单夹把账单夹好,递给客人,并多谢客人。付现款的要在客人面前清点数目,签单的需有宾馆卡或房匙证明。持有宾馆所发的以"8"字号为先的金卡者,为酒店长住客,可享受九折优惠。零钱、底单要送还给客人。在客人离开前,再次道谢,并欢迎下次再光临。

(资料来源:无忧管理网,http://www.51glw.com)

3.旅游服务生产模型

1977,法国学者艾利尔和朗基德(Pierre Eiglier and Ericlangeard)从顾客与服务人员接触的角度提出了反映顾客与服务人员交互作用的"服务生产模型"(Servucting)。(图1-1)

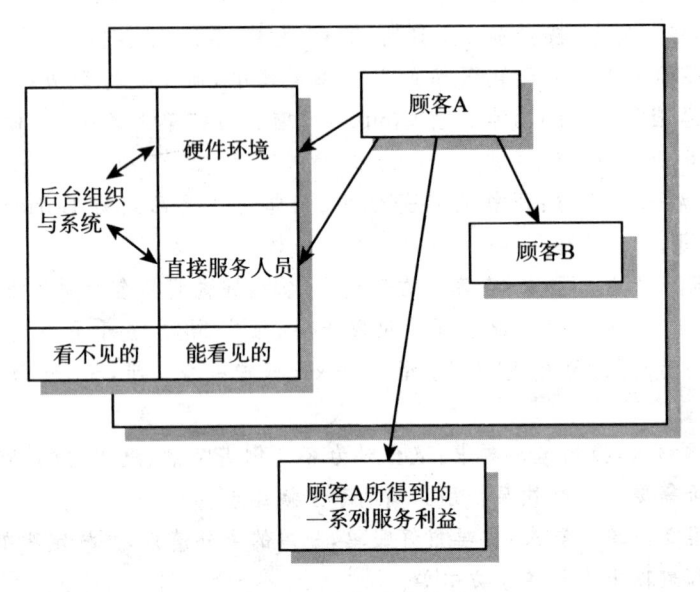

图 1-1 服务生产模型

（资料来源：菲利普·科特勒著.旅游市场营销.谢彦君译.北京：旅游教育出版社，2002）

服务生产模型中，服务体验包括不可见组织与系统、可见要素和服务利益包。其中，不可见组织与系统是指那些在顾客的视线之外为服务的产品做贡献的要素。可见要素包括无生命环境（服务发生的有形设施）、接触员工（为提供服务而与顾客发生直接交互作用的职员）、顾客 A（接受服务的顾客）与顾客 B（在场的其他顾客）。顾客所得到的服务利益包，由其与接触员工和无生命环境的交互作用来培育。服务生产模型提出，服务是众多要素共同努力的最终结果。服务生产模型的优点之一，在于其可操作性；并且，更加接近现实地剖析了服务体验的构成要素，将对服务体验的剖析与服务产品的设计和生产联系起来。

二、旅游业：旅游企业的集合

旅游服务生产的目的在于满足旅游需求，包括"吃、住、行、游、购、娱"各种需求。无论是满足这些旅游需求的全部还是部分，相应的旅游服务生产都会涉及社会经济领域中的多个部门。其中，以宾馆为代表的住宿业、旅行社和旅游交通部门是基础性部门，此外还有景点设施、旅游用品和纪念品经销商、文化娱乐事业和公用事业等。这些旅游部门构成旅游行业。根据联合国《国际产业划分标准》，旅游业的构成应该包括旅行社业、以宾馆为代表的住宿业、交通运输业、餐饮业、游览娱乐业、旅游用品和纪念品经销业、各级旅游管理机构及行业组织7个部门35个项。显然，旅游业是一个综合性的行业。

但是，任何一个旅游部门、机构或组织，在广袤空间内都分立有众多直接或间接从事旅游服务生产的实体。这些旅游服务生产实体即旅游服务的供应商，也就是旅游企业，包括宾馆（酒店、饭店）、旅行社或旅游公司、客运公司（航空、铁路、汽车、游船）、景区景点开发与管理公司或园林公司或游乐园、休闲度假区开发与管理公司、会展中心、旅游用品和纪念品经销商等。

综上，我们可以这样说：旅游业就是从事旅游服务生产和直接或间接提供旅游服务的所有企业；简言之，旅游业是旅游服务企业的集合。

三、旅游企业市场营销活动过程

传统意义上，旅游企业提供旅游服务，即在"吃、住、行、游、娱、购"方面至少提供任一种旅游产品，人们所看重的，只是该产品自投放市场起，经分销、促销和售卖等环节流转止于顾客购买或消费。但是，这实际上仅是旅游企业的销售活动。

从现代意义上看，旅游企业的市场营销活动并非始于产品投放市场，而是在产品还没有生产出来之前就已经开始了，且产品在被顾客购买或消费之后仍需延续活动。这样，就形成了在销售活动的前与后所发生的产前活动和售后活动，从而构成了一个完整的市场营销活动全过程——包括产前活动、销售活动和售后活动。（图1-2）

产前活动 ➡ 销售活动 ➡ 售后活动

图1-2 旅游企业营销活动过程图

旅游产品的产前活动，包括旅游市场调研和环境分析、旅游产品设计、开发与定价等，主要解决顾客需要什么或什么是顾客所需要的问题。亦即解决"有的放矢"之"的"的问题。

旅游产品的销售活动，即旅游产品正式上市以直销或代理方式出售，并由顾客选购和消费。这里需要解决的是怎样方便顾客购买以及怎样能让顾客消费的问题。

旅游产品的售后活动，涉及顾客旅游消费过程服务及问题处理、顾客意见或建议征集等，主要解决如何使顾客更满意的问题。实质上，这是一个如何留住老顾客和争取更多新顾客的问题。

四、旅游市场营销：是什么与为什么

旅游市场营销是什么？人们的视角不同，看法也不一。一个销售经理所考虑的，主要是如何把产品尽快卖出去，因而市场营销可能只是推销（selling）。在一个广告业务员看来，广告宣传可引来顾客，因而市场营销可能是广告促销。一个坐在售票窗口的售票员，很可能将票价打折看成市场营销。他们都知道市场营销，但都只触及了市场营销的某一个部分。事实上，无论是在学术界还是企业界，抑或国内与国外，当谈论到旅游市场营销是什么时，至今仍无较为一致的说法。

美国市场营销学巨擘菲利普·科特勒在其主编的《旅游市场营销》中这样写道："这里我们给出营销的定义：营销是个人和团体通过为他人创造产品和价值，并进行交换而满足其需要和欲望的社会过程与管理过程"（科特勒，2002）。科特勒泛化地强调了需要、欲望和需求、产品、交换，及其与被看做为营销的社会过程和管理过程之间相互影响的联系。

从一般意义上来看，"市场营销是为了达到个人或组织目标的交换而规划并实施意念、产品和服务构思、定价、分销和促销的过程"（美国市场营销协会，1985）。这个定义不仅强调了需求和交换，而且突出了以目标为导向，以及涵盖了目标导向下所要实施的产品和服务开发、定价、分销和促销等一系列活动过程。

从专业领域来看，"旅游市场营销是一种管理哲学，在考虑到旅游者需求的基础上，为实现企业利益最大化，通过调查、预测和选择将旅游产品投向市场"。也有人给出了如下定义："旅游市场营销是一种直接的目标导向活动，它平衡的是旅游目的地客体、旅游供应商与旅游者需求三者的关系"（柯特曼，1989）。

在众多的市场营销定义中，尽管我们选取的只是这几种说法，但它们都是很有代表性的，影响也较大，已提供了足够的启发。我们考虑，可给出这样的定义："旅游市场营销是为了达到个人或组织旅游需求与实现共赢、可持续目标的交换而规划并实施意念、产品研发、定价、分销和促销的过程。"

如此定义，不是要否定其他定义，而是兼容的和合乎认识上与时俱进的，定义域也留下了理解和演绎的空间。

第一，旅游市场营销是一种理念。这种理念以旅游需求和旅游需求的满足为核心，同时又顾及旅游者、旅游服务供应商、旅游目的地客体，或者说在个人、企业和社会相互间实现多边利益共赢、关系和谐与可持续，已呈现出人们在理性认识上更趋成熟化。而且，这种理念是行动的先导，也是未来理念的发展基础。

第二，旅游市场营销是一种活动。这种活动突出目标导向，并由此而既谋求对企业市场营销活动全过程（产前活动、销售活动和售后活动）以及营销活动的整体运筹、决策和全局驾驭，又谋求对产品、价格、分销、促销以及营销组合策略的谋划、优化和运作活动过程管理。

简而言之，旅游市场营销就是旅游企业提供旅游产品以满足已知旅游需求的活动过程。

第二节 旅游营销市场和市场行为：需求分析

旅游市场是什么？这是一个不可回避的问题，也是研究和从事旅游市场营销所必须弄清的问题。

一、旅游营销市场：旅游产品买方的集合

市场营销势必涉及市场。但就市场概念本身而言，不同学科所给出的定义内涵各有区别，外延边界也不尽相同，而且是动态的。

（一）经济学：市场是商品交换关系的集合

通常，市场被解释为商品交换的场所。这是从经济学意义上做出的一种一般性描述，而且是在市场发育尚未突破一定时空边界时代背景下的一种描述。因为，作为商品交换的场所，市场上所进行的商品交换总是发生在一定时间限度和一定空间范围的。它受到时间和空间上的双重限制，或者至少其中任一方的限制。比如，商店或超市的买卖交易一般只在特定的时段和固定的场所发生。

社会经济的高速发展有力地推动了市场的成熟化，愈益要求市场在不断扩展中突破原有的那种时空局限，以适应和促进社会经济的进一步繁荣和发展。而现代通信技术、信息技术特别是网络技术的创新和日益广泛应用为市场的这种突破创造了可能条件，商品交换不再受制于时间和空间，而是可能发生在任何时间和任何地方，甚至以无纸化形式完成交易过程。因此，经济学对市场予以了一种新的描述，即市场是商品交换关系的集合。这也就是说，凡发生了商品交换关系的，都可归于市场范畴。

然而，无论是作为商品交换场所的市场，还是作为商品交换关系集合的市场，两者的构成要素都是卖方、买方和交换行为。

(二)营销学:市场是买方的集合

市场营销学也要研究市场,但只是以卖方的立场来研究的,也只是以卖方的视角来切入的;而且,卖方与卖方之间是一种竞争关系,均不会将对方看成是自己产品的买方。这就决定了营销学意义上的市场是不包含卖方的。卖方的集合构成行业(形成相当于经济学意义上的供给市场)。因此,营销学意义上的市场——营销市场,只指买方,是买方的集合(相当于经济学意义上的需求市场)。严格地说,"市场是指某种产品或服务的所有现实购买者和潜在购买者"(科特勒,1967)。

(三)旅游营销市场及其要素

旅游市场营销需要研究的市场是旅游营销市场,但市场营销学对营销市场的定义及其基本原理也是完全适用于解释旅游营销市场的。这样,就可很容易地得出:

旅游营销市场是指某种旅游产品的现实购买者和潜在购买者,亦即只是旅游产品买方的集合。

旅游营销市场的要素包括:一是存在具有某种旅游需要的一定数量的人口,二是具备对旅游产品的购买力,三是有对旅游产品的购买意愿,四是有适宜的购买和消费时机。这四个要素对于旅游营销市场的构成来说缺一不可。因此,我们可以这样直观而又简洁地概括:旅游营销市场＝人口＋购买力＋购买意愿＋购买时机。

1.一定数量的人口

存在具有某种旅游需要的一定数量的人口是构成旅游营销市场的首要要素,也是最基本的要素。如果没有这样的一定数量的人口,旅游营销市场就失去了存在的基础,甚至根本无从谈起。

2.购买力

购买力即指对旅游产品或旅游消费的货币支付能力。对于个人和家庭来说,它主要是由个人和家庭的可支配收入中除去其他生活必需支出后的剩余多少所决定的。对于组织团体(如企业、事业单位、政府部门等)来说,它主要取决于业务费、福利费中计划用于或可用于组织人员旅游的那部分经费的多少;此外,还有奖励基金的多少,如现在有些组织推出的奖励旅游,其购买力就取决于奖励基金;以及活动经费的多少,如一些组织团体对红色旅游的购买力就来自于活动经费。

3.购买意愿

购买意愿是指购买旅游产品的意向和愿望,也可指购买需求。因为,对旅游产品的购买意向和愿望,是由某种旅游需求所引发的。一般地,旅游需求主要包括:

生理需求,如需要到风景秀丽、气候宜人的地方度假、休息、放松、疗养,追求高质量的生活等。

交际需求,如商贸、会议、公务出差、探亲访友,以及其他人际交往等。

文化需求,如外出修学、培训,参观名胜古迹、增长见识、陶冶情操,进行文化交流,实现个人夙愿,满足个人兴趣爱好等。

4. 购买和消费时机

对旅游产品的购买,不但需要具备购买力,还需要有购买和消费时机。一般地说,这里的时间,主要指的是闲暇时间;机会,则主要是针对公务旅游而言的,比如,有因公出行的计划,或者接到对方的通知、邀请等。

二、旅游消费者市场与购买行为

旅游消费者市场是按旅游产品的购买主体不同所划分和形成的一个旅游市场类别,也是市场发展无边界的一个旅游市场。

(一) 旅游消费者市场购买行为

旅游消费者市场,泛指为了满足不同旅游消费需要而购买旅游产品的个人和家庭。这类市场的购买行为属于因私购买,具有如下主要特征:

第一,购买次数多,但单次购买量少。旅游消费者多而分散,购买主体或为个人或为家庭,单次购买量少,但每逢节假日或利用闲暇会定期或不定期地反复购买,如周末或双休日休闲度假。

第二,旅游需求复杂多变,且差异较大。个人或家庭的旅游需求会受到多种不同因素的影响。这些因素主要包括:一是个人方面的,如年龄、性别、职业、文化心理、经济状况、生活方式等;二是社会方面的,如受他人影响,特别是相关群体——能够直接或间接影响他人态度、偏好和行为的群体,包括家庭成员、朋友、同事、亲戚、邻居、宗教组织、职业协会等的所属群体,以及电影明星、体育明星、社会名人等的参照群体。所以,不同的旅游消费者的需求是各式各样的,不仅复杂易变,而且彼此之间存在很大的差异。

第三,旅游需求易诱发。个人或家庭因在人的本能上都存在旅游体验需求,极易被旅游吸引物所吸引,在外界的刺激下,只要具备条件,就会被诱发购买欲望,进而发生购买行为。而且,只要第一次的旅游体验满足或基本满足旅游消费者的期望需求,也就自然成为对下一次旅游需求的诱因。

(二) 旅游消费者的购买行为决策过程

旅游消费者的购买行为决策是一个非常复杂的心理活动过程。一般来说,这个过程包括需要唤起、搜集信息、比较选择、购买决策、购后评价五个阶段(见图1-3)。

需要唤起 → 搜集信息 → 比较选择 → 购买决策 → 购后评价

图 1-3 旅游消费者购买决策过程

1. 需要唤起。旅游消费者的旅游需要往往是由其内部欲望或外部刺激而引起的。内部欲望是由于自身的生理或心理上感到缺乏而产生的需求。例如，累了要休息，压力过大要放松等。外部刺激是来自于消费者外部的客观因素。例如，旅游产品广告，同事、朋友的口碑。

2. 搜集信息。通常地，旅游需要唤起后不是马上就能被满足的，旅游消费者要搜集相关的旅游信息，以了解能满足旅游需求的旅游产品。旅游信息的主要来源：一是从家庭成员、朋友、同学、同事等周围人群处获得的有关旅游产品信息；二是通过大众传媒及某些商家的营销活动获得信息。各旅游信息来源对于购买决策会起到不同程度的作用。

3. 比较选择。旅游消费者搜集到大量旅游信息后，会进行整理和分析，并根据自己的需求和所具备的条件，就购买何种旅游产品、何时购买进行比较选择。

4. 购买决策。经过比较选择后，会有两种可能的结果：一是没有找到合适的旅游产品，决定暂时不买；二是会对某种旅游产品产生兴趣，从而形成购买意向和购买决策（如果不需发生任何购买行为的，则只需决策并实施出行）。当然，在购买意向变成实际购买行为之间，有些还存在一个时间过程，需要具备一定条件，如预订等。

5. 购后评价。旅游消费者购买产品后，会对产品满足其需求的情况做出评价，如满意或不满意。是否满意及其程度，将影响到以后的购买行为。

三、旅游团体市场：组织机构购买与决策过程

旅游团体市场是另一个旅游市场类别，也是按旅游产品的购买主体不同而划分和形成的，且具有巨大的市场发展潜力。

（一）旅游团体市场及其购买行为

旅游团体市场，指的是为了满足会议或公务、福利等需要而购买旅游产品的政府机构以及各类企业、事业部门和社会团体等，旅游中介组织亦可归入此类。旅游团体市场购买行为属于因公的，有如下主要特点：

第一，购买次数少，但购买量大。单位组织部门通常按会议、外联、交流、考察、参观、商务等公务，以及疗养、奖励等福利的安排来购买旅游产品，购买次数

相对少些,但一次购买的数量较多,购买规模较大,如年度大会、集体参观等。

第二,购买行为是专业性的。一些租用宾馆召开会议的单位组织可能有专门的会议策划人员,旅游中介组织的相关人员也多接受过业务训练。这些人员在购买旅游产品方面,都是较为专业且富有经验的。

第三,旅游需求是一种引致性需求。这是因为,旅游团体市场的需求,最终还是来自于旅游消费者对旅游产品的需求。

第四,购买决策较复杂。单位组织购买因数量大、项目多,需考虑的因素较多,涉及房间大小、餐饮要求、会务安排或考察参观、娱乐游览等诸方面。

(二)旅游团体购买行为决策过程

旅游团体市场在购买旅游产品时,其购买行为的决策是一个较复杂的技术过程。这个过程大体由 8 个环节组成,即问题识别、需要总体描述、产品规格说明、寻找供应商、征示解决方案、选择供应商、常规预订细则和绩效评价。(图 1-4)

问题识别 → 需要总体描述 → 产品规格说明 → 寻找供应商 → 征示解决方案 → 选择供应商 → 常规预订细则 → 绩效评价

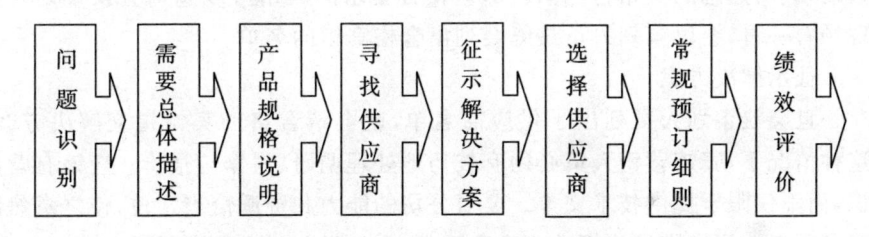

图 1-4 旅游团体市场购买决策过程

1.问题识别

当单位组织中有人意识到,某种问题(或需求)可通过某一产品或服务予以解决(或满足)时,购买过程就开始了。来自内部或外部的刺激都能引发问题识别。从内部来看,一种新产品就创造了举办展销会的需要,借此单位组织可向推销人员展示、宣传其产品;一位人力资源部经理会注意到,需要对员工进行培训,便提出召开培训会议。从外部来看,购买者看到了一则广告,或接到宾馆销售代表的一个电话,说能为公司提供很好的服务,也可能会引起问题识别。可见,营销人员可以通过宣传来引致潜在顾客对问题进行识别。

2.需要总体描述

需要一经被识别出来,购买者就要进而确定对产品的各种需求,并对需要做出总体上的描述。对一个培训会议来说,就包括食品、饮料、会议室、休息室、视听设备等各项要求。单位组织的会议策划人员将与其他人——人力资源部主任、培训经理和个别要参加会议的人员共同深入讨论会议的要求。大家一起商量客房、食品和饮料以及价格等因素,确定其重要程度。

在这一阶段,宾馆营销人员可以对购买者给予协助。通常,购买者不一定了解每一种产品的特征及其所能提供的利益。而营销人员可以帮助购买者明确其需要,并说明宾馆能在多大程度上满足这些需要。

3. 产品规格说明

对需要做出总体描述之后,就可以提出具体的要求了。例如,会议可能需要20间客房、一个有25个座位的教室型会议室、一块白板、一个悬置式投影仪,还要有一间单独的餐厅。对于要求有展区的大型会议,就要提供更复杂的信息。通常要求有这样一些信息:供水情况、会议室大小、门的宽度、安全性、接待程序和会前的材料存放地点等。同时,营销人员必须时刻准备回答潜在客户提出的有关宾馆服务产品能否满足其特殊需要的各种问题。

4. 寻找供应商

购买者现在要对供应商进行选择。购买者可以查阅旅游服务指南、进行网上查询,或给熟悉的宾馆打电话。那些符合要求的宾馆可以邀请会议策划人员到现场看一看,会议策划人员最终会列出合格宾馆的名单。

5. 征示解决方案

一旦会议策划人员列出了供应商名单,就会请合格的宾馆提交解决方案。在这种情况下,宾馆营销人员必须有技巧地处理调研、写作与报价。应该有营销意识,而不仅限于提供技术文本。要对公司的能力和资源恰当定位,使之卓然区别于竞争者。许多宾馆为了达到这个目的,专门录制了音像资料。

6. 选择供应商

在这个阶段,购买者要研究和选择各备选宾馆的解决方案,并考察宾馆的硬件设施、服务能力以及宾馆员工的专业技术水平等。通常,购买者要列出供应商应具备的各种条件,并确定这些条件的相对重要性。一般地,会议策划人员在选择会议地点时会考虑以下一些条件:客房、会议室、食品和饮料、付款程序、入住和结账、员工。

购买者在做出最后决策之前,会与备选的几家供应商就价格和其他供货条件进行谈判。宾馆营销人员应对这些要求的技巧很多。例如,可以把日期从需求高峰期转移到宾馆的淡季,或者也可以调整菜单。营销人员还应该强调购买者将能得到的服务的价值,尤其是那些竞争者所不能提供的服务。

7. 常规预订细则

现在,购买者要对被选择的宾馆进行预订,列出会议的常规预订细节。宾馆会对此做出反应,提供给购买者一份正式的合同。合同应写明所预订的客房的起止日期、应缴纳的最低预订保证金等。许多宾馆由于没有要求购买者提供保证金而把本来可以盈利的一次机会变成了一笔赔本买卖。

8. 绩效评价

购买者会对产品进行购买后的绩效评价。在这个阶段,购买者要确定产品是否满足了自己所提出的各种要求,将来还会不会再购买。因此,宾馆需安排时间与策划者会面,弄清楚他们是否对各种安排满意,并找机会纠正差错。这样有利于改变购买者对某些服务不满的看法,避免购买者形成消极的购后评价,是非常重要的。

第三节 旅游营销管理

市场营销活动如何管理?或者,如何有效地管理市场营销活动?这一问题涉及整个市场营销的各个主要层面和主要领域,是全部市场营销的最基本问题。

一、营销管理与旅游营销管理

营销管理是企业从营销战略规划、营销计划方案制订到实施和监控的整个市场营销活动过程的组织、计划、实施与控制过程。它直接关系到企业市场营销活动过程运行的秩序和效率,甚至决定着企业市场营销活动的成败得失。

营销管理理论萌生于20世纪初的美国。当时美国国内市场急剧扩大,竞争日趋激烈,促使企业日益重视广告和分销活动,并引发了新观念,特别是连锁商店、邮购商店经营上的新的理论和方法产生。1902年,密歇根大学开设了名为"美国分销管理行业"的课程。随后,一些学者就产品分销、推销、广告、定价、产品设计和产品实体分配等问题展开了研究并发表了一些著述。到1910年,威斯康星大学的巴特勒教授出版了《市场营销方法》一书,首先使用了"市场营销"(Marketing)一词。同时,营销方法很快陆续传到欧洲、日本和其他一些国家。但直到20世纪50年代,营销观念才发生了根本性的变革——颠覆了生产与市场的关系,从而确立了需求导向观念,形成了真正意义上的营销管理理论体系,并在此后得到了不断发展。

营销管理的理论和方法于20世纪70年代末被引入中国大陆,且最初主要是在广州、北京和上海的一些大学课堂或培训课堂上被传播。从1983年开始,市场化的推进推动了各类旅游企业的发展壮大,同时也引发了日趋激烈的市场竞争。特别是一批外资、合资宾馆(饭店、酒店)的营销观念和营销管理所产生的显著效果,引起了国内旅游企业的兴趣和重视,不少有经营自主权的国内旅游企业开始采用营销管理方法,并很快取得了显著成效。但在20世纪90年代之前,营销理念与理论方法在我国大陆地区基本上仅处于传播状态。

进入20世纪90年代之后,营销理论和营销管理方法才在国内旅游企业进入应用阶段。到20世纪90年代末,一大批旅游企业臻于成熟,在包括旅游营销模式探索、营销组织创新、高素质营销人才培养、旅游企业文化建设等营销活动管理方面成效卓著,成为中国旅游业的龙头企业。这标志着中国的旅游营销管理进入了一个新的发展阶段。

在新世纪里,中国旅游业界应根据旅游市场特征和社会文化环境,从理论和实践上推动着旅游营销管理不断取得新的更大的进展。

二、旅游营销基本问题:观念、战略和策略

旅游营销管理就是旅游企业从营销战略规划、营销计划方案制定到实施和监控的整个市场营销活动过程的组织、计划、实施与控制过程。旅游营销管理过程包括:营销观念更新、营销战略决策、确定营销组合和管理营销活动。

营销观念更新,即适时认清和顺应旅游市场发展变化的趋势,不断革新营销理念。观念是灵魂。观念决定行动及其成败。不同观念指导下将产生不同的行动过程和结果,但观念也应是动态变化、与时俱进的。

营销战略规划决策,包括旅游营销战略规划和在旅游营销调研基础上,分析旅游营销环境、识别市场机会和环境威胁、建立旅游营销预警系统、进行营销市场细分、选择目标市场和旅游产品市场定位。

确定旅游营销组合,即旅游企业针对目标市场的需要,将可控制的诸如产品、价格、分销、促销等营销因素加以优化搭配和组合。

管理旅游营销活动,即旅游企业对自身所处的竞争地位的分析与对营销方案的策划和实施以及对营销活动的控制。

简言之,旅游市场营销和营销管理是一项复杂的系统工程。但其中最基本的问题是营销观念、营销战略与营销策略。

思考与练习

1. 什么是旅游服务?怎样理解旅游产品和旅游服务生产?
2. 什么是旅游企业营销活动过程?旅游市场营销是什么?
3. 什么是旅游营销市场?旅游营销市场由哪些要素构成?
4. 如何认识旅游消费者市场购买行为?如何认识旅游团体市场购买行为?
5. 如何理解旅游营销管理及其过程?

6.案例分析题

尼亚加拉瀑布的诱惑

位于美国和加拿大边境的尼亚加拉瀑布是大自然的奇观。它高56米,宽995米,秒流量为1 400至1 800立方米。当铺天盖地的巨流从几十米高处倾泻下来时,那山崩地裂般的响声在几十公里外都听得见。这一胜景无疑对游客有巨大的吸引力。

瀑布边上修了一道矮墙,站在矮墙外观景,游客可以领略一下冲天而起的白色浪花,还有那震耳欲聋的轰鸣声和散落下来的清凉的水沫。瀑布附近有四个瞭望塔,在任何一个瞭望塔的顶部都可鸟瞰瀑布全景。其中一个瞭望塔高236米,上面有一个拥有300个座位的旋转餐厅,在旋转餐厅用餐当然是饶有兴味的,因为脚下的景色每时每刻都在变化。景区中还有横跨深谷的空中缆车,乘坐空中缆车可以从远处眺望瀑布全景。景区中还设有直升机游览项目,游客可以乘坐直升飞机盘旋于瀑布上空,从更广阔的视野俯瞰瀑布风光。这都是从高处和远处观赏。如果你想从近处看看瀑布,景区也为游客提供了机会:通过竖井和地道下到瀑布两侧的观景平台上,那是观看近景最理想的地方。当游客站在高出河面仅8米的平台上时,那轰鸣而下的马蹄形瀑布顿时会把人"镇"住,从这里可以一览近千米宽的巨大水帘、峡谷深处翻腾的激流、此起彼伏的白色水雾、还有那绚丽的七色彩虹。这里,当然也是拍摄瀑布近景最理想的地方。

对喜欢冒险的游客,景区提供游艇驶入瀑布内部一游。"雾中少女"号游艇首先驶过美国一侧的瀑布,然后驶入加拿大一侧马蹄形瀑布的"心脏"。起初,游艇在深绿色的、时有白色波纹的平静水面上行驶,过不一会儿游客就会感到像在下毛毛雨了。此时眼前的一切,包括阳光本身,都染上了彩虹的颜色。当游艇驶近马蹄形瀑布时,颠簸得越来越厉害。就在人们惊恐浪大翻船时,刹那间,轰鸣声听不见了,奔腾的激流已把你淹没了。这时,眼前是一片白色的"黑暗",什么也看不见。因为,"大雨"如注,使人睁不开眼,实际上响声震天,而人们却什么也听不见。

景区的夜景更有一番迷人之处。入夜,深谷两岸五颜六色的灯光射在瀑布上,组成一道夜间彩虹。如果是明月当空,让全部灯光熄灭,银色的月光洒在瀑布上,远看瀑布如巨幅软缎,近看如银色巨龙,使游人恍如身临仙境一般。

以瀑布为中心,周围建起了美丽的尼亚加拉瀑布公园、有趣的枫树村、迷人的水上公园、惊险的卧龙山游览区等,还建有博物馆、音乐厅、影剧院和数不清的餐厅和商店。要想玩遍这个地方,没有三五天时间是不够的。

(资料来源:武桂馥等编.国外旅游业市场的开发.郑州:河南人民出版社,1998)

思考题：某美国家庭决定周末去尼亚加拉瀑布景区游玩。家庭成员中：某先生与老伴已经年近花甲但身体硬朗，大儿子准备和新婚的太太同去，小儿子为某大学校登山队队员。请根据案例材料，运用本章所学的旅游市场购买行为理论，为这一家安排此次在尼亚加拉瀑布景区的度假活动。

第二章 营销观念:旅游营销导向与抉择

本章提要

经营观念由供给导向到需求导向的转变是一场观念变革。在旅游营销中,以需求为导向只是部分可适用的,而相当程度上是更倾向于以供给为导向的。服务营销、关系营销、内部营销、绿色营销等不同的营销新理念,在旅游营销中同样有其广泛的应用性。而且,旅游业还应加强营销伦理建设。

第一节 经营观念演进与变革

任一企业或个人在其从事经营活动过程中,总是在有意或无意之间、自觉或不自觉中,受着某种无形的力量的支配。这种无形的力量便是观念。

一、观念:行动的导向和主宰

观念——观,看法;念,意念;常指想法、思想。"观念(希腊文 idea)。通常指思想。有时亦指表象或客观事物在人脑里留下的概括的形象。"(《辞海》,1989)英文"idea"的本意为"主意、念头、思想、计划、打算、意见";也可以表示一种"映像"(image),或者一种从有限信息中设想的,而从未觉察的东西。无论在汉语还是英语中,观念实际上就是人们对某种事物的观点、看法和信念。在很多情况下,观念和理念是可以互换的。总起来看,观念是属于人类的主观意识、思维领域的一个哲学范畴。

但是,观念是一种力量。任何人的任一行动,都是由其某一思想观念所支配的。人们想干什么,就会去干什么,或者才会去干什么。人们想吃东西,就会找食物;想增长知识,就会读书学习,等等。而且,观念科学,才会有正确的行动。所谓"一念之差",说的就是人的行为受到主观意念的支配。所以,引导和决定行动得失成败的,首先是观念;人类的行为都是受行为者的观念支配的,观念正确与否直接影响到行为的结果。同样,有什么样的经营观念,就会有什么样的经营活动和结果。

经营观念是指企业为自己的经营活动设立的基本出发点和目标,以及为实现这一目标而确立的指导思想,属于企业的经营哲学。其中,经营活动的出发点即"为什么而经营"是最重要的,其深层所隐含着的对企业、消费者和社会三者之间利益关系的看法,则是这一观念的核心和根本。

任何企业的经营活动都是在特定的经营观念指导下进行的。而企业经营观念又是与一定的生产力发展水平、市场供求状况、企业高级管理人员的素质及价值取向密切相关的。不同经济发展时期有不同的企业经营观念,即使是同一时期的不同企业也会有不同的经营观念,不同经营观念指导的企业行为会产生不同的经营效果。因此,树立何种经营观念对企业的生存与发展至关重要。

案例 2-1　老牌农家乐怎么"乐"下去?

四川成都东郊距市中心 19 公里的龙泉驿区,是"全国生态建设示范试点区"、"全国绿化百佳县(区)"和"四川省花果山风景名胜区",拥有"桃花故里"、"万亩观光果园"、"东郊明珠"——龙泉湖、"西部客家第一镇"——洛带古镇等 134 处自然和人文景观。20 世纪 80 年代后期该区办起了农家乐,10 多年中全区相继出现了 1 000 多家,尤以观花赏果为主的"农家乐"旅游独具特色,一度成为成都市民周末放松休闲的首选;而且,其因满山的水蜜桃、枇杷和"红遍"全国的一年一度已有 14 届的"桃花节"而享誉中外,累计接待游客 1 000 多万人次,直接创收超过 5 亿元。可是,从 2004 年起,龙泉驿的农家乐在"乐"了 10 多年后已"乐"不起来了。就连当初曾以"农家乐发源地"的名头叫响全国、鼎盛时期农家乐多达 102 家的郫县农科村,能维持惨淡经营的也仅剩 17 家,与当年的情景已有了天壤之别。

然而,在与龙泉驿区仅隔 10 多公里的锦江区,有"五朵金花"竞相争艳——5 个小村的农家特色游,即红砂村的"花乡农居"、幸福村的"幸福梅林"、驸马村的

"东篱菊园"、万福村的"荷塘月色"和江家村的"江家菜地",尤其是"花乡农居"与"幸福梅林"两处大型农家旅游景区依然游人如织。原来默默无闻的这几个小村,农民们只能靠种植蔬菜和花卉为生,人均年收入约 2 000~3 000 元左右。穷不思变,守着这种"地啥样,种啥样"的想法和做法,只能甘于贫困;只有按"市场要啥就种养啥",才能充分利用和发挥资源优势,脱贫致富。在这种思想的启发引导下,锦江区经规划和资源整合,并与农家休闲市场相对接,供以四季花果,正好满足"既有一定闲钱、又有一定闲暇"的市民假日休闲市场的巨大需求。"周末假日哪里走,农家乐里游一游。"2003 年 9 月,锦江区借四川省首届花卉博览会之机,打出了"花乡农居"的牌子;2004 年 12 月,又在幸福村举办"中国成都首届梅花文化节",推出"幸福梅林"品牌。随后,其他几个村相继开放,游人越来越多。2004 年春节,仅红砂村接待游客就达 30 万人次。农民的年收入从 2003 年的人均 4 200 元,猛增到 2004 年的 6 080 元,2005 年突破 7 000 元。

如此鲜明的反差,使龙泉驿的老牌农家乐感到了压力,并不得不考虑怎样才能继续"乐"下去的问题。

龙泉驿虽是著名的水果之乡,但许多果农在每年卖完水果以后,就出门打工,当地的农家乐自然在春暖花开时火爆,夏季趋淡,冬天冷清。农家乐的经营在农民心目中,也只是依附于生产的一种副业。"现在要做的事,就是要转变业主们的经营观念"。2005 年 4 月 17 日,龙泉驿有关人士和农家乐业主聚集在龙凤山庄研讨对策。该山庄以年薪 10 万元聘用了职业经理人。随之,便带来了"不是我们有什么就推销什么,而是客人需要什么我们就提供什么"的全新理念,并要求在转变经营观念后,主动寻找需要,开发产品,提供低廉消费、星级服务。柏合镇天一生态园于 2004 年以来,先后聘来 5 名曾在北京、成都一些宾馆饭店工作的年轻经理,出任生态园的管理人员。其营业额 2004 年为 40 万元,2005 年即增至 60 万元。

发生在农家乐"新秀"与有着 10 多年经营历史的老牌农家乐之间的故事,尽管背景不甚简单,却以一个简单的事实说明了一个简单又不简单的道理:什么样的观念主宰什么样的行动;不同的观念,即使条件相同或相近,也会导致不同的结果。显然,龙泉驿的农家乐在经营上,10 余年中起决定性作用的是一种以"我"为主或以生产供给为导向的观念,造成了门庭冷落的结果;问题的解决,应像锦江区的"五朵金花"那样,有一种以"客"为主或以消费需求为导向的观念。这是龙泉驿农家乐重塑辉煌的最主要因素。

(资料来源:四川在线,http://www.scol.com.cn)

二、由供给导向转到需求导向:观念演进与变革

企业的经营活动总是在某种经营观念主导下发生的,但纵向地看,经营观念是不断演进的。而且,这种演进的趋势表现为由供给导向逐步转向需求导向。

(一)供给导向:以产定销的观念

供给导向观念在西方企业盛行于20世纪50年代之前的很长历史时期,在中国大陆则直到20世纪90年代之后仍有不小的影响。这种观念所强调的是以供为中心,以产定销;其代表性的观念有生产观念、产品观念和推销观念。

1. 生产观念——"能生产什么,就卖什么"

生产观念支配下的企业总以为自己所生产的,就是消费者所需要的;消费者会乐意购买企业所供给的产品。因此,企业只关注生产什么、能供给什么或什么能供给。20世纪90年代中期之前,中国铁路向旅客供给的旅游产品——客运列车以普客、快客为主,品种少、质量差,特别是运行速度慢,但却有"铁老大"之称。从观念上来看,"铁老大"就是生产观念的典型表现之一。这种状况直到1996年中国铁路实施大提速战略起才开始有了实质性转变。

2. 产品观念——"只要产品好,不愁卖不了"

产品观念强调的是产品的品质和种类,追求质量高、功能多、性能好、品种全的产品,认为这样的产品会吸引消费者自行上门购买。"酒香不怕巷子深"所反映的就是这种观念。

在现实中,有些餐饮企业一味追求名厨师、名菜点和豪华装修,所反映的是一种产品观念。因为,这种做法过于倚重厨师,片面强调特色菜肴及店堂环境,以致视线偏离顾客需要。所以,产品观念很可能会导致"营销近视症",即营销眼光短浅,只关注产品而忽视市场需求。像上海的红房子、德大等过去曾何等辉煌,但后来经营却一度低迷。其主要原因之一就是这些企业长期以来在经营思想上信奉"产品至上",认为"我是名厨、名菜和名点,优质高价,不愁没有利润"。因而,当现代大众化西餐的消费潮流涌来时,传统西餐馆纷纷感到手足无措,难以适应。克服"营销近视症",应做到按市场需求供给高品质产品。

3. 推销观念——"我卖什么,人们就买什么"

推销观念更倾向于将经营活动的重心移向推销,注重推销技术和推销队伍建设,一味认为产品不是被顾客买去的,而是由企业卖出去的。所以,企业的主要任务,就是解决如何把产品卖给顾客的问题。

无锡某饭店餐饮部于1994年盛暑之际,派出夏季特别午餐推销小组走街串巷,向市民推销4种特色风味菜肴,虽历时两个月,但引来品尝特别午餐的市民却不足1 000人,日均仅10多人,收益不大,而时间、人力耗费却不小。

(二)需求导向:以销定产的观念

需求导向观念从 20 世纪 50 年代起开始在西方企业界流行,其强调以需为中心,以销定产,代表性的观念有市场营销观念和社会营销观念。

1. 市场营销观念——"顾客需要什么,就生产什么"

市场营销观念认为,企业的产品仅仅是由于消费者需要才会被他们买去的,企业经营目标的实现离不开对消费者需求的识别,有赖于其能比竞争者更有效地使这种需求得到满足。因此,企业的一切经营活动应围绕的中心,是消费者的需要和如何满足消费者的需要。

市场营销观念与推销观念是两种不同的观念。推销观念采取的是一种由内及外的观察方法,先从企业现有生产和产品出发,再施以推销攻势增加产品销量。而市场营销观念采取的是一种由外及内的观察方法,先从市场需求识别开始,聚焦于顾客需求,然后协调营销活动,重点包括战略决策和策略实施,以达到经营目标。营销观念可概括为:"公司对所有足以影响顾客满意程度的活动进行协调,并创造和维持顾客的高满意度而使公司获利。"(科特勒,2002)

案例 2-2 中国大酒店:广州的小里程碑

座落在广州的中国大酒店,是中国最早的 3 家五星级酒店之一。到广州参加交易会的德国商人伯恩先生,第 3 次住进中国大酒店。酒店不用他提示,就提前安排了他的房间,还是在 1 707 房间。伯恩先生曾说过,他的幸运数字是"7"。在 17 楼豪华小客厅外的大办公台上,有台电脑,输入伯恩先生的名字,马上显示"宾客的喜好":幸运数字是"7",喜欢喝拜恩出产的啤酒与弗兰肯出产的葡萄酒。

进了房间,伯恩看到桌面上放着一个文件袋,里面是印有酒店通讯电话的私人名片。他松开领带,第一件事就是打开冰箱拿啤酒。他发现,手上拿着的啤酒的产地竟是拜恩。他坐在沙发上,边喝啤酒边打开电视,开机就是德语台。拉开抽屉,里面放了一张小贺卡:"亲爱的伯恩先生:欢迎你第 3 次入住我们酒店。酒店向您衷心致意。"背后是一个粉红色的"7"字。衣橱里挂着一件白色的纯棉浴袍,打开浴袍,前襟内里处绣了他的名字。

下午,伯恩步入同楼层的公共小客厅,对服务员说:"我今天不喝咖啡,想试试你们中国的茶。"服务员请他坐下,片刻便端上了一杯铁观音。伯恩边喝茶边浏览报刊架。《纽约时报》、《泰晤士报》、《华尔街日报》……让他意外的是,报刊架上还有新版的德国《明镜》周刊。

第二天一早,伯恩告诉楼层的服务员:"我今天不能碰电开关,请你给我打开和关闭,好吗?"——这一天,开灯关灯便由他人代劳。大家举一反三地联想与电相关的东西:房间和会议室的电灯、电脑、手机、风筒,还有须刨……这样缜密的心思,让住惯了行政楼层的伯恩先生都感到意外。

(资料来源：无忧管理网，http://www.51glw.com)

2.社会营销观念——"对全社会有好处的，才是该生产的"

社会营销观念出现于20世纪70年代。作为一种新观念，它的形成主要是为了修正、完善与发展市场营销观念——那种只顾及消费者和企业自身短期利益最大化而忽略社会长期利益的观念。社会营销观念更看重的是，关心每一个消费者并为之提供满意服务的企业，其所作所为从长期来看是否总是对消费者和全社会都有好处。并且，这种观念主张：企业应基于消费者需要和消费者需要的满足，同时还要顾及或维持消费者长远利益和社会整体利益，从而实现利益共赢与可持续发展。

社会营销观念的产生，主要是因为市场营销观念造成了满足消费者需求与维持消费者长远利益和社会整体利益之间的冲突，导致了一些企业假借"为消费者谋利益"之名，大行虚假宣传、诱骗顾客，甚至损害消费者利益之实；而且，这种冲突又引起环境恶化、资源浪费等一系列日益突出的社会问题。例如，据广州铁路集团某客运段统计，其列车餐车每天要用一次性饭盒20万个、筷子22万双，春运期间用量翻番。又如，许多宾馆客房都要准备一次性使用的牙刷、牙膏、拖鞋、梳子、瓶装沐浴液和洗发液等"6小件"，每天都要更换、洗涤床单和毛巾。这虽然保证了客人的安全和卫生，却造成了社会财富的浪费和大量排污，对生态环境造成了破坏。长沙市一家三星级酒店每天消耗"6小件"近500套，以每套5元计算，每年要花费90万元。近年以来，在北京、上海、深圳、广州、南京等城市，一些酒店、宾馆已逐步取消"6小件"等的提供。尽管这样的做法被消费者完全接受需要有一个过程，但经营决策者已有明确的观念。

（三）观念的变革

由供给导向到需求导向的转变显示了经营观念的演进，是一场观念变革。这一变革颠覆了供给导向观念下产与销之间关系的逻辑，实现了由以产定销到以销定产的转变，且在观念上确立了企业、消费者、社会多边利益共赢与可持续的目标定位。

在现实中，观念的转变会遇到许多的阻力，不是一件轻易之事。但是，观念的与时俱进在任何时代都是通行的，除了有足够的思想认识，重要的还有方法问题。有许多宾馆，在市场竞争中都有明确的理念或价值观。比如，南京金陵饭店的"超值服务"，一些宾馆的"宾至如归"等。宾馆的理念或价值观不同，会导致宾馆的一些流程或流程中的工作环节、工作步骤等存在较大差异，进而产生不同的效果。

以宾馆的工作流程为例，一般宾馆的接待和收款结账分别由前厅部、财务部管理，因而宾客入住登记流程就有两个工作环节或工作步骤。工作顺序是宾客登记、信用审核（如交纳预付款，检查信用卡等）。由于前厅开房员、财务部收银员每人只负责一项专门的工作,前厅开房员按照规定办完手续后要交财务部收银员处理,等收银员按规定办完相应手续后,再由前厅部开房员将客房钥匙交给宾客。有的宾馆规定客人的信用卡或预付款由前厅开房员交给财务部收银员;有的宾馆则干脆让客人自己去财务收银员处复核信用卡或交纳预付款。假定每个步骤需要1~2分钟时间,那么为一位客人办理入住手续的用时将不少于3分钟。这样的流程就很难使宾客满意,所反映的恰恰是供给导向、担心逃账、财务工作不能出差错、"是你要我服务"的理念和价值观。

实施工作流程再造,即在这同一个流程中,将原来由开房员和财务收银员两人共同完成的流程合并——实行财物统管,两项功能交由一个人独立完成。于是,这个流程中所存在问题全部解决了,不仅可提高工作效率,也自然会提高宾客的满意度。因为,这个流程本身的设定是以顾客为导向的。显然,如果把顾客放在首位,以顾客的满意度为追求目标,只要将服务流程加以适当的改变,工作效率、宾客满意度就会完全不同。

对比这两个流程可以发现,尽管流程完成的目的一样,但流程中工作环节与工作步骤的设定,则与宾馆的理念和价值观有很大的关系。实施工作流程再造,从原来的以宾馆为中心转变为以顾客为导向,并不是简单地对流程进行分析和再设计,而是对宾馆经营理念的一次变革。

三、旅游营销:是需求导向还是供给导向

需求导向观念可用于指导旅游营销,而且事实上一些旅游企业的经营活动已显现出这种观念指导下的成效。比如,不少城市迅速发展起来的休闲旅游、餐饮、游乐、嘉年华、节事、会展等等。但同时,旅游目的地形象广告、旅行社推出的旅游产品广告等亦几乎无处不在,无时不有。而这些却并非全属于需求导向,甚至在很大程度上不属于需求导向。

旅游营销完全不同于物质产品(如家电产品、服装、家具、其他日用百货等)市场营销。这些物质产品在市场营销方面,都是一个由外而内的规划过程,是从具体识别消费者需求、分析市场和环境开始的,即是以需求为导向的。服务领域中的其他产品,比如金融、通信产品等,也都是在经过对顾客需求周密研究的基础上进行设计的,且还可以根据顾客需求的变化不断改进这些产品。然而,旅游营销却常常是反向进行的——旅游产品往往是以供给为导向而不是以需求为导向的,是在已经存在的景点产品之上判断谁会有兴趣购买它(西顿、班尼特,2004)。

一则,自然山水、人文遗迹和历史文化等令人神往的旅游吸引物,不仅具有独特性,而且具有不可替代性,完全是独占的。安徽黄山、四川九寨沟、桂林漓江

等名山秀水不会再生,也不可再造;世上不可能再出现第二处中国长城、北京故宫、西安秦陵兵马俑、西藏布达拉宫,也不可能有第二个埃及金字塔。这样的景点吸引物,既不可从一地迁移到另一地,也不可任意改造,即使必要的修缮或清理,也必须保持原状或原生态。它们没有也不可能有替代品,是举世无双、独一无二的。因此,在现实中,对这样的旅游吸引物,景点或目的地营销尤其关注如何通过促销激发旅游需求。事实上,当旅游管理者们在谈到旅游营销时,他们也常常会将营销等同于促销,而不是采取完全的需求导向。

二则,在一些旅游产品市场上,全面采取需求导向也是十分困难的。营销人员通常力求弄清消费者主要喜欢什么产品,不喜欢什么产品,然后设计消费者喜欢的产品,避免提供消费者不喜欢的产品。但是,这在旅游产品上却是行不通的。以航空公司为例,乘客的主要问题很可能是对乘飞机有忧虑感。事实上,除了在飞机上营造一种尽可能使人感到安全的环境之外,别无其他解决问题的办法。

由此可见,在旅游营销中,以需求为导向只是部分可适用的,而相当程度上是更倾向于以供给为导向的。这是旅游营销与其他领域营销的一大差异。

第二节 导入新理念:旅游营销创新与发展

与旅游营销密切相关的营销理念创新和发展主要有服务营销、关系营销、内部营销、绿色营销,以及"4C's"和"4R's"营销等。

一、服务营销:服务质量与质量控制

服务营销是从市场营销中衍生和分立出来的,同时它又是对市场营销观念的拓展。1974年,美国学者拉斯摩(John Rathmall)提出,简单地把市场营销的概念、模型、技巧照搬到服务领域是行不通的,必须有新的理论架构。随后,许多营销学者围绕着服务特性、服务质量以及服务营销管理等方面展开研究,取得了一系列重大成果。到20世纪80年代后期,服务营销已成为一种影响巨大的全新营销理念。

服务质量是服务营销的决定性因素。无论是对物质产品的生产企业还是对服务产品的生产企业来说,服务质量都直接关系到企业竞争力的强弱,乃至企业的兴衰成败。

1.服务质量

服务质量表现为顾客对服务活动和服务结果的满足程度。服务能否满足顾客,既取决于服务活动的最终结果,也取决于服务活动的全过程及其每一个环节。因此,服务质量不仅取决于对顾客一般消费需求的满足程度,而且取决于对顾客隐含的消费需求的满足程度。比如,前厅服务除了应满足客人入住期间各种明确需求以外,同时还应满足客人在各种情况下隐含的潜在需求。前厅服务员应利用设施设备、环境及自身行为向客人提供令其满意的产品,使客人在享受每一次服务后都得到心理满足。前厅服务质量控制就是紧紧地围绕使客人满意这一中心所进行的微笑、主动、细致、快捷、协调等一系列有效活动。

与物质产品不同,服务的质量较难被客观评价。顾客对服务质量的认识取决于他们的预期与实际所感受到的服务水平的对比,顾客对服务质量的评价不仅基于服务的结果,而且涉及服务的过程。确实,服务质量有预期服务质量与感知服务质量之别。预期服务质量即顾客对服务企业所提供服务预期的满意度。感知服务质量则是顾客对服务企业提供的服务的实际感知水平。如果顾客对服务的感知水平达到或高于其预期水平,则顾客获得较高的满意度,从而认为企业具有较高的服务质量。反之,则会认为企业的服务质量较低。

2. 服务质量控制

服务质量很难像物质产品那样用统一的质量标准来衡量,其不足和问题不易被发现与获得解决,故而服务营销十分强调服务质量控制。这成为其与市场营销的主要区别之一。

(1)环境质量控制。服务产品具有不可感知性,但可通过对服务环境的有形展示令顾客产生感知印象,从而使其对旅游企业形象及其服务产品质量形成认识和评价。例如,酒店建筑外观造型独特、内部空间布局和谐、装饰特色鲜明、设施齐全洁净,以及赏心悦目的统一服务形象标志等。一般地,有创意的服务产品设计和严格的规范管理是构建良好环境质量的两个必不可少的要素。

(2)行为质量控制。服务行为质量控制主要包括服务人员的服务态度、技能效率、仪容仪表、礼节礼貌、言行举止等方面。在旅游服务中,服务人员的仪态、微笑、语言及应变能力等直接影响到服务质量。这取决于服务文化营造。

(3)质量过程控制。在服务质量过程控制方面,一是强化与顾客的情感沟通和融合,善于捕捉顾客的潜在需求,从顾客的角度来要求服务行为,"想顾客之所想,急顾客之所急"。二是操作行为规范化和制度化,主要包括各岗位工种在服务过程中每一项具体的操作步骤、要求、操作质量原始记录、反馈意见、分析总结和修订实施等。这是服务质量过程控制的关键。

(4)质量目标控制。服务过程中的每一服务行为,都应以服务标准实现既定服务质量目标。一是以"一站式"服务减少中间环节,缩短过程时间和提高效率。

二是从满足顾客需求出发,注意揣摩顾客心理,慎重、妥善处理投诉,尤其注意捕捉顾客隐含或潜在的需求,提供个性化服务和定制服务,以提高顾客满意率。这是服务质量控制所追求的最终目标。

案例 2-3　如何让客户为你心动?

一天,一对老夫妇抱着一个特大号的毛绒米老鼠(卡通毛绒玩具)走进一家餐厅。服务员走到他们身边招呼:"这是带给小孩儿的礼物?"听到询问,老太太略显伤感地说:"不瞒你说,年初小孙子因交通事故死了。一年前的今天曾带他到这里玩过一次,也买过与这个一模一样的米老鼠。现在孙子没了,可一年前在这里玩时他高兴的样子怎么也忘不了。所以今天又来了,还买了一样的米老鼠,抱着就感觉好像和孙子在一起似的。"

听老妇这么一说,服务员赶忙在两位老人中间加了一把椅子,并将老妇抱着的毛绒米老鼠放在了椅子上。然后,在点菜过后,又想象着如果两位老人能和孙子一起用餐该有多好!于是,就在毛绒米老鼠的前面也摆放了一副刀叉和一杯水。

两位老人满意地用过餐,临走时再三地对服务员说:"谢谢,谢谢!今天过得太有意义了,明年的今天一定再来。"

(资料来源:雅虎网,http://i.cn.yahoo.com/03800246964/blog/p_436)

上述案例中,这家餐厅所提供的服务绝非形式上的、机械遵从工作守则的服务。如果只是为了给客人提供用餐服务,那么,服务员所要做的,也许只是工作守则中规定的内容。例如,如何对客人微笑、如何倒酒、如何上菜等。但是,这只是机械地遵从工作守则中的规定,充其量不过是使客人不至扫兴而已,所能得到的也不过是客人无可无不可的评价或印象。只有用心地去领悟顾客的心境,并忠实和自然地体现自己内心所感受的服务,才能真正赢得顾客的满意乃至感动。这就是服务营销的真谛。

二、顾客忠诚与顾客关系维持:关系营销

关系营销是在 20 世纪 70 年代末期从服务营销中衍生出来的,并经过不断充实和发展,成为一种新的营销理念。约翰·安特率先提出,企业趋向于与关键顾客和供应商建立持久关系,而非仅仅关注一次性的交易(1979)。贝瑞(Berry)于 1983 年最先提出了"关系营销"(relationship marketing)概念。进入 20 世纪 80 年代后,关系营销得到了快速发展。

(一)关系营销旨在谋求顾客关系长期发展

关系营销将营销活动看成是一个企业与消费者、供应商、分销商、竞争者、政府机构,以及其他公众发生互动作用的过程,其核心和目的就在于谋求与顾客关系的长期维持和稳定发展。它不仅将注意力集中于发展和维持与顾客的长期关

系,而且扩大了营销的视野——它涉及的关系,包含了企业与其所有利益相关者之间所发生的一切关系。影响顾客关系维持和发展的要素主要包括:

1. 沟通。沟通是双向的。只有通过沟通进行广泛的信息交流和信息共享,才可能保持与顾客的关系,使企业赢得各利益相关者的支持与合作。

2. 合作与双赢。合作至少是双边的,有合作才能实现互相协同和互惠互利。因此,合作是双赢的基础。而且,这是以合作增进各方的利益,而不是通过损害其中一方或多方的利益来使某一方或某几方获益。

3. 亲密。关系能否得到稳定和发展,情感因素也起着重要作用。因此,不仅要实现物质利益的互惠,还必须让参与各方都能从关系中获得情感需求的满足。

4. 控制。建立专门部门,对顾客、分销商、供应商及营销系统中其他参与者的态度进行跟踪,由此了解关系的动态变化,及时采取措施消除关系中的不稳定因素和不利于各方利益共同增长的因素。

(二)顾客关系生命周期

顾客关系是交换社会所固有的,但对于特定企业来说,却并不是自然形成的,而是要不断建立、发展和维持的。根据法国服务营销学者克里斯蒂·格鲁诺斯的观点,顾客关系的发展过程可看做为一个生命周期——顾客关系生命周期(见图2-1)。

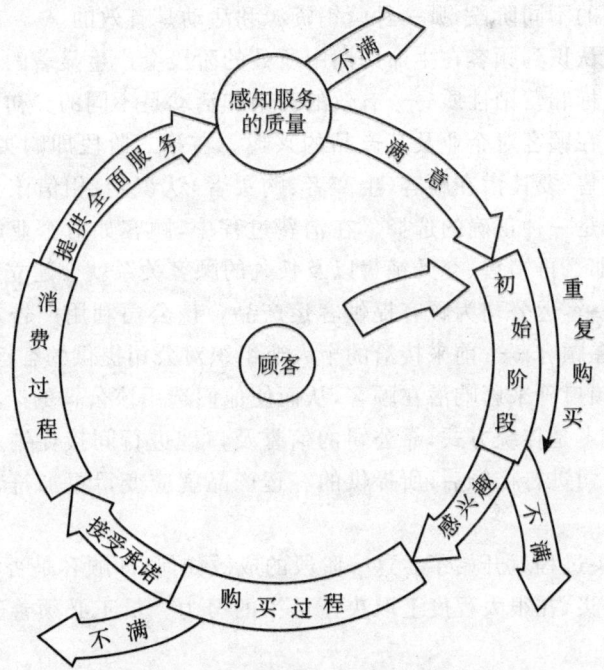

图 2-1　顾客关系生命周期

潜在顾客，即还没有认识或接受企业所提供产品（或服务）的顾客，是这一生命周期的初始阶段。

如果潜在顾客有了某种需求，而又认为企业能满足这种需求，这时潜在顾客就会认识到企业的产品，从而进入生命周期的第二阶段，即购买阶段。

在购买阶段，潜在顾客通过对比自己所期望的产品，以及预算来进行评价。如果评价结果是正面的，潜在顾客就决定尝试该产品，也就是进行第一次购买。这样，就进入了生命周期的第三阶段——消费过程。

在消费过程阶段，顾客会观察企业解决问题、提供产品和服务的能力。他们所感知的那些产品，应具有可接受的技术质量和功能品质。如果他们感到满意，那么顾客关系就能继续发展，出现一个崭新或持久的消费过程；如果顾客对产品不满，那么这种可能性就很小。

顾客可能在任一阶段脱离循环周期，也可能继续留在周期内，而进入另一阶段。在消费过程之后，顾客可能离去，也可能在下一次需要类似产品时再次购买，继续接受产品或享受服务。很明显，企业的努力会影响顾客的决策，企业的经营方案与活动的目的，取决于顾客当时处于关系生命周期的哪一阶段。因此，企业要认清：一是不同类型的目标顾客群在顾客关系生命周期中所处的阶段；二是在生命周期的不同阶段，哪一种营销资源和活动是有效的。

企业必须认识到顾客在生命周期中所处的阶段会产生显著的营销后果。各阶段的营销目标和营销性质——有效的营销和活动是不同的。初始阶段的营销目标是激发潜在顾客对企业及其产品的兴趣。在第二阶段即购买过程中，要把兴趣转化为销售，要让潜在顾客（生产者、购买者）认识到：相信该企业对解决未来问题的承诺是一种正确的选择。在消费过程中，顾客如对企业解决问题的能力感到满意，那么再销售、交叉销售以及长久的顾客关系就会建立起来。

比如，某一客运公司为顾客提供客运产品。该公司利用广告及其他营销活动，试图使潜在顾客——前来接洽的个人或组织对公司提供的客运产品感兴趣。此外，重点依赖口碑来影响潜在顾客，从而使他们选用该公司的产品。这一阶段的营销活动大多是传统方式，靠公司的信誉及口碑进行间接促销。当某一潜在顾客与客运公司进行接触后，所提供的客运产品就应变得更加符合顾客的特殊需要。

于是，购买过程就开始了。这一阶段的成效如何，即顾客是否相信承诺以及进行第一次购买，在很大程度上取决于员工的努力。员工必须善于发现顾客的真正意愿。

如果购买过程的结果令人满意，潜在顾客就会相信客运公司的承诺，进而接受公司的产品。然而,公司不能在顾客作了购买决定后,就不再认真对待顾客了。在整个消费过程中,顾客关系都应得到同样的精心管理。否则,一旦与顾客出现一些间隔,如果不认真加以对待,产品质量就会下降,就会失去顾客,更甚者,创造新生意的契机就会流失。

因此,公司应该始终按顾客要求提供相应的服务产品,力求使顾客十分满意地结束行程并进而对公司及其客运产品留下良好的印象。结果,当顾客再次需要消费客运产品时,就可能再次光顾该公司。况且,顾客将会以口碑的方式对其他潜在顾客产生影响,增加该公司及其产品的吸引力。

(三)顾客满意、顾客忠诚与顾客关系维持

在顾客关系生命周期中,顾客若遇到不满,便会脱离这一关系;也会因感到满意而维持这一关系。顾客满意常被描述为:顾客因某种需求而换取和消费一定产品(物质产品或服务产品)后身心(生理和心理)获得满足的惬意感。让顾客满意,就会增加顾客的重购率;重购率越高,则表明顾客忠诚度也就越高。

顾客忠诚是顾客对于企业产品或服务长期保持的某一选择偏好与重复性购买;高忠诚度顾客甚至表现为将该企业产品或服务视为唯一的购买选择,从而使顾客关系得以长久维持。

顾客关系维持是服务营销的根本任务和目标。这要求:一是以需求为导向去研发产品;二是不断完善服务生产系统,最大限度地使顾客感到安全、舒适和便利;三是重视顾客意见、顾客参与和顾客管理。

三、内部营销:员工满意与忠诚

20世纪80年代初,在服务营销研究逐步深化并得到迅速运用的过程中,内部营销也越发引起人们重视。1981年克里斯琴·格罗路斯(Christian Gronroos)提出了"内部营销"概念,并很快流行开来。

(一)以"内部产品"使"内部顾客"满意

内部营销即企业组织的对内营销,其营销主体是企业组织,员工为顾客,即"内部顾客",且突出强调"员工就是第一顾客";企业组织各部门岗位工作就是"内部产品"。内部营销要求企业致力于以"内部产品"使"内部顾客"满意,并通过培训、沟通、培养服务文化、建立激励和约束机制等途径,来吸引、开发、激励和保留能胜任工作的员工,再由员工的态度和行为影响企业外部顾客,实现提供高质量服务的目标。内部营销"将雇员视为内部顾客,将工作视为内部产品,这个产品用来满足内部顾客的需要;同时,组织目标得以实现"(贝瑞·里昂那德,1984)。

内部营销的目标是提高企业员工的服务质量。而员工的行为是有着极为复杂的内在动机的。因此,内部营销的重点应当是员工的服务意识和服务技艺。但是,服务产品的生产、交换和消费是同时进行的,顾客在购买并消费某一项服务产品的过程中,会直接接触到企业的员工,感受到他们的态度、表情、言谈举止和服务水平。企业员工的素质已成为服务产品的一部分。比如,旅游产品是通过导游、领队、司机、餐厅和客房服务员等旅游企业的一线员工所提供的服务来体现的。旅游企业员工的态度、仪表、言行、技术水平、价值观、团队协作精神等综合素质,决定着旅游产品的质量。

(二)内部营销:服务文化、人力资源与沟通管理

旅游企业实施内部营销,首先要在企业内部创建和培育本企业的"服务文化"。服务文化是企业共有和持续的信念、习惯与价值观,包括以创造内部顾客满意、赢得员工忠诚、提升企业核心竞争力为目标所形成的服务理念、敬业精神、责任心、使命感、服务价值取向和行为规范等。它在总体上可概括为:树立"员工至尊"理念,强化员工由对"内部产品"满意而形成的亲和力与凝聚力,同时推动服务创新,促进服务升级,提升服务品位,打造服务品牌,展示公司和员工魅力的文化。此外,其亦应为使员工更新观念、调整心态、用心服务、创新服务、快乐服务、享受服务,在服务中实现价值的文化。

员工满意取决于内部服务质量。内部服务质量即员工的工作环境,包括选拔和培训机制、奖励和激励机制、授权和沟通机制、信息的获得、职业发展和工作设计等。内部服务质量与员工对企业的归属感和工作热情相对应,只要能提高企业内部服务质量,就将激起员工的高满意度和忠诚感。这是企业培养高素质、高效率团队的基础。旅游企业大多与"伺候人"相关,从业者常有"低人一等"的感觉。这是影响员工满意感的负面因素。所以,企业如何服务员工,是影响旅游企业员工满意度的关键因素。

企业的"服务文化"深刻影响着企业管理人员和各级员工的行为。企业制定和实施旅游服务战略和策略,需要高、中级管理人员的共同协商,以及广大员工的参与和支持。这就需要有"服务文化"影响和指导企业员工的行为。具体说,旅游企业在创建和培育"服务文化"的过程中,高层管理人员要有战略眼光,努力探索和开创"服务文化"的途径,通过制定政策、程序、制度和行动方针来规范和约束员工的服务行为。而且,只有高层管理人员自己率先成为企业服务文化的忠实体现者和执行者,以良好的作风和强烈的事业心鼓舞激励员工,尊重、关心和理解员工,服务于顾客,才能使企业倡导的服务意识、价值观内化为员工的行为,也才能激发起员工的参与意识和团队精神,使他们与企业风雨同舟,自觉努力为顾客提供高质量的旅游产品,从而实现企业的营销目标。

为保证旅游企业内部营销的有效性,应充分开发和利用企业的人力资源。

加强企业的人力资源管理,应做好以下工作:

第一,甄选、录用合格的人才。聘用优秀人才来实施服务是旅游内部营销的关键。旅游企业对服务人员的要求,不能仅仅是年轻貌端,而应侧重于应聘人员的内在素质,如价值观、个性和成熟度等。

第二,教育培训。除向员工传授服务技能外,更重要的是职业道德、服务规范和标准化培训,使员工不仅有"提供优质服务"的意识,而且使其接受新的服务技能,改善服务态度,丰富旅游服务产品知识,以保证他们提供的服务与企业的目标相一致、与顾客的预期相吻合。

第三,充分授权和构建"倒金字塔"型组织管理模式。传统的管理模式是由一线员工直接面对顾客,但如未充分授权,一旦碰到问题,员工就无法采取行动,只得将矛盾上交中层管理人员,再由中层管理人员向上反映。因中层管理人员处于信息散发源和接收源之间,就会出现信息错误、失真和丢失的现象。这样的管理模式使中层管理人员对信息的有效传递起到阻碍作用,旅游企业不仅丧失了信息的准确性和时效性,而且丧失了顾客。如果企业实行"倒金字塔"型的管理模式,将顾客置于最上层,一线员工在第二层,第三层是中层管理人员,最下层为企业决策者,就从组织结构和管理模式上保证了企业各级员工都能对顾客负责,并能以顾客为中心,同时根据服务内容自主地解决问题。企业管理人员的任务,就是支持、协助一线员工完成服务顾客的任务和使命。

第四,激励与认同。激励就是旅游企业采用适当的刺激方法,使员工以更高的水平、更大的主动性和自觉性从事旅游服务。管理有方的旅游企业,大都采用"以人为本"的管理模式,根据科学的激励理论,针对员工的不同特点进行激励,委以其恰当工作以做到人尽其才,激发员工的内在工作热情;并做到赏罚分明,客观评价员工的工作,激发员工的工作积极性。此外,还通过教育培训,提高员工素质,增强员工的自我激励能力和进取精神。

美国迪斯尼公司和马里奥特饭店被公认为是旅游业中成功开展内部营销的先驱。中国旅游业中,以"员工第一,顾客至上"和"人人都是饭店形象,处处都是产品质量"开展内部营销,且取得较好效果的企业还不多,仅有北京长城饭店和南京玄武饭店等数家。其他大多数旅游企业还普遍缺乏内部营销观念,它们只注重如何吸引外部顾客,实施外部营销(即传统市场营销),员工很少了解企业的目标、业务范围、自身的服务工作对顾客和企业的影响,缺乏积极性、主动性和创造性,从而造成员工在服务中不能发挥其最大潜能、员工流动性大、服务质量不稳、顾客满意度低等状况。因此,加强内部营销的研究和实践,既是我国旅游企业面临的主要任务,又是我国市场营销学者面临的重大课题。

案例 2-4　里兹—卡尔顿饭店的内部营销

大多数公司都只注重外部营销,追求品牌忠诚度和顾客满意的价值,它们忽视了内部员工满意的一面。里兹—卡尔顿饭店从内部营销入手,明确提出:"照顾好那些照顾顾客的人"。

里兹—卡尔顿饭店是一家拥有 28 家连锁分店的豪华饭店。它以杰出的服务闻名于世,超过 90%的里兹—卡尔顿饭店的顾客仍回该饭店住宿。尽管该饭店的平均房价高达 150 美元,但这 28 家里兹—卡尔顿饭店的入住率仍高达 70%。该饭店的著名信条是:"在里兹—卡尔顿饭店,给予客人关怀和舒适是我们的最高使命。我们保证为客人提供最好的个人服务和设施,创造一个温暖、轻松、优美的环境。里兹—卡尔顿饭店使客人感到快乐和幸福,甚至会实现客人没有表达出来的愿望和需要。"

里兹—卡尔顿饭店为了履行诺言,不仅对服务人员进行极为严格的挑选和训练,使新职员掌握悉心照料客人的艺术,还注重培养职员的自豪感。对于职员的选聘,饭店质量部门副经理帕特里克·米恩说道:"我们只要那些关心别人的人。"为了不失去一个客人,职员被教导要做任何他们能做的事情。全体职员无论谁接到顾客的投诉,都必须负责到底。职员还被授权当场解决问题,而不需要请示上级。每个职员都可以花 2 000 美元来平息客人的不满,且只要客人高兴,可以暂时离开自己的岗位。

在里兹—卡尔顿饭店,每位职员都被看做是"最敏感的哨兵、较早的报警系统"。职员们都理解他们在饭店的成功运作中所起的作用,正如一位职员所说的:"我们或许住不起这样的饭店,但是我们却能让住得起的人还想到这儿来住。"里兹—卡尔顿饭店根据其"五星奖"方案,向杰出的职员颁发各类奖章、"黄金标准券"等作为奖励。饭店的职员流动率低于 30%,而其他豪华饭店的职员流动率达到 45%。

(资料来源:http://zzbs1974.blog.hexun.com/11383629_d.html)

四、生态文明、可持续发展与旅游业对策:绿色营销

绿色营销观念是对社会营销观念的细化和具体化,其中心思想是企业应以生态环境保护为营销理念,以绿色文化为价值观,以绿色消费为出发点,力求满足消费者的绿色需求,从而实现企业、消费者、社会与生态环境的友好、协调、统一和可持续发展。

绿色营销观念的产生有着深刻的时代背景。20 世纪 70 年代之后,全球生态系统出现了危机,当代人和子孙后代的生存都受到了严重的威胁。以旅游业的发展为例,20 世纪 60 年代兴起的大众旅游使旅游业成为世界上最大的"朝阳

产业"。但是,在大众旅游发展的同时,也造成了对旅游资源的严重破坏。许多曾经为人所青睐的著名旅游胜地都出现了不可逆转的生态恶化。比如,澳大利亚的阳光海滩,由于紫外线的强烈直射造成游客患皮肤癌而无人光顾;北欧的滑雪场在"温室效应"中逐渐融化消失;地中海出现的海藻和赤潮,使海滨浴场无法对游客开放;巴黎的珍贵文物古迹和建筑被废气和酸雨腐蚀,以及世界上许多珍贵的陆地和海洋野生动植物濒临灭绝。环境和资源的恶化,使旅游业失去了生存发展的基础,致使许多旅游目的地的宾馆、餐厅、娱乐场、购物商场等陷于困境,甚至纷纷倒闭。

与此同时,各国政府加强了政策和法律干预,对"三废"处理和环保设施的要求,使各类旅游企业的经营成本不断攀升,水、电、气、油等资源、能源价格连年上涨,生态失衡导致了各种自然灾害频繁发生,旅游目的地和旅游企业遇到了越来越多不可抗拒的严重破坏和经营困境。

为此,联合国1992年召开的环境与发展大会提出了"绿色营销"的新概念,大会还通过了《21世纪议程》,指出世界将进入一个既重视社会经济发展,又重视生态环境保护的"绿色时代"。"绿色营销"观念一出现就引起了世界各国的普遍关注和重视,以"绿色经济"、"绿色消费"、"绿色营销"为主题的绿色运动在全球迅速展开。仍然以旅游业为例,经济发达国家的旅游企业早已行动起来,自觉维护全社会、全人类和子孙后代的利益,并将参加绿色运动视为21世纪每一个人义不容辞的责任,倡导21世纪要开展"生态旅游"(Eco-tourism)、"负责任旅游"(Responsible Tourism)、"绿色旅游"(Green Tourism)、"可持续发展旅游"(Sustainable Tourism)等保护资源和环境的旅游模式。旅游景点、景区开发中限制修路、限制使用私人交通工具,对垃圾进行分类处理,加强对游客进行环保宣传;宾馆的节水措施表现在对卫生间设施的改造,减少更换和洗涤床单和毛巾的次数,污水处理后重复使用,减少使用一次性用品和一次性包装材料,鼓励使用可再生资源;餐馆杜绝餐饮浪费和餐饮垃圾,不食用野生动物、植物,尽量向客人提供高营养、无害、健康的菜肴和饮料;对"三陪"、牛奶浴等有害于社会和环境的经营活动和顾客需求,即使可以赢利,企业也要坚决抵制。

旅游企业要将绿色营销的理念贯穿于企业经营管理的全过程,包括绿色营销战略,开发绿色产品,使用绿色技术,进行绿色定价、绿色分销、绿色促销、绿色认证、绿色包装,创造绿色品牌,树立绿色形象,实施绿色服务、绿色管理等。企业还要引导每一个员工从今天做起,从我做起,从每一件小事做起,创造绿色企业和绿色社会,对消费者、对自己、对未来、对子孙后代的生存发展和高质量的生活,对生态文明做出应有的贡献。

案例 2-5　绿色麦当劳

在美国,从 20 世纪 70 年代起,速食业已有饱和之说,但麦当劳(快餐食品)却以其无坚不摧之势风行世界,几乎无处不受欢迎。时过境迁,到了 1988 年,麦当劳因其每天都制造垃圾——废弃的包装物,又逐渐成为环保人士攻击的对象。

麦当劳采用的是"保丽龙"贝壳式包装。这种包装既轻又保温,且携带方便,是速食业理想的包装。但这种包装难以处理,加之外带食用的比例过高,废弃包装物的清理就成了威胁环境的问题。富有环保意识的人们、尤其是年轻的一代纷纷地向其总公司寄来了抗议信。公司高层意识到这些抗议将威胁到企业未来的生存,而且包装可说是速食业的灵魂。

为了平息抗议,1990 年 8 月,麦当劳和"环境防卫基金会"(EDF)签署了一项不寻常的协定。EDF 是美国一个进步的环保研究及宣传机构。麦当劳之所以寻求 EDF 的协作,是因为当其拟定环保政策时,发现环保的复杂程度远远超过其认识。起初,麦当劳以为主动回收废弃的贝壳包装,似乎就能平息消费者的不满。1988 年,麦当劳在 10 个店铺做过小试验,证实将贝壳包装回收再制成塑料粒子作为他用,技术上是可行的。但翌年将此设计扩大至 1 000 个店铺时,却出了问题,主要原因在于其外带量是店内量的 6~7 倍。这么大量的废弃物已非麦当劳所能控制。另外,在店内食用的、废弃的包装物虽然可以回收,但清理工作十分麻烦。回收不是灵丹妙药,特别是美国有些城市已全面禁止使用贝壳包装。

为此,麦当劳决心改弦易辙,宣布取消贝壳包装,代之以夹层纸包装。随后麦当劳还进行了一项研究,发现贝壳包装从制造到废弃的全过程,耗费的天然资源比夹层包装纸大。夹层包装纸虽然无法回收再制,但不像贝壳那样蓬松,其储运与丢弃所占的空间只是贝壳的 1/10。整个研究得出的结论是:减废比回收更重要。在减废上从三个方面着手:一是减少包装;二是减少使用有损环境的材料;三是使用较易处置、能物化成肥料的材料。

(资料来源:张岩松、王艳洁、郭兆平编著.公共关系案例精选精析.北京:经济管理出版社,2003)

五、从"4P's"到"4C's"再到"4R's"

市场营销组合——产品(Product)、价格(Price)、渠道(Place)和促销(Promotion)策略,即"4P's"是由美国营销学家麦卡锡在 20 世纪 60 年代初提出的。这一理论被营销经理们奉为营销理论的经典,而且,在"4P's"理论指导下实现营销组合,也是市场营销的基本运营方法。然而,随着市场竞争日趋激烈,媒介传播速度越来越快,"4P's"理论受到了挑战。到 20 世纪 80 年代,美国学者劳特朋(Larterborn)提出了"4C's"营销理论：

顾客(Consumer)——首先要了解、研究、分析顾客需求，而不是先考虑企业能生产什么产品。

成本(Cost)——了解消费者为满足需求所愿意支付的成本，而不是先给产品定价，向消费者要多少钱。

方便(Convenience)——考虑消费者购物或消费的便利性，而不是先考虑销售渠道的选择和策略。

沟通(Communication)——与消费者沟通，不断进行企业内、外营销整合，把顾客和企业双方的利益无形地整合在一起。

从总体上看，"4C's"虽是"4P's"的转化和发展，但被动适应顾客需求的色彩较浓。随着市场的发展，需要从更高层次以更有效的方式在企业与顾客之间建立起有别于传统的新型的主动性关系。20世纪90年代，美国学者舒尔茨(Don E. Schultz)根据关系营销思想提出了"4R's"。

关联(Relevancy)，即与顾客建立关联。在竞争性市场中，要赢得长期而稳定的市场，重要的营销策略是通过某些有效的方式，在业务、需求等方面与顾客建立关联，形成一种互助、互求、互需的关系，把顾客与企业联系在一起。这样，就大大减少了顾客流失的可能性。特别是企业对企业的营销与企业对消费市场的营销完全不同，更需要靠关联、关系来维系。

反应(Reactivity)，指提高市场反应速度。面对迅速变化的市场，要满足顾客的需求，建立关联关系，企业必须建立快速反应机制，提高反应速度和回应力。这样可最大限度地减少消极评价，稳定客户群，降低客户转移的几率。

关系(Relation)，意思是关系营销越来越重要。

回报(Return)，是营销的源泉。对企业来说，市场营销的真正价值在于其为企业带来短期或长期收入和利润的能力。企业要满足客户需求，为客户提供价值，而客户必然予以货币、信任、支持、赞誉、忠诚与合作等物质和精神的回报，而最终又必然会归于企业利润。因此，营销目标必须注重产出，注重企业在营销活动中的回报。一切营销活动都必须以为顾客及股东创造价值为目的。这是理所当然的。

"4R's"营销理论的最大特点是以竞争为导向，在新的层次上构建了营销的新框架，但与顾客建立关联、关系所需要的实力基础或某些特殊条件，却并不是任何企业都具备的。

总体来说，"4P's"、"4C's"和"4R's"这三者不是取代关系而是完善、发展的关系。

第三节 营销伦理：理性、良知与社会责任

一、与旅游相关的伦理问题

伴随着社会经济的繁荣发展,旅游业和旅游经济也欣欣向荣,但在市场交易中,有一个问题也越来越突出。这就是与经济发展相伴生的营销伦理问题。

(一)对旅游者的违背营销伦理现象

旅游企业在向旅游者提供旅游产品时,出现了不少常遭旅游者投诉的违背营销伦理现象。主要表现在:

1. 违反旅游合同。比如,不严格按合同提供旅游产品,任意改变旅游路线,或任意缩减旅游景点,增加购物次数,购物拿回佣金,卖团、卖人,并团、合团等。

2. 降低服务标准。以虚假旅游广告、夸大不实之词宣传、推销旅游产品,特别是在旅游旺季常常出现交通、食宿与许诺不相符,降低标准,且服务态度不能让旅游者满意。比如,假日旅游,一些旅游企业明知交通、住宿等供给不足,不能满足更多的旅游消费者,但仍然以高标准大肆招揽顾客,导致旅游者在乘车、住宿、饮食上的困难和不满,甚至导游临时抓差,旅游者怨声载道。

3. 价格欺诈。以低价促销吸引旅游者购买,但在旅游过程中,通过增加购物次数,增加自费旅游项目来获利;有些按豪华团的价格售出但安排旅游者参加经济游;还出现了"低团费"、"零团费"、"负团费"现象。在旅游购物中,将进价较低的旅游商品标以10倍甚至更多倍数的高价,并通过夸大其词和不负责任的介绍,蒙骗旅游者高价购买。

4. 出售假冒伪劣产品。古玩、书法、字画等,以假货、赝品来冒充正品;玉器、珠宝、瓷器等,把劣质产品伪装成优质产品,甚至还有粗暴强卖现象等等。

(二)旅游企业间在营销活动中违背伦理现象

旅游营销活动中违背伦理的现象,在一些旅游企业之间也时有发生。比较常见的主要有:

1. 违约。一种情况是:合约中的供方旅游企业因一些主客观原因,既没有按事先约定的数量和质量向买方提供产品,也没有采取任何有效的措施来补救,导致买方利益受损。另一种情况是,合约中的买方旅游企业不付款给供方,拖欠应付账款,严重的甚至导致有些地接社以扣押旅游者为人质的形式,逼迫组团社支

付账款。

2.不正当竞争。有些旅游企业以贿赂手段拉拢导游,制造和散布有损于其他旅游企业形象和信誉的虚假信息,或者假冒其他旅游企业名称、品牌等进行恶意竞争,使规范经营的旅游企业利益受损,信誉被诋毁。

此外,有些目的地旅游企业在景区景点旅游产品开发上,滥占滥用耕地、毁坏原生态,损害目的地居民长远利益,造成社会经济包括旅游的不可持续发展等。

二、伦理规范:旅游营销行为理性与社会责任

旅游营销中违背伦理的行为和现象影响着旅游业的健康发展,迫切需要营销伦理予以规范和约束。

(一)营销伦理是一种营销行为的道德准则

营销伦理观产生于20世纪60年代的美国,直接背景是当时美国部分企业在经营活动中存在着肆意污染环境、忽视安全、销售不合格产品等违反伦理的行为。1963年,T.M.加瑞特等编写了《企业伦理案例》。1968年,C.沃尔顿出版了《公司的社会责任》一书,倡导公司之间的竞争要遵守道德准则。之后,包含营销伦理在内的企业伦理学理论逐步形成,并被运用于企业经营活动。

营销伦理通常是指企业营销行为的各种道德准则,除已被规定为法律和法规之外,包括未纳入法律范畴而作为判断营销行为正确与否的道德准则,尤其是营销者的理性、良知和社会责任;也可理解为顾客、公众、社会对企业营销决策和行为的价值判断,即判断企业营销行为是否符合广大消费者及社会的利益,能否给广大消费者及社会带来最大福利。这势必涉及企业营销活动的价值取向,要求企业以道德准则来规范其营销行为,并履行社会责任。

(二)违背营销伦理行为防治

市场竞争活动中的违背营销伦理行为,是由各营销主体对私利的过度追求造成的,除强化法律制约外,还需加强综合治理。

1.社会新闻监督。新闻舆论监督作为一种社会监督,对违背营销伦理行为的抑制作用,虽然不像行政、司法监督手段那样具有强制作用,但它却是不可替代的,其形成的舆论压力和无形的特殊作用在某些方面比行政、司法更有影响。比如,某些旅游企业销售假冒伪劣产品,虽然法院已进行了相关处理,但如没有媒体披露,消费者会因不了解情况而继续购买,而一旦被媒体曝光,企业将名誉扫地,失去市场。

2.消费者权益保护。消费者为了保护自己的合法权益不受侵犯,可在政府引导和支持下,依法采取保护措施,促使企业遵守营销伦理规范。消费者组织作

为一种社会力量,在消费者权益保护方面发挥着重要作用。在中国,消费者协会就是依法成立的保护消费者合法权益的社会团体,其成立以来发挥出了进行社会监督的重大而卓有成效的作用,诸如"3.15"活动等已产生了广泛的社会效应,不仅维护了消费者的合法权益,而且抑制了违背营销伦理行为。

3. 企业自律。从企业内部来看,通过改变观念和进行教育,也可有效地对违背营销伦理行为进行自我约束和自我控制。一是在思想观念上将顾客、企业和社会三者利益结合起来,摒弃短期行为;二是营造优秀企业文化,促进企业营销伦理决策,建立和健全营销伦理准则,并将之融入企业管理控制系统;三是完善营销伦理约束长效机制,加强营销行为理性化和社会责任感,建立高素质和职业化的营销队伍,规范营销行为。

案例 2-6　深圳"世界之窗"的营销伦理

深圳"世界之窗"由香港中旅集团和华侨城集团共同投资6.5亿元人民币兴建,占地48万平方米,以弘扬世界文化为主题,开业4年多就收回全部投资,实现利税6亿余元,荣获了"全国五一劳动奖状"、"全国青年文明号景区"等光荣称号,连年被评为"全国外商投资双优企业",取得了显著的经济效益和社会效益。其成功的原因之一,就在于公司始终坚持营销伦理,使企业真正为社会和消费者所接受。

迪斯尼落户香港,使深圳旅游业面对着巨大挑战。为此,"世界之窗"积极调整策略,新建了"大峡谷探险漂流"、"金字塔幻想馆"和"阿尔卑斯山大型室内滑雪场"等一些参与性强、有一定科技含量的新项目。在这些项目的选择与建设中,"世界之窗"坚持"有所不为,有所必为"的原则,提倡"六搞六不搞"。

"六搞",即一是能够树立企业形象的项目要搞,如新建的城市光效艺术标志牌、金门大桥灯光装饰、前广场改造等,此类项目的隐性宣传和号召作用不容忽视。二是有利于提高产品科技含量的项目要搞,如对《创世纪》晚会的科技包装,增加了晚会的观赏娱乐效果。三是与景区原有景点文化特色相吻合的项目要搞,如"大峡谷探险漂流"项目,景点借漂流被带活,漂流借景点的文化内涵而生辉,相得益彰。四是与大企业合作、有一定效益的项目要搞,如公司借助深圳华强智能技术有限公司的技术成果,合作对原有景点进行文化包装的大型参与性项目"金字塔幻想馆",就达到了双赢的效果。五是能填补旅游市场空白的项目要搞,如"阿尔卑斯山大型室内滑雪场"不仅填补了南方地区无真雪娱乐场所的空白,也填补了国内无室内滑雪场的空白,而且其以唯一性和独特性产生了强烈的市场反响。六是能够发挥自身优势、产生连带效益和边际效益的项目要搞,如把舞台改造成"白天是景点、晚上是表演舞台"的项目,进一步提高公司承办高水平大型演出和活动的能力。

"六不搞",即以牺牲环境为代价的项目不搞;影响景区品质和特色的项目不搞;没有经过科学论证和决策的"拍胸脯"、"拍脑袋"工程坚决不搞;资源不清、市场不明、科技含量不高的项目不搞;合作伙伴不理想,且容易导致扯皮和纠纷的项目不搞;周边其他景区已引进开发的项目不搞。比如,公司原准备在麒麟山兴建嬉水广场项目,由于对环境的损害及与周围景点风格不协调,公司就放弃了。

(资料来源:中国通用旅游网,http://www.51766.com)

思考与练习

1. 如何正确把握供给导向观念与需求导向观念的区别?
2. 旅游业营销观念是倾向于需求导向还是供给导向?为什么?
3. 什么是服务营销?其在旅游业中如何具体应用?
4. 什么是关系营销?其在旅游业中如何具体应用?
5. 什么是内部营销?其在旅游业中如何具体应用?
6. 什么是绿色营销?其在旅游业中如何具体应用?
7. 如何认识旅游营销伦理建设的必要性和重要性?如何进行旅游营销伦理建设?
8. 案例分析题

假日酒店的持续创新

20世纪50年代,威尔逊先生创建了假日酒店,他首次将特许经营方式引入酒店业,并在不到20年的时间里把假日酒店开到了1 000多家,业内人士评价他"改变了世界酒店业的发展史"。

假日酒店从开业起就充满了创新之举。首先是将酒店定位于中等价位并提供高标准服务,为顾客提供了一个有着家一般感觉的休闲场所;同时在酒店内部开设了餐厅、游泳池,并提供会议设施,客房里装有电话、电视和空调,免费提供停车场,儿童免费入住。这些前所未有的举措令当时美国酒店业耳目一新。

20世纪50年代末,威尔逊先生发现仅靠个人的力量不足以实行大规模扩张。于是,采用特许经营方式出让品牌使用权,让投资者自行兴建酒店并经营。这给酒店业的发展提供了一条全新的思路。假日酒店借美国当时州际高速公路系统全国伸展之机,利用特许经营的方式在美国各地开办连锁店,并走向世界。20世纪60年代,威尔逊成立了"酒店服务中心",鼓励受许方到服务中心接洽以实现酒店装潢上的统一。假日酒店还率先采用电脑联网预订系统,随后同行纷纷效仿,又一次引领业内潮流。

20世纪70年代,假日酒店在电话局买下1-800-Holiday Inn特别号,为所有拨打这一号码的电话集中付费,其服务水准上升到一个新的高度。从此,免费电话 800 由假日酒店开始向全世界推广,并在后来成为衡量酒店服务周到与否的一个标准。

20 世纪 80~90 年代,假日酒店利用高新技术创新,不断带动酒店业发展的脚步。它第一个使用佣金集中付款系统、LANmark 综合酒店电脑管理系统,并提供互联网预订服务。在服务设施方面,假日酒店首先开设了娱乐中心、电子游戏厅、儿童套房等。假日酒店的持续创新给了它永久的活力和极高的声誉,在酒店业中传为佳话。

(资料来源:赵西萍主编.旅游市场营销学.北京:高等教育出版社,2002)

思考题:请分析假日酒店的营销理念,并说明其成功的原因。

第三章 营销战略:旅游战略规划与环境探查

本章提要

　　旅游营销战略是旅游企业对营销活动全局或决定性的谋划。战略规划过程主要包括探查、分割、优先和定位。旅游营销战略规划的第一步,就是进行旅游营销环境探查即旅游营销调研,其目的是为了通过对旅游微观环境透视、旅游宏观环境扫描与评估,从而来识别、选择和利用旅游营销机会;同时,建立旅游营销预警系统,防范、应对和化解来自环境中的威胁,确保企业得以更好、更有利地生存和发展。

第一节 营销战略与旅游战略规划

　　任何一个企业或组织,要对任何一项关系到全局性、整体性和长远性的重大项目工程作出决策,都需要从战略层面进行规划。旅游企业制定市场营销战略,同样需要从总体上对营销活动进行运筹与规划。这对于旅游企业更好地保持市场营销活动整体上步调一致和协同,避免因营销环境变化引致被动、盲目,赢得市场竞争先机,保持营销管理的高效率和实现营销目标,具有重大意义。

一、营销战略规划及其程序与要求

"战略"一词源于军事领域,是相对于"战术"一词而言的。从广义上讲,战略是指有关全局性或决定性的谋划。

旅游市场营销战略是指旅游企业在营销观念指导下,对相当长时期内营销活动的总体设想和规划;其目的是使该企业的业务结构、资源优势和营销目标在可接受的风险限度内,与市场环境所提供的各种机会取得动态平衡;主要内容包括营销环境动态、环境机会与风险、营销目标、营销战略与策略、行动计划方案与管理等。

从旅游企业营销战略规划的具体制定程序上看,其与一般企业市场营销战略规划制定的程序是基本相同的。

(一)认识和界定旅游企业使命

任何旅游企业的存在都有其使命和目的,但随着时间的推移,最初的使命和目的很可能会不再适应变化了的市场。这就需要重新构建目标和使命。彼得·德鲁克认为,这时需要问几个基本的问题:我们的业务是什么?顾客是谁?顾客所要的价值是什么?我们将来做什么业务?我们应该做什么业务?但凡成功的旅游企业,总能经常提出这些问题,并深刻而全面地予以回答。同时,旅游企业所拥有的资源决定了其可选择的业务范围。所有成功的旅游企业都会首先明确自身的使命,以唤起员工对企业发展的共同感受。

(二)区分战略业务单位

旅游企业大多经营多项业务,但常见的情况往往是以产品而非顾客需要来定义其业务。实际上,业务是满足顾客需要的过程。因此,旅游企业应该依据市场而非产品来定义其业务,并由此而识别那些需要从战略上加以区分和管理的业务。

(三)设计投资组合

旅游企业识别战略业务单位,为的是便于为这些单位确定战略性目标,并提供相应的投资支持。这方面应用最广泛的业务组合评价模型为波士顿矩阵和通用矩阵。

1. 波士顿(BCG)矩阵

波士顿(BCG)矩阵是由美国波士顿咨询公司开发的。其中,横轴代表战略业务单位的市场份额与该市场上最大竞争者的市场份额之比,它是测定企业在相关市场上实力的一个量化指标;0.1 的相对市场份额表示该企业的销售额仅为该市场上领袖企业销售额的 10%,而 10 就表示该企业的战略业务单位是该市场的领袖,其销售额是该市场第二大企业销售额的 10 倍;通常以 1.0 为分界线将相对市场份额分为高份额和低份额。纵轴的市场增长率表示这项业务所在市场的年增长率,一般而言,超过10%的市场增长率就被认为是高的。(见图3-1)

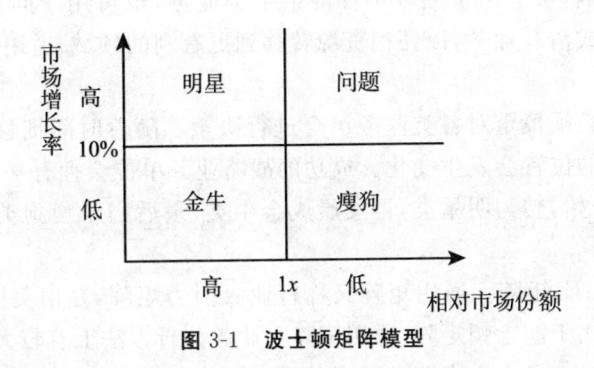

```
市         ┌─────────┬─────────┐
场  高     │         │         │
增         │  明星   │  问题   │
长         │         │         │
率  10%    ├─────────┼─────────┤
           │         │         │
    低     │  金牛   │  瘦狗   │
           │         │         │
           └─────────┴─────────┘
              高    1x    低       相对市场份额
```

图 3-1 波士顿矩阵模型

波士顿矩阵分成四个象限,每一个象限分别代表着其中的某一业务类别:

(1)问题类。问题类业务指市场增长率高而相对市场份额低的业务。企业的大多数业务都是从问题类业务开始的。业务开始阶段需要投入大量现金以配置基础设施、相关设备和人员,跟上迅速成长的市场需要。此外,该项业务还要赶超领先者,提高市场占有率。问题类业务必须小心确定,因为它会消耗大量资金并分散企业的时间和精力。问题类业务可能发展为明星类业务,也可能转为瘦狗类业务。一般来说,企业的问题类业务不宜过多。

(2)明星类。如果问题类业务获得成功,即成为明星类业务。明星类业务是指高增长、高份额的业务或产品。明星类业务是高速成长的市场中的领先者。明星类业务需要企业投入大量资金以维持市场增长率并击退竞争者,是资金消耗者而非资金生产者。明星类业务有可能发展为金牛类业务或者问题类业务。

(3)金牛类。当市场年增长率下降到10%以下时,若明星类业务仍然拥有最大的相对市场份额,那么,明星类业务就转成金牛类业务。金牛类业务为企业带来大量现金。要注意的是,如果企业只有一个金牛类业务,说明该企业抵抗风险的能力较低,其市场地位是很脆弱的。

(4)瘦狗类。瘦狗类业务指市场增长率低、市场份额也低的业务。一般来说,它们可能获得一些利润,也可能损失掉一些金钱,但两者都不会太大。企业如有2个以上的瘦狗业务,就必须要慎重思考这些瘦狗类业务的存在是否有足够的理由,以便决定收缩或淘汰这些业务。

企业将全部业务放置在波士顿矩阵图上进行定位并加以权衡,以确定其业务组合是否合理。失衡的业务组合就是有过多的瘦狗和问题类业务,而明星和金牛类业务过少。在运用波士顿矩阵图对各个业务进行定位比较后,企业可采取四种策略:一是扩大该业务的市场份额,一般适用于问题类业务。二是保持该业务的市场份额,常适用于金牛类业务。三是增加该业务短期现金收入而不考虑对其长期影响,可适用于处境不佳的金牛类业务,也可用于问题和瘦狗类业务。四是出售或清算业务,以便把资源转移到更有利的领域,适用于瘦狗和问题类业务。

旅游企业必须慎重对各类业务组合进行决策。随着时间推移,企业业务在波士顿矩阵中的位置会发生变化。成功的战略业务单位会拥有一条生命周期曲线,从问题类开始,转为明星类,再发展成金牛类,最后归于瘦狗类,走向生命周期末端。

(2)通用(GE)矩阵。通用矩阵又称行业吸引力矩阵,是由美国通用电器公司开发的。相比于波士顿矩阵,通用矩阵在业务分析方法上有较大改进,它在市场增长率和相对市场占有率两个因素的基础上增加了更多的变量因素。其中,通用矩阵以经营业务的竞争地位和行业吸引力两大变量为指标。(见图 3-2)

业务竞争地位

行业吸引力	强	中	弱
高	A	B	D
中	C	E	G
低	F	H	I

图 3-2 通用矩阵模型

通用矩阵被分成 9 个单元,每 3 个单元又被归为 1 个区。左上角的 3 个单元(A、B、C),表示最强的业务单位;企业对这些业务应该采取投资扩展战略。在左下角到右上角这条对角线上的 3 个单元(D、E、F),表示业务单位的总吸引力处于中等状态,企业应该采取选择赢利战略。右下角的 3 个单元(G、H、I),表示战略业务单位的总吸引力很低,企业应该采取收获放弃战略。

(四)规划成长战略

在对现有各业务单位进行组合并分别制定出发展目标后,旅游企业很容易根据不同业务销售与利润指标,计算出企业的总销售额和总利润水平。但是,企业预期的销售额与利润水平,通常会低于企业管理层所希望达到的水平。这样,在现有业务发展和规划目标之间便存在一个缺口,可称之为战略计划缺口。

一般来说,有 3 条途径可以填补战略计划缺口(图 3-3):第一,在企业现有业务领域寻找未来发展机会,即密集型增长;第二,建立或收购与目前企业业务有关的业务,即一体化增长;第三,增加与企业业务无关的富有吸引力的新业务,即多元化增长。

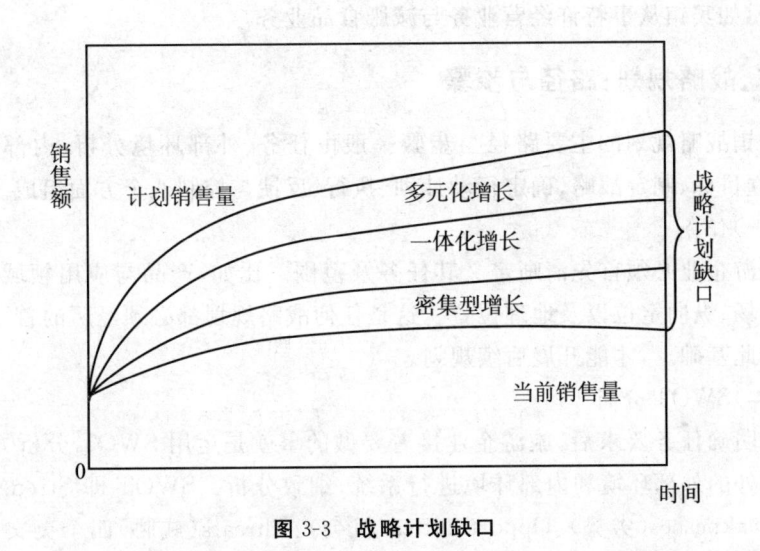

图 3-3 战略计划缺口

1. 密集型增长。企业管理者应先行审视一下是否存在改进其现有业务绩效的机会。通过对产品、市场系统的分析,企业可寻求各种增长机会。

(1) 市场渗透战略。企业在现有市场上销售更多现有产品。其主要方法,一是鼓励现有顾客更多的购买;二是争夺竞争者的顾客;三是吸引新消费者购买。

(2) 市场开发战略。企业考虑对现有产品开发一些新的市场。企业可以通过改变产品用途、增加销售渠道、扩大销售地域的方法,获取更多销售额。

(3) 产品开发战略。企业考虑为其现有的市场开发若干有潜在利益的新产品。企业可以通过开发产品新特色、改进产品质量或开发新产品等方式在现有市场进一步渗透或开发新市场。

2. 一体化增长。一体化增长是指企业把自己的营销活动延伸至产、供、销多个不同的环节,以求得自身的发展。一是后向一体化,即生产商兼并供应商,经销商兼并生产商,零售商向生产商发展;二是前向一体化,即以供、产、销为序,进行一体化经营,以使企业得到发展;三是横向一体化,指同行兼并或收购,进行一体化经营。

3.多元化增长。如果企业在目前业务范围之外的领域发现了好的市场机会,就可以采用多元化战略。多元化战略有以下三种类型:

(1)同心多元化。企业增加与现有产品线的技术或营销有协同关系的新产品,如宾馆可从事写字楼或接管公寓管理业务。

(2)水平一体化。企业通过开发不同的新产品来满足现有顾客需要,如宾馆经营景区管理业务。

(3)跨行业多样化战略。企业开发某种与现有技术、产品或市场均无关联的新业务,如宾馆从事特许经营业务与减肥食品业务。

二、战略规划:路径与步骤

营销战略规划的主要路径与步骤一般由任务、外部环境分析、内部环境分析、建立目标、制定战略、确定行动计划、执行、反馈与控制八个方面组成。

(一)任务

旅游企业必须首先清晰定义其任务及范围。比如,产品与应用领域、权能、细分市场、纵向定位以及地理位置。这是任何战略规划都必须经历的首要步骤。只有在此基础上,才能开展后续规划。

(二)SWOT 分析

在明确任务要求后,旅游企业接着要做的事就是运用 SWOT 分析方法,对企业所处的外部环境和内部环境进行系统、细致分析。SWOT 即 Strengths(优势)、Weaknesses(劣势)、Opportunities(机会)、Threats(威胁)四个英文单词的首字母缩写。通过 SWOT 分析,可以结合环境因素潜在的有利与不利,对企业的内部能力和素质进行评价,弄清楚企业相对于其他竞争者所拥有的相对优势和劣势,帮助企业制定战略规划。(图 3-4)

图 3-4 SWOT 示意图

企业的外部环境主要可分为宏观环境和微观环境。宏观环境包括人口、经济、政治法律、技术、社会文化等;微观环境包括顾客、竞争者、供应商、经销商等。企业需要对外部环境变化趋势作出跟踪,并结合自身拥有的资源条件,分析和识别出其中潜藏的优势与劣势、机会与威胁。

1. 优势与劣势。优势和劣势分析,对于企业来说,实质上就是对其自身内部的经营条件分析,或称企业实力分析。

(1)优势。这是指企业相对于竞争者而言所具有的优势人力资源、技术、产品以及其他特殊实力。充足的资金来源、高超的经营技巧、良好的企业形象、完善的服务体系、先进的设施设备、与买方和供应商长期稳定的合作关系、融洽的员工关系、成本优势等等,都可以形成企业优势。

(2)劣势。这是指影响企业经营效率和效果的不利因素和特征,它们使企业在竞争中处于劣势地位。其表现有以下几方面:缺乏明确的战略导向,设备陈旧,盈利较少甚至亏损,缺乏管理经验及相关知识,缺少某些关键的技能,内部管理混乱,研究和开发工作落后,企业形象较差,销售渠道不畅,营销工作不得力,产品质量不高,成本过高等。

2. 机会与威胁。企业的机会与威胁均存在于市场环境中。因此,机会与威胁分析实质上就是对企业外部环境因素变化的分析。

(1)机会,即市场机会,指的是在一些情况下,如果企业快速采取某些行动能有效提高销售量或改善企业的形象。旅游企业营销应紧紧抓住这些机会。这正是环境分析的主要目的所在。

(2)威胁,即环境威胁,指的是在没有防御的情况下,企业所面临的会导致市场销量和利润额下降的可能性。比如,市场上出现新的竞争者、经济形势或行业形势变化等。

环境因素的变化对某一企业很可能是不可多得的机会,但也很可能给另外一家企业带来灭顶之灾。环境提供的机会能否被企业利用及环境变化带来的威胁能否被有效化解,取决于企业对市场变化反应的灵敏程度和实力。

市场机会为企业带来收益的多寡及不利因素给企业造成的负面影响的程度,一方面取决于这一环境因素本身的性质,另一方面取决于其与企业优、劣势的结合状况。最理想的市场机会是那些与企业优势达到高度匹配的机会,而恰好与企业弱点结合的不利因素将不可避免地消耗企业大量资源。

对于任一企业,最理想的是大机会、大优势和小威胁、小劣势,最糟糕的是小机会、小优势和大威胁、大劣势。当然,现实中的情况多介于两者之间。所以,每一个企业都需要在SWOT分析的基础上作出正确决策。

在企业对环境因素进行评判时,一个很实用的方法便是将企业优势、劣势和市场机会、威胁进行综合分析,也可称为企业内外环境对照分析。于是,就可得出SWOT分析的综合结果。企业内外环境对照分析法一般采用的是十字形图表或矩阵分析,所以也称为十字图表法或矩阵分析法。以某宾馆为例(见表3-1):

表3-1　企业内外环境SWOT分析结果对照表

	有利条件(机会)	不利因素(威胁)
外部环境	新的市场和细分市场需求大 多元化机会 经济快速发展,居民收入增长较快 政府对旅游业大力支持,有优惠政策	竞争越来越激烈 来自顾客和供应商的压力增加 经济周期的低迷期 流感流行
	企业优势	企业劣势
内部环境	市场应变能力强 管理人员精干,团队优势明显 差异化产品、产品组合化 具有很强的产品质量意识,信誉好	企业整体规模不大,属中小企业 初涉宾馆业市场,经验不足 项目资金不足 营销策划、市场推广能力有所欠缺

表3-1基本上概括了该宾馆面临的状况:一是有机会,却遭遇竞争越来越激烈的威胁;二是机会很多,却缺乏开发和做市场的经验;三是企业虽规模不大,但管理能力不弱,市场应变能力强,产品设计和质量控制人员素质高;四是能够获得政府政策支持。显然,该宾馆只要大力加强市场营销力量,就很有可能实现规模扩张,将市场做大做强,并形成良性循环。由此可见,这个方法的主要优点是简便、实用而且有效;主要特点是通过对照分析,把外部环境中的有利和不利条件、内部条件中的优势和劣势联系了起来。

市场机会与威胁给企业带来的影响是存在差异的,这样,对企业来讲就形成了四种业务类型。(见表3-2)

表3-2　企业业务类型

		威胁水平	
		高	低
机会水平	高	冒险业务	理想业务
	低	困难业务	成熟业务

对于不同的业务,企业应分别采取不同的对策。第一,对冒险业务,不宜盲目冒进,也不宜迟疑不决,坐失良机,应全面分析自身的优势和劣势,扬长避短,创造条件,争取突破性发展。第二,对理想业务,应看到机会难得,甚至转瞬即

逝,必须抓住机遇,迅速行动;否则坐失良机,将后悔莫及。第三,对困难业务,要么努力改变环境,走出困境或减轻威胁,要么立即转移,摆脱无法扭转的困境。第四,对成熟业务,可作为企业的常规业务,用以维持企业正常运转,为开展理想业务和冒险业务准备条件。

(三)确立目标

企业应依据 SWOT 分析结果进一步订立计划期的具体目标和指标。这一步骤称为确立目标。很少有企业仅限于追求单一目标。大多数企业都订有一整套目标,包括盈利性、销售额增长、市场份额扩展、风险管理等。所以,企业应按照重要程度有层次地订立各种目标,并尽可能清晰地界定目标的具体数量和时间。这就是指标化。企业订立的指标要切实可行,并应保持其与目标的协调一致性。有时,各种目标之间彼此会存在着冲突关系。比如,高成长与低风险、营利性指标和非营利性指标等。这就要求企业进行妥善处理和协调,确定最佳选择方案。

(四)制定战略

目标指明了企业所要达到的目的,而战略则解决如何达到其目的。尽管有很多类型的战略,但比较通用的是迈克尔·波特的三种一般类型战略(图3-5):

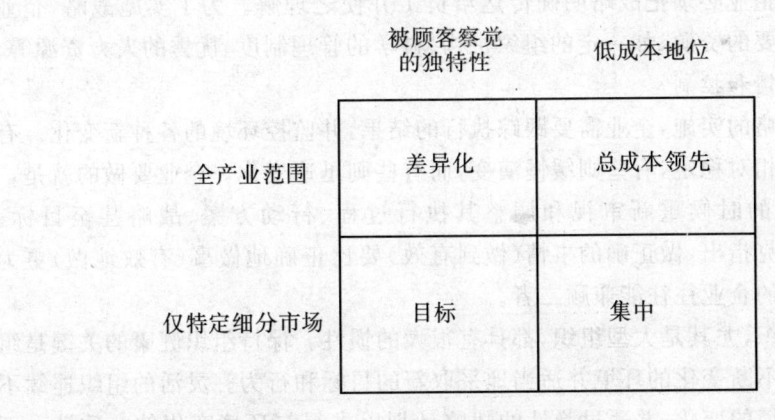

	被顾客察觉的独特性	低成本地位
全产业范围	差异化	总成本领先
仅特定细分市场	目标	集中

图 3-5　波特基本战略类型

1. 总成本领先战略(Overall Cost Leadership)。企业竭尽全力求得总成本最低。获得总成本最低的地位通常要求具备较高的市场份额或其他优势。该战略的弊端是其他企业可能以更低的成本出现。对于企图在所有竞争者中成为成本最低的企业,关键在于采取类似的差异化或集中化战略。

2. 差异化战略(Differentiation)。企业努力使提供的产品或服务差异化,形成独特性。差异化利用顾客对品牌的忠诚,以及由此产生对价格的敏感性下降使企业避开竞争,并带来较高收益。但是,实现产品或服务差异化有时会与争取更大的市场份额相矛盾,即该战略不能兼顾市场份额的提高。

3.集中化战略(Focus)。企业聚焦于一两个较小的细分市场,而非介入一个大市场。企业了解这些市场的需要,并追求成本领先或在目标细分市场内部采取差异化的形式。该战略的前提是:企业能以更高的效率、更好的效果为某一狭窄的战略对象服务,从而超过在更广阔范围进行竞争的企业。

(五)行动计划安排

企业完成了战略的制定之后,必须着手制订行动计划。计划是对未来工作的安排,应体现战略的要求,同时确保行之有效。计划主要解决以下问题:要做什么?怎么做?由谁去做?何时做?何种方式做?成本为多少?计划一般包括产品管理和发展计划、价格管理和定价计划、销售渠道的管理和分销计划、促销计划等。计划是管理过程中最重要的一项内容,一般以计划书的形式提供给管理者。计划书一般包括如下内容:内容概要、现状分析、机会与问题分析及结论、计划期目标、费用预算和利润计划、控制措施等。

(六)执行

制定出清晰的战略和实施方案还是远远不够的,企业极有可能在实施环节上出问题。企业必须把战略明确传达给员工并使之理解。为了实施战略,企业必须拥有必要的资源,如一定的组织机构、科学的管理制度、优秀的人力资源等。

(七)反馈和控制

随着战略的实施,企业需要跟踪执行的结果,并监控环境的各种新变化。有些环境因素相对稳定,有些则缓慢演变,而有些则迅速变化。企业要做的就是,在环境变化的时候重新审视和调整其执行过程、行动方案、战略甚至目标。彼得·德鲁克指出,做正确的事情(做到有效)要比正确地做事(有效地做)更为重要。优秀的企业往往能兼顾二者。

各种组织,尤其是大型组织,都具有很大的惯性。保持组织健康的关键是组织愿意审视不断变化的环境并适当地采取新的目标和行为。灵活的组织连续不断地监测环境的变化,并通过弹性的战略计划以求得与环境变化的一致性。而且,从理论上说,战略规划的一般方法具有普遍适用性,不仅可适用于企业市场营销,而且同样适用于其他领域。

三、战略规划过程：探查、分割、优先和定位

按照菲利普·科特勒所提出的营销理论①，营销战略规划过程包括探查(Probing)、分割(Partitioning)、优先(Priortizing)和定位(Positioning)。

（一）探查

探查，或调查研究，原为医学用语，指医生对病人进行深入细致的彻底检查。在营销学上，探查实际上就是市场营销调研(Marketing Research)，即在市场营销观念的指导下，以满足消费者需求为中心，用科学的方法，系统地收集、记录、整理与分析有关市场营销的各种资料。比如，市场由哪些人组成，市场是如何细分的，都需要些什么，竞争者是谁以及怎样才能使竞争更有效等，从而提出解决问题的方案，确保营销活动顺利地进行。

（二）分割

分割，指的是市场细分(Market Segmentation)，即根据消费者需要的差异性，把整体市场划分为若干个消费者群的过程。每一个细分市场都是由具有类似需求倾向的消费者构成的群体。因此，分属不同细分市场的消费者对同一产品的需求有着明显的差异，而属于同一细分市场的消费者的需求具有相似性。

（三）优先

优先，指对目标市场的选择，即在市场细分的基础上，企业要进入的那部分市场，或要优先最大限度地满足的那部分消费者。企业资源的有限性和消费者需求的多样性，决定了企业不可能经营所有的产品以满足所有消费者的需求。任何企业只能根据自己的资源优势和消费者的需求，经营一定的产品，满足消费者的部分需要。

（四）定位

定位，即市场定位，指根据竞争者在市场上所处的位置，针对消费者对产品的重视程度，强有力地塑造出本企业产品与众不同的、令人印象深刻的个性或形象，从而使产品在市场上、企业在行业中确立适当的位置。

---

① 1967年，菲利普·科特勒在其《营销管理：分析、规划与控制》(第一版)一书中，认同了麦卡锡所提出的以产品(Product)、地点(Place)、价格(Price)和促销(Promotion)即"4P's"为核心的营销组合策略方法。1986年，科特勒在"4P's"基础上扩展为"6P's"大营销组合理论，即增加政治权力(Policy Power)、公共关系(Public Relation)；同年6月30日，又提出在"6P's"之外，再加上战略规划"4P's"，即探查(Probing)、分割(Partitioning)、优先(Prioritizing)和定位(Positioning)，从而形成了一个比较完整的"10P's"营销理论。

第二节 一项基础工作:旅游信息搜集与营销调研

营销战略规划的第一步是营销调研,包括营销信息搜集。"真正的市场营销人员所采取的第一个步骤,总是要进行市场营销调研"(科特勒,1986)。

一、旅游营销信息:种类、发掘与搜集

旅游营销信息是指采用科学的方法,有目的、系统性地收集起来的各种旅游市场营销活动的信息。旅游营销信息具有一般信息的共性特征。比如,可扩散性、可共享性、可储存性、可扩充性和可转换性,以及时效性、效用性和系统性等。旅游营销信息涉及内容广泛、数量巨大,但通常称为资料,并分为二手资料和原始资料两大类。

(一)二手资料

二手资料是指由他人搜集并对同类营销研究活动有用的现成信息资料。二手资料的获取无时空限制,操作简单,速度快且成本低廉。一般来说,二手资料可通过以下方式发掘与搜集:

1.利用旅游企业内部资料。主要有旅游企业内部常见的营销数据、旅游者数据、宾馆销售额、团费收入、旅游企业市场占有率、旅游产品的购买频率等。

2.向与旅游企业相关的机构索取。这是指直接向有关政府部门、协会、组织、机构等索要所需信息资料。政府的一些部门,如旅游局、统计局、园林局及工商行政管理、城市规划等部门都积累了大量的有关旅游市场的信息资料,具有综合、全面、系统、权威的特点,可以通过它们的网站直接查询。

3.交换。这是指通过不同的形式,与旅游企业和其他部门进行信息资料的交换,以扩大信息来源。

4.报刊资料摘录。报纸、杂志等印刷媒体上往往载有大量与旅游市场有关的信息。对这些市场信息资料进行摘录、整理、复制,可以有效把握旅游市场的产品、销售和整个产业的发展情况。其中,一些关于某个具体旅游企业的介绍,从中往往可以分析出该企业的产品特色以及经营策略,其间也能够透露出许多有关竞争者的情况。

5.委托收集。委托或聘请一部分人员,随时记录反映当地市场活动变化的情况,这对于准备在外地开发新市场、进行先期市场调查是个很好的办法,可以

节约大量费用,并为正式调查打下基础。

6.客户档案和销售记录。客户档案是旅游企业对一些重要客人或回头客有关情况的文字记录。它的主要内容是客户的姓名、单位、职业、爱好、旅游动机、消费情况等。客户档案可以提供大量有关客户的信息,对了解客户来源及其旅游消费水平、消费习惯等有很大帮助。

(二)原始资料

原始资料,亦称为一手资料,指的是由资料需要者为了某一目的而亲自收集或亲自组织搜集的信息资料。通常,需要通过市场调查,从被调查者那里才能发掘与搜集到这种资料。

案例 3-1 长城饭店的日常调查

北京长城饭店于 1983 年 12 月试营业,是北京 6 家五星级饭店中开业最早的饭店。随后,北京新建的大批高档饭店投入运营,饭店业竞争日益加剧。长城饭店之所以能在激烈的竞争中立于不败之地,除了出色的推销工作、优质服务和公共关系外,就在于其周密系统的调查研究。

1. 日常调查

问卷调查。每天将问卷(调查表)放在客房内,问卷(调查表)中的项目包括客人对饭店的总体评价,对十几个类别的服务质量评价,对服务员服务态度评价,以及是否加入喜来登俱乐部和客人的游历情况等等。

接待投诉。几位客务经理 24 小时轮班在大厅内接待客人反映情况,随时随地帮助客人处理困难、受理投诉、解答各种问题。

2. 月调查

顾客态度调查。每天向客人发送喜来登集团在全球统一使用的调查问卷,每日收回,月底集中寄到喜来登集团总部,进行全球性综合分析,并在全球范围内进行季度评比。根据量化分析,对全球最好的喜来登饭店和进步最快的喜来登饭店给予奖励。

市场调查。前台经理与北京各大饭店的前台经理每月交流一次客人情况,互通"情报",共同分析本地区的形势。

3. 半年调查

喜来登总部每半年召开一次世界范围内的全球旅游情况会,其所属的各饭店的销售经理从世界各地带来大量的信息,相互交流、共同研究,使每个饭店都能了解世界旅游形势,站在全球的角度商议经营方针。

这种系统的全方位调研制度,宏观上可以使饭店决策者高瞻远瞩地了解全世界旅游业的形势,进而可以了解本地区的行情;微观上可以了解本店每个岗位、每项服务及每个员工工作的情况,从而使他们的决策有的放矢。

(资料来源:张岩松,王艳洁,郭兆平编著.公共关系案例精选精析.北京:经济管理出版社,2003)

二、营销调研的步骤

旅游营销调研指有目的、有组织、有计划地通过各种方式,运用科学方法,搜集、分析和传递有关旅游营销信息的活动。旅游营销调研的内容十分广泛而丰富。但调研目的不同,调研内容也会不同,主要有市场需求和变化趋势的调研、购买动机的调研、产品调研、价格调研、广告调研、分销调研、市场竞争调研和宏观环境调研等。

旅游营销调研是一项十分复杂的工作,要顺利完成调研任务,必须有计划、有组织、有步骤地进行。一般而言,根据调研活动中各项工作的自然顺序和逻辑关系,旅游市场营销调研可分为以下三个阶段(见图3-6):

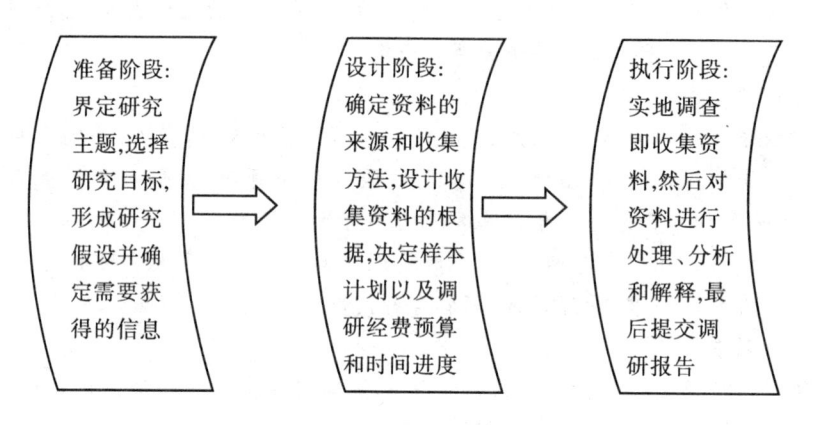

准备阶段:界定研究主题,选择研究目标,形成研究假设并确定需要获得的信息 → 设计阶段:确定资料的来源和收集方法,设计收集资料的根据,决定样本计划以及调研经费预算和时间进度 → 执行阶段:实地调查即收集资料,然后对资料进行处理、分析和解释,最后提交调研报告

图 3-6 旅游市场营销调研的阶段

与一般市场营销调研一样,旅游市场营销调研可具体分为以下五个步骤:

(一)明确问题和调查目标

明确问题和调查目标是调研的重要前提。正式开展调查行动之前,必须弄清楚为什么调查、调查什么问题,然后确立调查目标、调查对象、调查内容及调查方法。在确定问题和目标时,对问题和目标的界定不宜太宽或太窄,否则对目标细化不利。

(二)制订调研计划

制订调研计划的目的是使调查工作能够有秩序、有计划地进行,以保证调查目的的实现。这主要包括调查方案设计、组织机构设置、时间安排、费用预算等。

调查方案的内容包括调查的目的与要求、调查对象、调查内容、调查地点和调查范围、调查提纲、调查时间、资料来源、调查方法、调查手段、抽样方案,以及提交报告的形式。资料收集应确定是收集二手资料还是原始资料,或者两者兼顾。

机构的设置包括调研活动负责部门或人员的选择和配置,调研活动是选择委托市场机构还是由本单位进行。调研活动的人员选择和配置是市场调研活动成败的关键。计划方案的制订及整个调研活动的进行,都取决于市场调研组织的决策者、管理者以及调研人员的素质。调研人员必须具备较强的沟通能力、敏锐的观察与感受能力,以及丰富的想象力、创造力与一定的应变能力。而且,调研人员还应具备基本的统计学、市场学、经济学及会计财务知识。

选择市场调研机构,首先由调研活动负责人或部门对市场调研机构进行资质考察。其中应注意以下几点:第一,调研机构能否对调研问题进行符合目标的理解和解释;第二,调研人员的基本条件,其中包括其资历、经验以及任务分工;第三,调研方法是否有效及是否具有创造性;第四,调研机构过去类似的调研经验、调查事项以及调查结果;第五,调研机构的收费标准是否可承受。

(三)收集信息

调查计划确定后,即开始系统地收集资料和信息。对于市场调研活动者来说,收集信息通常是耗时最长、花费最大且最容易出错的过程。整个调研活动的准确性、误差大小均直接与这个过程相关。这个阶段的主要任务是系统地收集各种资料,包括二手资料和原始资料,有的调研仅需要二手资料或原始资料,但对大多数调研活动来说两者都是需要的。

(四)分析信息

资料收集完成后,旅游市场调研人员应对资料进行整理和分析,并从资料中提取与目标有关的信息。信息分析主要有两种方法:一是统计分析法,常用的有计算综合指标、时间序列分析、指数分析、相关和回归分析、因素分析等;二是模型分析法,模型是专门设计出来表达现实中真实的系统或过程的一组相互联系的变量及其关系。分析模型主要包括描述性模型和决策性模型。

描述性模型,常用的是马尔可夫过程模型和排队模型。前者用来分析预测未来市场份额变化的程度和速度,后者用来预测顾客的消费决策与等候的关系。

决策性模型,常用的是最优化模型和启发式模型。前者一般通过微分学、线性规划、统计学理论以及博弈理论来分析不同决策方案的价值,力求从中得出最优选择。后者则应用启发性原则,排除部分决策方案,以缩短找寻合理方案所需的时间。

（五）提交报告

市场调研人员完成调研后，将调研的结果写成书面形式的调研报告。所以，调研活动最终结果体现于调研报告。在调研报告的写作过程中，应注意以委托人的需求为导向。调研报告应主要把与委托人关键决策相关的调查结果充分体现出来，为其决策提供支持。调研报告的撰写力求观点正确、材料典型、中心明确、重点突出、结构合理。它一般应包括以下内容：

(1) 前言。即说明本次市场调研应回答的问题、调研目标、调研方法、调研对象、调研时间、调研地点以及调研人员的情况。

(2) 正文。此为调研报告的主体，应包括对调研问题研究结果的描述分析与解释。

(3) 结尾。可以提出建议，总结全文，指出本次调研的不足，以及对决策的作用。

(4) 附录。包括附表、附图等补充内容。

三、问卷设计

调查问卷是根据调查目的将所需调查的问题具体化，使调查者能顺利地获取必要的信息资源，以便于进行统计分析的一种市场调查工具。调查问卷的设计水平在很大程度上决定着调查问卷的回收率、有效率，甚至关系到整个旅游市场调查活动的成败。因此，这是调查过程中的关键一环。

（一）调查问卷的设计原则

1. 紧扣目标。设计问卷时，首先必须遵守的原则就是紧扣调查目标来设置问题。问卷必须问什么、不必问什么，都应根据调查目标而定，要防止问题偏离目标。

2. 合乎逻辑。设计问卷时，要从被调查者的角度考虑问题及其形式的设计，要使他们便于理解、易于回答、乐于合作。问题的难度要与被调查者的理解能力、接受水平和心理特征相适应。不要设置那些他们不愿意回答或不愿真实回答的问题；也不要设置时间跨度过大，他们记不太清楚或无法回答的问题；不要使用专业术语和可能会引起歧义的模糊语言。

3. 便于统计。在问卷的设计中，还要考虑被调查者对问题的回答是否有利于进行最后的统计和分析。如果问卷的调查结果是一大堆难以统计的定性资料，那么要从中得出规律性的结论就十分困难，最终不能获得理想的效果。

4. 保持中立。在问卷设计中，设计人员应当时刻保持中立的立场，选用句式和词句时，要坚持客观的态度，不可以使用带有某种感情色彩的词句，更不可以使用暗示性、诱导性的词句。

5.篇幅适当。一般情况下,入户调查的问卷可适当长些,街头拦截调查的问卷则要短些,邮寄调查和留置调查的问卷更要短些。

(二)调查问卷的设计程序

调查问卷的设计顺序为:把握调查的目的和内容→收集和研究相关的资料→进行必要的探测性调查→设计问句、编制问卷初稿→进行问卷的可行性测试→修改并完成正式的问卷→报请审查批准问卷→印制正式问卷。

(三)问卷调查的内容

调查问卷可以有不同的形式,但一份内容完整的问卷应包括以下几个主要部分:

1.问卷的标题。问卷的标题是本项调查主题和内容最直接的概括,需要用最简洁、最鲜明、最准确的语言表达出来。

2.问卷的编码。为了方便日后调查资料的统计和分析,一般须在问卷的右上角对问卷进行分类编码。

3.工作记录。进行大型调查时,问卷封面上一般还要设计可供记录的调查工作条目。这一部分有两项内容:一项是供调查者、复核员、编码员、录入员填写姓名或工号的表格;另一项是用来记录被调查者姓名、联系电话、家庭地址及调查开始时间、结束时间等内容的条目。后一项也可以列在问卷的最后,即使放在问卷的封面上,其填写时间也要放在调查结束时。

4.调查者的保证。问卷的封面上通常还应有"调查者保证",要求调查者自愿对委托人作出承诺。例如:"我保证本问卷所填写的各项资料皆由我本人依照调查程序规定调查所得,绝对真实有效;若有一份作假,我所完成的全部问卷一律作废"。

5.调查问卷的说明。调查问卷的说明一般较为简短,主要说明本次调查的内容、目的、意义以及答题的要求、方式和时间等,以消除被调查者的紧张和顾虑,请求被调查者对本次调查给予支持和合作。

6.调查主题内容。这一部分是调查问卷的主体部分,一般由各种形式的问句组合而成,是问卷设计的重点。该部分设计水平的高低,将直接影响被调查者的回答率、问卷的回收率和信息的有效性,并进而影响到整个调查价值的有无和大小。因此,要求问题的设计在内容、形式、措辞、编排上尽可能做到科学合理。

(1)问卷的内容设计。从被调查者的角度可将问题分为四大类型,即事实性问题、态度性问题、行为性问题和动机性问题。

事实性问题是指要求被调查者回答的、已经发生的、客观存在的问题,如问卷中关于被调查者的年龄、职业、收入、学历等个人背景资料的问题,就是典型的事实性问题。这一类型问题在选择提问方式时,多数采用直接提问的方式,但对于那些被调查者有顾虑或难以回答的问题,则可以选择间接提问的方式。

态度性问题是指要求被调查者回答其对某件事情、某种商品或某个企业的评价、态度和意见的问题。询问态度性问题最常用的方式是将评价、态度等按不同程度分列出备选答案,供被调查者根据自己对所列事物的评价态度选择其中的一个答案。

行为性问题是指要求被调查者回答有没有做过,或是否准备做某件事情,以及是否拥有某种商品的问题。对于某些涉及个人隐私、个人声誉或社会声誉的特殊行为问题,被调查者在回答时会有所顾虑,不愿直接回答,则可借用他人的行为来询问被调查者的意见,从侧面进行了解,如向某人调查高级娱乐场所的情况,不能直接询问:"您曾去过哪家高级娱乐场所?"而应改为:"您认为哪几家娱乐场所比较高级?"

动机性问题是指要求被调查者回答其采取某种行为的原因或动机的问题。对于动机性问题的调查可以采取直接提问的方式,也可以选择间接提问或假设性方式,如虚拟提问法、漫画测试法、填词连句法等。

(2)问题的设计形式。问题的提问有许多具体的表现形式,每一种形式的问题各有其独特的作用。按照要求被调查者回答的形式,一般把调查问题归纳为封闭式和开放式两大类。

封闭式问题是指列有事先设计好的备选答案,要求被调查者从备选答案中挑选自己认同的答案的问题。因此,封闭式问题的设计不仅要考虑到问题内容和问题形式,还要认真研究可能的答案有哪些,应答题比率较高的答案会是哪些,尽可能完善地设计出问题的答案。这种形式一般适用于描述性研究。这是因为经过探索阶段的研究,有关的问题和它们的可能答案已经明确,关键是要统计选择不同答案的人数及其比例。在设计时特别要注意的是:答案应符合客观实际,并尽可能包含所有可能出现的情况,然后再列出"其他"一项,也可加注"请加以说明"字样。同一组答案只能按同一个标准分类,如按产品使用时间分类,就不可能混入按产品使用地点分类的答案。持续式答案要依次按顺序排列,前后需对称,如:"很好、好、一般、较差、很差"。否则,就会因答案不周全或顺序错乱而使被调查者难以回答或产生回答偏差。

开放式问题指的是未在所提出问题后列出可能的答案供被调查者选择,而是让被调查者自由作答的问题。由于不预设备选答案,被调查者可以自由回答,答案比较真实。此类问题的缺点是不可能得到标准化的答案,不便于资料的汇总、统计和分析,难以进行量化处理。这种形式一般适用于探索性问题的研究。这时研究者的目的是要发现人们在想什么,而不是去统计多少人用某种方式来思考或持什么态度。

7. 被调查者的基本情况。收集被调查者背景资料的目的是为了在分析研究调查结果时将其作为统计分析的依据。如按收入的水平可将被调查者分为高、中、低三组进行消费水平、消费结构、消费心理、消费习惯等方面的研究。被调查者如果是个人,则主要收集性别、年龄、婚姻状况、文化程度、职业、职称、个人及家庭所在地等基本情况方面的资料。但匿名及涉及被调查者隐私的调查问卷,则不宜设置该类调查项目,以免造成某种误会或侵犯被调查者的权利。

调查问卷没有统一的固定格式,可以是多种多样的。应根据调查需要,由调查问卷设计者选定。

四、抽样

抽样调查是专门组织的一种非全面调查,是一种具有代表性的调查方式。它按照随机原则从全部单位中抽取一部分单位作为样本进行观察,根据对这部分单位的调查结果,通过科学计算来推断总体,并有效控制抽样误差。随着现代统计随机抽样理论和方法的不断完善,抽样调查已被广泛运用于公众舆论研究、市场研究、科学研究等众多领域。而旅游业的调查实践由于具有涉及面广、调查范围大、被调查者流动性强等特点,也常采用抽样调查来收集有关旅游经济现象的数据资料。一般地,抽样可分为随机抽样和非随机抽样。

(一)随机抽样

随机抽样,又称概率抽样,是指严格按照随机原则抽取样本,总体中的每一个单位被抽到的概率是相同的。随机抽样有以下几种形式:

1. 简单随机抽样。这是从总体 N 个单位中抽取 n 个单位组成样本,每个样本被抽到的可能性是完全相同的一种随机抽样形式。

2. 分层抽样。在分层抽样中,先将总体分为若干个层,然后再从每一个层中随机抽取样本。每一层内的元素应呈现出同质性或相似性,层与层间的元素应表现出异质性。当已知总体由差异明显的几部分组成时,通常使用分层抽样的方法。

3. 等距抽样。这是指在总体中每隔一定距离选取一个样本,即从数量为 N 的总体中每隔 k 个单位选取一个样本,若需要 n 个样本,则 $k=N/n$,k 的值需调整。

4. 整群抽样。它首先需要把总体分为几个互不重叠的群,然后再在每一个群中随机抽取样本。在分层抽样中,同层元素具有同质性,而在整群抽样中,同群元素具有异质性。

(二)非随机抽样方法

非随机抽样是指不按照随机原则选取样本,即总体中的每一个样本不可能以同等的概率被选中。非随机抽样有以下几种方法：

1. 方便抽样。这是为了容易得到样本的一种抽样方法。通常是选取那些邻近的、愿意参与的个体作为样本。

2. 判断抽样。它是根据合理的判断而得到具有代表性的样本的一种抽样方法。如果判断正确，使用判断抽样既节约时间又节省成本，但通常就一个判断而言，没有一个客观的评价标准，出现人为的判断错误是不可避免的。

3. 定额抽样。这是在一群特定条件下的总体的子集内选取一定数目的样本的一种抽样方法。定额就是从子集中选取样本的数量。

4. 滚雪球抽样。滚雪球抽样的所有被访对象都是由推荐人推荐产生的。在选取样本时，如果研究对象难以确定，采用滚雪球抽样方法是最佳选择，通过这些推荐人，可以方便有效地确定研究对象。

五、方法选择：文案调查法、观察法和询问法

市场调查方法有很多种，大致可分为文案调查法和实地调查法两类。其中，实地调查法又分为询问法、观察法和实验法。

（一）文案调查法

文案调查法是指调查人员从各种文献、档案资料中收集有关历史和现实的各种市场经济活动资料的调查方法。文案调查法的调查对象是各种文献、档案中所包含的信息资料。文献档案资料一般指图书、期刊、报纸、调查报告、政府文件、统计数据、会议记录、专刊文献、学术论文、档案等，也包括网络信息资料，如政府信息网、各种网络公司建立的信息数据库等。

文案调查的直接对象不是消费者或用户，而是文献档案材料，是间接的第二手的市场资料。正因为如此，文案调查法也称为间接资料调查法。由于它不直接接触被调查者，在调查过程中不存在与被调查者的人际关系。文案调查法作为一种间接资料调查法，有着其他调查方法不可替代的作用。它特别适用于以往的产品销售状况调查、以往的市场占有率调查、现在的市场供求趋势的调查和市场环境因素变化调查等。例如，要调查某一地区5年前星级宾馆的分布情况，就要采用文案调查法，从有关部门来获取相关资料，直接资料调查法就难以做到。

（二）询问法

询问法是指调查者依据调查提纲以询问方式直接向调查对象发掘和收集资料的方法。询问法的主要特点是：调查者与被调查者的交流可采用面对面对话、讨论等方式。询问法有多种类型。根据询问对象的数量，可分为集体询问法和个别询问法；根据问题的深入程度，可分为常规询问法和深度询问法；根据所使

用的媒介,主要可分为当面询问、电话询问、问卷邮寄、问卷留置和网络调查。

询问法事先应拟定询问提纲(或称调查表、调查问卷)。询问提纲一般包括:确定询问调查目的为什么谈;确定访员谁去谈;确定询问对象与谁谈;确定询问时间何时谈;确定询问地点何地谈;确定询问种类怎么谈;确定询问记录方式怎么记;确定询问报告方式怎么写。如果是标准化询问,必须用组织统一设计的询问问卷;如果是非标准化询问,提纲则无须有严格的分类和固定的回答方式,但要求必须把与调查主题相关的主要项目和问题列出,问题要简练、明确。

在询问过程中应注意的,一是调查员要保持中立的态度,不要把自己的意见暗示给被调查者,否则会影响资料的客观性。二是要把握询问的方向和主题焦点,防止谈话偏离调查主题,以免影响效率。三是语言要简明扼要。四是根据被调查者的特点,灵活掌握问题的提法和口气。

(三)观察法

观察法是指研究者根据一定的研究目的、研究提纲或观察表,用自己的感官和辅助工具去直接观察被研究对象,从而获得资料的一种方法。科学的观察具有目的性、计划性、系统性和可重复性。观察的类型很多,依观察者是否参与被观察对象的活动,可分为参与观察与非参与观察;依对观察对象控制性强弱或观察提纲的详细程度,可分为结构性观察与非结构性观察;按是否具有连贯性,可分为连续性观察和非连续观察;依观察地点和组织条件,可分为自然观察和实验观察等。

观察一般利用眼睛、耳朵等感觉器官去感知观察对象。由于人的感觉器官具有一定的局限性,观察者往往要借助各种现代化的仪器和手段,如照相机、录音机、显微录像机等来辅助观察。

观察的一般要求:第一,养成观察习惯,提高观察的灵敏性;集中精力全面、多角度进行;观察与思考相结合。第二,制定好观察提纲。观察提纲因只供观察者使用,应力求简便,只需列出观察内容、起止时间、观察地点和观察对象即可。为使用方便还可以制成观察表或卡片。第三,按计划(提纲)实行观察,作好详细记录,最后整理、分析、概括观察结果,作出结论。

此外,还有一种实验法。它指的是在旅游新产品或服务投放市场,或老产品与服务开辟新市场、启用新分销渠道时,选择在较小范围的市场内进行销售实验,直接调研消费者的反应和喜好程度,并以此调研资料为依据进行整体市场调研的方法。不过这种方法易受其他信息干扰,一般很少采用。

六、旅游市场预测

旅游市场预测就是在旅游市场调研获取的各种第一手资料和第二手资料与

信息的基础上,运用科学的方法,针对旅游企业的需要,对旅游市场未来一段时期内的发展趋势作出分析和判断。

（一）旅游市场预测的类型

旅游企业市场预测的内容十分广泛,主要包括旅游市场需求预测、旅游市场供给预测、旅游产品价格预测、市场占有率预测以及旅游企业收益预测等。其中,旅游市场需求预测是旅游市场预测的重点内容,它对旅游企业战略和计划的制订具有十分重要的作用。

1.长期预测中期预测和短期预测

长期预测一般是指对5年以上旅游市场动态所做的预测。如要开发新的旅游区或建设旅游宾馆,就要做长期预测,进行可行性分析。

中期预测通常指对1年以上5年以内的旅游市场动态所做的预测。

短期预测是指对1年以内1个季度以上的市场动态所做的预测。

2.定性预测与定量预测

定性预测是指预测者通过市场调研掌握有关资料,依靠个人实践经验、知识和分析能力,对市场未来变化的趋势、性质做出判断,再以判断为依据做出量的测算。定性预测法的应用,主要取决于预测者拥有的实际资料、个人经验、知识和分析判断能力。这种方法不需要高深的数学知识。在缺乏必要的历史资料,掌握信息数据不多、不够准确,对主要影响因素难以确定并无法建立数学模型时,定性市场预测就是一种行之有效的市场预测法。

定量预测即是指预测者在掌握比较充分的资料基础上,运用统计方法和数学模型,近似地揭示预测对象的数量变化程度及其结构关系,对旅游市场未来的变化趋势进行数量估测的一种预测方法。这种方法避免了个人主观性对预测结果的影响,但由于事物演变的多因素性和众多影响因素的非量化特征,以及模型技术水平的限制,定量预测方法的使用受到限制,预测效果也受到影响。

（二）旅游市场预测的程序

1.确定预测目标。首先要明确预测的目的是什么,预测的对象是什么。预测目标应尽量具体、详尽,不能含糊、抽象,它既关系到整个预测活动的成败,又关系到预测中其他步骤的进行,如收集什么样的资料,采用什么样的预测方法,以及如何制订该项预测的具体工作计划和进度等。

2.收集整理资料。围绕市场预测目标收集市场资料应力求资料的完整性、可靠性、准确性和适用性。这里的资料包括历史资料和现实资料。历史资料的收集主要通过文案调查法获得。现实资料主要通过实地调查,如对消费者的口头访问或问卷调查、观察调查等来获得。

3.选择合适的预测方法。选择预测方法要综合考虑预测目标、时间界限及成本效益等因素,并结合资料的多寡和收集到的资料的可靠性。有时需要运用多种方法以提高预测的准确性和可靠性。

4.建立预测模型。预测模型指依据预测目标,应用数学方法建立起来的模型。建立预测模型应注意的:一是在满足预测目标和要求的前提下,尽可能地使预测模型简单化;二是在应用预测模型时,要对模型进行必要的检验,以判断模型是否适用;三是当预测模型不够科学时,应及时进行修正。

5.进行预测。在选择预测方法以及建立预测模型之后,即可进行定性和定量预测。进行定性预测时,应借助专家的知识、经验和分析判断能力,对预测对象未来发展的性质、方向和状态作出预测和推测。进行定量预测时,应依据经过检验的预测模型,给定自变量的数值,估计出相应的因变量值。

6.分析预测误差,评价预测结果。预测误差是反映预测准确程度的统计分析指标。计算和分析预测误差的目的在于评判预测方法和预测模型选用是否得当、预测结果是否合理,并探求预测误差产生的原因。评价预测结果是指通过经济理论分析和误差分析,并结合预测对象在未来的变化条件,对预测结果的准确性和可靠性作出说明。只有准确性程度高、切实可靠的预测值才能作为编制营销计划、作出营销决策的依据。

7.提出市场预测报告。市场预测报告是对整个预测工作的概括和总结,其主要内容包括:预测目的、预测对象和内容、采用的预测方法和模型、预测结果的准确性和可信度、实现预测结果的条件和措施等。报告要重点突出,文字简明扼要。

(三)旅游市场预测的方法

现有的市场预测方法很多,其中比较适用于旅游市场分析预测的常用方法有以下几种:

1.购买者意向调研法

购买者意向调研法是指通过一定的调研方式(抽样调研、典型调研等),选择一部分或全部的潜在购买者,直接向他们了解未来某一时期(即预测期)其购买商品或服务的意向,并在此基础上对商品或服务的需求或销售作出预测的方法(表3-3)。

表3-3 购买意向概率调研表

在今后半年内,您打算出国旅游吗?					
0.0	0.2	0.4	0.6	0.8	1.0
不去	不太可能	有可能	很有可能	非常可能	要去

2.销售人员综合意见法

这种方法通常是在预测者无法直接接触消费者或其他调查对象时,通过对销售人员进行调查预测市场规模的一种方法。具体做法是请n位销售人员对未来某时段市场规模的最高、最低和一般值及其出现概率进行预测,得到各自的期望值,再将n位销售人员的期望值进行平均,即可得到预测结果(表3-4)。

表3-4 销售人员综合意见表

销售人员	预测项目	销售量	出现概率	销售量×出现概率
A	最高销售量 一般销售量 最低销售量 期望值	1000 700 400	0.3 0.5 0.2	300 350 80 730
B	最高销售量 一般销售量 最低销售量 期望值	1200 900 600	0.2 0.6 0.2	240 540 120 900
…				
n	最高销售量 一般销售量 最低销售量 期望值	900 600 300	0.2 0.5 0.3	180 300 90 570

3.德尔菲法

德尔菲(Delphi)法是指按照规定程序以匿名方式多轮征询专家意见,并采用统计处理方法得出预测结论的一种预测法。它最初由美国兰德公司在20世纪40年代末首创,特点是专家互不见面,避免相互间的影响,且反复征询、归纳、修改,有时还要经过多轮征询,使意见趋于一致,结论更切合实际。其基本步骤是:第一,成立预测领导小组,选定专家。第二,拟订征询表,准备背景资料。第三,进行多轮征询。第四,做出预测结论。

4.时间序列预测法

时间序列预测法也叫回归分析法,是指通过对旅游地客源市场多年历史数据资料的外推、延伸以求取未来客源市场预测数值的一种方法。作为单一变量预测方法,时间序列方法中用于预测的指标可以是旅游者人数、旅游消费量等。该方法主要是依据旅游市场在某种程度上的"一如既往"的发展规律,通过图解法、移动平均法或最小平方法,根据历史数据求得其未来图标区域以直线或曲线所表示的长期预测趋势。其中,最小平方法的精度最高,其预测程序和步骤如下:

(1)搜集历史统计数据并进行相关分析。历史统计数据的搜集一般在8～15个时间内最好。时期太短会影响预测的准确性;时期太长则分析计算比较烦琐。资料搜集完之后,首先要进行时间序列(t)与预测人数(y_c)之间的相关分析。进行相关分析最简单的方法,就是根据自变量和因变量的统计数据资料制成散点图或相关表,直观判断两者的相关程度。当然,也可以根据相关系数(r)的计算公式进行计算。根据相关系数的大小判断因变量与自变量的相关程度。

(2)选定恰当的预测统计模型并计算相关参数。根据所画的散点图或相关判断标准选择预测模型,几种常见的预测统计统模型及其判断标准见下表:(表3-5)

表 3-5 常见的预测统计模型及其判断标准

判断标准	预测统计模型	示例方程
逐期增长量大体相等	线性预测模型	$y_c = a + b \times t$(a,b为参数)
逐期增长量的增长量大体相等	抛物线预测模型	$y_c = a + b \times t + c \times t^2$($a、b、c$为参数)
环比增长速度大体相同	指数预测模型	$y_c = a \times b^t$(a,b为参数)

选定了预测统计模型之后,即可根据最小平方法的要求,即 $\sum (y - y_c)^2$ 为最小值,用求偏导数的方法,求出预测模型中的参数。如对于线性预测模型 $y_c = a + b \times t$,运用偏导数可导出下列联立方程组:

$$\begin{cases} \sum y = na + b \sum t \\ \sum ty = a \sum t + b \sum t^2 \end{cases}$$

式中,t 为动态数列的时间;

y 为动态数列中各期水平;

n 为动态数列的项数。

(3)测定变量估计值的可靠程度。配合直线或配合曲线后,可反映现象间的变化关系,根据这个数量关系,可测定因变量的估计值。对比估计值与实际值,如果它们的差别小,说明估计得准确;反之,就不够准确。这种因变量估计值的准确程度,通常用估计标准差(S_{yx})来衡量。其计算公式为:

$$s_{yx} = \sqrt{\frac{\sum (y - y_c)^2}{n - 2}}$$

式中,S_{yx} 为估计标准差;

y 为因变量数列的实际值;

y_c 为根据回归方程推算出来的估计值。

n 为因变量的项数。

S_{yx} 越大，表明估计值的代表性越小，也就是相关点的离散程度越大；S_{yx} 越小，说明估计值的代表性越大，也就是相关点的离散程度越小。

(4) 解释预测统计模型。由于预测统计模型是用于分析预测旅游客源市场规模的，因而有必要结合旅游相关专业知识对该模型及其参数作出专业解释。比如，对于戈珀兹预测模型（$y_c = L \times a^{b^t}$），

式中，L 值表示渐近线或极限；

a 表示趋近于 L 值的年递增率；

b 表示对递增率的延缓因素；

t 表示时间序列。

这个模型反映了类似于生物的自然增殖过程特征，即发展初期增长速度较慢，一段时间后增长速度逐渐加快，到接近于某一增长极限 L 时，增长速度又会变慢。这种增长方式更符合旅游市场发展的实际。最后，根据确定的最佳配合预测统计模型，对要预测的客源市场规模作出预测。

案例 3-2　武夷山自然保护区旅游客源市场预测

根据武夷山国家级自然保护区的实际情况，包括区位条件、可进入性、旅游资源特征、客源现状、建设速度，以及周边旅游区现有游客增长率的比较，作为自然保护区游客增长率的预测数据参考。起点数据依据自然保护区旅游部的统计资料作为起始基数（见案例 3-2-表 1）。

案例 3-2-表 1　2000～2004 年武夷山国内与境外游客统计表

年　度	游客数量（人次）		比例（%）	
	境外	国内	境外	国内
2000	290	21033	1.36	98.64
2001	151	30059	0.50	99.50
2002	147	33885	0.43	99.57

根据旅游业的发展趋势，武夷山国家级自然保护区的游客数量，会随着时间的推进而不断增加，每年呈自然增长的趋势，且游客数量的增加和时间的增加呈现一种线性相关。所以，对其预测采用线性回归预测，具体采取的预测计算公式为：

$$y = a + bx$$

式中：y 为因变量；

x 为自变量；

a、b 为回归参数,按照上述数据通过微分和最小二乘法可得出。

根据上述统计数据,结合线性回归参数的计算方法,得出其线性回归方程为:

$$y = 5515.3x - 11007313.9 \quad (x 为年份)$$

依据该公式得出对未来10年的游客数量规模预测(见案例3-2-表2)。

案例3-2-表2　武夷山国家级自然保护区2005~2015年游客规模预测

年度	游客数量(人次)	年递增率(%)	年度	游客数量(人次)	年递增率(%)
2004	45347.3	—	2010	78439.1	7.56
2005	50862.6	12.16	2011	83954.4	7.03
2006	56377.9	10.84	2012	89469.7	6.57
2007	61893.2	9.78	2013	94985.0	6.16
2008	67408.5	8.91	2014	100500.3	5.81
2009	72923.8	8.18	2015	106015.6	5.49

从预测结果可以看出,到2010年,武夷山国家级自然保护区的游客数量可达7.8万人次,2015年游客数量有望突破10万人次大关。本次预测游人规模并非绝对值,仅提供发展趋势和一般规律。

[资料来源:武夷山国家级自然保护区旅游客源市场预测.福建林业科技,2005(02)]

第三节　环境扫描:机会与威胁

按照著名营销学家菲利普·科特勒的解释,市场营销环境是指影响企业市场和营销活动的一切不可控的因素。"物竞天择,适者生存"是生物界的规律。恐龙由于不能适应变冷的气候,因而灭绝了。企业的经营活动也只有顺应环境的变化趋势,因势利导,才能发展壮大;如果企业不能预见环境的变化趋势,逆势而行,就会遭遇极大的困难,甚至破产倒闭。

旅游市场营销环境按照市场营销环境与旅游企业营销活动的密切程度,可分为旅游营销微观环境和旅游营销宏观环境两大类。

一、旅游营销微观环境透视

旅游营销微观环境是指那些与企业直接相关的,并能影响其对消费者提供服务能力的因素和条件,主要包括旅游设备用品供应商、营销中介、顾客、竞争者、公众。

(一)旅游设备用品供应商

旅游设备用品供应商是影响旅游企业营销的微观环境的重要因素之一,是指向旅游企业及其竞争者提供生产所需资源的企业或个人。它所提供的资源,主要包括原材料、设备、能源、劳务、资金等。如果没有这些资源作为保障,旅游企业就无法正常运转,也就无所谓供给旅游产品了。因此,这就形成了旅游企业与旅游设备用品供应商之间的紧密联系。这种联系使得旅游企业的所有供货单位,构成了对营销活动最直接的影响和制约力量。

旅游设备用品供应商对旅游企业营销活动的影响主要表现在:供货的稳定性与及时性;供货的价格变动;供货的质量水平。旅游企业在寻找和选择旅游设备用品供应商时,应特别注意两点:一是要选择那些能提供品质优、价格合理的货物,且交货及时、有良好信用、在质量和效率方面都有保障的供应商,并与主要供应商建立长期稳定的合作关系,保证企业生产资源供应的稳定性。二是要尽可能多地联系供货人,向多个供应商采购,尽量避免过于依赖单一的供应商,以免因与该供应商关系恶化而使企业陷入困境。

(二)营销中介

旅游营销中介是指协助企业促销、销售和配销产品给最终购买者的企业或个人,包括中间商、实体分配机构、营销服务机构和财务中介机构。这些都是市场营销不可缺少的环节,大多数企业的营销活动,都必须通过它们的协助才能顺利进行。例如,生产集中与消费分散的矛盾,就必须通过中间商的分销来解决等。正因为有了营销中介所提供的服务,企业的产品才能够顺利地到达目标顾客手中。因此,旅游企业在市场营销过程中,必须重视中介组织对企业营销活动的影响,并要处理好同它们的合作关系。

(三)顾客

顾客是指具有支付能力的现实的与潜在的旅游产品购买者。旅游企业的一切营销活动都是以满足顾客的需要为中心的。因此,顾客是旅游企业最重要的环境因素,是旅游企业服务的对象,亦即旅游企业的目标市场。它主要可分为旅游消费者市场和旅游团体市场。每一类顾客都有着不同的变化着的需求,这就要求旅游企业以不同的服务方式提供不同的旅游产品。因此,旅游企业要认真研究不同顾客的需求特点、购买动机等,使企业的营销活动能够更好地满足顾客的需要。

(四)竞争者

旅游企业总是处于竞争者的包围之中。从消费需求的角度来看,旅游企业要在判别同行业竞争基础上,识别企业现实的、潜在的和未来的竞争者,判定竞争者的目标与反应,制定竞争战略,谋求竞争优势。旅游企业需要了解有关竞争者的5件事:谁是我们的竞争者?竞争者的战略是什么?竞争者的目标是什么?竞争者的优势与劣势是什么?竞争者的反应模式是什么?只有对竞争者拥有充分的了解,旅游企业才能在竞争中处于优势地位,抢得先机。

(五)公众

公众是指对旅游企业达到其营销目标的能力具有实际或潜在兴趣或影响力的群体。由于旅游企业的营销活动会在不同程度上增加或减少公众的利益。因此,公众的力量亦为旅游企业营销所要考虑的因素之一。营销行为本身是一个开放的系统,处理好公众的利益关系是旅游企业营销人员的基本职责。旅游企业营销需面对的公众群体一般可分为以下几类:

1.金融公众,指那些关心和影响旅游企业获取资金能力的组织,包括银行、投资公司、证券公司、保险公司等。

2.媒体公众,指那些使旅游企业与外界相联系的大众媒体,包括报纸、杂志、电视台、电台、互联网等。

3.政府公众,指负责管理旅游企业的业务与经营活动的政府机构及旅游企业的主管部门,如国家各级旅游局、经贸委、工商局、税务局、物价局等。

4.公民行动公众,是指有权指责旅游企业经营活动破坏环境,旅游企业产品损害消费者利益、不符合民族需求特点的团体和组织,包括消费者协会、环境保护团体等。

5.地方公众,主要指旅游企业所在地或旅游目的地周围居民和团体组织,他们对企业的态度会影响企业的营销活动。

6.一般公众,是指并未购买旅游企业产品,但深刻地影响着消费者对企业及其产品的看法的个人。

7.内部公众,指旅游企业内部全体员工,包括董事长、经理、管理人员、职工。处理好内部公众关系是搞好外部公众关系的前提。

公众对旅游企业的生存和发展产生巨大的影响,公众具有增强企业实现其目标的能力,也具有妨碍旅游企业实现其目标的能力。所以,旅游企业必须采取积极适当的措施,主动处理好同公众的关系,树立企业的良好形象,促进市场营销活动的顺利开展。

二、旅游营销宏观环境扫描与评估

旅游营销宏观环境是指影响整个旅游微观环境的社会力量,如人口环境、经济环境、科技环境、自然环境、政治法律环境和社会文化环境等。

（一）人口环境

人口的多少直接影响到旅游市场的大小,而人口的地理分布、密度、年龄结构、出生率、结婚率、死亡率、性别、民族等都会对旅游需求格局产生深刻影响,从而影响旅游业的发展。由于旅游需求是建立在衣食无忧基础上的较高层次的需求,因而旅游市场尤其出国旅游市场的主流主要由中上收入阶层和公务客构成。

旅游企业需要调查人口环境变化的新特点,顺应其变化趋势,调整旅游产品的结构和服务方式。例如,面对人口老龄化的趋势,旅游企业可推出针对老年人的旅游产品。2001年,深圳国旅推出的"千名长者温馨结伴游港澳",专门针对老年人市场,取得了很好的市场反响。

（二）经济环境

经济环境是指经济制度、国民经济发展水平、工农业生产情况、居民收入与消费结构、居民储蓄与信贷、基本建设投资规模及投资结构、社会集团购买力、物价水平和物价变动情况。其中,直接影响旅游业发展的经济环境,主要是居民收入的变化,以一国的人均国民收水平来衡量。根据国际上发展旅游业的经验,一个国家的人均国民收入达到300～400美元时,居民会产生在国内旅游的动机。1997年,中国城镇居民人均可支配收入为5 160元人民币,约折合640美元,由此城镇优先具有了旅游业蓬勃发展的经济环境。

（三）科技环境

科技发展状况和趋势以及新技术、新工艺、新材料的应用与推广与旅游业的发展密切相关。首先,信息技术、网络技术等高新科学技术的发展和应用,将会直接影响旅游企业的管理水平。其次,随着科学技术的发展,旅游消费者需要旅游企业开发和设计出更多更好的科技含量比较高的旅游产品。并且,这部分消费群体对旅游产品的价格一般不是很敏感,吸引他们的是科学技术与旅游产品完美融合所带来的那种新、奇、特的体验。迪斯尼主题公园之所以经久不衰,与其不断地开发设计科技含量比较高的旅游产品是有密切关系的。最后,科学技术的发展将会为旅游营销人员提供更多的创新机会。比如,互联网使旅游广告不再限于静态的印刷媒体,而可通过网络面向不同的国家、不同地区的目标游客进行栩栩如生、真实动人的宣传等。

（四）自然环境

一个国家和地区的自然环境包括该地区的自然资源、地形地貌和气候条件等因素。这些因素都不同程度地影响着旅游企业的营销活动,有时甚至还会起到决定性的作用。因此,旅游活动的开展依赖于一定的自然环境。好的自然环境可以造就对旅游者具有吸引力的资源,从而为旅游企业创造良好的经营条件,特别是一些奇特的自然地理景观,更是旅游活动宣传的"卖点"。但是,这些自然资源或是具有存在时间的短暂性和出现机会的偶然性,或是受到交通因素的影响而致使可进入性较差。这就需要旅游营销人员对此进行充分的调查和研究。如果是新开发的自然资源,则更应该对其安全性和可行性做一个科学的论证和考察。

(五)政治法律环境

政治法律环境主要包括法律制度、方针政策、政治风险与国际关系等。任何国家都要对本国的企业或组织与别国的企业或组织之间的关系施加影响,或者加以控制,甚至通过立法制定经济政策进行促进或限制。从营销的角度分析,了解政治法律环境主要是培养旅游企业对政治法律的敏感性,从而把握住政治法律环境给企业带来的机会;同时,又要求旅游企业注重依法经营。此外,还要求注意政府执法机构及其人员的变动、消费者组织的崛起对旅游企业营销活动的影响。

(六)社会文化环境

社会文化环境包括一定的态度和看法、价值观念、道德规范以及世代相传的风俗习惯等等。不同国家、不同民族因文化背景不同而有着不同的风俗习惯和不同的风格。旅游企业必须密切关注人们的生活方式、价值观念、风俗习惯、购买行为、闲暇时间分配、社会阶层的差异、相关群体的特征、道德伦理标准、语言文化、传统文化艺术、现代文化艺术、宗教信仰及地域差异等。

案例3-3 吃过饭了吗?

某地一位新上岗工作的导游陪一批美国客人参加"农家乐"一日游项目。一路上,导游所讲解的本地自然风光、风土人情,特别是对中国农民的淳朴、勤劳、好客的介绍,给每位客人留下了深刻印象。已到中午时分,客人们来到一户农家参观。池塘里绿水涟涟,红墙碧瓦的农家小院倒映其中,轻风徐徐,蛙声阵阵,荷花正红,宛若画中美景,美国客人被深深吸引了。女主人热情地与客人打招呼,一边端茶倒水,一边问候道:"吃过饭了吗?"导游直译为:"Do you have lunch?"客人如实相告:"No"(还没有)。女主人客套道:"在我们这里吃饭吧?"导游不假思索地翻译:"Would you have lunch with us?"美国客人十分兴奋:"OK!"(好极了)一片欢呼声响起,并坐下来准备享用农家美食。导游猛醒,意识到实际上女主人并没有给客人准备午餐。经导游再三解释,客人才依依不舍地离去,无可奈何地到指定酒店就餐,每位客人心中都带着莫大的遗憾。

(资料来源:深度网站,http://www.deeptour.cc)

三、营销环境:市场机会与环境威胁

对于旅游企业来说,无论是微观环境还是宏观环境,影响其生存与发展的,既有有利方面,又会有不利方面。凡环境中对企业有利的方面,可看做市场机会;否则,属于环境威胁。简言之,营销环境=市场机会+环境威胁。然而,并不是所有的市场机会都有同样的吸引力,也不是所有的环境威胁都具有同样大的风险。旅游企业管理者需要进行环境扫描,抓住机会,化解威胁。

四、旅游营销机会识别、选择和利用

(一)旅游环境机会与营销机会

旅游市场机会是旅游市场上所存在的尚未满足或尚未完全满足的需要。市场上一切未满足的需要都是客观存在的环境机会。但是,环境机会不等于企业营销机会。

营销管理者在判断一个环境机会能否成为营销机会时,第一,要看该机会是否契合于企业的资源优势。不是任一环境机会都可以成为特定企业的营销机会的。因为,不同行业企业具有各自的资源优势。只有具备契合于某一环境机会的优势资源,该环境机会才成为具备该条件的企业的营销机会。比如,旅游营销机会只属于具备了相应旅游资源优势的企业。否则,其仅为环境机会。第二,要看能否使企业比竞争者获得更大的差别利益,主要表现为获利多少,即机会吸引力大小。

营销人员不但要善于发现和识别市场机会,还要根据所在企业的资源优势和盈利目标进行分析评估,准确地从环境机会中选出最适合于本企业的营销机会。

(二)机会识别:商业意识与发现

识别或寻找市场营销机会是营销人员的一项重要工作。营销机会的识别有许多方法,但关键取决于当事人的商业敏感性,即要具有商业意识,善于发现机会。

案例3-4 从牛仔服上看来的生意

有一天,宁波东港大酒店来了一位全身上下穿着牛仔服的客人。当该客人办理完入住手续后,当班经理王小姐抬头向该客人说:"卡尔先生,欢迎您下榻在我们酒店。"就在此时,她看到客人全套牛仔服上分布着好几个"Beer"(啤酒)的字样,觉得有些好奇。但因为初次见面,不便冒昧打听。

此后几天,该客人频频出入于大堂,显得忙忙碌碌,且每天要发出几份传真。

但只要稍有片刻空闲就找王小姐聊天,谈话的中心都离不开饮料市场。接触一多,双方话题也就多了起来。王小姐得知,这个客人来宁波的目的,是为了在中国南方各地打开啤酒市场销路。原来此人是做啤酒生意的,难怪在牛仔服上会印有"Beer"字样。这下,王小姐明白了。

一天下午,该客人谈到他所在的美国公司啤酒生意十分兴旺,讲到兴头时,告诉王小姐说,他的生意之所以很红火,主要得益于他有一支演出水平高超的牛仔女郎模特儿表演队。

言者无意,听者有心。王小姐顿时产生了一个想法:这个客人还可能为酒店带来一笔大生意。于是,第二天,在营销部的协助下,王小姐准备了一份全面介绍大酒店各项营业服务设施,以及历次承办大型商贸活动的资料,主动邀请客人到酒吧间小憩。交谈中,王小姐很快有意把话题引向模特儿表演队。客人兴致很高。王小姐趁机把准备好的材料递给客人,客人见后既惊又喜。

两个月后,这位美国客人带着他的牛仔女郎模特儿表演队,来到东港大酒店。她们精湛的营业推广表演取得了成功,一时宁波市媒体竞相报道,卡尔的啤酒一炮打响。与此同时,东港大酒店的客房和餐饮收入也出现了一个振奋人心的高潮。

(资源来源:根据相关资料整理而成)

市场调查(或营销调研)是常用的市场机会识别方法,即通过有目的的市场调研,搜集各种相关信息,然后对所搜集到的信息进行整理、统计分析、判断,从中识别机会。

产品/市场矩阵分析法是一种可行的技术性的市场机会识别方法(见图 3-7)。其实,一切营销活动及其管理都是围绕"产品适应市场"而进行的。

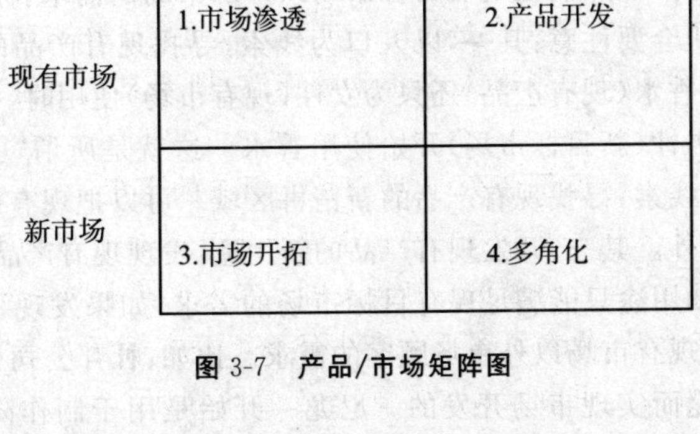

	现有产品	新产品
现有市场	1.市场渗透	2.产品开发
新市场	3.市场开拓	4.多角化

图 3-7 产品/市场矩阵图

1. 市场渗透

市场渗透的目标是取得市场份额（准备进入市场）或扩大市场份额（已进入市场）。因此，市场渗透机会的识别，可分为进入现有目标市场的机会识别和已进入现有目标市场的扩大市场份额的机会识别。

（1）取得市场份额机会的识别。企业以现有产品进入现有目标市场并取得一定的市场份额往往不是一件轻而易举的事情，会遇到许多障碍或壁垒。企业必须通过市场调查与研究，找出这些壁垒的薄弱之处，以此作为清除这些壁垒的切入点，进入现有目标市场。

进入市场的障碍，往往以有待解决的问题的形式存在。解决这样的问题，也就是一种机会。第一，对于那些产品差异性小的竞争者，往往以较低价格的策略设置进入障碍。第二，如果现有目标市场的地理形势对竞争者有利，那么，就会形成垄断策略，并设置进入障碍。第三，竞争者用加强管理和市场知识来提高自己品牌的用户信赖程度，也是现有市场进入者的障碍。第四，竞争者通过对销售渠道的管理和控制，阻止市场进入者借鉴和利用自己的销售渠道。第五，企业进入现有目标市场必须进行渠道网络建设、促销广告工作等。这些都要花去费用，如果这些费用过高，加大了进入成本，也是进入市场的又一客观障碍。

（2）扩大市场份额机会的识别。对于已经进入现有目标市场的产品，市场渗透的主要目标是扩大市场份额。而企业产品市场份额的主要来源，是市场潜量剩余（市场饱和点与市场销售量总和之差）和抢占竞争者的市场份额。当整个现有目标市场的产品销售量达到最大并开始或持续下降的时候，就说明该产品在现有目标市场的销售量达到了饱和点，也就是说产品处于它生命周期的成熟阶段或衰退阶段了。确定市场饱和点，才能估计市场营销潜量剩余，明确渗透方向。

2. 市场开拓

企业以现有产品去满足现有目标市场以外的市场的需求，称之为市场开拓。识别市场开拓机会要注意：其一，以人口为线索，寻找现有产品的新目标市场的需求。例如，当香水（现有产品）还只为女性（现有市场）使用时，可以利用广告等宣传手段说服男性（新目标市场）开始使用香水。这就是所谓"引导消费"手段。其二，以地理为线索，寻找现有产品的新销售区域。可以把现有产品销往其他地区，甚至销往国外。其三，开发现有产品的新用途，发现现有产品的新目标市场。现有产品的已知用途只能满足现有目标市场的需求，如果发现了现有产品的新用途，就能满足现有市场以外市场顾客的需求。比如，杜邦公司就是通过不断发现尼龙的新用途而实现市场开发的。尼龙一开始是用于制作降落伞的合成纤维，然后作为女袜的主要原料，后来又作为制作服装的布料，再后来又成为汽车轮胎、沙发椅套、地毯的材料。

3.产品开发

随着社会的进步,顾客需求不会停留在原有水平上,不同顾客也会有不同层次的需求。因此,企业必须进行产品创新,不断开发新产品来满足现有目标市场上不同层次顾客不断变化的需求。

(1)分析现有产品的问题与缺陷。着重调查和分析顾客对现有产品的不满和意见,以形成符合顾客需求的新产品构思。当然,既不应忽视依靠企业研发部门和其他员工得到新产品构思,也不应忽视企业外部的发明家、专利代理人、大学和科研院所等新产品构思的来源。香港牛奶公司曾先后以"新鲜牛奶"和"脱脂牛奶"为定位把产品推向市场。后来通过调查了解,相当多的香港人开始意识到钙元素在预防骨质疏松症中起的重要作用,也有些人担心喝含脂牛奶会摄入过多脂肪,而低脂牛奶的口味通常又不够鲜美。于是,该公司决定开发脱脂味美的"高钙牛奶"全新产品。

(2)对现有目标市场再细分。现有目标市场的消费者需求基本上一致,但不是完全一致。其中,任何两个消费者的需求都存在差异,虽然这些差异可能很微小。更为重要的是,同一目标市场的消费者需求会随着时间的推移发生变化,微小的需求差异会演变成较大的需求差异。因此,对现有目标市场可以再细分,从而发现现有产品的不足,启发新产品的创新灵感。

(3)外部环境变化产生新的需求。企业要经常分析外部宏观环境变化将给消费者带来什么新需求。比如,长期以来人们的消费集中于衣、食、住、行等物质消费方面,但在文化消费需求方兴未艾的形势下,在诸如文化、娱乐、健身、旅游等方面就有很多开发新产品的机会。

4.多角化

多角化经营是以新产品去满足新市场的需求。因此,多角化机会既包括产品开发带来的机会,又包括市场开拓带来的机会。这要求企业同时识别到多个市场机会。

(三)市场机会分析与选择

1.机会潜在吸引力与成功概率

当识别和发现了营销机会后,紧接着要做的事就是选择最佳营销机会。选择最佳营销机会的常用方法是机会吸引力与成功概率矩阵分析法(图 3-8)。

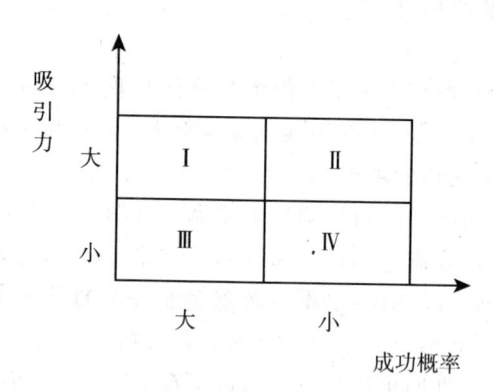

```
        吸
        引
        力
        大 │   Ⅰ   │   Ⅱ   │
          ├──────┼──────┤
        小 │   Ⅲ   │   Ⅳ   │
          └──────┴──────┘──→
            大      小
                            成功概率
```

图 3-8　机会吸引力与成功概率矩阵分析图

象限Ⅰ为吸引力、可行性俱佳的市场机会,此类市场机会的价值最大。通常,此类市场机会既稀缺又不稳定。企业营销人员的一个重要任务就是要及时、准确地发现有哪些市场机会进入或退出了该区域。该区域的市场机会对企业营销活动是最理想的。

象限Ⅱ为吸引力大、可行性小的市场机会。一般来说,此类市场机会的价值不会很大。除了少数热衷于冒风险的企业,一般企业不会将主要精力放在此类市场机会上。但是,企业应时刻注意影响其可行性大小的内、外环境条件的变动情况,并做好当其可行性变大进入象限Ⅰ时可做出迅速反应的准备。

象限Ⅲ为吸引力小、可行性大的市场机会。此类市场机会的风险低,获利能力也小。通常,稳定型企业及实力较弱的企业会以该类市场机会作为其常规营销活动的主要目标。对该区域的市场机会,企业应注意其市场需求规模、发展速度、利润率等方面的变化情况,以便在该类市场机会进入象限Ⅰ时可以迅速有效地予以把握。

象限Ⅳ为吸引力、可行性皆差的市场机会。通常情况下,企业不会去注意该类价值最低的市场机会。该类市场机会不大可能直接跃居到象限Ⅰ中,它们常需经由象限Ⅱ、Ⅲ才能向象限Ⅰ转变。当然,也有可能在极特殊的情况下,该区域的市场机会的可行性、吸引力突然同时大幅度增加。企业对这种现象的发生也应有一定的准备。

在这个矩阵中,位于象限Ⅰ的是非常有吸引力、成功率高的机会,企业要紧紧抓住它;而位于象限Ⅳ的是没有吸引力、成功率较低的机会,企业可以忽略它;位于象限Ⅱ和象限Ⅲ的机会,有一定程度的吸引力和成功率,要仔细分析以争取增大其吸引力或扩大其成功率,增大机会的利用价值。

需要注意的是,同一市场机会在不同企业的机会吸引力与成功概率矩阵中的位置是不一样的。这是因为,对于拥有不同经营环境条件的企业,市场机会的利润率、发展潜力等影响吸引力大小的因素状况,以及可行性均会有所不同。

2. 营销机会与经营宗旨的同一性

最佳营销机会的选择,还必须考虑该营销机会与企业经营宗旨的同一性。如果市场机会与企业的形象定位、经营宗旨等越一致,说明相互之间越匹配。否则,最好是放弃这种机会。

(四)旅游营销机会利用:途径与效果

旅游企业对营销机会的利用有很多可供选择的途径。而具体选用哪一途径,关键在于其效果。

1. 借助名人

在传媒业发达的今天,名人往往拥有很高的曝光率和感召力,借助名人的影响来推广旅游产品、提升旅游产品品牌,已经成为一种有效的营销机会利用手段。现代营销理论指出,让消费者在众多相似的同类产品中记住其中某一产品是比较困难的,但如果通过一个有特点的公众人物来引导消费者记忆,往往会收到良好的效果。

案例 3-5 "横渡抚仙湖",玉溪人全国露脸

北京体育大学教师张健,因先后成功横渡渤海海峡和英吉利海峡而成为名人。2002年8月3日,云南玉溪市人民政府、云南省旅游局邀请这位"中国铁人"再次向运动极限发起挑战——在海拔为1 722米的高原上横渡直线距离长达34.2公里的云南玉溪抚仙湖。这也是中国人首次在高原地带进行超长距离的横渡活动。

玉溪抚仙湖位于云贵高原上,是中国最深的淡水湖泊,平均水深87米,湖底有多处汉唐时期的古建筑,湖水清澈,透达5至8米。这是张健挑战的第一个中国内陆湖,其长度比英吉利海峡长,而且还将克服过去从未遇到过的缺氧的高海拔、浮力低的淡水、强烈的紫外线等"拦路虎"。因此,引起了国内外媒体的高度关注。

2002年8月3日,张健在万众瞩目下从抚仙湖的最南端江川孤山风景区的玉带河码头下水,经过12个小时的艰苦努力,终于成功到达抚仙湖最北端的澄江金沙滩浴场登岸,直线横渡了整个抚仙湖。而中央电视台的电视直播,也直观地把原先默默无闻、偏处云贵高原的抚仙湖的秀丽风光展现给了世人。

事后,这一活动的组织者表示:张健横渡抚仙湖是属于运动方面的项目,跟当地开发抚仙湖旅游业的发展定位结合得相当紧密。事实证明,借助媒体高密度的新闻报道,通过名人效应来提升抚仙湖知名度的目的已经完全达到。

(资料来源:郭羽.营销宣传策划.南昌:江西人民出版社,2005)

2. 利用事件

正在发生的引人注目的事件,也是一种非常值得借助的力量。另外,当没有现成的事件可以利用时,也可以"制造"一个事件。1999年11月16日,"中国2000年委员会"在北京人民大会堂向国内外媒体宣布:浙江温岭市的石塘镇将成为中国内地沐浴新世纪第一道阳光的地点。温岭市市政府敏锐地把握住了这一机会,迅速决定举办"阳光节",并建立"新世纪第一缕阳光纪念碑",希望通过搞好"阳光经济"来带动温岭的经济发展。据统计,全国先后有400多家媒体进入石塘报导。浙江电视台通过电视直播让全国人民共享了新世纪第一缕阳光照耀中国内地这激动人心的一刻。在媒体的高度关注下,温岭旅游迅速升温。从消息发布到2000年1月2日,温岭市共接待游客16.96万人。其中,1999年12月31日夜到2000年1月1日上午,在石塘观看新千年日出的游客就达10万人,旅游收入超过1.2亿元。

3. 借助影视作品

一部由名导执导、明星演出的影视剧,会成为社会关注的焦点。与这样的影视剧产生联系,并借助公众对这一影视剧的关注来宣传自己,是旅游产品迅速成名的一条捷径。电视连续剧《三国演义》和《水浒传》的播出,让无锡的影视城异常红火,而李安的《卧虎藏龙》,也使浙江安吉的"竹海"在短时间内闻名全国。在悟到了这个道理后,精明的浙江人主动出击,像追星族一样争抢知名摄制组,使多处浙江旅游胜地因影视剧而出名。

案例 3-6 新景点"重阳宫"对外开放

因先后有《笑傲江湖》、《射雕英雄传》、《天龙八部》、《白蛇传》等几十部影视剧在浙江新昌县拍摄外景,影视旅游已成为新昌旅游的又一主打品牌。为了继续做强做大这一产业,新昌旅游局投资2 000多万元,在十九峰景区为《神雕侠侣》剧组建成了影视拍摄场景——"重阳宫"。

"重阳宫"占地15 000平方米,分别由山门、文昌阁、三清殿、观象台等建筑组成。它依山而建,宏伟壮观,室内空间宽敞明亮,适合剧组活动和拍摄,其建筑及彩绘以宋代特征为主体,富有道教文化底蕴,艺术性强,文化品位高,具有厚重的历史感。周围环境清幽,小桥流水环绕,生态保护完整,不仅是一处理想的影视拍摄基地,更是一处让人流连忘返的旅游新景观。"重阳宫"开放之际,适逢金庸大片《神雕侠侣》来新拍摄。全副创作班底200多号人马浩浩荡荡进驻新昌,给新景点增添了热闹气氛。其间,游客也有机会深度透视明星的真实表演,一睹明星的风采,通过与偶像零距离接触,在激情和互动中充分感受新昌影视旅游文化的无穷魅力。

影视旅游给新昌带来了风光,带来了幸运,也带来了人气。2005年1～3月,全县共接待游客51.75万人次,同比增长9%,旅游收入3.5亿元,同比增长10%;星级宾馆、饭店入住率达到了70%。旅游已真正成为新昌的一大支柱产业。

[资料来源:新昌旅游简报,2005(7)]

五、旅游环境威胁:预警与对策

任何企业在发展过程中都不可能一帆风顺,各种风险与突发事件会随时袭来。是否具有预警系统并能够快速地采取相应对策行动,直接关系到企业的生死存亡。旅游企业也是如此。

(一)旅游营销预警系统

旅游企业最无法控制的因素就是营销环境。营销环境诸因素的任何异动,都可能会给企业带来风险,包括供应商风险、营销中介风险、竞争风险、顾客风险、公众风险。其中,任一风险都很可能导致企业出现营销失误或失败,甚至使企业陷入危机。为此,企业预警系统理论,即通过环境分析对企业营销活动进行预警的方法便应运而生。"一种环境因素的预警系统,是对未来影响企业产品和市场的环境因素所做的分析"(杰恩,1981)。

为了对旅游企业营销环境中的各种风险进行识别、分析与评价,并由此做出警示,及时矫正和控制营销活动中可能发生的重大失误与波动现象的早期征兆,必须进行旅游环境分析,包括监测、识别、诊断与评价。

第一,监测。旅游企业环境分析预警管理活动的前提,是确立旅游企业营销环境中的重要因素为监测对象,即在营销环境中最可能影响企业经营活动,最可能出现营销行为失误和营销管理波动或对营销活动具有举足轻重作用的因素。营销环境监测工作的任务,一是过程监视,即对营销环境变动的过程进行全过程监视;二是对大量的监测信息进行整理、分类、存储、传输,通过建立监测信息档案进行全面的比较,其手段是采用科学合理的指标体系,并按程序化、标准化、科学化原则来处理。

第二,识别。通过对监测信息的分析,可确定企业营销环境中已发生的劣性状态和将要发生的劣性活动趋势。其主要任务是:应用"适宜"的识别指标判断哪个环节已经发生或即将发生劣性状态。这对整个预警系统的活动是至关重要的。

第三,诊断。对已被识别的各种劣性状态进行成因、过程的分析和发展趋势预测,以明确哪种状态是主要的,哪些是从属的、附生的,并对其主要劣性状态的成因背景、发展过程及可能的发展趋势进行定量的描述。

第四,评价。对已被确认的主要劣性状态进行损失性评价,明确在此背景下会继续遭受什么冲击。其主要任务,一是进行营销损失的评价,包括直接损失和间接损失;二是社会损失的评价,包括经济损失和社会波动后果的评价。环境分析预警评价活动所使用的评价指标,应当是社会公认的或法律所认可的,或是从社会调查所获得的,其评价结论是"预控对策"系统开展活动的前提。

在对环境风险进行分析评价后,可对风险等级档次设定警戒线。警戒线的设定,要根据旅游企业营销实际及以往经验而定。在营销风险中,按照可能带来损失程度的大小,可分为无风险(正常状态)、低度风险、中度风险和高度风险。风险报警,可采取"亮牌"的方式。假如,评价结果为B,当B所取的最大值对应的风险状态为正常状态时,则出示"绿牌";当B对应的状态为低度风险状态时,则出示"黄牌";当B对应的状态为中、高度风险状态时,则出示"橙牌"、"红牌"。亮牌的目的,主要在于警示风险管理决策者及时调整营销策略,以减少损失或危机发生的可能性,使营销组织处于安全状态。

(二)旅游环境威胁分析及对策

旅游环境威胁指的是环境中所存在的导致旅游市场被侵蚀,危害旅游企业生存和发展的可能性。旅游环境威胁的识别与旅游环境机会识别在具体操作上往往是同时同步进行的。

1. 环境威胁分析

旅游环境威胁的程度和出现的可能性是有所不同的,制订对策措施要区分轻重缓急。旅游环境威胁分析的方法,主要是根据威胁出现概率和潜在严重性矩阵(图3-9)。

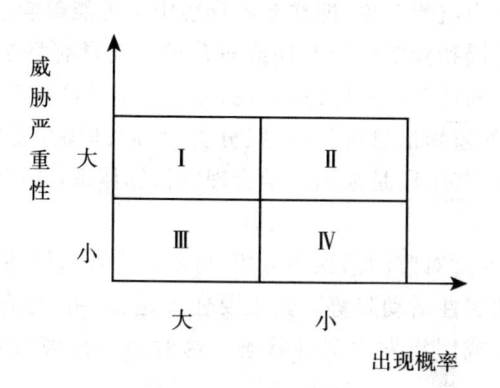

图 3-9　威胁潜在严重性与出现概率矩阵分析图

在这个矩阵中,位于象限Ⅰ的是发生可能性大、影响程度大的威胁,应该引起营销人员的高度注意,并需要通过制订有效的对策措施来应对或者采取一定的方法来避免威胁。

位于象限Ⅱ和象限Ⅲ的威胁,有一定的发生可能性和影响,营销人员不可轻视,而应密切关注,随时掌握其动态,并进行分析和预测,提前做防范准备,尽量降低其发生的可能性,减小其影响程度。

位于象限Ⅳ的是发生可能性小、影响程度小的威胁。对于这类威胁,企业要注意观察,防止它因环境发生变化而向象限Ⅱ和象限Ⅲ转变。

2. 威胁对策

应对威胁,主要是为了阻止潜在的威胁成为现实的威胁,或者减少威胁带来的损失。下面列出了应对威胁的三种基本对策:

其一,反对策略,即努力设法限制威胁,或者扭转不利因素的发展,化不利为有利。

其二,减轻策略。威胁总是存在的,实在无法对抗则可设法减轻,即减轻环境威胁的严重性。

其三,转移策略,即躲开环境威胁,钻对手的空子和薄弱环节,或者寻找新的有利机会,以新有利机会抵消威胁带来的不利局面。

案例 3-7　水危机的应对

某酒店所在地是一个缺水城市。夏天干旱少雨,自来水公司无法保证正常供水,不得不限量供水。该酒店供水量比正常需要量减少了 1/3,面临供水危机。为此,酒店发动员工讨论应对办法,经过讨论增强了全店的节水意识,制定了"绿色节水行动方案",从环保的角度考虑节水问题。主要内容为:在每间客房提醒住店客人节约用水,根据客人需要洗涤"五巾",以减少"五巾"的洗涤次数,减轻洗涤剂对环境的污染;严格控制洗衣房、厨房、桑拿室、游泳池等场所的用水量,在供水最紧张时,还雇用了车辆以 3 元/吨的价格从 100 公里以外运水,以保证酒店正常经营。通过采取这些措施,酒店顺利克服了"水荒",节省了大量水费开支,更重要的是还把绿色节水行动延伸为整个酒店的绿色经营,赢得了"绿色酒店"的美誉。

(资料来源:深度经理人网,http://www.ctceo.com)

思考与练习题

1. 旅游企业为什么需要制定营销战略?
2. 旅游营销战略规划的一般程序、要求及其战略规划过程是怎样的?
3. 旅游企业如何进行营销调研?
4. 旅游市场预测常用的方法有哪些?
5. 旅游企业为什么要进行营销环境分析?
6. 旅游企业微观营销环境和宏观营销环境分别包括哪些因素?
7. 环境机会和企业营销机会有什么区别?

8. 旅游企业如何识别和选择营销机会?

9. 旅游企业如何利用环境机会?

10. 旅游企业如何应对环境威胁?

11. 请拟就"某地大学生旅游消费情况调查"设计一份调查问卷。主要内容包括:大学生消费行为特点,影响大学生旅游购买行为的主要因素,大学生购买行为类型,大学生参与购买决策时所扮演的角色等。然后进行实地调查。最后,根据调查结果,针对大学生旅游市场提出相应的营销策略。

要求:设计一个调查方案,实施调查方案后,提交一份调研报告。

12. 案例分析题

里兹—卡尔顿酒店的优先处理单

里兹—卡尔顿酒店集团总裁及首席经营官郝斯特·舒尔兹正在思考一个问题,即如何使酒店的经营再上一个台阶?因为,目前还存在许多客人的投诉,酒店还在失去客人。

舒尔兹先生想,"这还不够好,我们必须找到做得更好的方法。真正的质量意味着零缺陷以及100%的回头客。这才是我们应努力的目标"。舒尔兹清醒地认识到:其他高级酒店决不会袖手旁观而让里兹—卡尔顿把客人吸引走,它们会在产品、服务及质量,特别是在质量上满足客人的要求。豪华酒店的市场是狭窄的,且变得越来越窄小。里兹—卡尔顿决不能躺在功劳簿上停滞不前,应考虑在保证产品质量的前提下,如何吸引豪华酒店市场以下层次的顾客。

回顾里兹—卡尔顿的发展历史,其主要是以产品和服务取胜。集团营销副总裁吉姆·迪查尔拉总结说:"过去里兹—卡尔顿人倾向于闭门造车。酒店的客房都一个样——一张床、一盏灯和一块地毯。我们必须为客人提供更多的服务,使他们认识到我们的酒店是可以信赖的。我们必须把精力集中在提高酒店可信度方面。成功的企业不仅拥有优质的产品,而且在向市场传达其价值和所提供服务方面所做的工作应更胜一筹。我们过去从来不跟踪投诉。事实上,我得说过去从来不知道我们有问题,原因在于我们一直是行业的老大,而这恰恰就是问题所在。当有人花300美元只住一晚上时,那就是问题;当有的客人认为我们名不副实时,那就是问题。"

在舒尔兹的敦促及有力支持下,里兹—卡尔顿酒店开始寻找经营上的主要问题。第一,客人想要什么?因为本来不想打扰他们,也就从来没问过他们。第二,如何保证为客人提供个性化的服务?第三,如何确实使酒店经营系统运转正常?第四,如何把酒店这样的住所信息传达给市场?

(资料来源:知行经理人家网,http://www.manager365.com)

思考题:请根据案例为里兹—卡尔顿酒店设计一个营销战略的初步框架。

第四章 营销战略:旅游市场分割、优选与定位

本章提要

旅游营销战略规划在经过了第一步营销环境分析的基础上,紧接着的是依据旅游者的不同旅游需要进行旅游市场细分、目标市场优选和市场定位;同时,还需要确定市场竞争战略。

第一节 旅游市场:分割与甄别

一家宾馆(或酒店、饭店)无论规模有多大,实力有多强,总不能满足全部消费者的所有需求,而只能满足市场上某一部分消费者的某种需求。一家宾馆在开放的市场经济环境中,面对众多的竞争者,如何扬长避短,找到适合自己的目标市场?这是每家宾馆,特别是新开张的宾馆在决策时都要面对的问题。问题的答案是:对市场进行细分,选择自己的目标市场,并进行准确的自我定位,以明确自己的宾馆是为满足哪类消费者的哪种需求而从事生产和销售的。只有在市场细分的基础上确定自己的目标市场,制定自己的经营战略,研究和推出与众不同而又适销对路的产品和服务,才能在市场竞争中取得一定的市场份额,获得一

定的效益。

一、旅游倾向与市场细分

"市场细分"是20世纪中叶由美国市场营销学者温德尔·斯密（Wendell R. Smith）提出的概念。旅游市场细分就是将整个旅游市场（所有旅游产品的购买者）划分成若干具有不同旅游需求特征的购买者群或游客群。

市场细分不仅是分析旅游者消费需求的一种手段，还是衡量旅游企业是否能真正树立了"以消费者为中心"的市场营销观念的根本标志。实践证明，科学合理的市场细分，对旅游企业开展有效的市场营销活动、实现企业战略目标均具有重要意义。

（一）分析、发掘新的市场机会，开拓新的旅游目标市场

市场细分可有效地分析和了解旅游者不同的旅游需求、满足程度和旅游市场上的竞争状况，迅速发现那些尚未满足或者未被充分满足的旅游需求，并针对这些需求，创造条件迅速开拓新的旅游市场机会，形成新的目标市场。例如，随着韩国电视剧在中国的流行，一些中国旅游者对韩国的美食和美景极为向往，苏州中国国际旅行社捕捉到这一市场机会，有意识地开发这一细分市场，针对旅游者对韩国的兴趣，推出了韩国"大长今"旅游等旅游项目，受到游客的极大欢迎。

（二）优化营销组合策略

旅游企业要想有效地实施市场营销组合策略，第一步就是要对整体市场进行细分，确定目标市场。因为，任何一个市场营销组合优化策略的制定，都是针对欲进入的目标市场的，离开了目标市场，所制定的市场营销组合策略将是无的放矢。而且，细分后的市场相对规模较小，企业比较容易观察和分析旅游者的反应，更便于企业根据新情况及时调整市场营销组合策略。

假日旅游热使旅游者越来越关注假日出游交通是否方便，是否能找到既便宜、舒适又卫生的旅馆等问题。厦门青年旅行社针对这一情况，及时推出了既可以住宿，又可以当旅游交通工具的"住人旅游汽车"，不仅很好地解决了旅游者的住、行之需，还可以前往很多非常规景点游玩，巧妙地通过旅游市场细分解决了住宿、交通紧张等问题，吸引了大批客户。

（三）增强企业竞争力

在旅游市场竞争日益激烈的情况下，通过对旅游市场的细分，旅游企业可以先选择那些最适合自己的子市场作为目标市场，在占领了这些子市场后，再逐步向外渗透，从而扩大市场占有率。而且，在较小的细分市场开展旅游市场营销活动，增强了旅游市场调研的针对性，有利于发现目标消费者的需求特性，便于调整旅游产品的组合和结构，增加旅游产品特色，提高旅游企业的竞争力。

二、旅游需求的异质性与同质性

旅游市场细分主要根据旅游产品购买者的需求特征而定:旅游产品购买者的需求特征,在个体上具有"异质性",在群体上具有"同质性"。旅游市场兼具异质性与同质性二种特征。消费者对产品的需求是千差万别的,就形成了异质性;但总有相当数量的消费者对产品的需求倾向是一致的或相似的、相近的,便又形成了同质性。这种同质性和异质性是可以聚集和细分的。市场细分就是通过求同存异,把具有同质性需求的消费者划分成细分市场。消费者的需要、动机、购买行为的异质性与同质性,是市场细分理论的基本依据。

三、旅游市场细分:变数与主要类型

旅游市场细分的变数是指旅游市场细分时所依据的条件,由旅游消费者不同的行为及其影响因素构成。由于受年龄、性别、收入、职业、教育程度以及生活方式的影响,消费者表现出的需求和行为存在着很大的差异。细分旅游消费者市场需要使用一系列的变数,具有代表性的市场细分变数主要有地理因素、人口因素、心理因素、行为因素等。

(一)地理变数

旅游企业可按照地理位置与自然环境来细分旅游市场。比如,根据国家、地区、城市、乡村、气候、地形地貌等所形成的旅游需求差异,将整个旅游市场分为不同的细分市场。地理因素是消费者的生存环境,与消费者的需求有较大的相关性。生活在不同地理环境中的旅游者,对于同一类旅游产品往往有不同的需求和偏好,其对旅游企业采取的营销策略和措施也会有不同的反应。

1. 国外市场与国内市场

世界旅游组织根据地区间在自然、经济、文化、交通以及旅游者流向、流量等方面的联系,将世界旅游市场细分为六大旅游区域,即欧洲市场、美洲市场、东亚及太平洋地区市场、南亚市场、中东市场和非洲市场。其中,欧洲市场是最繁荣的旅游市场,其次为美洲市场,这两个洲的旅游者的旅游欲望强烈,喜欢度假旅游。而东亚及太平洋旅游区是发展最快的旅游市场。按照客源来分,与国外市场相对的便是国内市场,即一国或地区境内的市场。

2. 城市市场与农村市场

城乡之间存在着差异,由于城市生活水平较高、经济情况较好、获取信息较容易、交通发达等原因,城市外出旅游者的人数较农村多,尤其是城市环境拥挤、工作压力大、生活节奏快,喧嚣烦闹使得更多的人利用节假日出游调节身心,从而形成城市市场。

3.远程旅游市场和近程旅游市场

从旅游输出国与旅游接待国之间的空间距离看,旅游市场可以分为远程旅游市场和近程旅游市场。一般来说,远程旅游需要时间较长,旅游消费较高,游客多为经济比较富裕、休闲时间较为充裕、生活条件较为优越的中上层人士,他们在一个国家或地区停留时间长,消费支出高,往往给旅游目的地带来较高的旅游收入。近程旅游由于旅行时间短,旅游花费也相应较少,常常为那些空闲时间较短、收入水平较低的旅游者所采用。

此外,一般而言,客源地与目的地在地貌、气候、地形、水体、生物构成等自然旅游资源方面的异质性越大,对旅游者的吸引力越大。例如,中国北方冬季寒冷,而南方广东、福建、海南等地冬季气候温和,很适宜北方旅游者冬季去南方旅游;反之,江南一带四季少冰雪,严寒北方的冰雕和冰上运动便吸引着南方的广大旅游者。美国、加拿大等国游客把加勒比海地区和夏威夷当作度假胜地,也是因为那里的气候宜人,能够为旅游者提供海滩、阳光等良好的旅游度假条件。世界上以气候为主导因素的自然旅游资源,在旅游市场中占有较为重要的地位,反映了人们对变换自然环境的一种需要。

(二)人口变数

人口因素是划分消费者群体最常用的依据。这是因为,消费者需求、偏好与人口有着很密切的关系。比如,只有收入水平高、有较多休闲时间的消费者,才可能成为国际出境旅游产品的经常购买者。并且,人口因素比较容易衡量,有关数据相对容易获取。人口变数主要包括年龄、性别、家庭规模、家庭生命周期、收入、职业、教育程度、宗教、种族、国籍等。

1.老年旅游市场、青年旅游市场和儿童旅游市场

消费者的需要与欲望会随着年龄而变化。所以,不同年龄阶段的旅游者对旅游产品的刺激反应有所不同,其需求程度和消费方式也不同。

老年旅游市场:他们具有较高的经济能力,是远程旅游者的主要组成部分。老年旅游市场对旅游目的地产品的质量,特别是住房条件、饭菜质量较为关心。一般来说,优质产品较适合这个市场。随着人口老龄化程度的加快,该市场日益扩大,成为旅游营销者关注的一个重点。像凯悦、马里奥特等大型酒店管理集团已经建立了老年生活中心,以满足这个细分市场的需要。

中年旅游市场是旅游市场的主力,其人数最多,潜力最大。中年旅游市场中以观光旅游者居多,还有一部分是商务旅游者,消费水平高,在外停留时间长,是最有经济效益的旅游市场。

青年旅游市场:青年人富有朝气,精力旺盛,喜欢选择刺激、冒险性以及参与性强的旅游项目。该市场潜力大,但受收入水平的限制,旅游营销者从青年旅游

市场获得的经济效益较低。

儿童旅游市场,儿童生性活泼好动,对趣味性、娱乐性和知识性强的旅游项目感兴趣,对美食、旅游商品也有浓厚的兴趣。对这个市场上尤其要注意:儿童的旅游活动往往可以决定一个家庭的旅游决策。所以,这个市场的潜力很大。

案例4-1 青年旅馆

1909年,德国一位名叫理查德·斯奇曼的教师带领一班学生徒步旅行,途遇大雨,只能在一个乡间学校里,以稻草铺地当床,度过了艰难的一夜。彻夜未眠的教师,萌发了建立专门为青年提供住宿的旅馆的想法。

理查德·斯奇曼主张青年走出校门,亲近自然。"所有的男孩、女孩都应该走出校门,参加远足,留宿青年旅馆。"他带着这一想法四处游说,最终为人们所接受。

1912年,世界上第一个青年旅馆在德国一个废弃古堡中诞生,并奠定了青年旅馆的基本结构,即以"安全、经济、卫生、隐私"为特点,室内设备简朴,备有高架床、硬床垫和被褥、带锁的个人储藏柜、小桌椅、公共浴室和洗手间,有的还有自助餐厅、公共活动室,受到了青年人的广泛欢迎。仅一年后,青年旅馆即达到83家。到1997年,国际青年旅馆联盟在全球共有65个成员国,共有青年旅馆4 500家,有国际会员350万人。青年旅馆早已成为世界上最大的住宿连锁组织,世界上有1 000万青年旅游者在使用青年旅馆。

(资料来源:根据相关资料整理)

2. 男性旅游市场和女性旅游市场

男性旅游市场,以男性为主,主要是公务旅游者;女性旅游市场,以女性为主。以往,家庭旅游多由男性做出决定,但随着社会进步,女性受教育程度的提高与就业状况的改善以及家庭收入特别是家庭可自由支配收入的明显增加,女性在度假和公务旅游方面的人数呈上升趋势。澳大利亚旅游业一项调研显示,家庭旅行的70%决定权掌握在女性手中;悉尼的The Ork公寓酒店统计,商务客人有35%为女性。喜来登等酒店在设计客房时已经考虑了女性的需要,这些设计上的变化包括大堂酒吧、健身设施以及客房的浅色装修风格。有些宾馆在做广告的时候,也巧妙地增加了一些女性经理人的形象。

3. 高档市场、中档市场和低档市场

家庭可自由支配收入水平的高低,直接影响着旅游消费水平和旅游消费构成。所以,以消费者收入水平细分旅游市场具有较为普遍的意义。当一个家庭的收入尚不足以购买基本生活必需品时,该家庭很少会外出旅游。然而,一旦这个家庭的收入超过某个临界点,该家庭用于旅游的消费便会增加。据统计,在20世纪,90年代中期的美国,年收入在20 000美元以上的家庭,外出旅游的可能性比年收入低于这一数字的家庭大2倍;年收入在30 000美元以上的家庭外出旅游更多,相当于年收入6 000美元以下家庭的5倍。一般地,收入水平可分为高收入、中等收入和低收入。据此,旅游市场就可细分为高档旅游市场、中档旅游市场和低档旅游市场。

此外,按照年龄、婚姻和子女的状况,可以将家庭划分为单身阶段、新婚阶段、满巢阶段、空巢阶段以及孤独阶段等,在家庭生命周期的不同阶段,家庭购买力、家庭人员对旅游产品的兴趣与偏好会有较大差别。

单身阶段:年轻,单身,几乎没有经济负担,新消费观念的带头人,属于娱乐导向型旅游者。

新婚阶段:年轻夫妇,无子女,经济条件较好,购买力强。有空闲时间外出旅游,一般进行度假旅游,是一个很有潜力的旅游市场。

满巢阶段:子女小于6岁时,家庭有负担,很少有闲暇时间,难以外出旅游。总的来说,孩子年龄大于15岁的家庭比小于15岁的家庭外出旅游机会更多些,经济情况较好者,往往选择观光旅游、游船旅游等方式。

空巢阶段:年长夫妇,子女离家自立。前期收入较高。购买力达到高峰期,较多购买老年用品。娱乐及服务性消费支出增加。对休养旅游很感兴趣,多采取出国旅游方式。

孤独阶段:单身老人独居,收入锐减,但特别注意情感、关注等需要及安全保障。在这种独居的单身老人中,健康状况许可且有一定支付能力者会有结伴外出旅游的需求。

(三)心理变数

旅游市场可根据旅游者的特点、态度、兴趣、动机或生活方式等心理特征来进行细分。消费者实现旅游需求的主观条件,根本上还在于旅游动机;而个人心理特征对旅游动机的形成起着重要的作用。

1.旅游者的出游动机不同

旅游动机是推动和维持旅游者进行活动的内部原因和实质动力。日本心理学家今井省吾指出,现代人的旅游动机有"消除紧张感的动机"、"自我完善的动机"和"社会存在的动机"。具体来讲,一是消除紧张感的动机,包括交际气氛、从繁杂中解脱出来、接触自然。二是自我完善的动机,包括对未来的向往、接触自然。三是社会存在的动机,包括访友交际、集体旅行、了解常识、家庭团圆等。

不同旅游者的旅游动机是不同的。从我国旅游市场构成上看,有国内旅游者、外国旅游者和华侨、港澳台同胞旅游者,他们的主导旅游动机是各不相同的。国外旅游者的主导旅游动机是欣赏我国几千年的文化古迹,了解我国的生活方式、风土人情等;广大华侨、港澳台同胞大多出于乡土观念,因想念亲人而归国旅行、探亲访友、寻根问祖,以社会交往为主导旅游动机;国内的长线旅游者主要出于文化方面的动机,多数人外出旅游是为了游览祖国的名山大川、名胜古迹;国内的短线旅游者主要是出于健康娱乐动机,即利用节假日休息娱乐。

2. 旅游者的生活方式各异

生活方式主要受到人们的生活习惯、消费倾向、对周围事物的看法,以及人们所处的生活环境等方面的影响。生活习惯的不同必然带来旅游需求方面的差异。美国旅游学家将旅游者按照不同的生活方式分为三大类型:需求促使者、根据外界标准行事者和根据自我意图行事者。

(1)需求促使者。这类人生活贫困,仅能维持基本的温饱生活,从旅游企业来看他们不足以成为可开发的市场。

(2)根据外界标准行事者,包括从属者、模仿者和成功者。从属者尽力使自己的价值标准、生活方式、自我实现与辛勤劳动等传统观念相符;他们收入和文化水平较低,喜欢团体旅游,但对外界持怀疑态度,不想尝试新鲜事物,受相关群体影响较大。模仿者为年轻、有抱负、追求地位、收入较高者。成功者为追求成就、讲究实利、收入高、文化水平高者。

(3)根据自我意图行事者,包括自我中心者、实验者和关心社会问题者。自我中心者大部分是20多岁的年轻人,比较冲动,追逐时尚,容易自我陶醉。实验者多为30岁左右,文化水平较高,追求精神生活,能直接经历某种事物,追求享乐,喜欢标新立异。关心社会问题者有中等以上的收入,文化水平高,追求内心发展。自我意图行事者比前两种类别的人更有可能去旅游。自我中心者不是很重要的旅游细分市场;实验者富有创造性,喜欢户外活动;关心社会问题者对异质文化感兴趣,后两者是重要的旅游者。

(四)行为变数

购买行为包括购买动机、购买状态、购买频率、品牌信赖程度、服务敏感度及广告敏感程度等。据此,可将旅游市场划分为若干群体。许多营销人员认为,行为细分是构建细分市场的最佳起点。

1. 旅游目的(购买动机或购买目的)多样

以旅游目的细分旅游市场是一种基本的方法。它为旅游产品的开发设计和营销组合策略的制定提供了主要的依据,由此可确定旅游产品的主要类别。

(1)观光旅游市场,主要是以观光、游览为目的,到异地或异国观赏自然风光、名胜古迹,了解各地风俗习惯、民族风情,以陶冶情操和增长知识。观光旅游市场是传统的旅游市场。

(2)会议旅游市场,其特点是游客身份地位较高、购买力强、停留时间长、旅游花费高;目的是进行学术交流或某些业务往来,对住宿、饮食条件要求高。商务旅游市场游客需要豪华的住宿条件和优质的服务,消费水平也高。会议、商务旅游者往往会在公务之余参与观光旅游活动。

(3)度假旅游市场,是旅游市场中新的主流旅游活动方式。其主要目的是修身养性。旅游者喜欢到海滨、山林等地享受清新空气与幽静环境。度假旅游者的最大需求是健康与娱乐。这一市场的旅游者停留时间长,且重复旅游的比例高。

(4)奖励旅游市场。奖励性旅游者的旅游费用多是由公司、企业、协会等以奖励的方式为员工支付,它为收入较低阶层提供了旅游机会,故发展潜力很大。加强奖励旅游市场的开发,尤其在旅游淡季更具有意义。

(5)探亲访友市场。这一市场旅游者的目的是探亲访友或寻根问祖,具体包括旧地重游、探访亲友、追根求源与寻求文化渊源等。探亲访友旅游者并不在意住宿条件和饮食条件,一般停留时间较长,对价格较敏感。

(6)体育旅游市场。这一市场旅游者的目的是希望通过旅游增强自己的身体素质。当今无论是传统的还是现代的体育旅游项目都吸引了大量的旅游者。体育旅游的形式多样,可根据旅游地的自然条件和气候条件,开展以强身健体、锻炼意志为主要目的的各种活动,如登山旅游、森林旅游、水上运动、驱车运动、骑马旅游、举办各种运动会等。

(7)文艺旅游市场。文化艺术旅游是在现代旅游市场的重要组成部分,这类旅游者主要是以欣赏异地、异国的文化艺术和节庆活动为主要目的。旅游企业应组织各具特色的文化娱乐游,以满足旅游者的不同需求。

2.购买行为各不相同

旅游活动的时间性、季节性非常突出,按购买时间不同,可划分为旺季、淡季及平季旅游市场;还可进一步分出寒暑假市场以及节假日市场(如春节、双休日等)。

按购买方式,即旅游者购买旅游产品过程的组织形式和所利用的渠道形式,可以分为团体旅游市场(Group Traveler Market)和散客旅游市场(F.I.T)。其中,散客旅游市场已发展成为世界旅游市场的主体。在这一市场中,旅游形式呈多样化,包括独自旅游、结伴同游、家庭旅游、俱乐部旅游、驾车旅游、徒步旅游等。

3.消费者所追求的利益有别

结合旅游者消费某种产品和服务时所追求的利益来细分市场,更有助于确定企业的经营方向。地位追求者在购买旅游产品时考虑能否提高自己的声望;追求时尚者参加旅游是为了顺应潮流、与时尚同步;思想保守者则偏爱信任大型的、有名望的企业及其所提供的产品;理性主义者则追求经济、价值等方面的利益,他们讲求效用,关心是否合算;不追随潮流,特别关心自我形象;享乐主义者主要考虑感官上的享受。同一细分市场的需求在不同情况下往往差异很大,如高级管理人员在参加重要会议或洽谈业务时所需要的设备设施和服务,与其作为家庭度假旅游的一员所需要的截然不同,那么,企业对此类追求不同利益的同一细分市场中的顾客便要采取不同的市场营销策略。

四、有效细分市场甄别

旅游企业既可以根据单一细分变数,也可以按多个细分变数对市场进行细分。选用的细分变数越多,相应的旅游子市场也就越多,每一子市场的容量相应就越小。如何寻找合适的细分变数对市场进行有效的细分,在旅游营销实践中绝非易事。一般而言,旅游市场细分应遵循以下基本原则:

第一,可衡量性。这是指细分的市场是可以识别和衡量的,亦即细分出来的市场不仅范围明确,而且对其容量大小也能大致做出判断。有些细分变量,如具有"冲动心理"的青年人,在实际中是很难测量的,以此为据细分市场就不一定有意义。

第二,可进入性。这是指细分出来的市场应是旅游企业营销活动能够到达的,亦即旅游企业通过努力能够使产品进入并对顾客产生影响的市场。一方面,有关旅游产品的信息能够通过一定的媒体顺利地传递给该市场的大多数消费者;另一方面,企业在一定的时期内有可能将产品通过一定的分销渠道运送到该市场,否则,该细分市场的价值就不大。比如,旅游企业的高档的欧洲浪漫豪华游,如果将我国中西部农村作为一个细分市场,恐怕在较长时期内都难以进入。

第三,有效性、效益性。细分出来的市场,其容量或规模要大到足以使企业获利。进行市场细分时,旅游企业必须考虑细分市场上顾客的数量,以及他们的购买能力和购买产品的频率。如果细分市场的规模过小,市场的容量太小,细分工作烦琐,成本耗费大,获利小,就不值得去细分。

第四,对营销策略反应的差异性。各旅游细分市场的消费者,对同一市场营销组合方案会有异质性反应,或者说对营销组合方案的变动,不同细分市场会有不同的反应。如果不同细分市场顾客对产品需求差异不大,行为上的同质性远大于其异质性,此时,企业就不必费力对市场进行细分。对于细分出来的市场,企业应当分别制订出独立的营销方案。如果无法制订出这样的方案,或其中某几个细分市场对是否采用不同的营销方案不会有大的异质性反应,便不必进行市场细分。

五、市场细分并非越细越好:反细分策略

实行市场细分并不是将整体市场分得越细、越多越好。市场细分应以满足消费者差异性需求、发现市场机会、降低营销成本为目的。旅游市场细分也并非分得越细就越经济。因为,在某一时期,不同消费者群体对某些产品的喜好是不相同的,但在另一个时期,他们的喜好又趋于某种"一致化"。此时,继续采用市场细分的方法不仅是多余的,而且是有害的。例如,20世纪70年代之前,城乡青年在衣着方面存在着明显的"差异性",但改革开放以来,特别是进入21世纪以后,一部分富裕地区的农村青年与城市青年之间的需求差异性已经变得越来越小。在这种情况下,实施反细分策略往往会取得较理想的营销效果。

反细分不是反对市场细分,或不要市场细分。反细分策略是指在旅游市场细分基础上,将某些过于狭小的旅游细分市场合并为较大的旅游细分市场;或者说,就是在满足大多数消费者的共同需求基础上,将过分狭小的市场合并起来,以便能以规模营销优势实现以较低的价格满足较大市场的消费需求。

通常,反市场细分策略的实施主要有两种方式:一是以缩减产品线来减少细分市场;二是将几个较小的细分市场合并起来,形成较大的细分市场。这里的基本思路是以"横向营销"来补救"纵向营销"。纵向营销是细分化,而横向营销为反细分化,主要目的是将非受众转化为受众,突破原有细分市场去开拓新市场。这也就是说,在众多旅游企业都陷入细分化的漩涡而不能自拔的时候,反细分化策略或许能出奇制胜。

案例 4-2　广之旅旅行社细分旅游市场

2004年11月,广州市广之旅旅行社推出针对中低端市场的新品牌"新联假期",且所有亮相的一线旅游产品价格纷纷降至"冰点",平均降幅达30%。其中,部分线路的价格降至历史新低,如欧洲五国8日游仅需6 988元(不含签证费及机票税),日本东京大都会3日游3 588元,东京缤纷4日游4 488元,澳洲名城动感6日游(广州往返)5 988元,西藏双飞8日游只需3 988元。港澳游也创下了历史最低价(香港一日游48元、澳门一日游48元),甚至比"广州一日游"还便宜。

这主要依据是,旅游成为大众化的消费,使廉价旅游产品有了一定的市场基础;以保证质量为原则的大旅行社进入这块市场,可以起到规范市场的作用,让客人明明白白消费,清楚知道低价背后包含的价值。例如,在解释欧洲游为何能跌破7 000元时,广之旅表示,价格差异主要反映在对酒店的选择上。通常的欧洲游安排住宿酒店一般在市区,而廉价旅游线路的酒店则安排在郊区,酒店星级标准和档次还是一样的。考虑到冬季欧洲的大部分商店在晚上六点多关门。因

此,普通游客选择住在郊区,不但便宜而且酒店标准和档次适中。

(资料来源:同城网,http://www.17u.net/news/newsinfo_6804.html)

第二节 旅游目标市场优选

旅游企业无法同时满足所有旅游者的需求,且旅游企业的实力也不允许其生产所有旅游者需要的旅游产品。所以,旅游企业在充分利用现有的资源优势条件下,只能够满足整个旅游市场中部分旅游者群的需求。因此,旅游企业必须根据市场潜力、竞争状况,尤其是自身资源条件等多种因素,选择一个或几个细分市场作为目标市场。

一、细分市场评价与比较:目标市场及其优选

旅游目标市场是指旅游企业决定要进入的、具有共同需要或特征的购买者集合。旅游企业对目标市场的选择,是在旅游市场细分基础上进行的,甚至可与旅游市场细分同步进行,其关键是对各旅游细分市场的评价与比较,并选定作为旅游营销活动领域的某一或某些细分市场。

(一)旅游目标市场选择的基础与前提

旅游目标市场的选择有赖于有效的市场细分。有效的旅游市场细分能使旅游企业把握旅游市场的需求特点,从而找准目标市场。

旅游目标市场的选择还取决于旅游企业的经营目标和能力。某些细分市场虽然有较大的吸引力,但不能推动旅游企业的发展目标的实现,甚至分散企业的精力,使之无法完成其主要目标,这样的市场应考虑放弃。同时,还应考虑企业的资源条件是否适于在某一细分市场经营。只有选择那些企业有条件进入、能充分发挥其资源优势的市场作为目标市场,企业才会立于不败之地。旅游者或者组织机构的购买行为特征是确定旅游目标市场的基础性条件。

(二)旅游目标市场的相关评估因素

旅游企业选择某一或者某些细分市场作为旅游目标市场,目的是期望旅游企业进入该领域后具有理想的长期盈利能力,其应考虑以下因素:

1. 旅游目标市场的选择不能仅根据目前的旅游者或者机构组织的购买量,还要考虑其他诸多因素。比如,由于宣传中存在着滞后效应及不到位现象,从宣传到形成市场需求需要较长的时间,且加之各级市场的发育程度也不尽相同。

因此，选择目标市场时，不仅要考虑目前的市场情况，还要考虑今后的发展潜力。

2.明确旅游者或者组织机构的购买行为特征，是保证目标市场实现的基础性条件。这包括旅游者或者组织机构消费的绝对量、可自由支配收入、偏好、闲暇时间的长短等相关影响因素。

3.旅游产品适应旅游者的程度。研究旅游产品适应程度，一是应考察各级市场特定的消费者的旅游习惯及其趋势的变化。不同消费群体的旅游者或者组织机构的旅游消费兴趣具有一定的倾向性，而且会随着经济发展与人们生活方式的改变而发生相应变化。二是应考虑旅游产品的相对优势及其更新。旅游产品是旅游资源、旅游服务和旅游购物的综合体。旅游产品的优势和劣势也是相对的，而且每个旅游企业的产品都会有自己独特的相对优势和劣势。

4.旅游细分市场的结构吸引力。细分市场可能具备理想的规模和发展特征，然而从盈利方面来看，它未必有吸引力。哈佛商学院教授迈克尔·波特认为，有五种力量决定着整个市场或其中任何一个细分市场的长期内在吸引力。这五种力量分别是：同行竞争者、潜在的竞争者、替代产品、购买者和供应商（见图 4-1）。

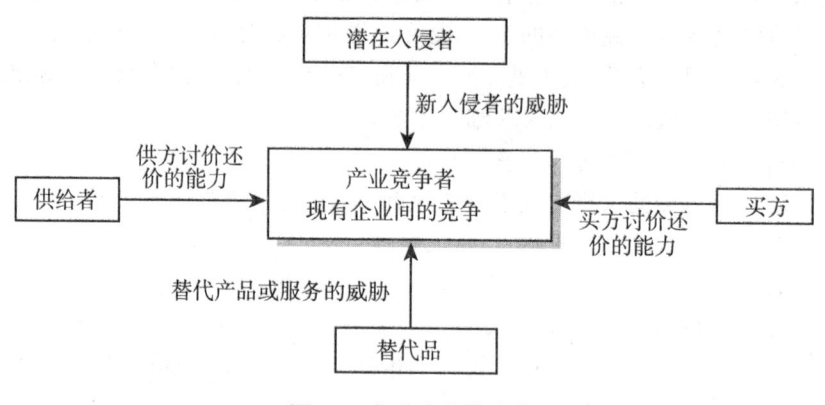

图 4-1 细分市场的力量

（1）潜在竞争者的威胁。如果某个细分市场吸引的，都是生产能力大、资源丰富且竞争力很强的潜在竞争者，那么该细分市场就几乎没有吸引力。问题的关键在于潜在竞争者能否轻易地进入这个细分市场。如果细分市场进入和退出的壁垒都高，那里的利润潜量就大，但也往往伴随较大的风险。如果细分市场进入和退出的壁垒较低，竞争者便可以进退自如，然而获得的利润虽然稳定，但不会太高。例如，旅行社行业就是这样的情况。

（2）替代产品的威胁。如果某个细分市场存在着替代产品或者潜在的替代产品,那么该细分市场就失去了吸引力。替代产品会限制细分市场内价格和利润的增长。旅游企业应该密切注意替代产品的价格趋向。

(3)购买者讨价还价能力。如果某个细分市场中购买者的讨价还价能力很强或者正在加强,该细分市场就没有吸引力。购买者会设法压低价格,对产品质量和服务提出更高的要求,并且使竞争者互相斗争。所有这些都会使销售商的利润受到损失。

(4)供应商讨价还价能力。如果旅游企业的供应商,如原材料和设备供应商、银行等,能够提价或者降低产品和服务的质量,或减少供应数量,那么该细分市场就会没有吸引力。与供应商建立良好关系和开拓多种供应渠道才是防御上策。

二、目标市场营销:策略类型与选择

(一)旅游目标市场选择模式

目标市场选择是在细分市场当中选择最为合适的一个至数个细分市场作为目标市场的活动过程。旅游目标市场选择通常有五种模式(图4-2)。

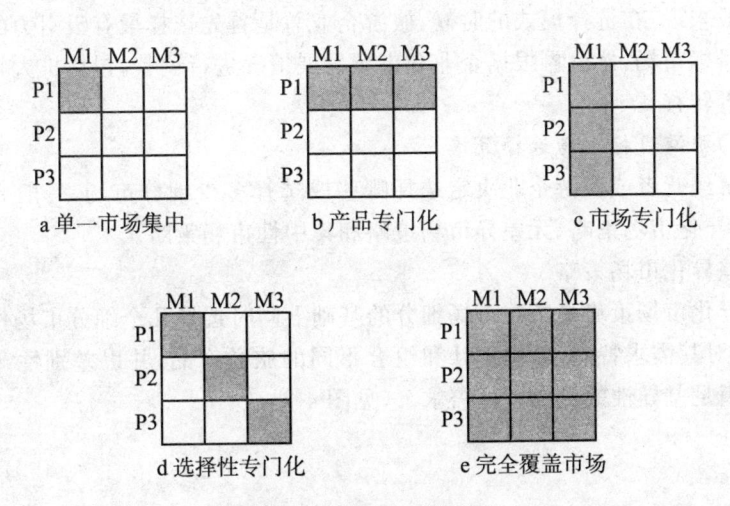

图4-2 目标市场选择模式

1.市场集中化,即旅游企业选择一个细分市场,集中力量生产、提供一种旅游产品。由于目标单一和集中服务,企业对细分市场有比较深刻而全面的认识,比较容易采用合适的营销策略组合,从而获得较有利的市场地位、良好的声誉和经济效益;但同时回旋余地也很小,要冒很大的风险。而且,旅游活动本身就是综合性很强的活动,这种模式难以满足旅游者需求的日渐多样化。所以,这种模式不常用。

2.选择专业化,即旅游企业有选择地确定几个目标市场,并为之生产和提供不同类型的产品。这跟多角化经营模式有些类似。旅游产品种类丰富的企业一般采用这种模式。例如,三星级酒店就可以将会议客、商务客、观光客、休闲度假客等旅游者视为目标市场,分别为他们生产和提供其所需要的旅游产品。

3.产业专业化,即旅游企业选择几个甚至所有细分市场,集中力量生产提供某一种旅游产品。拥有独特旅游资源的目的地往往采用这种模式,如黄山、长城、千岛湖等。但是,专业化并不排斥旅游产品在辅助内容方面有所不同。如旅行工具、住宿标准等,因为旅游者群体不可能完全一样。

4.市场专业化,即旅游企业选择一个细分市场作为目标市场,向该市场提供其需要的各种产品。这在行业开办的旅行社中较常见,例如,某市教育系统旅行社主要以本市教师为目标市场,向他们提供度假、观光、会议旅游等旅游产品。

5.市场全面化,即旅游企业将整个旅游市场作为目标市场,生产和提供各种旅游产品来满足所有旅游者群体的需求和欲望。这种模式通常为大型旅游集团所采取。

一般来说,在选择模式的时候,旅游企业总是首先选择最有吸引力的细分市场作为目标市场,然后再根据企业和市场发展情况进行调整,包括扩大目标市场范围或者转移。

(二)旅游目标市场选择策略

旅游经营者或旅游企业决定选择哪些或选择多少细分市场,一般有三种策略,即差异化市场策略、无差异市场策略和集中性市场策略。

1.差异化市场策略

差异化市场策略是指在市场细分的基础上同时选择几个细分市场作为目标市场,针对其需求特点,分别设计和组合不同的旅游产品,并以差别性产品和促销方式满足差异性的目标市场需求。(见图4-3)

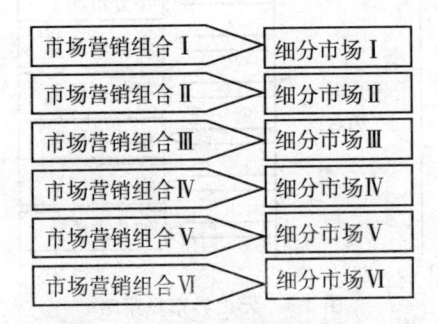

```
市场营销组合 Ⅰ  →  细分市场 Ⅰ
市场营销组合 Ⅱ  →  细分市场 Ⅱ
市场营销组合 Ⅲ  →  细分市场 Ⅲ
市场营销组合 Ⅳ  →  细分市场 Ⅳ
市场营销组合 Ⅴ  →  细分市场 Ⅴ
市场营销组合 Ⅵ  →  细分市场 Ⅵ
```

图 4-3 差异化市场策略

在旅游业发达的国家，旅游企业大多采用差异化市场策略。例如，旅行社针对不同类别、不同偏好、不同收入水平的旅游者，推出不同价格的同一线路的三日游、五日游、七日游等，以适应假期长短不一、支付能力不同、兴趣各异的顾客群，并采用不同的广告主题来宣传这些线路。又如，法国雅高（Accor）饭店集团，经营着12个具有不同商标名称的产品，管理着不同品牌和类型的饭店。其中，包括一些国际豪华饭店（Sofitel）、三星级饭店（Novotel）、二星级饭店（Ibis Formula One），以及以老年人为市场的延期逗留饭店（Hotelia）。这种细分策略使得雅高集团在法国成功地开设了476家饭店。

差异化市场策略的优点是：小批量、多品种，生产机动灵活、针对性强，可使消费者的需求得到更好的满足，由此促进产品销售。并且，由于企业在细分市场基础上进行经营，一定程度上可以减少经营风险；一旦企业在几个细分市场上获得成功，可迅速提高企业的形象及市场占有率。雅高在某城市的饭店客房市场之所以能占有很大的份额，应该归功于它在该城市内拥有三个品牌的饭店，Sofitel吸引高档商务客人，Novotel吸引中档旅行者，而Formula One吸引家庭和经济型旅行者，雅高为各个目标市场提供了不同的市场营销组合。

当然，差异化市场策略也有不足：一是增加营销成本。由于产品品种多，管理和存货成本将增加；由于必须针对不同的细分市场发展独立营销计划，会增加企业在市场调研、促销和渠道管理等方面的营销成本。二是可能使企业的资源配置不能有效集中，顾此失彼，甚至在企业内部出现彼此争夺资源的现象，难以形成竞争优势。

2.无差异市场策略

无差异市场策略是指企业将各细分市场的共性需要部分视为一个目标市场，用一种产品和一套营销方案吸引尽可能多的购买者。无差异市场策略只考虑消费者或用户在需求上的共同点，不关心他们在需求上的差异性。（见图4-4）

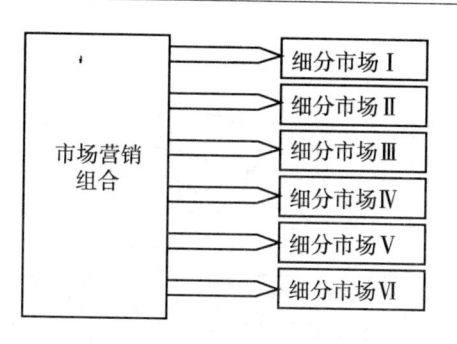

```
            ┌──────────┐ → 细分市场 Ⅰ
            │          │ → 细分市场 Ⅱ
            │ 市场营销 │ → 细分市场 Ⅲ
            │   组合   │ → 细分市场 Ⅳ
            │          │ → 细分市场 Ⅴ
            └──────────┘ → 细分市场 Ⅵ
```

图 4-4　无差异市场策略

例如,20 世纪 70 年代末,在中国一些旅游城市兴建的第一批合资饭店中,所有的房间基本上都是没有差异的统一标准间,较为适应当时以团体客人为主的入境旅游市场;当入境旅游散客市场逐渐兴旺,且游客越来越倾向于选择单人间时,这种统一标准间就不再适应市场发展的潮流。

无差异市场策略的理论基础是成本的经济性。生产单一产品,可以减少生产与储运成本;无差异的广告宣传和其他促销活动可以节省促销费用,减少企业相关营销投入,且容易形成垄断性品牌旅游产品的声势和地位。例如,我国大部分风景名胜地主要依靠该策略创名牌,如西安的兵马俑,四川的峨眉山等。这种市场策略对于需求广泛、市场同质性高且具有垄断性特征的旅游产品比较适用。

3. 集中性市场策略

集中性市场策略是指旅游企业把其全部资源集中投入某一个或少数几个细分市场,实行专业化的生产和经营的策略。无差异市场策略和差异化市场策略都是以整体市场为目标,而集中性市场策略只是以某一个或少数几个子市场为目标市场,在有限范围内的目标市场上集中力量,力求拥有尽可能大的市场占有率。(见图 4-5)

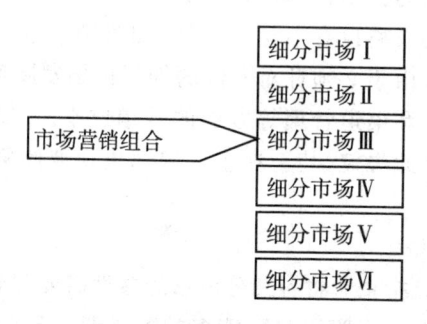

```
                              细分市场 Ⅰ
                              细分市场 Ⅱ
     市场营销组合    ⟹       细分市场 Ⅲ
                              细分市场 Ⅳ
                              细分市场 Ⅴ
                              细分市场 Ⅵ
```

图 4-5　集中性市场策略

实施这一市场策略的优势,一是可以使旅游企业充分运用有限资源,"集中优势兵力打歼灭战",使资源发挥尽可能大的作用。二是可避实就虚、扬长避短;充分发挥自己优势。正是具有这样明显的优点,该市场策略使许多新企业战胜了老企业,小企业战胜了大企业。例如,杭州湖畔宾馆在市场细分的基础上,把目标市场定位于商务旅游者,针对商务旅游者的需求巧妙设计客房,并与浙江省旅游协会合作,创建了浙江省第一个商务信息数据库,较好满足了商务旅游者的需求。在高档宾馆林立、宾馆竞争极其激烈的情况下,湖畔宾馆常年保持很高的入住率,实现了良好的经济效益。

然而,集中性市场策略具有风险较大的弱点。由于目标市场比较单一和窄小,一旦市场出现不利于企业的情况,企业就可能会立即陷入困境。例如,某国际旅行社以南亚旅游市场为经营重点,由于受到"南亚海啸"的影响,去南亚旅游的人数大幅度减少,该旅行社立刻陷入困境。

集中性市场策略的指导思想是:与其四处出击收效甚微,不如突破一点取得成功。所以,这一市场策略特别适合于资源、力量有限的中小旅游企业。中小企业受财力、技术等方面因素的制约,在整体市场上难以与大企业相抗衡,但如果集中资源优势在大企业尚未顾及或尚未建立绝对优势的某个或某几个细分市场进行竞争,成功的可能性会更大。因此,在旅行社业发展中,形成了大型旅行社集团化、中型旅行社专业化、小型旅行社网络化的发展态势。

(三)影响目标市场策略选择的因素

旅游企业在选择目标市场策略时,要考虑企业实力、产品特点、市场特点、产品生命周期和竞争者市场策略等因素,灵活地确定自己的目标市场策略。(表4-1)

表 4-1　企业目标市场策略选择影响因素分析表

类　型	企业实力	市场同质性	产品同质性	产品市场生命周期	竞争者策略	竞争者数量
无差异市场策略	强	高	高	投入期	—	少
差异化市场策略	强	低	低	成长期 成熟期	无差异 差异性	多
集中性市场策略	弱	低	低	—	—	多

1.企业资源,包括企业的财力、生产能力、销售能力和管理能力。如果旅游企业的资源雄厚,人力、物力、财力充裕,可以考虑差异化市场策略;反之,如果企业资源较为贫乏,比较现实的选择就是采用集中性市场策略。

2. 产品的同质性，即旅游者对产品特征感觉的相似程度。如果旅游企业的产品同质性高，即产品的特征没有差别，例如食盐、钢铁、汽油等，大多数消费者感觉不出产品的差别，企业对这些产品一般应采取无差异市场策略。反之，如旅游服务及汽车等产品，因为存在较大的差异，企业一般应采用差异化市场或集中性市场策略。

3. 产品所处的生命周期阶段。旅游企业向市场推出新产品时的重点在于满足顾客的基本需求，品牌并不重要，通常宜采用无差异市场策略；当产品进入成熟期，企业必须开始寻找未得以满足的需要以维持或增加总销售量，此时通常采用差异化市场策略。

4. 市场的同质性，即各细分市场的相似程度。如果顾客的需要、偏好和特征等相似程度很高，旅游企业最好采用无差异市场策略；反之，则应采用差异化市场策略或集中性市场策略。

5. 竞争者情况，包括竞争者的数量、竞争者的目标市场策略及竞争的激烈程度。旅游企业实行何种目标市场战略，往往要视竞争者采取何种市场营销战略而定。如果竞争者实行无差异市场策略，则企业采用差异化市场策略常能获得好处。如果一个强大的竞争者已经实行差异化市场策略，此时企业若采用无差异市场策略就难以取胜。因此，旅游企业就应进一步将市场进行细分，发现新的市场，并用集中性市场策略占领市场。

案例 4-3 Contac 假日公司

Contac 假日公司在 1961 年始创于欧洲，是一个旅游批发公司，它的旅游产品主要是为 18～35 岁的年轻人设计的，在 30 个不同的国家出售它的旅游项目。这个公司的客户每年可以达到 60 000 位，旅行次数 2 000 次。70% 的 Contac 旅游都集中在欧洲、澳大利亚和新西兰；也包括一些其他的旅游目的地，比如美国、加拿大、埃及和以色列等。1995 年，公司带团去了南非。旅游团通常包括 30～45 个年轻人。

Contac 的旅游团平均年龄约 24 岁，近 1/3 的人来自美国。Contac 的现代汽车队配有飞行器式的靠椅、全景的大玻璃窗、电视屏幕、立体声系统以及淋浴室。许多活动都是在车上或车外进行的。其中，有比其他旅游更多的夜生活娱乐。Contac 旅游还有许多观光游览等活动，游客可以从活动和游览的自选单中进行选择。

Contac 公司提供三种旅游："奢华"旅游、"简朴"旅游和"露营"旅游。"奢华"旅游提供高水准的住宿条件；"简朴"旅游者则多住在便宜的旅馆中；而"露营"旅游时，游客则两个合用一个帐篷，并可以接受露营地的全套服务。Contac 旅游价格相当合理，每人每天费用从 50～100 美元不等（不包括飞机票），包括住宿、早餐、大部分的正餐、大客车交通以及旅游观光和其他娱乐活动。

　　Contac 公司将目标市场设定在大学生、年轻的专业人员和大学生父母的身上。为了支持美国分部对大学生的市场营销，Contac 公司在 1993 年推出了 Contac 硕士信用卡，拥有信用卡的学生可以在与 Contac 合作的航空公司买到打折的飞机票（为旅行），而且还能获得"Contac 货币卷"，公司可以对出示这种货币卷的客户实行优惠。

　　Contac 假日公司想使自己的名字，在它所服务的市场中与"年轻人旅游"同义。

　　（资料来源：俞慧君编著.旅游市场营销.天津：南开大学出版社，2005）

第三节　优势竞争：旅游产品市场定位

　　旅游企业在选定目标市场后，还必须决定在市场上占据什么样的位置。因为，旅游产品的市场定位，对于旅游企业应该采用何种营销组合策略有着重要的意义。它关系到一个旅游企业和旅游区能否突出自己的特色，以及能否在激烈的竞争中占有一席之地进而求得发展和壮大的重要战略问题。

一、市场定位及其功效

　　"市场定位"(Market Positioning)是 20 世纪 70 年代由美国学者阿尔·赖斯提出的一个营销学概念。它指的是企业根据目标市场上同类产品的竞争情况，针对顾客对该类产品某些特征或属性的重视程度，为本企业产品塑造强有力的、与众不同的鲜明个性，并将其形象生动地传递给顾客，赢得顾客认同。市场定位不是对产品本身做实质性的改变，而是强调对市场的发现。因此，市场定位的实质是将本企业与其他企业严格区分开来，使顾客明显感觉和认识到这种差别，并进而在顾客心目中占据特殊的位置。

　　市场定位同样是旅游企业一项重要的营销战略，其任务是为旅游企业或旅游企业的产品在目标顾客心目中树立和造就某一与众不同或突出的地位。作为市场营销中的一项战略性工作，市场定位是旅游企业旨在使自己或自己的产品在市场上确立一个竞争性位置。

　　以宾馆企业为例，在宾馆业的竞争中，很多宾馆特别是同档次的宾馆，都在以相差无几甚至完全相同的价格，面向相同类型的顾客提供十分相似的产品。

宾馆服务产品的无形性使消费者无法在做出购买决策前,先检测其性能或质量,因而宾馆经营者有必要设法使自己的产品在消费者心目中有别于竞争者的产品,有必要创造并利用自己产品的某些特点或突出之处,运用营销组合手段,使之在目标顾客心目中形成代表性的印象或形象。只有当这些特点或突出之处能够迎合目标顾客的追求,并为目标顾客所看重的情况下,才能够在顾客心目中形成本企业及产品的特定形象,并最终成为消费者进行选择和做出购买决策的依据。

由此可见,成功的市场定位不仅取决于旅游企业对消费者旅游心理活动的把握和了解,同时还要对旅游市场可能和潜在的竞争者进行深入的剖析,在与竞争者的比较中建立自己的优势,以寻找、占领旅游市场的最佳立足点。

二、产品差异与竞争优势选择

旅游市场定位与旅游企业的长期战略有密切关系。市场定位需要很长的时间树立企业在旅游者心目中的地位,并完成旅游者从接触到认识再到认同的过程,而不仅仅是通过短暂的广告活动就可以完成。旅游市场定位为旅游产品的差异性建立了一个固定的方式,它使旅游产品之间可以相互区别,并建立各自不同的竞争优势。旅游者一旦接受了某种旅游产品,也就同这一旅游产品建立了心理上的联系。这使得同类型的旅游产品难以再为这一游客群体所接受。同时,旅游企业及产品的市场定位还必须同竞争者联系起来,仅仅根据自身的产品进行定位是难以取得成功的,旅游产品的定位只是相对于竞争者的旅游产品而确定的在市场中所占的地位。所以,欲获得旅游产品市场定位的成功,或者旅游产品市场定位应该选用何种定位策略,需要慎重考虑诸多因素。

(一)凸显产品特色

这是一种最为常见的定位方法,即根据自己产品的某种或某些特色、优点,或者根据目标顾客所看重的某种或某些特点来进行定位。例如,对于宾馆企业来说,这些特色点的基础,可以是本宾馆的建筑风格、坐落位置、服务项目、服务质量、房间装潢的设计与质量等,也可以是这些方面产品特色的任何组合。

案例4-4 热带中国——海南岛

多少年来,人们赞誉海南岛是"东方夏威夷"、"东方大花园"、"东方伊甸园"等。这些宣传口号听起来都很美,但却不尽如人意。例如,"海南岛,东方夏威夷"是人们听得最多的赞美词。这句话看起来是欲借夏威夷之名扬海南岛之名。然而,海南岛就是海南岛,她不是夏威夷第二,更不应该成为夏威夷第二。否则,潜在游客就会在心中发问:"为什么我不到真正的夏威夷去走一走,瞧一瞧呢?"因此,这种没有自身特色的宣传,只能为他人作嫁衣,其最终结果是世人只记住了夏威夷,却并不清楚海南岛。

1999年,世界旅游组织秘书长加利先生参观游览海南岛时,被海南岛原始、纯净、美丽、神奇的特色所折服,建议将"热带中国——海南岛"作为海南岛的市场定位。该定位突出海南岛的地域、气象及相关旅游产品的特色,使人自然而然地联想到海南岛:热带海岛风光,一年四季温暖无冬,绿色的草地,盛开的鲜花,茂盛的热带雨林,清澈的河水,纯净的空气,热情的岛民,以及阳光(Sun)、大海(Sea)、沙滩(Sand)、椰树、海风、珊瑚、海螺……

(资料来源:冯冬莲等.旅游营销.武汉:湖北人民出版社,2000)

(二)强化产品质量与价格

采用这种方法进行定位的宾馆将其产品的价格作为反映其质量的标志。战略价格的重要作用之一便是象征产品的质量。产品越具有特色,即产品的性能越高或者提供的服务越周到,其价格也就越高。对于一个提供全方位服务的高档宾馆来说,为自己的产品制定高价,本身就会对顾客起到一种知觉暗示的作用,即他们可在这里得到周到的高水平服务。

(三)突出产品用途

这一方法是指根据产品的某种特别用途去进行定位。例如,如果一个宾馆拥有宽阔的会展场地和完备的会议设施,就可以围绕适合接待某些类型的会展或者演出活动这一长处去树立形象。这样,当会议和会展组织者或者某些演出活动的主办者寻找场所时,这种定位的宾馆有可能因此而受益。

(四)利用产品类别

这一方式是指企业可通过变换自己产品类别的归属来进行定位。例如,日本北海道是以温泉著名的度假胜地,当地的一些宾馆就不将自己定位为宾馆,而是定位温泉疗养中心,以吸引顾客。通过诸如此类的做法,企业可扩大或控制自己的目标市场范围。

(五)紧盯竞争者

市场定位是一种竞争性定位,它要反映市场竞争各方的关系,是为企业有效参与市场竞争服务的。所以,选择定位策略的时候还要考虑与竞争者的关系。

第一,避强定位。这是一种避开强有力竞争者进行市场定位的模式。企业不与对手直接对抗,而是将自己置定于某个市场的"空隙",发展目前市场上没有的特色产品,开拓新的市场领域。这种定位的优点是:能够迅速在市场上站稳脚跟,并在消费者心目中尽快地树立一定的形象。由于这种定位方式市场风险较小,成功率较高,常常为多数企业所采用。例如,北京青旅推出了单身白领团旅游项目,就是专门针对单身白领的项目,有效地开拓了市场。

第二,迎头定位。这是一种与在市场上居支配地位的竞争者"对着干"的定位方式,即企业选择与竞争者重合的市场位置,争取同样的目标顾客,彼此在产品、价格、分销、供给等方面有很少的差别。在世界饮料市场上,后起的"百事可乐"进入市场时,就采用过这种方式,"你是可乐,我也是可乐",与可口可乐展开面对面的较量。实行迎头定位,企业必须做到知己知彼。否则,迎头定位可能会成为一种非常危险的战术,将企业引入歧途。当然,也有些企业认为,这是一种更能激励自己奋发向上的定位尝试,一旦成功就能取得巨大的市场份额。例如,实力相当的旅行社或酒店集团,"你定位什么,我也定位什么",苏州中国旅行社针对中产阶级推出"巴黎豪华之旅",而青年旅行社也针对中产阶级推出了"巴黎——你的浪漫之都,巴黎深度游"。

第三,重新定位。初次定位后,随着时间的推移会有新的竞争者进入市场,在这种情况下,企业就需要考虑对其产品进行重新定位。

三、旅游产品市场定位步骤

旅游产品定位要达到的主要目的,就是使顾客能够将本企业(下以宾馆为例)与其他竞争者区别开来。要实现这一目的,通常必须开展以下几个步骤的工作:

第一步:确定竞争者,分析竞争者的产品。

宾馆的竞争者实际上就是宾馆产品的替代者,即与宾馆有相同或近似的特点(如位于相同或相近的地区,星级、顾客群、价格相似等)的宾馆。宾馆在确定竞争者的时候,常会出现这样的失误,即单纯地以星级或业务范围来作为判定依据,将同星级的宾馆或业务范围类似的其他宾馆都视为自己的竞争者。同样的三星级宾馆,有的以旅游团队作为目标市场,有的以会议为主要目标市场,还有的则以商务散客市场为目标,分属于不同目标市场的宾馆相互间并不成为直接竞争者。同样以会议市场作为目标市场,五星级宾馆的会议市场划分与三星级宾馆的会议市场划分,又因为划分标准的差异而使目标市场有所不同。因此,宾馆产品的竞争者范围应限定在同一或相近的目标市场中。

判断某一宾馆的产品是否和本宾馆的同类产品存在竞争,有一简单的测试方法:在宾馆降低产品价格时,观察对方的顾客是否转移过来。如果有,则说明对方是宾馆的竞争者;顾客转移得越多,则说明竞争程度较高;反之,则较弱。

确定竞争者之后,宾馆必须通过多种渠道收集竞争者产品的有关信息,了解目标市场上的竞争者向顾客提供何种产品,其质量、数量、价格、特色等方面与本宾馆同类产品比较有哪些优势和不足,从而明确竞争者的产品定位情况。

第二步:合理选择竞争优势,树立市场形象。

通过第一步,宾馆对目标市场内的竞争者及其产品进行了细致深入的优势分析,发现了本宾馆优势所在。这些优势就是宾馆产品定位的主要基础。宾馆可能会面临多种竞争优势并存的情况,此时强调所有的优势并不可取。因为,那样有时会给顾客留下"王婆卖瓜"的感觉,而且,信息过多反倒失去重点,不利于加深顾客的印象。因此,宾馆应当运用一定的方法,在众多竞争优势中进行取舍,评估和选择出最适合本宾馆的优势项目,并以此初步确定宾馆产品在目标市场上的位置。

宾馆产品的优势一经确定,就必须采取各种手段准确、有效地向目标市场传播宾馆产品的定位观念。宾馆产品的优势不会自动地在目标市场上表现出来,要使这些优势发挥作用,影响顾客的购买决策,宾馆需要以产品特色、优势为基础,树立鲜明的市场形象,积级主动而又巧妙地与目标市场中的顾客进行沟通,引起顾客的注意和兴趣,求得顾客的认同。

第三步:审时度势,调整产品定位。

顾客对宾馆及其产品的认识并非一成不变,即使产品的定位很恰当,在遇到一些情况时亦会发生偏差。这就需要考虑重新定位问题。

四、市场定位传播与沟通

对于旅游企业而言,市场定位是一个旅游企业向人们提供更加充分地信任和购买其旅游产品的理由。这就需要传播与沟通,有效地掌握市场定位的方式和方法。

首先,了解现有和潜在顾客需求、兴趣、爱好及这些方面的变化,主要包括:一是对于目标市场而言,重要的是什么?二是目标市场对于旅游目的地,或特定的旅游企业的看法是什么?三是目标市场对自己的竞争者的看法是什么?四是旅游目的地或旅游企业自身的特征是什么?如何对这些特征加以充分利用?五是竞争者怎样?这一点对于旅游目的地和旅游企业尤为重要。例如,海南三亚的度假旅游在刚开发的时候,很多方面尚不完善,和夏威夷、巴厘岛或芭提亚岛等都有一定的差距,但是与这三者相比,港澳近在咫尺,这是三亚的优势。所以,三亚在向港澳促销时充分注意到了这一情况,找到了自己产品的独特性,针对这一优势宣传促销,使得港澳旅游者对三亚旅游产生了兴趣。所以,当旅游者在旅游之后,其旅游期望得到满足,该旅游产品就能在旅游者心目中确立起明确的地位。

其次,旅游目的地或旅游企业对自己的优劣势、机遇等进行分析。在分析的时候,要时时处处把自己放在旅游者的位置上来看待一切。一是对自身旅游产品进行准确定位。例如,中国经济型酒店主要针对的是国内大众市场,主要适合那些对价格很敏感的旅行者。这些客人在消费上讲求实用性,要求酒店能提供价格实惠、简单实用的产品。2003年6月成立的武汉今日酒店经营并管理着8家经济型酒店,今日以让普通人住上干净、经济、温馨而价格适中的经济型酒店为产品定位,取得了良好的市场效果。二是重视品牌建设。在旅游界,成功运用品牌形象定位的企业首推广州"广之旅"。正是企业品牌战略的成功运用使"广之旅"从默默无闻的"广州市旅游公司"一跃成为全国旅行社十强之一。三是旅游企业加强市场竞争首先应做到"知己",即客观公正地评价分析本企业的资源和能力。

再次,旅游企业在对整个市场进行细分之后,有可能为自己的产品和服务找到最合适的购买者,换言之,找到自己能为之提供最好服务的顾客。一家企业不应企图满足一切购买者的一切需求,而应努力地满足一部分购买者,有时甚至是很小一部分购买者的需求。比如,中国与美国的一些旅行社的一大区别在于:中国的旅行社往往什么旅行者都想接,而美国的许多旅行社却有自己的目标市场。如美太旅游公司以团队为主,捷威公司(Jet Way)以小包价和赴西藏团队为主,皑德公司(Elderhostel)只做老年旅游者,探险公司(MTS)仅仅为探险旅游者提供服务。

最后,在找到旅游产品的独特性以后,用音像或文字强化旅游目的地或企业最突出的长处,用简洁的语言(通常为一句话,即广告消息)传递消息,使顾客了解购买产品或服务之后所能获得的好处。好的广告消息既是正确定位的结果,同时又能提高产品和服务的定位效果。

五、定位不是一成不变的:重新定位策略

旅游产品市场定位不是一成不变的。重新定位通常是指在初次定位后有新的竞争者选择了靠近本企业产品的市场位置,致使市场占有率下降;或者由于顾客需求偏好发生转移,原来喜欢本企业产品的转而喜欢其他企业的产品,因而市场对产品需求减少。在这些情况下,企业就需要考虑对其产品进行重新定位。所以,一般来讲,重新定位是企业为了摆脱经营困境,寻求重新获得竞争力和利润增长的手段。不过,重新定位也可作为一种战术策略,而并不一定是因为陷入了困境,也有可能是由发现新的产品市场范围引起的。例如,某些专门为青年人设计的旅游产品,在中老年人中开始流行后,这种旅游产品就需要重新定位。又如,深圳市曾以"世纪之城、中华之窗"为城市旅游定位词,但随着旅游业的发展,它已不能准确地体现深圳的旅游形象,于是深圳又结合深圳旅游的创建主题"中国最佳娱乐旅游城市",推出了"精彩深圳、欢乐之都"进行全新定位。

第四节　旅游市场竞争：竞争者分析与竞争战略选择

如何应对竞争者的竞争是企业必须面对的一个重要问题。其首要之事，就是进行竞争者分析。

一、竞争者分析

每一个企业都有自身的优势和劣势。竞争者优势和劣势的多寡，决定着其能否实现既定战略和达到目标定位。要准确地评估各个竞争者的优势与劣势，首先必须注意收集竞争者近期各方面的资料，如销售额、市场占有率、边际利润、投资收益率、现金流量等。竞争者的这些资料，对于评判其竞争实力，找出其优势与劣势很重要，而直接得到这些资料是有很大难度的，通常只能通过一些间接渠道收集，如顾客、供应商、中间商等。

其中，顾客价值分析（Customer Value Analysis）是获得有价值资料的重要方式。其主要步骤：一是调查、分析并确认顾客重视的产品主要属性，即顾客购买产品的评价标准，或顾客价值标准；二是评估各属性在吸引顾客方面的重要程度；三是对比分析本企业产品与竞争者产品在各项顾客价值标准上的差异；四是对比分析在特定细分市场上，本企业产品与主要竞争者产品在各项顾客价值标准上的差异；五是通过差异分析，明确竞争者的优势与劣势。

此外，还有两点要特别注意：一是由于顾客需求与心理均处于动态变化之中，应该注意随时跟踪顾客价值标准的变化，以及时觉察竞争者实力的变化；二是不能掺杂有利于本企业的臆想的假设，以尽量使分析评估具有客观性。

二、估计竞争者的反应模式

旅游企业通过分析和研究竞争者的目标定位、战略及其优势、劣势，可以对其应对市场变化可能产生的反应和采取的行动进行预测和判断。不同企业对于竞争者采取的市场行为会有不同的反应，即反应模式不同。通常，竞争者的反应模式可以大致归纳为四种基本类型：

1. 从容不迫型。这种类型的竞争者对其他企业的市场行为反应不强烈或比较缓和。产生这种反应的原因各不相同，或因其对顾客很有信心，认为顾客对其相当忠诚；或者是缺乏做出反应行为所需的资金；或者是对市场变化反应迟钝，没有注意到其他企业的市场行为已经变化。

2.选择反应型。这种类型的竞争者只对企业的某些行为和挑战做出强烈反应。通常这种竞争者对其他企业的降价以及对顾客有强烈刺激效果的促销措施反应激烈,而对其他的市场行为不作反应。

3.凶猛反应型。这种类型的竞争者对其他企业的任何策略和行为都会做出强烈、迅速的反应。

4.随机反应型。这种类型的竞争者对其他企业的行为反应是随机变化的,对于面临的某种挑战或攻击,有时可能反应很强烈,有时则不进行反击或行为缓和,没有一定规律,通常无法预料其反应方式和强烈程度。

通过分析和估计竞争者的反应模式,企业可对其主要竞争者有更进一步的了解和认识,为企业选择攻击或回避的对象以及为企业选择恰当的应对策略提供依据。

三、竞争战略选择

旅游市场营销产品和服务的不同组合是旅游市场营销定位的主体内容,因而如何组合旅游市场营销的产品和服务成为进行旅游市场营销定位的重要战略。大体上,旅游市场营销的竞争战略主要包括以下四种:

1.市场主导者(Market Leader)。这是指在相关旅游产品市场上占有率最高的旅游企业。通常情况下,大多数行业都有一家企业被公认为是市场主导者,它在产品价格变动、新产品开发、分销与促销实力等方面处于绝对优势地位。它是市场竞争的焦点,也是其他企业挑战、仿效或回避的对象。如软饮料行业中的可口可乐公司、快餐市场中的麦当劳公司等。这种主导者几乎各行各业都有,它们的地位是在竞争中自然形成的,但不是不变的。

2.市场挑战者(Market Challenger)。在市场中,那些与市场主导者相比居于次一级地位的旅游企业(市场占有率排名第二、第三甚至更低一些的企业)可能采取的竞争策略目标之一,就是争取市场主导地位,向市场主导者或其他竞争者发起挑战,即市场挑战者。其常采用的策略,一是正面进攻,集中力量向竞争者的主要强项挑战;二是侧面进攻,集中优势力量攻击竞争者的弱点;三是围堵进攻,与对手相比具有资源优势时,可深入到竞争者领域,向市场提供更多的产品和服务;四是迂回进攻,发展无差异产品和服务。

3.市场追随者(Market Follower)。在市场中,那些与市场主导者相比居于次一级地位的旅游企业(市场占有率排名第二、第三甚至更低一些的企业)可能采取的竞争策略目标之一,就是安于次要地位,在"和平共处"状态下求得尽可能多的收益,即市场追随者。但追随并不意味着单纯模仿,追随者设法向自己的目标市场提供特殊利益,培养自己的优势,降低成本,保持较高的产品质量。

4. 市场弥隙者(Market Nicher)。每个行业几乎都有一些小企业,它们专注于市场上被大企业忽略的某些小的细分市场,并通过专业化经营来获取最大限度的收益,也就是在大企业的夹缝中求得生存和发展。这种有利的市场位置,在英语中被称为"Niche",可译为"弥隙"。占据这种市场位置的企业,就称为"市场弥隙者"。在旅游行业,精心服务于市场某些细小部门的专业性旅游企业,可根据市场和消费需求变化,寻找市场"空白"或薄弱环节,通过专业性经营占据有利的市场位置。

案例 4-5　浙江永康明珠大酒店的准确市场定位

浙江永康,距上海340公里、杭州160公里、义乌机场70公里,金丽温铁路和高速公路均穿越永康境内;历史悠久,山川秀丽,人杰地灵,自然和人文景观等旅游资源丰富而独特,且有"世界五金之都"之称,吸引了大量国内和境外游客。2002年,永康接待国内外游客近百万人次,旅游收入达1.2亿元。

到永康旅游的客人,主要有七种,一是政务活动,如上级来视察、检查工作,兄弟县市之间参观、学习、交流等;二是商务活动;三是各种类型会议;四是观光旅游;五是学术、书画、文艺等文化交流;六是探亲访友;七是宗教活动等。其中,到永康的旅游者因公务活动而进行食宿的,一般由市机关事务管理局下属的三星级宾馆负责接待,一般商贸客人、普通游客和探亲访友等客人基本分流到二星级宾馆,而来永康从事商务、会议、观光旅游的中高档客人大多由四星级的明珠大酒店接待。

除了众多家庭式小旅馆外,2002年底,永康共有旅游宾馆10家,床位约2 600张。其中,6家二星,客房数约600间,平均房价160元;1家三星,客房数约120间,平均房价约270元;1家四星,240间客房,平均房价约330元。

永康的明珠大酒店于2000年9月正式营业,是永康唯一的一家四星级饭店,客房240间。其中,商务客房54间,中西餐厅3个,餐位近1 000个,会议室、多功能厅12个,能接待近1 000人的大型会议,另有相应的商场、健康娱乐设施。其在软硬件上,具有其他饭店所没有的接待各种类型中高档客人的能力和水平。2002年4月永康明珠大酒店被评为"四星级饭店"、"浙江省绿色饭店"、"金华市最佳星级饭店"、"浙江省优秀星级饭店"。

明珠大酒店的市场定位:

第一,酒店经营理念:商务之家,游客之店;

第二,酒店目标定位:创建成具有鲜明个性特点的四星级商务旅游型酒店;

第三,主要服务对象:中高档商务客人、会议客人、观光旅游者;

第四,客源目标市场:以上海市场为主,永康周边市场为辅;

在市场细分和目标市场明确后,明珠大酒店找准了产品设计开发和开展营销的方向。2003年,尽管受 SARS 的影响,来酒店的旅游团队和人数均比2002年大幅增长。营业收入2003年比2002年增加了约300多万元,综合利润将近翻了一番,员工人均收入也增加了约18%。

(资料来源:浙江饭店业协会网,http//www.zjhotels.org)

思考与练习

1. 什么是旅游市场细分?旅游市场细分的作用是什么?
2. 旅游市场细分变数主要有哪些?"细分市场越细越好"这句话对吗?为什么?
3. 目标市场营销策略应如何应用?
4. 如何进行旅游产品市场定位?怎样取得旅游产品定位特色的最佳效果?
5. 案例分析题

中外酒店巨头圈地华南,如家连锁拔头筹

由首旅和携程旅行网合资的如家酒店连锁公司,于2004年初在广州招商建网,设立如家酒店连锁华南公司,开始加入经济型酒店行列,并在短短3个月内,连锁开店数目增加了12家。

据美国酒店业协会统计表明,营业收入排在全美零售业第三位的经济型酒店达5.39万家,占酒店市场份额的70%。在中国,经济型酒店的比例尚不足10%,有巨大的市场潜力;而且,就现有酒店结构来看,明显呈"两头大,中间小"的状态,即质好价高的星级酒店和质次价低的社会旅馆数量庞大,质量与价格较适中的中间型酒店较少。正是这一消费断层,给类似如家酒店这样的经济型酒店的发展提供了大好的机遇。对于绝大多数国内游客来说,一晚上花费300~500元在住宿上总嫌奢侈,而在卫生、经济、管理规范的酒店花费100元左右,是最能让旅客接受的价位——如家酒店连锁公司经济型酒店的客户定位就在这里。

(资料来源:人民网,http://www.people.com.cn)

思考题:

(1)结合本案例,谈谈如家酒店连锁公司是如何进行市场细分和市场定位的。

(2)请查找有关如家酒店的资料,了解它是如何塑造企业形象、打造企业品牌的。

(3)结合本案例,谈谈经济型酒店集团发展异常迅猛的原因是什么。

第五章 营销策略：旅游产品规划与开发

本章提要

旅游产品是整体产品，需要将旅游过程中吃、住、行、游、购、娱六大基本要素产品进行有效组合；旅游产品组合包括若干旅游产品系列，每个旅游产品系列又包含许多旅游产品项目。旅游市场上不同旅游产品的生命周期是各不相同的，处于不同生命周期阶段的旅游产品有着不同的特征，需采取相应策略。同时，旅游企业需要不断开发旅游新产品，应实施旅游品牌营销。

第一节 旅游整体产品与产品规划

一、旅游整体产品概念及分析

(一)旅游整体产品概念

旅游产品是一种整体产品，是由多种异质成分组合而成的综合体，且属于服务产品。从需求角度来看，旅游者花费一定的时间、货币和精力购买一系列不同的旅游服务和旅游商品，加上旅游者的感受和得到的体验，包括旅游者从离开常住地到旅行结束归来的全部过程中所获得的对接触过的事物、事件和服务的综合感受。这种感受可能是愉快的,也可能是平淡的,甚至是不愉快的。旅游者这样的一次旅游经历,便是一个单位的旅游产品。

在现代市场营销学中,产品概念具有极其宽广的外延和丰富且深刻的内涵。菲利普·科特勒通过五个层次即核心产品、形式产品、期望产品、延伸产品、潜在产品来表述整体产品。这五个层次的研究与表述,能更深刻而准确地表达整体产品概念的含义。整体产品概念理论强调从整体和系统的角度来看待产品,并且注重以社会营销观念来指导产品的设计、生产、销售和服务。

整体产品概念理论作为营销学的核心理论之一,在旅游营销市场营销中也应受到重视。根据整体产品概念理论,旅游产品同样由五个基本层次组成。(见图5-1)

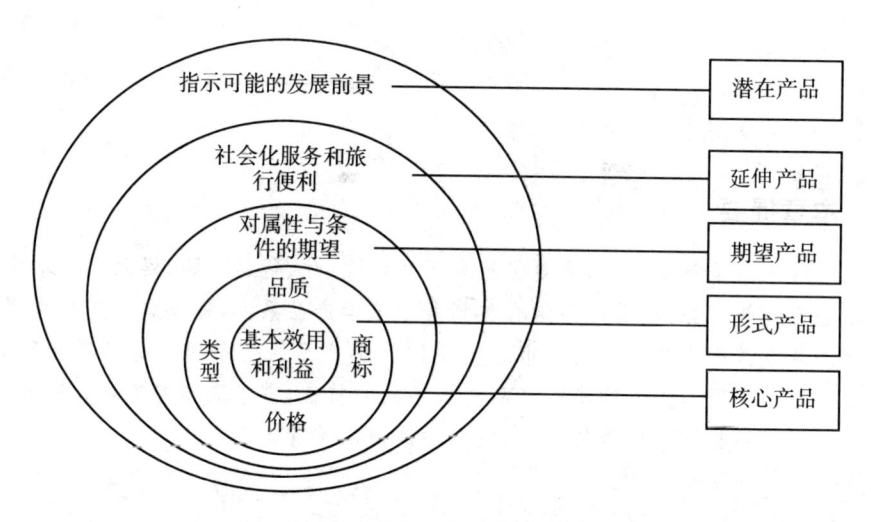

图 5-1　旅游产品整体的层次

一是核心产品,即旅游产品满足旅游者生理需要和精神需要的效用,这是与旅游资源、旅游设施相结合的旅游服务,主要表现为旅游吸引物的功能,具体地体现于吃、住、行、游、购、娱六大要素。

二是形式产品,是核心产品借以实现的形式或目标市场对某一需求的特定满足形式,是以旅游设施和旅游线路为综合形态的"实物"。旅游产品的基本效用必须通过特定的形式才能实现,旅游产品营销人员应努力追求更加完善的外在形式,以满足旅游者的需要。在旅游市场上,形式产品包括:产品的品质、形态、商标、价格、旅游类型等。

三是期望产品，即旅游者在旅游活动时期望得到的与旅游产品密切相关的一系列属性和条件。比如，旅游者住宿宾馆期望得到清洁的床位、沐浴液、浴巾、衣帽间的服务等。这是因为大多数宾馆均能满足旅游者这些一般的期望。所以，旅游者在选择档次大致相同的宾馆时，通常不是选择这些一般的期望产品，而是根据宾馆出行方便与否来决定。

四是延伸产品，即为旅游者的旅游活动所提供的各种基础设施、社会化服务和旅游便利的总和，包括旅游者在购买之前、购买之中和购买之后所得到的任何附加服务和利益。比如，购前咨询、购买中及购后的其他服务。能够大力发展延伸产品的旅游企业，必将在激烈的市场竞争中赢得主动。

五是潜在产品，即现有旅游产品可能发展成为未来最终产品的潜在状态。潜在产品指出了现有产品可能的演变趋势和前景。

案例5-1　就差一点点儿

餐厅：环境优雅，但备餐台上却堆着高高的待清洗的盘子；客人已等候多时了，却无人递上菜单；菜价已上菜单，酒价却不好张口询问；主人已与宴请的客人道别了，最后一道水果却姗姗来迟。

客房：豪华、考究，但某某客房的房客尚未离店，新房客又被派到该房；频繁的房务服务，使新入住的客人连进洗手间都觉不便；常住客面对每个服务员千篇一律、"规范"无比的"你好"问候声不胜其烦。

康乐：客人订了6点打壁球，6点10分服务员才开门；明明已付账买完了单，却不知道"小费"价更高；游泳池对社会开放，人气很旺，但水却难"清澈见底"。

前厅：装修金碧辉煌，入住登记却要等很久，结账半天却走不了，忘了付行李员小费，马上看到微笑的面孔"晴转多云"；店门口送客人，门僮"欢迎再次光临"，回店时还是那句"欢迎光临"，如此循环往复。

（资料来源：中国酒店网，http://cn.chinahotel.com）

由此可见，任何一种旅游产品的消费都是一个组合整体。旅游者不单为满足某种需求，还应得到与此有关的一些辅助利益；相应地，旅游企业所提供的旅游产品，也应该是一个组合整体。在激烈的市场竞争中，只有向旅游者提供更完善的服务，才能更好地满足旅游者的需求。

（二）旅游产品特点分析

旅游产品具有明显的特征，具体包括：综合性、生产与消费的同时性、无形性、不可储存性、不可转移性、季节性和互补性等。

1．综合性。旅游产品的综合性表现为：它是由多种多样的旅游资源与旅游设施及多种多样的旅游服务构成的。其中，不仅包含了劳动产品，而且包含了自然创造物;既有物质成分,又有非物质成分。

旅游产品的综合性决定了生产或提供旅游产品的部门与行业众多,除包括旅游业中的各部门与行业外,还涉及不少旅游部门外的其他部门与行业。据美国工业标准分类(SIC)系统的一项调查表明,有30多个主要工业部门为旅游者服务,而涉及旅游业的其他行业和部门达270多个,由此可见,旅游行业是一个综合性的行业,这个综合性则来自于旅游产品的综合性。

2. 生产与消费的同时性。大多数旅游产品的生产与消费是在同一地方进行的。旅游产品的生产过程,即旅游服务的提供过程,是以旅游者来到旅游目的地消费为前提的。比如,当飞机飞行时,乘客正在同时消费飞行旅游产品;当宾馆将客房提供给客人住宿时,客人就同时使用了宾馆客房这种旅游产品。这说明了旅游者参与到了生产和消费的环节中,一旦客人不住这间客房,旅游服务便不再存在,旅游产品的生产过程随之停止。旅游产品的这一特征使得旅游产品提供者与顾客之间相互依赖,彼此联系,也使得旅游产品的质量难以控制。

3. 无形性。在一次旅游过程中,旅游者在有形物品上的花费,远远低于其旅游费用。大部分的费用还是花在无形的服务上,买到的主要是对一次经历、一次体验的感受和回忆,即旅游者所得到的有趣经历和新的感受等身心的满足。这种满足或由此而形成的印象都是无形的。由此来看,旅游产品主要是一种无形产品。

从旅游供给的角度来看,虽然在旅游产品消费过程中要消耗一些有形的物质产品,但应该看到,即使在同样的客观条件下,提供的服务不同会产生截然不同的效果,直接影响到旅游产品的形象和销售。例如,同样的配料,不同的做法可以做出美味佳肴,也可以做成难以下咽的饭菜;同样的客房,不同的服务可以使客人非常满意,也可以使客人牢骚满腹;同样的旅游资源,不同的讲解,可以使人兴味盎然,也可以使人感觉索然无味等等。从上述诸例我们可以看出旅游产品是以旅游服务为主的无形产品。优良的服务可以弥补硬件方面的某些不足,拙劣的服务会使良好的硬件难以得到很好使用。

4. 不可储存性。旅游产品不存在独立于消费者之外的生产过程,生产的结果不表现为一个个具体的物品,而是通过服务直接满足旅游者的需要。因此,只有旅游者购买并消费时,旅游资源、旅游设施与服务的结合才表现为旅游产品。如果没有旅游者的购买与消费,旅游资源、旅游设施与服务就不能实现这种结合,也就不存在旅游产品。可见,旅游产品的不可储存性,意味着旅游产品在生产时就必须将其消费掉。一件有形商品一时卖不出去,可以储存起来,继续出售。但是,不可能把一张床位、一个飞机坐位或一条旅游线路储存起来待机再售。一张床位没有售出去,其生产力就会白白放空,在这一点上旅游产品甚至超过了一般的服务产品。

5. 不可转移性不可转移性,又称固定性,指旅游产品在空间上是不可移动的,且其所有权是不可转移的。有形产品生产出来之后需要经过运输等一系列中间环节,才能到达消费者手中,对有形产品的购买和消费表现为物质流动和所有权转移。但是,旅游者购买旅游产品,得到的并不是旅游资源或旅游设施本身的所有权,而是"观赏和享受"或"操作和表现"的权利,获得的是一种"接收服务"和"旅游经历"的满足感。在旅游活动中,发生空间转移的不是旅游产品,而是购买旅游产品的主体——旅游者。旅游产品的不可转移性说明,它的流通主要是以其信息传播以及由此而引起的旅游者的流动表现出来的。旅游产品信息传播速度快、效率高,对消费者的旅游需求刺激影响大,其价值就易于实现。

6. 季节性。季节性是指旅游需求在不同季节呈现出波动状态。自然气候引导旅游流向,影响人们对旅游产品的需求。宜人的气候、优美的自然色彩是获得愉快经历的条件之一。许多旅游产品都会受到季节性的影响。居住在中国北方的人们冬天想到阳光明媚、气候温暖的海南、广东旅游,而南方的人们也向往东北冰天雪地的情景。另外,季节性也涉及周末及节假日的需求波动。

7. 互补性。旅游者很少只购买单个旅游产品。对一个旅游产品的购买会引起一连串的旅游购买行为,因此,影响一个旅游产品的因素也会影响到另外的产品。比如到一个旅游目的地的航班停止或减少,那么这个旅游目的地的游客将会减少,其他相关行业如宾馆、餐饮业等的生意都将会受到影响。

二、产品规划:要素与策略

旅游产品是以旅游线路为主体,同时与相关的部门、行业结合,满足旅游者在旅游过程中的吃、住、行、游、购、娱六大需求,因而也可以说旅游产品的要素也就由相应的行业提供的实物或服务组合而成。

(一)旅游产品的要素

1. 旅游餐饮。由饮食服务业提供的饮食及各种服务是旅游产品的不可缺少的一个基本要素。它包含向旅游者提供包餐、地方特色菜肴、宴会、自助餐、零点菜及饮料等餐饮服务。随着旅游业的发展,餐饮服务已不再限于仅满足人们的物质需求,而是成为一种饮食文化,其本身即成为一种旅游资源,出现了"烹调旅游"等产品,此时餐饮已兼具了满足人们精神享受的功能。

2. 旅游住宿。旅游者有近 1/3 的旅游时间在宾馆里度过。因此,宾馆所提供的产品和服务成为旅游产品的另一个基本要素。改革开放初期,由于受到旅游宾馆数量及规模的限制,各地旅游接待能力有限,常给旅游者带来旅游产品质量较低的感觉。宾馆产品的结构、档次是否合理极大地影响着旅游产品的质量。

3. 旅行。旅游是由"旅行"与"游览"构成的，旅行构成了旅游活动的前提。由旅游交通部门提供的客源地到旅游目的地的位移，以及景点之间的位移亦为旅游产品的重要内容。一直以来，旅游交通收入在旅游总收入中所占的可观比重，都充分说明了旅游交通是旅游产品最基本的构成要素。安全、舒适、快捷、方便的旅游交通是一项高质量旅游产品的重要内容。

4. 游览观光。游览观光是旅游活动的核心内容和主要目的。"游"是旅游产品六大基本需求的核心。吃、住、行是实现"游"的必要条件，而购一般是由"游"派生出来的。旅游观光的对象是旅游景点即旅游吸引物，而旅游资源是旅游吸引物的基础条件。一个国家或地区的旅游兴旺与否，一方面取决于它客观上拥有旅游资源丰富的程度；另一方面也取决于它主观上开发、利用和保护这些旅游资源的合理性。旅游接待国或地区要遵循价值性、科学性、文化性、整体性和多样性原则，将旅游资源开发为具有吸引力的旅游景点。成功的旅游景点开发及组织安排是旅游产品获得成功的关键。比如，多样化的游览观光就易于达到令旅游者满意的效果。对于旅游者而言，他们总是期望旅行时间短些，游览时间长一些。因此，旅游资源就构成了旅游产品最直观也是最核心的部分。

5. 旅游购物。旅游期间旅游者在旅游目的地购买旅游纪念品、工艺品、土特产品、生活用品、食品等即为旅游购物。旅游购物从某种意义上可以说是旅游活动的延伸。在吃、住、行、游、购、娱等旅游收入中，前四项是基本固定的，是"有限"花费，而旅游购物则是"无限"花费，如果这些产品为旅游者所喜欢，那么他们对此的花费是"无限"的。因此，旅游购物是旅游产品设计、生产中不可缺少的一个重要内容。据统计，国际旅游市场中旅游购物占旅游支出的70%左右，香港、新加坡更是以"购物天堂"而闻名。旅游购物不仅满足了旅游者的需求，增加了目的地的旅游收入，而且一些好的旅游商品能收到意想不到的宣传效果。

6. 旅游娱乐。娱乐是旅游产品的基本构成要素，也是现代旅游的重要内容。旅游者在紧张的旅途中，需要通过各种娱乐活动调节情绪、恢复精神及加强人际交流。娱乐项目的多样化、趣味化、新颖化和知识化将极大地充实旅游产品的内涵，对具有不同爱好的旅游者均有极大的吸引力。许多旅游宾馆都设有舞厅、卡拉OK、棋牌室、健身房等，大大丰富了旅游者在旅途中的文娱生活。当然，娱乐也要因地制宜，充分发挥资源优势，体现现代科技成果。一些高科技、多功能的游乐园，更是以各种新奇的游乐项目为主要内容，构成专项旅游产品。

所有这些旅游产品的基本构成要素，都是缺一不可的；否则，便是一个不完整的产品。但是，这些要素并不是旅游产品的最终形式。

(二)旅游产品组合策略

欲提高其在市场竞争中的适应力和风险承受力，旅游企业就要将各类旅游产品进行有效组合。这就是旅游产品组合策略。旅游产品组合是旅游企业向市场提供的旅游产品系列和旅游产品项目的组合或结构,是一个旅游企业的业务经营范围。一个旅游企业的旅游产品组合包括若干旅游产品系列,每个旅游产品系列又包含多个旅游产品项目。只有合理规划设计并不断调整旅游产品组合的状况,才能更好地满足不断变化的市场需求,为旅游企业带来更大的利润。

1. 旅游产品组合程度

规划设计旅游产品组合必须准确把握旅游产品组合程度。一般来说,旅游产品组合程度可以由其宽度、长度、深度和相关度来表达。

其一,旅游产品组合的宽度。旅游产品组合的宽度是指旅游产品组合所拥有的旅游产品系列的数目。企业拥有的旅游产品系列多,称为宽产品线,反之,则为窄产品线。宽产品线组合可以拓宽市场面,多方面满足旅游者的需求,提高旅游企业的市场应变能力和抵御经营风险能力,提高旅游企业的经济效益。窄产品线组合则有利于旅游企业降低经营成本,集中力量提高旅游产品的质量,实现专业化经营。

其二,旅游产品组合的长度。旅游产品组合的长度是指旅游产品组合中旅游产品项目的总数。比如,以旅游产品项目总数除以产品数目,即可以得到产品线的平均长度。例如,某旅游企业的自然旅游产品组合的长度为 60,则其每条产品线的平均长度为 60/6=10。(见表 5-1)

表 5-1 自然旅游产品组合的长度

	探险旅游	生态旅游	3S 旅游	围监旅游	掠取旅游	健康旅游
产品线的长度	登山运动 洞穴探险 海岛探险 悬崖跳水 陡坡滑雪 冰上滑行 山地自行车 滑翔伞运动 水底探险 攀岩运动 荒野飞行 冲浪汽艇 雪地汽车 螺旋桨滑雪	土著旅游 观鸟旅游 观察自然 户外摄影 户外教育 户外研究 观星旅游 观鲸旅游 马帮旅游	海滩冲浪 划船运动 航行运动 日光浴 游泳 划水运动 风帆冲浪 独木舟运动 骑马运动 骆驼旅行 牛车旅游 潜水 丛林漫步 徒步旅行	水族馆 鸟舍 植物园 动物园 植物花园 野生动物园	采草莓 钓鱼 深海钓鱼 淡水钓鱼 冰上钓鱼 近海捕鱼 淘金 狩猎 采野菜	森林浴 高山疗养 温泉浴 泥浴 沙疗 自然休闲

(资料来源:David Weaver 著.生态旅游.杨桂华,王跃华译.北京:高等教育出版社,2008)

其三,旅游产品组合的深度。旅游产品组合的深度是指一个旅游产品系列中所含的旅游产品项目的多少。增加旅游产品组合的深度,可以同时满足旅游者的多种需求,提高旅游者的满意度,有利于旅游企业提高市场竞争力。

其四,旅游产品组合的相关度。旅游产品组合的相关度是指旅游企业生产的各类旅游产品和各个旅游项目在生产、消费之间的联系程度。比如,在广告宣传、销售渠道或其他方面相互关联的程度。相关度表明旅游企业在旅游产品组合时应注意的限制条件。旅游企业在增加旅游产品组合宽度时,如果产品系列之间的相关度太低,将会增加经营风险。

根据旅游产品组合的程度,旅游企业可以采取四种方法发展业务组合:一是拓宽产品组合的宽度,扩展企业的经营领域,实行多样化经营,分散投资风险;二是增加产品组合的长度,使产品线丰满充裕;三是增加产品组合的深度,占领同类产品的更多细分市场,满足旅游者更广泛的市场需求,增强行业竞争力;四是加强产品组合的一致性,使旅游企业在某一特定市场领域内增强竞争力并赢得良好声誉。

2.旅游产品组合形式

较常见的旅游产品组合的形式主要有地域组合、内容组合和时间组合。

(1)地域组合,即组合产品由跨越一定空间地域、特色突出、差异性较大的若干个旅游产品项目组成。此种产品组合形式要求产品内容丰富,且空间地域之间的反差较大。根据旅游产品组合地域范围可将其分为国际和国内两种组合形式,国内组合又可细分为全国性组合、区域性组合、城市性组合等多种形式。而许多旅行社推出的"新马泰港澳十日游"、"欧洲十四日游"就属于国际性组合形式。

(2)内容组合。这是根据旅游活动的主题选择旅游产品项目构成的一种组合形式。它可以分为综合型和专业型组合两种形式。根据世界旅游组织的产品分类方案,旅游产品可以分为观光产品、度假产品、休闲产品与专项产品。但是,这只是基础性的划分,实际上旅游市场需求是复杂多变的。比如,度假旅游产品可以分为海滨度假旅游产品、乡村度假旅游产品、城市度假旅游产品、森林度假旅游产品等多个主题类型。因此,主题的选择是旅游企业对旅游产品组合的内容进行生产设计的关键。

(3)时间组合。旅游产品的时间组合是根据季节的变化来组合不同的旅游产品。比如,东北冬季冰雪旅游产品。但有些旅游产品季节性变动较小,一年四季相对稳定。因此,旅游产品的时间组合一般分为季节性和全年性组合。

3.旅游产品组合策略选择

旅游产品组合要以旅游者获得最大效用和旅游企业获得最佳综合效益为原

则。旅游产品组合策略一般有以下几种：

第一,全线全面型。全线全面型指的是旅游企业经营多条产品线并将其推向多个不同的旅游市场。比如,旅行社经营观光旅游、度假旅游、休闲旅游、购物旅游、会议旅游等多种旅游产品,并以多个不同的目标市场为对象进行销售。企业采取这种策略可以满足不同市场需要,有利于扩大市场份额,但经营成本比较高,因此适用于那些具备较强实力的企业。而且,这种策略使企业很难在某个细分市场或某种产品上形成竞争优势。

第二,市场专业型。市场专业型即向某个特定市场提供其所需要的产品。比如,旅行社专门向日本市场提供观光、购物等多种旅游产品;或者以青年旅游者为市场开拓对象开发探险旅游、蜜月旅游、女青年购物旅游等旅游产品。这种策略有利于企业集中力量对特定的目标市场进行调研,充分了解其各种需求,开发满足这些需求的旅游产品,但由于目标市场单一,市场规模有限,企业产品的销售量也会受到限制。此外,目标市场过于单一也会使旅游企业面临较大的经营危险。

第三,产品系列专业型。产品系列专业型是指旅游企业只经营一种类型的旅游产品来满足多个目标市场的同一种需求。例如,旅行社只提供面向欧美、东南亚市场的观光旅游产品。由于这种产品组合产品线单一,旅游企业经营成本比较低,易于管理,可以集中企业资源开发并不断完善这种产品,进行产品的深度加工,树立良好的旅游产品品牌,提高旅游企业的形象;但是这种组合策略产品类型单一,经营风险较大。因此,旅游企业要特别注意对该产品的改良和升级换代。

第四,特殊产品专业型。特殊产品专业型指的是针对不同目标市场的需求提供不同的旅游产品。比如,对欧美市场提供观光度假旅游产品,对日本市场提供购物旅游产品,对东南亚市场提供探亲访友旅游产品;也可以提供探险旅游产品满足青年旅游者的需要。这种组合策略可使旅游企业有针对性地满足不同的目标市场,使产品适销对路,有利于旅游企业占领市场、扩大销售,降低风险,不过由于其提供产品需面对多个目标市场,故投资大,成本高。

(三)旅游产品生命周期及其策略

任何企业在推出新产品之后,都会希望该产品能经历一个长期而有利的生命周期。产品生命周期是市场营销的一个重要概念,是指一种产品从投入市场到被淘汰退出市场的过程。20世纪80年代初,该理论被引入旅游营销研究领域。旅游产品生命周期理论对于旅游企业制定产品策略具有重要的指导意义。

1.旅游产品生命周期及其阶段

从理论上看,旅游产品生命周期与其他行业的产品生命周期无明显差别。

它指的是某一种旅游产品从进入市场到稳步增长再到逐步被淘汰退出市场所经历的全过程。典型的产品生命周期一般包括四个阶段,即投入期、成长期、成熟期和衰退期。通常情况下,旅游产品生命周期也经历从投入期、成长期到成熟期和衰退期的各个阶段。一条旅游线路、一个旅游活动项目、一个旅游景点都会经历这一由兴到衰的过程。(图 5-2)

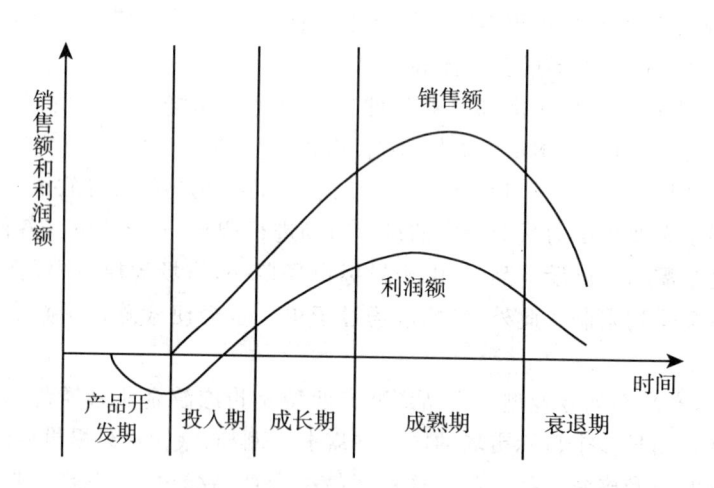

图 5-2　旅游产品生命周期曲线图

(1)旅游产品的投入期。在投入期,旅游产品正式被推向旅游市场,具体表现为新的旅游景点、旅游宾馆、旅游娱乐设施建成,新的旅游路线开通,新的旅游项目、旅游服务推出。在这一阶段,旅游产品的设计与生产都有待进一步完善,旅游服务有待提高与稳定,加上旅游产品尚未被旅游者了解和接受,产品销量增长缓慢而无规律;旅游企业游客接待量很小,投入费用较大,经营单位成本较高;企业为了使旅游者了解和认识产品,需要做大量的广告和促销工作,产品的促销费用较高。在这个阶段内,旅游者的购买多为实验性的,几乎没有重复购买,企业也通常采取试销态度,因而往往销售水平低,利润极小,甚至亏损。但在这个阶段,市场上一般还没有同行竞争。

(2)旅游产品的成长期。在成长期,旅游景点、旅游地开发已初具规模,旅游设施、旅游服务逐步配套,旅游产品基本定型并形成一定的特色,前期宣传促销开始收到效果。这时,旅游产品逐步被旅游者所接受,在市场上拥有了一定知名度,产品销售量迅速增长;由于旅游者对产品有所熟悉,越来越多的人开始使用这一产品,重复购买者也逐渐增多;企业的广告费用相对减少,促销成本大幅度下降,利润迅速增长。在这一阶段,其他旅游企业看到该产品销售很好,就有可能推出相同的产品,市场上开始出现竞争。

(3)旅游产品的成熟期。在成熟期,潜在顾客逐步减少,大多属于重复购买的市场。旅游产品的市场需求量已达饱和状态,销售量达到最高点;在前期销售量可能继续增长,中期处于不增不减的平稳状态,后期的销售增长率趋于零,甚至会出现负增长,利润增长也达到最高点,并有逐渐下降趋势。很多同类旅游产品和仿制品都已进入市场,扩大了旅游者开始对旅游产品的选择范围,市场竞争十分激烈,而且还有来自更新产品的替代性竞争,差异化成为竞争的核心。

(4)旅游产品的衰退期。在这一阶段,除一些名牌产品外,旅游者开始对老产品失去兴趣,产品的市场销量日益下降;市场竞争突出地表现为价格竞争,价格被迫不断下调,利润迅速减少,甚至出现亏损。新的旅游产品进入市场,开始逐渐取代老产品。

2. 旅游产品生命周期的其他形态

旅游市场竞争激烈,旅游产品更新换代很快,在多种影响因素的作用下,旅游产品的生命周期并非都遵照某一特定的曲线周期性变化,而是会呈现出多样化、差别化。(见图5-3)

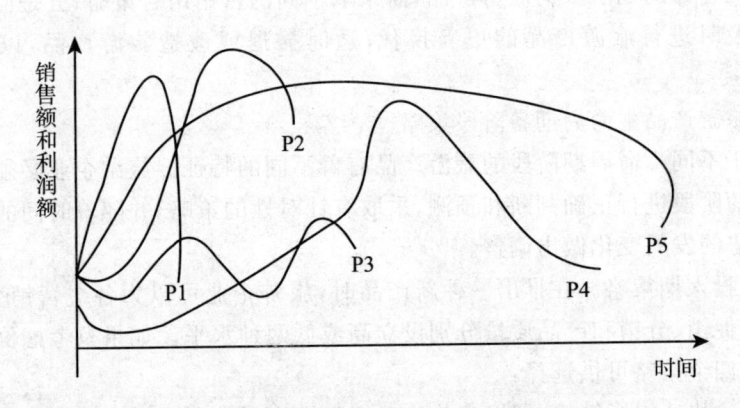

图 5-3 旅游产品生命周期种类示意图

如图 5-3 所示,有的产品生命周期短些,有的产品生命周期长些,有的产品各阶段起伏比较大,有的产品变化比较平稳。也就是说,旅游市场上的不同旅游产品的生命周期是各不相同的。

曲线 P1 所显示的是,某种旅游产品刚投入市场不久就被市场所淘汰。有些产品旅游企业花费了很大的精力和成本,但由于对市场的形势估计错误或者旅游产品的质量不高,旅游者对这样的产品不感兴趣,因而产品未进入成长期就被迫退出市场。20 世纪 80 年代末至 90 年代初兴起的建造主题公园热潮,由于缺乏宏观调控,投资者急功近利,结果建成了大量缺乏特色的人造景观,其中许多从开业起就亏损,最后不得不停业,就属于此类型。

曲线 P2 显示的旅游产品生命周期很短,但销售量很大,是旅游市场中的时尚产品。比如,节事节庆、会展、春节等黄金周旅游产品。

曲线 P3 呈现出一种波浪起伏的旅游产品生命周期,此类产品在旅游市场中具有很多规律性的波动周期。比如,会议旅游、宗教旅游、商务旅游等旅游产品多属于这种情况。

曲线 P4 显示旅游产品的成熟期很短,但投入期的费用很高,属于一种较高消费的旅游产品。比如探险游、太空游之类的产品。

曲线 P5 所显示的是,这类旅游产品的投入期和成长期不长,但产品的成熟期很长,甚至衰退期不会很明显出现。例如,传统名胜观光、度假型旅游产品多属于这种情形。

从上述叙述我们可以看出,旅游产品生命周期具有规律性特征:一是任何旅游产品都有一个有限的但长短明显不一的生命周期;二是各生命周期阶段的时间长短因旅游产品不同而不同;三是不同生命周期阶段的利润高低不同;四是对处于不同生命周期阶段的旅游产品,需采取不同的营销组合策略;五是应针对市场需求及时进行旅游产品的更新换代,适时撤退或改造旅游产品,以免遭受损失。

3. 旅游产品生命周期各阶段策略

处于不同生命周期阶段的旅游产品有着不同的特征。旅游企业必须对其产品所处的阶段进行正确判断和预测,采取有针对性的策略,并随着时间的推移和市场形势的发展变化做出调整。

(1)投入期策略。在推出一种新产品时,旅游企业可以为各个营销变量,诸如价格、促销、分销和产品质量分别设立高或低两种水平。如果只考虑价格和促销,则有四个策略可供选择:

其一,快速撇脂策略,即以高价格和高促销水平的方式推出新产品。采取高定价,是为了在每单位销售中获取尽可能多的毛利;同时,企业花费巨额促销费用意在向市场说明:虽然该产品定价高,但是物有所值,高水平的促销活动可加快市场渗透。采用这一策略的假设条件是:潜在市场大部分人还未了解到该产品;知道它的人渴望得到该产品并有能力照价付款;企业面临着潜在的竞争和欲建立品牌偏好。例如,1996 年广州新星旅游社在国内首先推出"欧洲十五日游",美国 SKY 推出"太空旅游"等就是采取这种策略。

其二,缓慢撇脂策略,即以高价格和低促销水平的方式推出新产品。高定价是为了从每单位销售中获得尽可能多的毛利;而推行低水平促销是为了获取大量利润。采用这一策略的假设条件是:市场达到一定规模的营销费用;市场中大多数的旅游产品购买者已经知晓这种产品;购买者愿意出高价;潜在对手的竞争并不紧迫。那些具有高度垄断性的旅游项目可以采用这一策略。例如,"告别三峡游"、"故宫一日游"等产品。

其三,快速渗透策略,即以低价格和高促销水平的方式推出新产品。这一策略希望企业以低价配合高度的促销,使旅游产品快速渗透到目标市场,以最快的速度占领最大的市场份额。采用这一策略的假设条件是:市场规模很大;市场对该产品不知晓;大多数购买者对价格敏感;潜在竞争很激烈;随着生产规模的扩大和经验的积累,产品的单位成本会下降。比如,"杭州二日游"、"苏州一日游"等产品可以采用这种策略。

其四,缓慢渗透策略,即以低价格和低促销水平的方式推出新产品。低促销水平可以使企业降低促销成本,实现较多的净利润。企业要确信市场需求对价格弹性很高,而对促销弹性很小。采用这一策略的假设条件是:市场规模大;市场上该产品的知名度较高;市场对价格相当敏感;存在潜在的竞争者。例如苏州青旅推出"乡村自然游"就采用了这种策略。

(2)成长期策略。在成长期,为了尽可能长时间地维持市场成长,旅游企业的营销策略重点是提高旅游产品的特色与优势,努力寻找与开拓新市场,开辟新的销售渠道。为此,可采取的策略:一是改进产品质量和增加新产品的特色及式样。通过完善旅游基础设施和配套设施的建设,加强各行业间的联系与协调,同时根据旅游者的信息反馈,增建一些旅游活动项目,规范服务技巧,提高旅游产品的特色和质量,以吸引更多的旅游者。二是增加产品新样式和侧翼产品。三是考虑进入新的细分市场。四是扩大分销覆盖面并进入新的分销渠道。五是从产品知觉广告转向产品偏好广告。六是降低旅游产品价格,以吸引对下一层次价格敏感的购买者。

旅游企业推行这些策略,将会大大加强其竞争地位。但是,改进措施会增加成本。旅游企业在成长阶段要决定究竟是选择高市场占有份额,还是选择当前高利润。如果把大量的财力用在产品改进、促销和分销上,就能获得一个优势地位,但要放弃获得最大的当前利润,对此,企业有希望在下一阶段得到补偿。

(3)成熟期策略。旅游产品的销售增长在某一点上开始转向缓慢时,该产品就进入了成熟期。这一阶段所持续的时间通常比较长。它一般可分为三个时期。第一个时期是成长中的成熟。此时由于分销的影响,未来的销售依赖于旅游者的增加和需求的更新。第二个时期是稳定的成熟。此时销售量稳定在一定水平上,企业利润最大。第三个时期是衰退中的成熟。此时销售的绝对水平开始下降,旅游者也开始转向其他产品和替代品。销售增长率的减缓使得整个行业中的生产能力过剩,而生产能力过剩又导致竞争加剧。在成熟阶段,许多企业会放弃老产品,宁愿把资源集中在有利可图的产品和开发新产品上,很可能忽视许多老产品仍有的高潜力。因此,营销人员应该系统地考虑市场、产品和营销组合,努力延长这一阶段。

第一,市场改进策略。市场改进策略也称市场多元化策略,即旅游企业寻找机会市场,争取新的消费者,进一步挖掘市场潜力,稳定和扩大旅游产品销售量。

第二,产品改进策略。这主要考虑两个方面:一方面是根据旅游者的反馈意见,旅游产品中哪些旅游活动项目吸引力大,哪些活动项目内容单调,现有基础设施和配套设施能否满足旅游者现有的旅游消费,给旅游目的地带来哪些影响,如何改变这种影响等;另一方面是旅游服务的改进,规范服务技巧,使旅游接待服务标准化,在稳定旅游服务质量的基础上,尽量增加一些旅游服务项目,以吸引旅游者。

案例5-2　上海锦江饭店(北楼)川菜餐厅以特取胜

在上海锦江饭店(北)12楼餐厅改造前,饭店曾有两种意见,一种意见认为应体现高档饭店风采,建"洋"一点的餐厅;另一种意见是装修成体现巴蜀风情的川菜餐厅。最终饭店决定采纳后一种意见。改造后重新开业,客人到餐厅后坐在"杜甫草堂",可遥望一座葱茏茂密的林园,旁边就是"草堂故居"。走进"东坡厅"可品尝"东坡肉"等美味佳肴。"宝瓶口餐厅"表现了李冰父子科学治水的主题,客人依稀听见都江堰的涛声在诉说李冰父子的千秋功绩。"卧龙村餐厅"里表现孔明征战画面的左右墙壁上分别悬挂古筝和羽毛扇。不仅国内客人喜欢来此就餐,外国宾客也赞不绝口。餐厅成功的奥妙在于以特取胜、土而不俗、土而不失高雅。

(资料来源:中国酒店网,http://cn.chinahotel.com)

第三,营销组合改进策略。旅游企业还应该努力通过改进营销组合的一个或几个要素刺激销售,延长产品成熟期。在寻找刺激成熟产品销售的方法中,对营销组合中的非产品因素应考虑如下关键性问题。一是价格。降价能否吸引新的旅游者?或者通过特价、数量增加或先购者有所折扣等方法下调价格还是用提高价格来显示质量较好的方法更为有利?二是分销。旅游企业在现有的分销网点上能否获得比较多的产品支持和陈列?能否渗透更多的消费网点?产品能否进入某些新类型的分销渠道?三是促销。这主要包括广告的费用是否要增加?广告词句或文稿是否要修改?宣传媒体组合和宣传时间、频率或规模是否要变动?旅游企业应该采用暂时降价、打折、给予赠品的方法还是产品销售或服务竞赛?如何使销售队伍更适应需要?销售区域是否要重新划分?对销售队伍的奖励方法是否要修改?等等。

第四,新产品的开发。旅游企业此时应准备进行旅游产品的更新换代,以适应旅游者日益变化的旅游需求。只有旅游新产品与老产品保持良好的衔接关系,旅游企业才能保持生命力。

(4)衰退期营销策略。多数的旅游产品最终会衰退。这种销售衰退也许是缓慢的,也许会很迅速。销售可能会下降到零,或者也可能在一个低水平上持续多年。销售衰退的原因有很多,如技术进步、产品更新换代,旅游者需求的改变,国内外竞争的加剧等。当销售和利润衰退时,有些旅游企业退出了市场,有的减少产品供应量,有的则会降价销售。

第二节 旅游新产品开发

产品总是会经历一个从成长到衰退的市场发展过程。所以,旅游企业要在激烈的市场竞争中获得成功,就必须不断地引入新产品,以适应不断变化的市场需求。营销计划工作面临的主要挑战之一,是发展新产品的各种观念并成功地把它们付诸实施。

一、新产品与产品开发方式

(一)旅游新产品及其类型

旅游新产品是指旅游生产者初次设计生产的、或原来生产过但又做了重大改进,更能体现旅游经营者服务于市场的意图,与原有旅游产品存在显著差异的产品。旅游新产品的类型主要有:

1. 完全创新型旅游产品,是指采用全新的方法设计、生产出来的具有新内容、新技术等特征以满足旅游者需求的旅游产品。完全创新型旅游产品在创意策划上难度较大,同时受旅游企业技术水平、资金等诸多因素的影响,研发时间一般较长。例如,据报道,美国国际自由轮船公司在洪都拉斯建造一艘可容纳40 000名乘客的"海上城市"——"自由号"巨型游轮。它可长期在热带海域游弋,每两年绕地球一周,1/3的时间在航行,剩下的时间则在世界各港口停靠。有不少人为这种"全新刺激的生活方式"动心。

2. 换代型旅游新产品,是指对现有旅游产品进行较大变革后,充分利用原有基础设施,局部采用新科技成果,扩点成线,扩线为面,设计生产出来的产品。纵观各国旅游业,一般都经历了由传统的"一般性观光旅游产品"到"主题性观光旅游产品"再到"非观光旅游产品"的升级换代过程,即第一代观光旅游产品主要以自然景观资源为主,旅游方式以观赏自然美景为主,旅游地域是著名风景名胜区或者著名城市;第二代观光旅游产品以自然人文资源为主,但其解决了第一代产品中普遍存在的机械连接与强行搭配等问题,而是设计主题独特、集中的旅游线路,更具有文化性和历史性,旅游方式也由单向参观过渡到双方参与;而第三代旅游产品则在前两代产品发展的基础上,强调人文资源与自然资源的结合,专项旅游与特种旅游并重,且观光与非观光相结合的组合性产品结构正向高级阶段发展,虽与原旅游产品在时间上是继起的,但在空间上可以并存,相互补充,相互促进。

3. 改进型旅游新产品,是指针对旅游市场的需求,对原有旅游产品进行局部改进,而不是进行重大变革的旅游产品。这种旅游新产品主要是对旅游产品的设施设备或旅游活动项目进行改进,以提高旅游产品质量,如增加旅游活动项目、对原来的旅游线路进行改造等,其在实质上并没有太大的变化。

4. 仿制型旅游产品,是指旅游企业模仿旅游市场上已经存在的旅游产品而生产的旅游产品。当然,旅游企业在仿制原旅游产品过程中,又有局部的改进和创新,但基本原理和结构是仿制的。这种旅游新产品在旅游市场上极为普遍。比如,仿照深圳的"锦绣中华"、"民俗文化村"而建造的北京"世界公园"就是这种产品。

此外,现有旅游产品进入新的目标市场后,也可被视为新产品。

(二)旅游新产品开发方式

开发旅游新产品是旅游企业保持活力和竞争优势的重要途径。在开发旅游新产品时,要考虑产品、市场、企业目标及开发途径等因素。这些因素都会影响到旅游产品开发策略的选择。旅游企业应根据具体情况选择合适的策略。

1. 资源重组策略

旅游资源是旅游产品开发的依托。旅游企业开发新产品必须更新资源观念,重新认识现有的旅游资源,在充分挖掘资源优势的基础上,推动旅游资源的优化组合,推出旅游新产品,满足市场需求。

(1)从市场需求角度来组合旅游资源,即旅游资源的整合要能激发旅游者的旅游动机,满足或创造旅游需求。这种方式须建立在对旅游市场的深入调查和对旅游者购买行为细致分析的基础之上,其具有灵活性,易于开发新的旅游产品。

(2)从经济效益角度来组合旅游资源,即旅游资源的组合要能实现旅游资源价值增值和利润回报,提高旅游企业贡献率。这也是旅游业作为经济产业发展的内在需求与动力。

(3)从文化角度来组合旅游资源,即分别以多种类型的文化特色来组合旅游产品,特别是以自然要素为内容的生态文化、以宗教与民俗为主体的传统文化、以高新科技和新文化为代表的现代文化等,从而使旅游产品多样化。由于旅游本质上是一种寻找和感悟文化差异的行为过程,因而以文化来组合旅游资源,开发旅游新产品,有利于营造文化差异环境和打造市场卖点。

2. 品牌延伸策略

旅游新产品要想占有更多的市场,拓展生存空间,品牌延伸也是一个极为重要的策略。品牌延伸是指将现有的成功品牌应用到新产品上的整个过程,目的在于缩短市场上消费者认同的时间。当品牌向其他产品延伸时,新产品能很快被消费者识别,并把旅游者对现有品牌的美好印象转移到延伸的新产品中,有利于新产品打开市场。在旅游业的长期发展中,已经形成了一些知名度、信誉度较高的旅游产品。这些旅游产品凭借良好的质量与信誉产生了较强的市场影响力,形成了一定的名牌效应。因此,实施品牌延伸策略,可凭借名牌效应开发旅游新产品。

3. 追求创新速度策略

旅游新产品可采取追求创新速度策略,抢先进入市场。这种策略往往适用于机会成本很高、产品开发风险很小的旅游新产品。正因为机会成本高,所以才要尽快将新产品投放市场,稍有迟缓,旅游企业便可能失去大量市场份额。当然,产品开发有可能失败,但并不可怕,因为开发预算占企业资产的份额很小,不致影响企业的正常经营。

4. 追求开发成功率策略

有些旅游产品的开发机会成本很小,开发风险很大,此时就应该尽力保证新产品开发的成功率,采用追求开发成功率策略。在旅游新产品开发时,应尽可能根据旅游企业的实际情况,避开开发风险。

当然,由于旅游企业结构、经历以及环境的不同,百分之百相同的产品开发策略是很难找到的;即使是同一种产品的开发,竞争双方也未必会选择同一种策略来实施。旅游新产品开发策略应根据机会成本和开发风险的大小程度来正确选择,绝不能套用同一模式。

二、产品开发程序

旅游企业主要通过两种途径引入新产品:一是旅游企业自主进行新型旅游产品的开发;二是通过购买或特许经营的方式从外部获得。无论哪种开发途径都有风险,且新产品开发的失败率也相当高。导致新产品开发失败的原因,主要有产品构思上的失败、实际产品没有达到设计要求、市场定位错误、营销策略失误等。因此,同有形产品开发一样,开发旅游产品也要遵循科学的程序。旅游新产品的开发也需要经过创意形成、创意筛选、概念的形成与测试、商业分析、产品开发、市场试销和正式上市等七个步骤。

第一，创意形成。这指的是对未来旅游产品的基本轮廓架构的构想，是新产品开发的基础和起点。这些设想可以通过许多方式产生，既可能来自企业内部，也可能来自企业外部；既可能通过正规的市场调查获得，亦可以借助于非正式的渠道获得，还可以从旅游者的信息反馈中获得。从外部看，旅游者、竞争者、科研机构、高等院校和海外企业都是企业获得新产品创意的主要来源；而从内部看，企业科技人员和市场营销主管人员的想法是主要的创意来源，而一般职工的设想对新产品的开发也具有启示意义。

第二，创意筛选。创意形成阶段会涌现出大量创新性想法。对于所获得的创意，旅游企业必须根据自身的资源、技术和管理水平等进行筛选，通过筛选可以较早地放弃那些不切实际的创意，留下那些可以为企业带来利润的创意。当然，在筛选阶段，企业一定要避免"误舍"和"误用"两种错误。创意筛选应先建立比较各个不同创意的评分标准；然后确定评选标准中的不同要素的权数，再根据企业的情况对这些创意进行打分。可供企业参考的标准有：市场大小、市场增长状况、服务水平和竞争程度等。必须强调的是，没有任何一套标准能适合所有的旅游企业，各企业都应该根据其自身的资源情况，开发并制定出自己的一套标准。

第三，概念的形成与测试。经过筛选后的创意要转变成具体的产品概念，包括概念形成和概念测试两个步骤。新产品创意是企业针对市场提出的产品设想；产品概念是用消费者语言表达的精心阐述的创意。在概念形成阶段，主要是将旅游产品的创意设想转换成旅游产品概念，并从职能和目标的意义上来界定未来的旅游产品。然后，进入概念测试阶段。概念测试的目的是测试目标顾客对于产品概念的看法和反应。此外，在形成和测试过程中还要对产品概念进行定位，即将该产品的特征同竞争者的产品比较，了解其在旅游者心目中的位置。

第四，商业分析。商业分析即经济效益分析，目的在于了解这种产品概念在旅游市场的吸引力及其成功与失败的可能性。具体的商业分析包括很多内容，如推广该项产品所需要的人力和物质资源、销售状况预测、成本和利润水平、旅游者对这种创新的看法，以及竞争者的可能反应等。当然，在这个阶段想要获得准确的预测和评估是不大可能的，旅游企业只能做大体的估计。一些常用的分析方法，如盈亏平衡分析、投资回收期法、内部收益率法等，将非常有助于企业进行商业分析。在此阶段，开发性技术和市场研究，以及新产品推出上市的时机掌握和成本控制手段是很重要的。

第五，产品开发。产品创意经过概念形成和测试，又通过商业分析被确定为是可行的,就进入了具体旅游产品实际开发阶段。此阶段旅游企业要增加对该项目的投资,招聘和培训新的人员,购买各种设施,建立有效的沟通系统。此外,还要建立和测试构成旅游产品的有形要素。旅游产品开发阶段除了必须注意旅游产品的实体性要素之外,更须注意旅游产品的递送系统。

第六,市场试销。对于有形产品来说,当新产品研制出来之后,通常要经过市场试销。因为,消费者对设想的产品与对实际产品的评价会有某些偏差。现实中,很多产品试制出来之后即遭到被淘汰的命运。因为试销新型旅游产品,的确存在着一些特定的困难。由于旅游产品具有无形性特征,旅游企业并无实体产品可供测试,因而对旅游产品进行描述就显得比较困难。

第七,正式上市。这一阶段意味着企业正式开始向市场推广新产品,新产品进入其市场生命周期的投入阶段。企业必须在新产品上市之前做出以下决策,即在适当的时间和适当的地点,采用适当的推广战略,向适当的顾客推销其新产品。

案例 5-3 "博爱之旅"和"和平之旅"

2005年,在连战、宋楚瑜大陆之行后,台湾岛内掀起了新一轮的赴大陆旅游热。为此,南京市旅游部门专门推出了"连宋行——大陆之旅"的旅游线路。

"连宋行——大陆之旅"分为长短两条旅游线路,即"连宋行——博爱之旅"和"连宋行——和平之旅"。其中,"博爱之旅"的线路为"连宋"在南京一地的行程,游客不仅能游览中山陵、夫子庙、明孝陵等景点,还能免费品尝秦淮小吃,费用只需要300元左右。"和平之旅"的线路则包括上海、北京、西安、长沙和南京五个城市,价格为8 000~9 000元。

(资料来源:新浪财经,http://finance.sina.com.cn)

第三节 品牌策略:旅游品牌与品牌营销

品牌不仅可以用于企业与企业及其产品与产品之间的区分,而且能使顾客通过其提供的有效信息来识别特定企业及产品,从而吸引消费者购买或重复购买某产品。

一、品牌、名牌与名牌效应

在旅游营销中,旅游企业的品牌是形成服务特色、取得竞争优势的重要手段,也是旅游企业产品策略的主要组成部分。

(一)旅游品牌及其构成要素

旅游品牌是指旅游营销主体向旅游者所展示的,用来帮助旅游者识别旅游产品的某一名词、符号、设计,或它们的组合。

通常来讲,一个完整的旅游品牌应该由品牌名称和品牌标志组成。品牌名称是旅游品牌中可以用语言来表达的部分,是形成品牌概念的基础。例如,"迪斯尼"乐园、"锦绣中华"乐园、"地中海"俱乐部、"香格里拉"酒店等。品牌标志是旅游品牌中的符号和图案,包括标志物和标志语,是品牌中不能用语言表达出来但可以被识别的部分,即品牌中的图形记号。比如,肯德基的老人、希尔顿的 H 字母。它是品牌的"视觉语言",其独特性能使消费者马上识别,并在头脑中留下一个深刻、形象的印象,产生喜爱的感觉,并进而萌发情感联系。迪斯尼公司富有冒险精神、正直诚实、充满童真的米老鼠标志不仅深受儿童喜爱,而且也为许多成年人所青睐。

(二)名牌与名牌效应

名牌指知名度高、美誉度高的品牌。它是一种知识产权和无形资产,能产生不可估量的效应。世界上,凡是著名商标、驰名商标,都有其明确的价值和含金标码,且会随着企业及产业知名度、信誉度的提高而不断增长。享誉世界的可口可乐,2008 年的品牌价值为 582 亿美元,是 50 多年前的近 10 倍。可见,名牌本身就是一笔巨大的无形资产。它对消费者具有极大的吸引力,可以使商家拥有极高的市场占有率,最终获得巨额利润。

名牌代表的是一个民族的形象,保护名牌事业需要全民族的参与和支持。首先,要及时、完善地注册商标,这是名牌战略的重要防守策略。其次,政府要加强对知识产权的保护,利用法律手段严厉打击假冒伪劣行径。

二、品牌策略选择与运用

旅游企业从事品牌运营,科学而合理地制定品牌策略是其核心内容。品牌策略主要有品牌归属、品牌统分、多品牌、合作品牌等。

1.品牌归属策略。旅游企业在进行品牌营销时,会涉及如何选择品牌归属问题。可供选择的策略,一是使用自己的品牌,即企业品牌;二是将产品售给中间商,由中间商使用其品牌将产品出售,即中间商品牌;三是企业对部分产品使用自己品牌,而对另一部分产品使用中间商品牌。

旅游企业是选择生产者品牌还是中间商品牌,即品牌归属生产者还是中间商,要全面考虑各方面因素,综合分析得失,最关键的是要看生产者和中间商谁在旅游产品分销链上居主体地位,拥有更好的市场信誉和拓展市场的能力。一般来说，在生产者实力强、市场信誉好、产品市场占有率高的情况下，不宜采用中间商品牌；而应当以生产者品牌为主，或全部采用生产者品牌。当然，如果中间商在某目标市场拥有较高的品牌忠诚度，以及庞大而完善的销售网络，即使生产者有自营品牌的能力，也应该考虑使用中间商品牌。

2. 品牌统分策略。品牌无论归属生产者还是中间商，或者两者共同拥有品牌使用权，都必须考虑对产品的命名问题。是大部分产品或者全部产品使用一个品牌，还是各种产品分别使用不同的品牌，关系到品牌营销的成败。

第一，统一品牌，即所有的产品都统一使用一个品牌。旅游企业采用同一品牌策略能够降低新产品的宣传费用；可以在企业品牌已经赢得良好市场信誉的情况下实现顺利推出新产品的愿望；有助于显示旅游企业的实力，塑造企业形象。但是，一旦某种产品出现问题，可能会影响全部产品和整个企业的信誉。此外，统一品牌策略还存在易令旅游者相互混淆、难以区分产品质量档次等缺点。

第二，个别品牌，指旅游企业对各种不同的产品分别使用不同的品牌。这种策略可以保证旅游企业的整体信誉受某种产品声誉的影响较小，便于旅游者识别不同质量、档次的旅游产品，也有利于企业新产品向多个目标市场渗透，但是促销费用相对较高。

第三，分类品牌，指旅游企业对全部产品进行分类并使用不同的品牌。这是对前两种策略的折中。

3. 多品牌策略。在相同产品类别中引入多个品牌的策略称为多品牌策略。企业运用多品牌策略可在产品分销过程中占有更大的市场空间，而且多种不同品牌代表了不同的产品特色，可吸引多种不同需求的旅游者，有助于企业培植、覆盖市场，降低营销成本，限制竞争者。但是，运用多品牌策略时，要注意各品牌的市场份额大小及变化趋势，适时撤出市场占有率过低的产品，以免造成自身品牌的过度竞争。

三、旅游品牌营销

成功的营销不是建立庞大的营销网络，而是利用品牌，把无形的营销网络铺建到社会公众心里，把产品概念输入到消费者心里，使消费者选择时认可这个产品。这就是品牌营销。品牌营销（Brand marketing）即通过市场营销使客户形成对企业品牌和产品的认知过程。

旅游品牌营销策略的重点，一是品牌个性（brand personality），包括品牌命名、包装设计、产品价格、品牌概念、品牌代言人、形象风格及品牌适用对象；二是品牌传播（brand communication），包括广告风格、传播对象、媒体策略、广告活动、公共关系活动、口碑形象及终端展示；三是品牌销售（brand sales），包括渠道策略、人员推销、店员促销、广告促销、事件行销及优惠酬宾；四是品牌管理（brand management），包括队伍建设、营销制度、品牌维护、终端建设、士气激励、渠道管理及经销商管理。

旅游品牌营销在运作上的关键：一是质量第一。因为，包括旅游产品在内的任何产品，其恒久、旺盛的生命力无不来自稳定、可靠的质量。二是诚信至上。人无信不立；同理，品牌失去诚信，终将行之不远。三是定位准确。成功的品牌都有一个特征，就是以始终如一的形式，将品牌的功能与消费者的心理需要连接起来，并将品牌定位信息准确传达给消费者。四是个性鲜明。任何一个旅游产品，都不会是人人皆宜且人人满意的，正如吉普车适于越野，轿车适于坦途而赛车适于比赛。对产品满足需求的诉求和目标取向，一定要在充分体现独特个性的基础上力求单一和准确：单一可以赢得目标群体较为稳定的忠诚度和专一偏爱；准确能提升诚信指数，成为品牌营销的着力支点。五是巧妙传播。在同质化的市场竞争中，唯有传播能够创造出差异化的品牌竞争优势。旅游产品的同质化现象较为突出，因此，在旅游品牌竞争优势传播上，独特的产品设计、优秀的广告创意、合理的表现形式、恰当的传播媒体、最佳的投入时机、完美的促销组合等都是极为重要的。

随着市场经济的不断深化和旅游市场的不断成熟，旅游业的品牌化需求也越来越显著，所有内因和外因都要求旅游企业在营销中强化品牌意识，开展品牌营销。同时，基于旅游业对宏观环境的依赖性和敏感性，旅游行政管理部门和地方政府在旅游品牌营销上亦应给予必要的支持。

案例 5-4　长沙城市旅游品牌策略

长沙有其特殊地理位置。从整个湖南的旅游特色来看，湖南可分为东线和北线旅游两条主线。东线由岳阳、长沙、韶山、华明楼、衡山等组成，北线则以桃源和张家界为主。桃源和张家界推出的是以山水自然风景旅游为主的旅游方式，而东线推出的则是以历史文化古迹为主的旅游方式。长沙属于湖南东线旅游线路的重要组成部分，在东线游中，岳阳因有岳阳楼名闻天下，洞庭湖水秀色连天，韶山、花明楼是名人故里、伟人家乡，可感受一代伟人的骄人风采，南岳衡山不仅风光独特而且是宗教圣地。据此，长沙的旅游形象设计，应该符合长沙的资源特色和历史文化，并以此构筑对长沙旅游目标顾客群的吸引力，长沙的宣传应淡化风景和名楼，而突出长沙的旅游资源优势：悠久的历史，便捷的交通。这是长沙旅游可进入的特别优势。

长沙市旅游资源丰富，历史、文化、风景中许多有较高的价值，但由于开发和宣传力度不够，因而旅游的"王牌产品"较少，还不能产生强大的品牌辐射力。

（资料来源：根据相关资料整理而成）

思考与练习

1. 如何理解旅游整体产品概念？如何规划旅游产品？
2. 如何把握旅游产品生命周期及其策略？
3. 如何开发旅游新产品？
4. 如何发挥旅游品牌在营销中的效应？
5. 假设你是一家旅行社的经理，你将如何收集新产品的创意？（试针对当地一家旅行社的产品现状，设计一个适合旅游市场需要的新旅游线路）
6. 案例分析题

充满魅力的商务空间——北京海洋馆

北京海洋馆，单馆规模堪称亚洲之最、中国内地当之无愧的最大，为了尽快走出"养鱼卖票"局面，在经营上导入了酒店经营理念。2001年年底，北京海洋馆策划了"超乎想象的圣诞夜"，结果有3 000多名中外游客在瑰丽奇特的皑皑人造雪景和海洋鱼类的欢腾中度过了难忘一夜。这一大型活动的成功举办，使北京海洋馆从此声誉鹊起，不胫而走。正因为海洋馆拥有星级酒店或大型会议中心所不具备的特色，北京一些会议公司或公共关系公司对它非常关注，在大型公共关系活动集中的年末旺季，北京海洋馆甚至可以"待价而沽"。北京海洋馆涉足会议会展领域，改变了一些大公司多年来固有的会议形式，虽然海洋馆的场地价格相当于五星级酒店的会议价格，但仍然赢得了不少回头客。

北京海洋馆实际上并没有专门的大型会议场所，也没有高级同传设备和专门的VIP接待室。举办会议的场所除了可容纳3 000人的海洋剧场，就是因地制宜选择在海底环游馆、鲨鱼馆、触摸池或雨林奇观。除此之外，只是专门将一个仓库改成多功能室，墙面四白落地，简朴得惊人。但是，"在海洋生物的陪伴下，可以瞬间拉近人们彼此间的距离"。许多公司的年会选择在这里举办，老总们脱去了西装革履，与普通员工们一道以休闲心态共同体会海洋之美，与海洋生物近距离接触，一些新奇活动更可以创造出轻松融洽的气氛。

（资料来源：张云中.北京海洋馆：魅力商务空间.国际商报，北京：2004—8—1）

思考题：试用相关知识点分析阐述北京海洋馆的产品发展策略。

第六章 营销策略:旅游产品价格

本章提要

旅游产品定价的主要因素和一般步骤为:明确旅游产品定价目标、了解市场需求、估计旅游产品成本、分析竞争者产品价格、选择定价方法和确定最终价格。战术性定价技巧主要有:折扣定价、产品/服务组合定价、心理定价、差别定价,以及特殊定价;同时,对价格应进行预先评估。同时,旅游企业因外界情况变化,经常需要调整其产品价格。

第一节 旅游产品的一般定价与特殊定价

旅游产品价格策略是旅游市场营销活动中极为重要的一部分,它与其他营销策略相结合共同作用于营销目标。

一、价格制定:主要因素与程序

在实际营销活动中,旅游企业对价格的运用会对营销组合的其他变化产生很大影响,直接关系到旅游企业竞争力的强弱以及营销目标的实现。因此,制定价格策略必须采取科学的、符合客观规律的步骤与措施。

(一)旅游产品价格

价格,即商品价值的货币表现。在市场经济条件下,商品最终市场价格的形成受许多因素的影响。企业希望以某一价格水平达到目标收益,而顾客则希望以一定量的货币支付来获得某种产品的最大效用。价格的变动一方面直接影响消费者的需求及购买行为,另一方面对企业的销售和利润产生直接影响。

同其他产品一样,旅游产品的交换是通过旅游价格得以实现的。旅游价格即旅游者要满足其旅游活动的需要所购买的旅游产品价格。旅游产品的价格有两种形式:旅游单价和旅游包价。

1. 旅游单价指的是旅游者按食、住、行、游、购、娱各单项分别支付的费用,也称单项旅游价格。比如,客房价格、餐饮价格、景点门票价格、旅游购物品价格等。

2. 旅游包价指旅游者通过旅行社对完成旅游活动所需的各项服务进行组合性购买所需价格。旅游包价又可分为旅游全包价、半包价、小包价和单项服务费等。

旅游全包价是旅行社为满足旅游者旅游活动的需要所提供的各项旅游产品的价格,为这些基本旅游产品部分的单价之和再加上旅行社本身的成本和收益。它一般由三个部分组成,即旅游出发地与旅游目的地之间的往返交通费、旅游目的地范围内旅游产品的价格和组团旅行社的服务费。

旅游半包价指的是在旅游全包价中扣除午餐和晚餐费用的价格。其与全包价的区别,只在于是否包含午餐和晚餐费用。

旅游小包价指旅游者预付给旅行社的费用仅包括房费、早餐、接送服务、往返交通费及旅行社的手续费,其他旅游费用在旅游过程中现付。单项服务收费又称委托代办费,大致分为:翻译导游费,全程陪同费,接送费,代办签证、签证延期、签证分离、旅行证等服务收费,市内代订宾馆、代购交通票、代购文娱活动票、联系参观等服务收费,提取、托运行李的服务费,国际回电委托费,国内城市间委托包括受托手续费、确认回电费、接送费、代订宾馆、代购交通票费等。

(二)旅游产品定价的主要因素和一般步骤

旅游产品定价与其他产品定价没有根本性的不同,其主要因素与一般步骤大体上是一样的。

1. 明确旅游产品定价目标

旅游企业在定价之前,必须首先确定旅游产品定价目标。旅游产品定价目标是旅游企业营销目标的基础,是企业选择定价方法和制定价格策略的依据。由于旅游企业市场营销目标是多维的,企业的定价目标也是多方面的。

(1)以维持企业生存为定价目标。当旅游企业的产品或服务不为旅游者所了解、欢迎,在旅游市场上严重滞销时,企业将被迫以维持生存需要为定价目标。这时,只要出售产品或服务的收入还能维持日常开支,企业暂时就能生存下去。这可视为旅游企业经营的最低目标。当然,这只是一种权宜之计。亦即企业定价趋于保本点可以使旅游企业处于不亏不盈的状态。

(2)以获取最大利润为定价目标。旅游企业期望通过制定较高价格,以迅速获取最大利润为定价目标。采取这种定价目标的企业,其产品须处于绝对有利的地位。在这种目标下往往采取高价策略,但如此就可能失去开拓广大市场的机会,为竞争者提供有利的条件。

(3)以扩大市场份额为定价目标。旅游企业要扩大市场份额,可以有两种策略:一是价格不变,提高产品或服务质量;二是产品或服务质量不变,降低价格。以扩大市场份额作为定价目标的企业,多数是希望扩大市场份额后能造成薄利多销的局面。

(4)以争取产品服务质量领先为定价目标。采用这种定价目标的企业,一般都是在旅游者中已经享有一定声誉的企业。为了维护和提高企业产品或服务的质量和信誉,企业的产品或服务必须有一个比较高的价格。一方面高价格能带来高利润,使企业有足够的资金来保持产品或服务质量的领先地位;另一方面高价格本身就是产品或服务质量的一种表现。

(5)以应对和防止竞争为定价目标。这是一种比较稳健的定价目标,其特点是企业综合考虑竞争者的有关情况来制定价格,即在成本的基础上再加上与竞争者几乎差不多的利润率,作为自己企业产品或服务的价格。

2. 了解旅游市场需求

旅游市场需求与旅游价格有密切的关系。因此,首先应了解旅游市场需求结构和不同价格水平上人们的购买数量;其次是分析需求的价格弹性。价格弹性是指价格变动引起需求量的变化程度,即需求的灵敏程度。弹性需求曲线表示需求量对价格变动的反应是敏感的;非弹性需求曲线则表示需求量对价格变动的反应相对迟缓一些。

不同产品的价格弹性系数是不同的,理论上有五种情况:完全无弹性、单位弹性、完全有弹性、缺乏弹性和富有弹性。前三种情况是理论上的假设,现实生活中很少见。常见的是缺乏弹性和富有弹性的情况。运用价格弹性概念决定提价或降价,对企业制定价格策略很有意义。价格弹性系数有三种情况:

其一,$E>1$。说明分母价格的变化幅度小于分子需求量的变化幅度。E大于1为需求弹性大,对于$E>1$的产品,企业采用降价方法比较有利。

其二,$E=1$。说明价格的变化量也会引起需求量的变化,但是为等比例变化,对总收入的影响不大。

其三，E<1。价格变化的百分比大于需求量变化的百分比，意味着价格大幅度变化仅引起需求量较小的变化。对于 E<1 的产品，企业应采用提价策略，价格定得高一些是有利的。

在旅游市场上，需求价格与供给价格相同时，旅游产品的交换才成为可能，其价值才能实现，此时的价格称为均衡价格，又称为市场价格。在旅游市场上，旅游旺季或旅游热线往往出现求大于供的局面，旅游者对旅游产品的效用满意，并愿意支付较高价格来购买旅游产品。而当旅游淡季来临，或在旅游温、冷线上，则经常出现供大于求的状况。旅游企业经营者为推销产品，愿意少盈利或保本销售，甚至暂时亏损以求将来的发展。

3. 估计旅游产品成本

产品成本是由产品的生产过程和流通过程所花费的物质消耗和支付的劳动报酬所形成的，它是构成产品价格的主要组成部分。在旅游市场营销活动中，产品定价的基本因素就是产品成本。这是因为，旅游企业定价必须首先使总成本得到补偿，要求价格不得低于平均成本费用。

4. 分析竞争者产品价格

旅游企业必须了解和研究竞争者的产品质量和价格，并拿来与自己的产品比较，从而作为制定自己产品价格的依据。如果企业提供的产品与竞争者相似，那么价格也应大体一致。若企业提供的产品是优越的，那么产品定价可以定得高些。相反，如果企业的产品质量较差，那么就不能同竞争者定价一样。

如果旅游企业在市场上处于对某种旅游产品的垄断地位，那么它的定价原则往往是能既控制需求量以保护资源，又力求获得更大利润。如某著名古迹的门票价格为每张 5 元时，平均每天有 30 000 人游览参观，若票价提高到每张 8 元时，则平均每天有 20 000 人游览参观，但却增加了 10 000 元的门票收入。此时，将门票定为 8 元更适宜。

5. 选择定价方法

在实际中，旅游企业的定价方法是多种多样的。一般地，从制定价格的不同依据出发，可把定价方法分为以下三大类：

(1) 以成本为中心的定价法，即以所要营销产品的成本为主要依据，综合考虑其他因素制定价格。由于不同产品的成本形态不同，以及在成本基础上核算利润的方法不同，成本导向定价法又有以下几种具体形式。

其一，成本加成定价法。这指的是在产品的成本之上增加适当百分比，从而形成产品价格。产品售价与产品成本的差额便为产品的利润，由于利润的多少总是以多大比例，即几成的形式出现，因而这种方法被称为加成定价法。

若以 C 表示产品单位成本，S 表示增加的百分比，P 表示价格，则有：

$$P=C+CS=C(1+S)$$

或者,从产品价格出发,倒扣一个百分比,使倒扣后的差等于成本。若用 d 表示倒扣的百分比,则有:

$$P=C\div(1-d)$$

成本加成法计算简便,在需求及竞争状况相对稳定的市场环境下,可以保证企业获得适当的利润。但是,当市场环境变化迅速,特别是在竞争状况和需求状况发生较大波动的情况下,成本加成法就不再适用。

其二,变动成本加成定价法。这种方法也叫边际贡献定价法,即在定价时只计算变动成本,而不计算固定成本,在变动成本的基础上加上预期的边际贡献。所谓边际贡献,就是销售收入减去补偿变动成本后的收益。预期的边际贡献也就是补偿变动成本费用后企业的盈利。即:

边际贡献＝销售收入－变动成本

单位产品价格＝单位产品变动成本＋单位产品边际贡献

所以,只要单位产品价格大于单位产品变动成本,企业就会获得一定的盈利;其盈利量取决于单位产品价格与单位产品变动成本之差的大小。

其三,目标利润定价法。目标利润定价法的特点是,首先确定一个总的目标利润或目标利润率,然后把总利润分摊到每个产品中去,与产品的成本相加,就可以确定价格。计算公式为:

产品价格＝(总成本＋目标利润)/预期销售量

采用目标利润定价法可以保证目标利润的实现,但是由于这种方法是以预期销售量来推算单价,从而忽视了价格对销售量的直接影响。只有经营垄断性产品或拥有很高市场占有率的企业,才有可能依靠其垄断力量按目标利润率进行定价。

(2)需求导向定价法,即以产品或服务的社会需求状态为主要依据,综合考虑企业的营销成本和市场竞争状态而制定产品或服务价格的方法。由于与社会需求相联系的因素很多,如消费习惯、收入水平、产品或服务项目的需求价格弹性等等,企业对这些因素的重视程度不一,就形成了以下几种不同的方法。

第一,习惯定价法。这是企业依照长期被消费者接受和承认的、已成为习惯的价格来定价的一种方法。在长期购买使用某种产品或服务的过程中,消费者习惯上已经接受了这种产品的属性和价格水平,如果企业推出的新产品的基本功能和用途没有改变,消费者往往只愿意按以往的价格购买产品。若贸然降价会让消费者怀疑产品质量,提价又会影响产品的市场销路。

第二,理解定价法。这是企业根据消费者对产品或服务项目价值的判断而不是根据卖方的成本来制定价格的定价方法。在经济生活中,由于某些新创产品缺乏比较对象,致使消费者对产品的"理解"不够,对价格也捉摸不透。理解定价法实际上就是企业利用市场营销组合中的非价格变数如产品质量、服务、广告宣传等来影响消费者,使他们对产品的功能、质量、档次有一个大致的定位,然后定价。

第三,区分需求定价法。旅游市场是可分割的。由于各自经历、收入水平、消费能力和消费意图等的不同,旅游者对价格也会产生不同的反应。某一价格对富有的旅游者来说是便宜的,而对中等收入或低收入的旅游者来说则可能是昂贵的。同一旅游者在不同的时间,到不同的地点去旅游,对同一价格,也会有不同的反应。例如,宾馆制定不同的房价,就是便于吸引不同类型的旅游者。宾馆要制定合理的房价,就必须进行细致的市场调研和细分,确定应吸引哪一个细分市场上的旅游消费者。

(3)竞争导向定价法,即以同类产品或服务的市场供应竞争状况为依据来确定是否参与竞争的定价方法。在现代旅游市场营销活动中,竞争导向定价已被旅游企业广泛运用。首先,率先定价法。有些企业认为应有率先定价的魄力,而不应当跟在别人后面。如果企业所制定的价格符合市场的实际需要,采取率先定价策略的企业,即使在竞争激烈的市场环境中,也可以获得较大的收益。其次,密封竞标定价法。这种定价法主要用于投标交易方式。一般情况下,在同类产品之间,价格相对较低的产品更具有竞争力。在旅游市场营销活动中,投标竞争是一种普遍的方式,投标竞争的过程往往就是价格竞争的过程,竞争的结果产生实际的成交价格。

(4)管理导向定价法。这是以行业管理为基础的定价方法。它可以有效地避免行业内部生产同类产品的各企业之间出现降价竞争的形势,从而保证全行业取得最佳经济效益和维持市场稳定。一是旅游卡特尔,即生产同类产品的旅游企业为垄断市场、获取高额垄断利润,通过在旅游产品定价、销售等方面订立协议而形成的垄断组织。各卡特尔组织成员都必须严格按照协议规定的旅游产品价格出售产品。这种定价方法能避免实力相当的大旅游企业之间为争夺某一旅游市场而进行恶性竞争,有利于维护各旅游企业及全行业的利益。二是联营定价法。这是为规范企业联营体成员竞争行为而以协议规定旅游产品价格的定价方法。这种定价方法能保证联营体以满足需求为最高原则并使其成员获得各自应得的利益。

6.确定最终价格

运用所选定的定价方法可初步定出产品价格,但在确定最终价格时,旅游企业还必须考虑:一是所制定的价格是否违背政府的有关政策和法令;二是所制定的价格是否符合企业的定价政策,是否符合企业的"定价形象"(有些企业始终不愿定低价以免损害"定价形象")和"价格折扣"的指导思想,是否符合企业对待竞争者价格的态度;三是所制定的价格是否考虑了消费者心理;四是所制定的价格是否考虑了企业内部有关人员、经销商和供货商的有关意见,是否注意到了竞争者的反应。

二、战术性定价与特殊定价技巧

(一)战术性定价技巧

1. 折扣定价

折扣策略是指旅游企业为了扩大市场占有率,而用折扣价的方式鼓励中间商或旅游者积极购买。折扣策略主要有以下几种:

(1)数量折扣。这是指旅游企业为了鼓励客户大量购买而按购买数量给予不同折扣。购买数量越多,折扣越高。数量折扣又分为非累进折扣和累进折扣两种。

非累进折扣适用一次性购买,数量越多,折扣越高。购买量增大,旅游企业所花费的流通费用就会减少,并且还可以加速资金周转。累进折扣应用于批发业务,旅游企业规定在一定时期内,旅游批发商或零售商购买达到一定数量后,给予折扣优待,而且数量越大,折扣越高。这种折扣方式的目的是将旅游批发单位培养为旅游企业的长期客户。

(2)同业折扣和佣金。同业折扣是旅游企业给予旅游批发商和零售商的折扣。例如,加强与旅行社的合作是宾馆营销工作的重要内容,宾馆给予旅行社的折扣和佣金数量是旅行社是否向宾馆介绍客人的重要因素,"十六免一"是通行的做法。

(3)季节折扣。季节折扣适用于季节性强的产品,为了使旅游产品做到"淡季不淡",除开发适合淡季的产品外,还应制定季节折扣价以鼓励购买者购买。如宾馆、航空公司常在淡季按季节折扣价出售房间、机票。但是,在制定季节折扣价时应有一定的限度,即降价后所增加的营业额必须大于所需可变成本,否则企业就会亏损。

(4)现金折扣。赊销是市场经济条件下企业普遍采用的一种销售方式,现金折扣是指顾客如用现金付款或提前付款,则可按原定价格享受一定的折扣。如在双方的交易合同中写明"2/10,净价50",则表明客户在交易后10天内付款,就可得到2%的现金折扣,但最迟不能超过50天付款。采取现金折扣的目的是鼓励购买者迅速付款,加快企业的资金周转,减少呆账损失,降低收款费用。

2. 产品/服务组合定价

产品/服务组合定价策略,主要有产品线定价法、选择品定价法、互补品定价法、组合定价法等。

产品线定价法:根据产品线内不同规格、型号、质量以及顾客的不同需求和竞争者产品的情况,确定不同的价格。

选择品定价法:许多企业在提供产品的同时,还提供某些与主要产品密切关联的选择品。

互补产品定价法:互补产品指需要配套使用的产品,如剃须刀架和刀片、照相机与胶卷、计算器的硬件与软件等。企业对互补产品定价,常常把主要产品的价格定低一些,而将其互补使用的产品定价高一些,借此获取利润。

产品系列定价法:企业经常将其生产和经营的产品组合在一起,制定一个成套产品的价格。成套产品的价格低于分别购买其中每一件产品的价格总和。这种定价策略就是产品系列定价策略。常见的有化妆品组合、学生用具组合、名贵药材组合和旅游套餐组合等成套产品定价。

3.心理定价策略

(1)尾数定价策略。尾数定价策略就是利用一般客人喜欢价格便宜、对价格上升幅度太大难以接受的心理来进行定价,以达到稳定与扩大产品销售量、增加利润的目的。例如,一般客人总感到一位数的价格比两位数的价格低得多,因此在制定房价时可以"98"为尾数来制定,而不要定整百。因为客人习惯上乐于接受尾数价格,不喜欢整数价格。又如,宾馆的菜价为 39 元,就比 40 元更有吸引力,因为 39 元是 30 多元概念,而 40 元则是另外一个不同的层次,虽然它们仅相差 1 元。尾数价格从视觉上给消费者低一个单位的感觉。当然尾数定价策略对那些名牌优质产品就不一定适用,而旅游日用品、小件工艺品、纪念品、餐饮价格可采用尾数定价的办法。

(2)整数定价策略。整数价格是适合高档、名牌和耐用消费品的定价策略。在现代社会中,旅游产品丰富而又繁多,很多时候旅游消费者只能利用价格推断产品的质量,特别是那些消费者不太了解的产品,整数价格往往会提高产品的"身价",更能体现出产品本身的价值和质量,使消费者产生"一分钱一分货"的想法,从而有利于旅游产品的销售。对旅游产品而言,对一条旅游线路中的单项旅游产品,如宾馆的客房价格和游览娱乐部门的门票价格等,宜采用整数定价策略。

(3)需求习惯策略。即根据消费者对某种产品或服务的消费在价格上已形成了一定习惯的心理而采取的一种定价策略。这种定价策略即无论产品或服务的成本是增加还是降低,企业都仍按消费者的习惯价格定价,不轻易变更,避引起老顾客的反感,使其转移消费。若原材料的价格上涨,宾馆可采用压缩规定的服务内容、减少餐饮份量以保持合理利润,但不能降低服务质量。若原材料价格不变或降价,为了扩大企业市场占有率,一般不应用降低价格的办法去增加销售量,而应从增加服务项目、提高服务水平和产品创新等方面去赢得旅游消费者。

(4)价格线定价策略。旅游企业的产品往往并非只是一种单一的产品,而是存在一系列功能相近但档次不同的产品,从而形成一条产品线。利用价格线定价是一种利用顾客求便心理的策略。企业可以制定几个价格水平,使价格水平的差异符合目标市场的认知。由于价格线非常明确地向目标市场表达了产品档次的差别,因此制定价格线时就应充分考虑不同价格水平之间的配合。不同的价格水平应反映顾客需要的差异和产品差异,价格差别过大或过小均不利于销售。

4. 差别定价策略

差别定价指相同的旅游产品以不同价格出售,其目的是通过形成若干个局部市场以扩大销售,增加利润。

(1)地理差价策略。由于地区间经济发展水平不同,各地旅游吸引物的质量和吸引力不同,旅游服务水平不同,从而使旅游者的感受不同,地区间的这些不平衡现象的存在使不同地区的旅游需求差异很大。大多数旅游者集中于交通便利、知名度高的热线、热点上,而一些资源丰富,但交通不便的地区则无人问津。为了调剂不同地区旅游供求关系,就要采用地区差别价格来吸引游客,以此来减少热点地区的旅游需求量,保护旅游资源;同时扩大和促进冷、温点(区)旅游业的发展,从而促进整个社会经济的发展。

(2)时间差价策略。即对相同的产品,按不同时间内需求的差异制定不同的价格。旅游活动季节性较强,旅游旺季时,旅游者大量涌入,造成产品供不应求,产品质量下降,减弱了旅游者的满足感。旅游淡季时,游客数量大幅度减少,市场上又出现了供大于求的局面。这种淡旺季需求的差异是客观存在的现象,采用季节差价策略的作用在于调剂旅游者的流量和流向,及时实现产品价值,减少旅游企业的经济损失。旅游季节差价一般可控制在20%~30%之间,受季节因素影响愈大的旅游吸引物,制定的差价幅度也愈大。幅度大小也可视产品特点和市场需求情况而定。

(3)质量差价策略。旅游产品构成中无论是有形的物质性产品还是无形的服务,在质量上都存在很大差异。在现实的旅游市场营销中,必须要使产品的质量为广大旅游消费者所认可,成为一种为消费者所偏爱的产品,才能使用质量差价策略。

旅游产品中,如旅游宾馆根据质量标准被划分为五个星级。宾馆提供的服务设施的现代化程度,宾馆环境、气氛、人员素质和服务水平等因素都是划分等级的依据,各星级宾馆的价格有很大的差别。

(4)批零差价策略。即同种旅游产品,由于销售方式不同所引起的价格差别。批零差价主要发生在两种交换渠道中,一种发生在旅行社与其他旅游企业、旅游组织者之间。在旅游活动中,旅行社把各旅游企业(宾馆、游览、娱乐等单位)的单项产品组织起来,形成一个整体旅游产品即旅游线路推销给旅游者。在这里,旅游者从旅行社购买的旅游产品价格会低于从其他旅游企业直接购买的市场价格,因为其他旅游企业向旅行社提供的产品(服务)是按低于市场的批量价售出的,旅行社再以市场价出售给旅游者。另一种是旅游批发商与旅游零售商之间的销售差价。批发旅行社负责旅游线路的组织和安排,然后批量销售给零售旅行社,由零售旅行社直接销售给旅游者,零售旅行社从中取得佣金报酬,即构成了价格上的差别。

(二)特殊定价策略

1.价格点策略。价格点的概念在零售业为人所熟知,并得到广泛的应用。有些餐馆经营者,尤其是提供座位服务的餐馆连锁店经营者,也使用这个概念。对于旅游服务业而言,价格点是很重要的。例如,通常情况下,一家零售商不可能在仓库中存放所有从29.95元到32.95元之间每差1元的各种蛋糕——它往往只会提供其中一个价格点,比如32.95元,没有别的价格。这样做一方面是为了简化库存,另一方面是迫使想买29.95元蛋糕的顾客支付32.95元。一般认为,如果在某个价格范围内只有一个价格点可供选择的话,消费者实际上还是会接受这个价格的。

2.招徕定价策略。招徕定价策略,即利用旅游消费者对低于一般市场价格的产品感兴趣的心理,将某些产品或服务用低价、减价的办法吸引消费者,借机扩大销售,打开销路,又称"特价品"策略。旅游企业采取这种策略的目的不在于推销"特价品",而是希望消费者在购买特价品的同时购买企业其他非低价产品或服务,从而谋求企业的整体效益。比如,一些西方国家设有赌博娱乐项目的宾馆,豪华客房只收取经济间的价格,并且免费提供丰盛的晚餐,其目的就是吸引客人入住并参与赌博娱乐,以获得巨额利润。

3.特殊事件定价策略。当旅游企业进行专门的促销活动或逢重要的节假日或纪念日时,可以借机进行价格促销。进行特殊事件定价促销时,应保证有充足的服务设施设备和服务人员。

三、新产品定价策略

在新开辟的旅游市场中选择何种价格策略,关系到该市场的进一步开发和发展问题。处于不同生命周期阶段的产品的定价策略往往是不同的。在产品的导入期,定价尤其具有挑战性。由于是新开辟的旅游市场,在经营项目与营销上具有一定的优势,但存在着投资大、营销成本高、旅游消费者了解甚少和认识价值不一的情况,因而在这种条件下,旅游企业为达到尽快收回投资成本、提高收益的目的,一般可选用声望定价、市场撇脂定价和市场渗透定价策略。

（一）声望定价策略

声望定价策略适用于那些经营时间长、在行业中居于领先地位且名声极好的企业。这是一种利用顾客的求名心理而采用的策略。由于该企业在行业中具有极高的声望,因而旅游者会倾向于认定其产品质量可靠且具有独特之处。在这种情况下,企业可以依据旅游消费者的信任而制定较高的价格。它使旅游者产生"好货不便宜、便宜无好货"的感觉,消除购买心理障碍,对产品或零售商形成信任感和安全感,并从中得到荣誉感。声望定价策略尤其适用于产品质量不易鉴别、购买风险较大的旅游产品,但仅限于行业中长期为公众认可的企业采用。如那些追求豪华和尊贵的宾馆或餐馆往往采用高价策略进入市场。

案例 6-1　声望的标志

香港的中艺公司是在香港经营中国旅游工艺品和服装的公司,因经营有方而发展迅速。其主要经验之一,就是采取声望定价策略。公司将少量商品定特高价格,以吸引世界各地来港的豪商巨富、名流显贵。他们曾将一块金表定价260万港元,在香港轰动一时。一些国家的总统、总理、国王、皇后也常常来店光顾,以至有"工艺精品,集中中艺"之说,使中艺公司得益甚多。

印度尼西亚也出现过类似的情况。在旅游纪念品市场上,印尼妇女制作的"巴厘克"久负盛名,颇受欢迎。一位印尼商人就把"巴厘克"带到日本推销,举办了一次轰动一时的"巴厘克"时装表演,许多贵妇人光临欣赏,对之大加赞赏,但竟无一人购买。后来,一位日本销售专家揭开谜底,原来是定价太低,上层人士认为购买后有失身份。不久,印尼商人提价到原来的4倍,使"巴厘克"被一抢而空。

（资料来源:冯冬莲等.旅游营销.武汉:湖北人民出版社,2000年）

（二）撇脂定价策略

撇脂是指企业在定价时有目的地将价格定得较高,力求在尽可能短的时期内获取高额利润的一种定价策略。采用该策略的优点在于:可以利用旅游者求新、求奇、求异的心理,在短期内迅速收回投资并获得丰厚的利润。这有利于企业在新开辟的旅游市场上树立高质量的形象,提高企业的知名度;也有利于企业在价格上掌握主动,一旦将来情况发生变化,降价回旋余地较大。但采用该策略也有一些消极后果:价格过高不利于吸引更多的旅游者,市场面较小,具有一定的市场风险,同时由于竞争者的参与,会使市场生命周期缩短。

采用这种策略一般要求新产品具有质优、高级、独特等特点,并且高价也有较大的需求,不会因高价而制约市场占有率和销售量的扩大,同时企业或新产品的知名度高、信誉好。当企业对新产品未来的需求或其成本估计没有把握时,也应先以高价投石问路。因为,一旦高价不成,企业还可主动降价;反之,若以低价将新产品投入市场,以后再调高价格就很困难。

采用这种策略的优点:首先,新产品刚上市,竞争者还未进入市场,消费者在同类产品之间的选择性较小,利用消费者求新心理,以及新产品短时期垄断市场的优势,制定高价,利于提高新产品的身价,开拓早期市场。其次,高价可以使价格留有余地。一方面,企业可以根据市场购买力水平进一步细分市场,对价格敏感的低购买力水平地区适当降价;另一方面,便于企业根据日后的销售情况、需求变化和竞争形势灵活主动地降价,而不会导致消费者的不满。最后,新产品上市初期市场需求较旺,高价可抑制部分需求,不会对企业现有生产能力造成威胁。比如,旅游企业新开业时,现有接待能力较小,通过高价,可保证企业从容有序地提高接待能力。

但同时也必须看到该策略的不足之处。比如,高价会影响新产品开拓市场,特别是当新产品知名度低时往往会导致新产品销售困难。因此,使用这种策略时还要与其他营销策略协调配合,以扬长避短。譬如,以高价策略为基础,以促销力量为变量,就有高价高促销策略和高价低促销策略两种,前者有利于增加新产品对市场的渗透能力,而后者则有利于获得尽可能多的利润。

(三)渗透定价策略

这是利用顾客的求廉心理,以较低价格出售产品,其目的是为了扩大企业产品的市场份额,也称为薄利多销策略。渗透定价的优点有两个:一是薄利多销,取得利润;二是能逐步渗透至竞争者的市场,扩大企业的影响。反过来说,这两点能否达到或达到其中一点,是判断能否使用渗透定价策略的条件。

使用渗透定价策略时,应注意旅游者必须是价格敏感型的,而产品或服务的需求弹性大,能带来更多的需求。此外,企业必须能够保证有足够的消费需求,以使平均成本下降,达到规模效益。

四、价格评估

在最终确定产品价格之前,应该对价格进行预先评估,评估方式主要有以下三种:

(一)竞争分析

通过获得某些竞争者的宣传册对竞争者进行分析,是旅行社进行价格比较的基本方法(这也是许多旅行社越来越不愿意首先公布自己价格的原因);对住宿设施的提供者来说,要了解同类酒店所提供的各类价格,并以此来决定自己的价格范围,只有在特殊情况下才能超出这个范围。旅行社和宾馆的市场营销人员通过观察竞争者的广告公布的价格,可获得其价格信息。

(二)顾客调查

即通过对顾客进行事先调查,以了解顾客对价格的反应。这可以通过邮寄一定数量的问卷完成,也可以对一定数量的目标顾客开展电话和个人询问,或者使用定性分析的方式,如与目标顾客进行小组讨论。调查的目的可以是了解顾客对制定特殊价格的反应或了解顾客对一系列潜在价格的反应。

(三)市场试验

通过市场试验对价格进行预先评估,最准确的方法是对少量顾客进行有限度的试验或者在一个地区或一个地理群体中对价格进行试验(如一个城市或城镇),另外还可以借鉴过去的经验来制定合适的价格。

第二节 旅游产品价格调整

旅游企业为其产品定价以后,由于外界情况的变化,往往还需要调整价格。调整的原因有两种:一是市场供求环境发生了变化,企业认为有必要对其产品价格进行调整,称为自动调整;二是竞争者的价格发生了变动,企业不得不作出相应的反应,称为被动调整。

一、低价、高价和随行就市价格

旅游企业选用价格策略,无论在理论上还是在实践中,常见的主要是低价策略、高价策略和随行就市价格策略。

(一)低价策略

低价通常有两层含义,一是旅游企业将自己的产品价格定得低于市场上同类产品的平均价格,即价格低于市场上同类产品均价;二是旅游企业将自己的产品价格定得低于市场上主要竞争者的价格,即价格低于市场上主要竞争者的价格。

旅游企业选择低价策略,首先是由其定价目标决定的,特别是当竞争成为旅游企业的首要目标时,企业可以采用低价策略在目标市场上销售,以求打击竞争者,占领市场,扩大销售。一旦控制了市场,再提高价格,以收回过去"倾销"时的"损失",获得稳定的利润。

案例 6-2　如何打破主题公园"四高一低"的怪圈

杭州乐园,这一民营综合性旅游休闲度假景区,一期投资高达 4 亿元,每年经营费用 2 000 万元。2001 年 5 月 1 日,为打破国内主题公园经营中的高投入、高风险、高门票、高门槛、低回报的怪圈,该乐园将景区票价从每张 80 元降至 38 元,降幅达 52.5%;同时,为配合这次降价活动,还在 5 月 1 日至 7 日举办"200 万元寻宝大行动",乐园将价值 200 万元的彩电、冰箱、电脑、手机等奖品埋藏在乐园的指定区域,由游客自行寻找,谁找到就归谁。如此大的促销举措,使其成为业内人士、旅游专家关注的焦点。

(资料来源:中国旅游投资网,http://www.ct-invest.com)

(二)高价策略

高价通常有两层含义,一是旅游企业将自己的产品价格定得高于市场上同类产品的平均价格,即价格高于市场上同类产品均价;二是旅游企业将自己的产品价格定得高于市场上主要竞争者的价格,即价格高于市场上主要竞争者的价格。

旅游企业选择高价策略,也是由其定价目标决定的。一种情况是通过采用高价策略,树立企业产品质量形象,扩大知名度;另一种情况是高价竞争。这种策略一般只限于对数量较少、品牌声誉极高的产品采用。它需要旅游企业拥有高品质的产品、雄厚的资金实力和技术条件等。

案例 6-3　不降价,以优质取胜

上海花园饭店被世界著名权威性金融月刊《机构投资》评为 1996 年度世界百佳酒店第 45 名。该饭店在竞争中不降价,坚持以优质服务维持自身形象。

据统计,1995 年上海 10 家外资酒店的平均房价为 125.06 美元,客房出租率为 67%;1996 年这 10 家外资酒店的平均房价下调到 120.63 美元,客房出租率为 67.17%。而花园饭店 1995 年的房价为 148.7 美元,客房出租率达 73.6%;1996 年则分别为 147.13 美元和 76.73%。另外,1996 年 10 月份,上海全市涉外酒店平均房价为 939.42 元人民币,比上年同期下降了 12.93%,而客房出租率为 71.86%,比上年同期减少 3.85 个百分点。面对如此严峻的形势,上海许多酒店都立即采用了两件法宝,一是压低房价,以低价招徕客人;二是大力争取团队客源。但是,花园饭店在 1996 年 10 月以后,房价非但没有降低,反而有所上升,客房实际价格保持在 140 美元(当时约合人民币 1 162 元)以上,且一直处于上海酒店房价的最高位,而在客源方面,团队客的比例由上年同期的 40%~50%压缩到 20%以下,商务散客占 80%左右。

花园饭店的管理者日本大仓管理公司不相信低价会带来酒店的兴旺,而坚持认为酒店成功与否的关键,就在于服务质量。因此,这家公司始终注重于优质服务。

(资料来源:根据相关资料整理而成)

(三)随行就市价格

随行就市,顾名思义,就是旅游企业在制定价格时,既不低于也不高于市场上的主流价格,即完全跟随市场行情的主流价格。

这是一种力求避免竞争的定价方法。采用这种做法的企业,据同一行业的平均价格或其直接竞争者的平均价格来决定自己的价格。在竞争者众多,竞争态势不明朗,企业缺乏市场营销经验,消费者不易区分鉴别类似产品等情况下,可采取随行就市价格策略。

二、提价与降价

提价与降价是调整价格时两种最基本的做法。在这一点上旅游行业与其他行业是没有差别的。

(一)提价策略

提价是指在营销活动中,企业为了适应市场环境和自身内部条件的变化,以原价格为基准,综合考虑相关因素,提高并确定一个新的价格。

1. 提价因素

(1)应对成本上涨。这是旅游企业提价的最主要因素之一。如果生产旅游产品所需的原材料、工资等费用上升,企业成本增大,而产品继续维持原价,势必导致企业收益减少,甚至影响再生产的进行,那么在这种情形下,企业只有通过提价来转嫁部分负担,减轻成本上升的压力。

(2)通货膨胀。通货膨胀势必会导致产品市场价格低于其价值而对企业盈利构成威胁,企业就有理由相应地提高价格,以维护自己应得的利益。这也是旅游企业提价的最主要因素之一。

(3)产品供不应求。旅游企业所生产的产品在市场上出现供不应求的情形时,消费者会因该产品短缺而抱怨,严重时会造成市场供应紧张局面。这时,旅游企业可以提价的方式抑制部分超前需求,缓解市场压力。

(4)改进产品。如企业通过创新提高了产品质量,或改进了产品性能和增加了产品的功能,从而使产品在市场上的竞争能力大大增强,这样则企业提价既可以增加收入,又不会失去顾客。

此外,有些旅游企业出于策略考虑,将产品价格提高到同类产品价格之上,一是可确立产品在市场上的"高品质"形象;二是维持其市场竞争力。因为,在消费者的潜意识里,往往是以价格来评判产品质量的。换言之,人们习惯性地认为,产品质量水平与价格成正比。

2. 提价方式

第一,公开真实成本。这是指企业通过公共关系、广告宣传等方式,在消费者认知的范围内,把产品各项成本上涨的真实情况予以公开,以获得消费者的理解,从而缓解消费者的抵触情绪。有的企业趁成本上涨之机,过分夸大成本上涨幅度,从而过高地提价,这种做法容易引起消费者的反感。

第二,提高产品质量。为了缓解消费者因涨价而产生的抵触情绪,企业应在产品质量上多下功夫。比如,改进原产品或重新设计产品,使消费者认识到,企业已提供了更好的产品,提价是合理的。

第三,增加产品份量。这是指企业在提价的同时,增加单位产品份量,使顾客感到,产品份量增多了,价格上涨也是可接受的。

第四,优惠或附送赠品。企业提价时应以不影响收益为前提,提供某些特殊优惠,或随产品赠送小礼物。例如,买一赠一、赠送消费券、有奖销售等。

(二)降价策略

降价与提价相反,是指在营销活动中,企业为了适应市场环境和内部条件的变化,以原价格为基准,综合考虑各种因素,降低并确定一个新的价格。

1.降价因素

(1)成本较低。企业的成本费用比竞争者低,可通过降价或者希望通过降价来提高市场占有率,从而扩大销量,甚至形成垄断。

(2)通货紧缩。在通货紧缩的经济形势下,币值上升,价格总水平下降,企业的产品价格也相应降低。这是因为此时竞争者产品的价格也在降低。

(3)生产能力过剩。企业因生产能力过剩而需要扩大销售,但又不能通过产品的改进和加强销售工作等来扩大销售。在这种情况下,就应考虑降价。

(4)竞争压力。竞争者降低价格,特别是与竞争者的产品区别不大的产品市场占有率下降等情况都会迫使企业以降价来维持和扩大市场份额。

2.降价方式

引起降价的原因是各有所别的,相应地,企业采用的降价方式也是不尽相同的。

其一,增加额外费用支出。这指的是在产品价格不变的情况下,旅游企业增加某些费用开支。比如,旅行社增加免费订票、免费送票等各项免费服务。这些费用本应该计入产品价格的,以免费方式从价格中扣除,实际上就降低了产品价格。

其二,馈赠物品。如某旅游线路即旅游产品不变,但购买此产品时,馈赠其他物品,如玩具、器皿、工艺品、旅游帽等。这些赠品的费用,本应在旅游产品价格中体现出来,这种价格不变而提供赠品的方式实际上是降低了产品价格。

其三,改进产品品质。如在价格不变的情况下,酒店产品质量提高,服务水平改进,实际上也就降低了产品本身的价格。

其四,增大折扣比例。在产品价格不变的情况下,企业采用各种折扣或回扣策略,如现金折扣、商业折扣、数量折扣等,并加大折扣力度,从而达到了实际降价的目的。

案例 6-4　淡季降价推销策略

某经济型饭店有 200 间客房,该饭店经分析发现,一年中有 4 个月的出租率不到 50%,每间客房的单位固定成本为 48 元,单位变动成本(包括客房低值易耗品等)为 16 元,即每间客房的总成本为 64 元。单人房价格为 170~220 元/天。该饭店采取低价策略,在淡季的 4 个月内,假如客人住上 3~6 天,那么只须支付 140 元/天;住 6~10 天,只须支付 120 元/天;住 10 天以上的客人,只需支付 90 元/天。这种策略实施的结果是在 4 个月的淡季里,客房出租率从 50% 上升到 68%。特别是饭店还争取到 40% 的客人成为饭店的老顾客。这些老顾客在旺季支付给饭店的则是标准房价。

(资料来源:中国酒店网,http://cn.chinahotel.com)

思考与练习

1. 旅游产品价格制定的程序是怎样的?
2. 旅游新产品的定价策略主要有哪些?
3. 旅游产品的定价技巧有哪些?
4. 差别定价法有哪几种形式?
5. 如何进行价格评估?
6. 旅游产品价格如何调整?
7. 案例分析题

降价竞争

新建饭店数快速增多,造成了饭店之间的竞争愈益激烈,许多饭店采取了低价策略。面对客房出租率不断下降的状况,某饭店的总经理为了应对竞争,也决定客房价格相应调低 30%。但是,降价半年时间内,饭店客房的出租率并未见增长;而客源结构却发生了较明显的变化,境外商务散客越来越少,饭店的设备损耗现象严重,成本增加,员工的业务技能也有下降的趋势。这些变化和饭店当初降价时希望稳定自己客源的初衷相去甚远。

思考题:

(1)为什么该饭店降价后没有达到预期的目的?
(2)该饭店参与竞争的意图何在?价格是否为参与竞争的唯一方法?

第七章 营销策略:旅游产品分销

本章提要

旅游产品分销渠道是指某种旅游产品从旅游企业向旅游消费者转移过程中所经过的环节连接起来形成的通道。渠道设计和选择受多种因素制约;在选定分销渠道方案后,还需要进行渠道管理。

旅游企业从内部所发生的营运性物流来看,大致可分为旅游住宿及餐饮业物流、旅游购物品物流和会展物流。

第一节 分销渠道、渠道设计与评估

一、分销渠道:渠道结构、类型及其长度与宽度

旅游市场营销组合策略中的渠道即分销和获取产品的途径。但是,物质产品可以运送到顾客手中,而旅游产品则需要顾客前来消费。

(一)渠道结构

旅游产品分销渠道是指某种旅游产品从旅游企业向旅游消费者转移过程中所经过的环节连接起来而形成的通道。分销渠道的起点是旅游产品供应商,终

点是旅游产品消费者,中间环节主要有旅游经销商和旅游代理商。至于渠道结构模式,如果供应商是酒店或航空公司,那么,可选择通过旅游经销商销售、旅游代理商销售和直接销售;如果供应商是旅游经销商(将不同的产品组合起来形成新产品的旅游公司),则可选择直接向顾客销售,或者通过旅游代理商销售产品(见图7-1)。

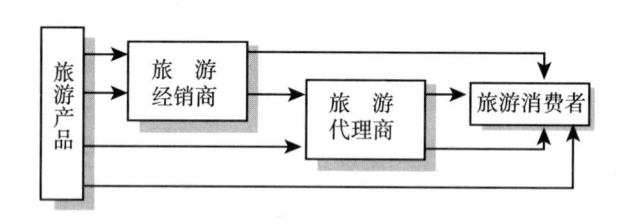

图 7-1 旅游分销渠道结构

资料来源:A.V.西顿,M.M.班尼特编著.旅游产品营销——概念、问题与案例.张俐俐,马晓秋主译.北京:高等教育出版社,2004

从旅游产品的角度来看,这样的分销渠道和分销方式,应该是适合的,也是合理的。

(二)直接渠道和间接渠道

按照有无中间环节,旅游产品分销渠道可区分为直接渠道和间接渠道。

1.直接渠道。在旅游产品从旅游企业向旅游消费者转移的过程中,无任何中间商加入而由该产品的生产者或提供者向旅游消费者直接销售,就形成为直接渠道。比如,旅游景点、酒店、娱乐场所直接向前来消费的顾客出售其产品。

直接渠道的特点是:旅游产品的生产者同时为该产品的销售者,即所谓产销合一。直接渠道的优点:一是旅游产品生产者与顾客直接接触,使生产者能及时、准确和全面地了解顾客意见和要求;二是旅游产品生产者可直接面向顾客进行宣传,加深顾客的感受和体验,有利于加强产品的口碑效应。

当然,直接渠道在市场范围的拓展上,还需要增加更多的投入,包括人员和设施等。

2.间接渠道。在旅游产品从旅游企业向旅游消费者转移的过程中,由中间商居间向旅游消费者销售,就形成为间接渠道。比如,通过旅行社出售旅游产品,便是最典型的一种间接渠道。

间接渠道的特点是:旅游产品的销售者,并非该产品的生产者,而是该产品生产者以外的其他中介者,即所谓产销分离。间接渠道的优点:一是可以充分利用中间商所具有的集中、平衡和扩散功能,扩大旅游产品销售的市场覆盖边界;

二是可以节省销售投入,包括人员、机构和费用;三是可以与中间商协同进行市场分析、产品研发和市场拓展,增强销售能力。

然而,旅游产品生产企业将有一定比例的利润要分割给完成该产品销售的旅游中间商,由此往往造成价格抬高或产品量减质降。

(三)渠道长度与宽度

旅游产品分销渠道按照不同的依据,可以区分渠道长短,也可以判别渠道宽窄。

1.渠道的长短是根据渠道中所经过环节或层次的多少来区分的。通常情况下,渠道中所经过环节或层次越多,则该渠道越长;反之,渠道中所经过环节或层次越少,则该渠道越短。直接渠道是最短的渠道。

长渠道有利于市场扩展,产品增销,但易分割利润。短渠道可以减少利润分割,但不利于产品在更大市场范围内大批量销售。

2.渠道的宽窄是根据渠道中每一层级中间商数目的多少来判别的。一般地,渠道中某一层级的同类中间商数量越多,则渠道越宽;反之,渠道中某一层级的同类中间商数量越少,则渠道越窄。独家经销是最窄的渠道。

宽渠道不仅可方便消费者购买,扩大销量,还可促进中间商竞争,提高其销售效率,但与中间商的关系密切程度会受影响。窄渠道利于密切与中间商之间的关系,但市场渗透面有限,会影响销量。

二、渠道设计制约因素与旅游营销中介

进行旅游产品分销渠道设计,一是必须充分考虑渠道设计的制约因素,二是须重视旅游营销中介的选择。

(一)渠道设计制约因素

旅游产品分销渠道设计和选择受多种因素制约,主要包括客源市场、产品特性、竞争情形、中间商状态、企业状况。

1.客源市场。客源市场范围大小、特点、潜量多少以及潜在客源分布情况等,在不同程度上都会影响到旅游产品分销渠道的设计。客源市场范围大而集中,则渠道要短些、宽些。潜在旅游消费者求便心强,或无单独旅行经验易受到代理商良好服务诱导等,就会选择较长渠道。潜在旅游者较少时,为节省流通费用,可以采用较短的渠道或直销。如潜在客源区域分布较散,则宜选择长渠道。

2.产品特点。旅游产品的性质、种类、档次不同,渠道设计也应有所差异。大体上,景点产品、旅游餐饮产品、旅游娱乐产品、旅游交通产品适用于短渠道或直销渠道。旅游包价产品应主要采用间接渠道,或者说可选择长渠道。高档旅游产品和旅游新产品应选择短渠道。

3.竞争情形。旅游企业在进行分销渠道选择时,应充分考虑竞争者的渠道策略,并采取相应对策。一般来说,在旅游企业的竞争优势比较明显的情况下,可贴近竞争者的分销渠道设立分销点,以优制胜,即采取正位渠道竞争;相反,则应避开竞争者的分销渠道,在市场空白点另辟渠道,即采取错位渠道竞争。

4.中间商状态。旅游中间商在信誉、管理水平等方面存在差别。因此,在渠道设计时,应首选那些信誉好、管理水平高的旅游中间商。

5.企业状况。旅游产品生产企业的实力和管理水平等也是影响旅游产品渠道选择的一个因素。通常地,实力雄厚、管理水平高的旅游企业可选择短渠道,甚至直接渠道;反之,则应选择长渠道。

(二)旅游营销中介:旅游经销商、旅游代理商和旅行社

旅游营销中介,亦可谓旅游中间商,主要包括旅游经销商、旅游代理商、旅行社等。

1.旅游经销商。旅游经销商主要从事旅游产品的转售——为旅游产品生产商销售产品,它可分为旅游批发商和旅游零售商。

(1)旅游批发商。旅游批发商集成旅游交通企业与目的地旅游企业生产的各类旅游产品为组合产品,并采用某一方式转售。比如,通过旅游零售商或直接向公众销售旅游产品,或者不经过零售商,以广告和邮寄产品目录的方式来直接招徕游客,还可雇用推销员上门推销。组合旅游产品通常包括吃、住、行、游、购、娱各要素。旅游批发商可分为三大类,即经营多国旅行、专营一国或一地旅行和兼营旅游的大公司。比如,由原上海旅行社、锦江假日旅行社和国之旅观光旅行社组成的"新版"上海旅行社,在2004年与全国29个省的80多家地接旅行社签订战略合作协议,提出旅游产品零售与批发严格分开,成为中国第一家旅游批发商,拥有40多个网点,以及一些有合作约定的代理商(中小型旅行社),并正式启动旅游业批发商的计划,首推8条国内旅游短线做开端,与自身的网点以及众多代理商合作推出旅游线路,由其网点以及代理商来做具体分销业务,将返回利润的80%给代理商作为酬劳。上海旅行社成为专业批发商后,将致力于自驾车旅游、自助旅游、主题旅游等产品的开发设计,而上海本地市场上的所有营销工作全部由锦江国际旅游公司的旅游销售网点代理。

(2)旅游零售商。旅游零售商是直接面向广大公众从事旅游零售业务的中间商。旅游零售商在销售渠道中的主要作用,一是影响旅游消费者的选择决策,二是传播旅游产品销售信息,三是便利旅游消费者。

上海锦江国际旅游公司依据2004年7月1日起实施的《行政许可法》,同时在卢湾、普陀、宝山设立加盟门市部。门市部成为"锦江旅游专卖店",可以代理销售锦江国际旅游公司麾下上海国旅、锦江国旅、上海旅行社三家企业的所有旅

游产品,但没有产品设计、自主组团的权利。

2. 旅游代理商。旅游代理商是指接受旅游产品生产者或供应者的委托,在一定区域内代理销售其产品的旅游中间商。旅游代理商不买断旅游产品,承担的市场风险较小,经营费用较低,依靠佣金获得收入。

经过与几家旅游企业协商,宁波市北仑区旅游局于2005年7月组建了北仑旅游景点推广接待中心,对北仑的旅游景点实行一级总代理。北仑旅游景点推广接待中心成立以来,和北电、吉利、北仑新区旅游开发投资有限公司联合包装,推出了包括吉利汽车、北仑电厂、中心广场、旅游码头、芝水滩景区、洋沙山景区等景点在内的"北仑滨海一日游",宁波市区市场价149元,宁波周边地区市场价169元,受到了各旅行社的关注和游客的欢迎。

3. 旅行社。旅行社是指有营利目的、从事旅游业务的企业。旅游业务包括:为旅游者代办出境、入境和签证手续,招徕、接待旅游者,为旅游者安排食宿等有偿服务的经营活动。

4. 特殊旅游中介是介于旅游产品供给者与需求者之间,对旅游产品销售的时间、地点、方式等具有影响作用的机构或个人。它包括工会、对外交流机构、会议组织者、宾馆销售代表、航空、铁路公司或旅游宾馆及各种协会和俱乐部。通常,这些特殊旅游中介的业务大多都与旅行社发生不同程度的联系。

5. 预订系统。游客因某种旅游消费需求在未进行实际旅游消费之前预先向旅游企业发出对特定旅游产品的具体购买要约,称为"预订"。预订的相关方包括游客、旅游零售商、旅游代理商和旅游产品生产商,具体涉及客商之间发出预订要约、报价、协议、确认、接收、订单、接待、结算等功能要素,并由此而组成相互联系、相互作用的具有特定分销功能的有机集合体。它需要依托一定介质、技术和载体。这就构成预订系统。预订工作流程包括:

(1)取得优惠价格协议。旅游零售商或旅游代理商在某一地区与若干旅游产品生产商签订旅游产品批发价格协议,得到比较优惠的价格,并参照市价,制定本企业的价格优惠策略,向游客推销旅游产品。

(2)接受游客订购。当游客预订某种旅游产品时,旅游零售商或旅游代理商便向游客推荐符合游客需求的旅游产品;在得到游客的确认许可后,完成订单。

(3)向旅游产品生产商预订并确认。旅游零售商或旅游代理商根据游客的具体需求,向相关旅游产品生产商按照协议价格预订旅游产品;在旅游产品生产商确认该定单生效后,向客人转发预订生效信息。如旅游产品生产商拒绝接受预订,旅游零售商或旅游代理商则应回复客人第一次预订无效,并向客人推荐其他旅游产品。在得到客人确认需要另行预订后,再进行第二次预订。如此往复,直到为客人办好预订。

(4)检查客人是否如期进行旅游消费,做好各种善后服务,并定期统计、核对和结算。

案例 7-1　北京首旅建国接通全球电子分销渠道

北京首旅建国酒店管理有限公司于 2005 年 8 月宣布,在国内首家推出国际先进的中央预订系统(CRS),以及基于该系统的集团网站和其他电子营销服务。

首旅集团所使用的,是美国 Travel click 公司的 I Hoelier 中央预订系统——世界领先的全球分销系统(CRS)之一。它无缝连接全球主要 GDS 及互联网分销渠道(IDS),使首旅建国旗下的酒店能分销到全球 67 万家旅行社终端,以及上千家国际互联网分销商。这种中央预订系统,使酒店集团利用中央数据库管理旗下酒店的房源、房价、促销等信息,能在全球范围实现及时预订;同时,为酒店集团其他营销及管理活动提供数据平台。比如,常客计划、动态促销、企业销售、电子营销等。更为重要的是,该系统拥有全球旅游行业首家推出的专利技术——动画单页面(One Screen)预订引擎,将房型信息、图片、房价及其他预订信息呈现在同一页面上,使顾客无须浏览繁复的预订页面,轻松完成适时预订。

(资料来源:新华网,http://news.xinhuanet.com)

三、渠道管理

选定分销渠道方案后,企业还需要完成一系列管理工作,包括对各类中间商的具体选择、激励、评估,以及根据情况变化调整渠道方案和协调渠道成员间的关系。

(一)渠道成员选择

从旅游产品生产者的角度来看,评估和选择旅游中间商的主要依据有:第一,经营能力:旅游企业的整体实力、资金和经营规模、人员整体素质要求及知名度。第二,营销意识:对自己经营状况的熟悉程度,对当地市场的熟悉程度,对市场推广的态度,对下游客户的服务程度。第三,市场能力评估:下设层次,稳定的服务能力所能覆盖的区域,现经营品牌的市场表现,与重点客户的交易情况。第四,管理能力:管理水平、资金管理、人员管理。第五,口碑:同行中上游。第六,合作意愿是否强烈。第七,能带来的实际利益,即销售量。第八,维护该渠道所必须支付的费用。

旅游产品生产商在选择新的旅游中间商时,应充分考虑到的因素,一是旅游中间商的实力和资质,主要涉及经营规模、营销能力和财务调度能力;二是旅游经销商的目标市场或代理商所联系的旅游消费者,必须与旅游企业的目标市场相一致;三是所选取的对象必须具备与本旅游企业合作的诚意,特别是对为多家同类旅游产品供应者提供代理零售业务的中间商更是如此;四是选择经验丰富的旅游中间商,且其活动范围最好与旅游企业销售产品所针对的目标市场一致。

(二)渠道成员激励

对渠道成员的激励是协调和管理旅游产品分销渠道并使之有效运作的重要一环。渠道成员的结合,是根据各自的利益和条件相互选择,并以合同的形式规定各自权利和义务的结果。一般来说,渠道成员都会为了各自的利益努力工作。但是,由于旅游中间商是独立的经济实体,其与旅游产品生产者所处的地位不同,考虑问题的角度也不同,二者必然会产生矛盾。生产方要善于从对方的角度考虑问题,要明白中间商并非受雇于己,而是一个独立的经营者,有自己的目标、利益和策略。旅游中间商首先是顾客的采购代理,其次才是生产方的销售代理;只有顾客愿意购买的旅游产品,旅游中间商才有兴趣经营。因此,旅游产品生产企业应处理好与旅游中间商的关系,并制定一些考核和奖励办法,对中间商的工作及时进行监督和激励。

1. 与旅游中间商的关系处理。旅游产品生产企业在处理与旅游中间商的关系时,通常可采取三种方法:合作、合伙与经销规划。

(1)合作。大多数旅游产品生产者对中间商采用"胡萝卜加大棒"政策,软硬兼施。一方面运用积极的激励手段,如高利润、特殊优惠待遇、额外奖金、广告津贴等;另一方面采用制裁措施,对表现不佳或工作消极的中间商则降低其利润率或终止与其合作关系等。这种政策的缺点,是没有真正了解旅游中间商的长处和短处,不关心其需要和问题,仅仅依据单方面的"刺激—反应"模式将众多的激励因素拼凑在一起,自然难以收到预期的效果。

(2)合伙。通过签订协议,谋求与中间商建立长期的合作关系。旅游产品生产者首先要仔细研究并明确应该为中间商做些什么。比如,产品开发、市场拓展、营业推广等。也要让中间商明确应履行的责任和义务,如市场覆盖面、市场潜量,以及应提供的咨询服务和市场信息等,然后根据协议执行情况对中间商支付报酬并给予必要的奖励。

(3)经销规划。这是一种最先进的激励方式。主要是建立一个有计划的、实行专门化管理的垂直营销系统,把旅游产品生产者和旅游中间商的需要结合起来。生产者在其营销部门中设立一个分销关系规划室,专门负责与中间商的关系规划,其任务是了解中间商的需要,制定交易计划,帮助中间商实现最佳经营。具体做法是,由分销关系规划室与旅游中间商共同决定产品销售目标、销售培训计划、广告促销计划等,引导中间商认识到自己是垂直营销系统的重要组成部分,积极做好相应的工作,以获得更高的利润。

总之,旅游产品生产企业对旅游中间商应当按"利益均沾,风险共担"的法则,尽力缓和矛盾,密切协作,共同搞好营销工作。

2. 激励旅游中间商。激励旅游中间商的基本点是了解其需要,并据此采取有效的激励手段。通常,激励中间商的主要手段,一是提供较大的折扣或佣金、奖励金、各种津贴等;二是开展销售竞赛,对销售业绩突出者予以重奖;三是邀请旅游中间商考察旅游线路,即国外流行的熟悉旅游。

3. 旅游分销渠道冲突管理。旅游中间商与旅游产品生产者所处的地位不同,考虑问题的角度也不同,二者必然会产生矛盾。渠道成员相互之间由于利益问题,也会发生冲突。这种冲突既包括横向冲突,即渠道同一层次的成员之间的冲突,又包括纵向冲突,即同一渠道中不同层次的成员之间的利害冲突。为此,必须加强分销渠道成员的冲突管理,一是主动沟通,二是承诺信任,三是互惠互利。

(三)渠道成员评估

需对旅游中间商的工作绩效进行定期评估。评估标准一般包括:销售指标完成情况、服务水平、产品市场覆盖程度、投诉处理情况、促销和培训计划的合作情况、信息的反馈程度等。

旅游中间商在一定时期内实现的销售额是一项重要的评估指标。旅游产品生产者可将各类中间商的销售业绩分别列表排名,目的是促使落后者奋起直追,领先者再接再厉。但是,由于中间商面临的环境有很大差异,各自规模、实力和不同时期的重点不同,销售额列表排名评估往往不够客观。正确评估销售业绩,应在做横向比较的同时,辅之以另外两种比较:一是将中间商本期销售业绩与其前期销售业绩进行比较;二是根据每一中间商所处的市场环境及其销售实力,分别定出其可能实现的销售定额,再将其销售实绩与定额进行比较。正确评估渠道成员的目的在于及时了解情况,发现问题,保证营销活动顺利而有效地进行。

(四)分销渠道调整

旅游企业的分销渠道在经过一段时间的运作后,往往需要加以改进和调整。原因主要有旅游消费者购买方式的变化、市场扩大或缩小、新的分销渠道出现、产品生命周期的更替等。另外,现有渠道结构通常不可能总在既定的成本下带来最高效的产出,随着渠道成本的递增,也需要对渠道结构加以调整。渠道调整主要有三种方式:

1. 增/减渠道成员。即对现有销售渠道中的中间商进行增、减变动。做这种调整,企业要分析增加或减少某个旅游中间商,会对产品分销、企业利润带来什么影响,影响程度如何。比如,企业决定在某一目标市场增加一家批发商,不仅要考虑这么做会给企业带来的直接收益(销售量增加),而且还要考虑到对其他中间商的需求、成本和情绪的影响等问题。

2.增/减销售渠道。当在同一渠道增/减个别成员不解决问题时,企业可以考虑增/减销售渠道。这样做需要对可能带来的直接、间接反应及效益作广泛的分析。有时候,撤消一条原有的效率不高的渠道,比开辟一条新的渠道难度更大。

3.变动分销系统。这是对现有的分销体系、制度作通盘调整。例如,变间接销售为直接销售。这类调整难度很大。因为它不是在原有渠道基础上的修补、完善,而是改变企业的整个分销策略。它会带来市场营销组合有关因素的一系列变动。

第二节 与旅游营销相关的物流

物流与市场营销的关系,以及物流对于市场营销所起的作用,早被美国学者康弗斯(P. D. Converse)称为"市场营销的另一半"(1954)。在旅游营销中,物流的作用也是不可或缺的。旅游活动中"吃、住、行、游、购、娱"之间的相互衔接、协调运作极大地依赖于物流的有序发展。

一、物流与旅游行业物流

现代意义上的物流概念最早萌生于 20 世纪初的美国。英语"Physical Distribution",汉语意为"实物配送",指销售或市场营销中的物品和服务从生产地到消费地的流动过程。与此同时出现的,还有"Logistics"一词,本意为"后勤"、"兵站",初时仅指军事后勤,一如中国的"兵马未动,粮草先行"之说。1927 年,美国学者鲍索蒂(R. Borsodi)在其《配送时代》一文中,首次使用"Logistics"来描述物流。到 20 世纪 80 年代,美国物流管理协会确认,"Logistics"要比"Physical Distribution"在所涉范围、活动和功能上广泛得多——其不仅包含了实物配送,而且可扩展到生产、流通、生活等诸多领域。于是,"Logistics"被迅速用于经济领域,不久便成为物流概念的英语标准用语。

物流是物质实体受非自然力作用并按一定需求的方式在始发端与目的端之间,通过由相关服务和信息处理等所构成的功能链,进行连续和有节奏的正向及反向通流。物流的核心,概括地说,就在于实现"货畅其流"。这一目标要求的实现,就物流本身来看,重要的是包装、搬运装卸、运输、仓储、流通加工、配送、信息处理等物流功能及功能发挥。

案例 7-2　上海联华生鲜食品加工配送中心物流案例

上海联华生鲜食品加工配送中心总投资 6 000 万元，建筑面积 35 000 平方米，年生产能力 20 000 吨，其中肉制品 15 000 吨，生鲜盆菜、调理半成品 3 000 吨，西式熟食制品 2 000 吨，产品结构分为 15 大类约 1 200 种生鲜食品；在生产加工的同时配送中心还从事水果、冷冻品以及南北货的配送业务。

生鲜商品按其秤重包装属性，可分为定量商品、秤重商品和散装商品；按物流类型可分为储存型、中转型、加工型和直送型；按储存运输属性可分常温品、低温品和冷冻品；按商品的用途可分为原料、辅料、半成品、产成品和通常商品。生鲜商品大部分需要冷藏，因而其物流流转周期必须要短，以节约成本；生鲜商品保质期很短，客户对其色泽等要求很高。所以，在物流过程中需要快速、准确流转。

第一，订单管理。门店的要货订单通过联华数据通讯平台，实时地传输到生鲜配送中心，在订单上制定各商品的数量和相应的到货日期。生鲜配送中心接收到门店的要货数据后，立即在系统中生成门店要货订单，按不同的商品物流类型进行不同的处理：一是储存型的商品：系统计算当前的有效库存，比对门店的要货需求，以及日均配货量和相应的供应商送货周期，自动生成各储存型商品的建议补货订单，采购人员根据此订单再根据实际的情况作一些修改，即可形成正式的供应商订单。二是中转型商品：此种商品没有库存，直进直出，系统根据门店的需求汇总按到货日期直接生成供应商的订单。三是直送型商品：根据到货日期，分配各门店直送经营的供应商，直接生成供应商直送订单，并通过 EDI 系统直接发送到供应商。四是加工型商品：系统按日期汇总门店要货，根据各产成品/半成品的 BOM 表计算物料耗用，比对当前有效的库存，系统生成加工原料的建议订单，生产计划员根据实际需求做调整，发送采购部生成供应商原料订单。

各种不同的订单在生成完成或手工创建后，通过系统中的供应商服务系统自动发送给各供应商，时间间隔在 10 分钟内。

第二，物流计划。在得到门店的订单并汇总后，物流计划部根据第二天的收货、配送和生产任务制订物流计划。(1)线路计划：根据各线路上门店的订货数量和品种，做线路的调整，保证运输效率。(2)批次计划：根据总量和车辆人员情况设定加工和配送的批次，实现循环使用资源，提高效率；在批次计划中，将各线路分别分配到各批次中。(3)生产计划：根据批次计划，制定生产计划，将量大的商品分批投料加工，设定各线路的加工顺序，保证配送运输协调。(4)配货计划：根据批次计划，结合场地及物流设备的情况，做配货的安排。

第三，储存型物流运作。商品进货时先要接受订单的品种和数量的预检，预检通过方可验货，验货时需进行不同要求的品质检验，终端系统检验商品条码和记录数量。在商品进货数量上，定量的商品的进货数量不允许大于订单的数量，不定量的商品提供一个超值范围。对于需以重量计量的进货，系统和电子秤系统连接，自动去皮取值。

第四，拣货与配货。拣货采用播种方式，根据汇总取货，汇总单标识从各个仓位取货的数量，取货数量为本批配货的总量，取货完成后系统预扣库存，被取商品从仓库仓间拉到待发区。在待发区配货分配人员根据各路线各门店配货数量，对各门店进行播种配货，并检查总量是否正确，如不正确向上校核，如果商品的数量不足或其他原因造成门店的实配量小于应配量，配货人员通过手持终端调整实发数量，配货检验无误后使用手持终端确认配货数据。在配货时，冷藏和常温商品被分置于不同的待发区。

第五，中转型物流运作。供应商送货同储存型物流先预检，预检通过后方可进行验货配货；供应商把中转商品卸货到中转配货区，中转商品配货员使用中转配货系统按商品再路线再门店的顺序分配商品，数量根据系统配货指令的指定执行，贴物流标签。将配完的商品采用播种的方式放到指定的路线门店位置上，配货完成统计单个商品的总数量/总重量，根据配货的总数量生成进货单。

中转商品以发定进，没有库存，多余的部分由供应商带回，如果不足在门店间进行调剂。三种不同类型的中转商品的物流处理方式：一是不定量需秤重的商品，包括设定包装物皮重；由供应商将单件商品上秤，配货人员负责系统分配及其他控制性的操作；电子秤称重，每箱商品上贴物流标签。二是定量的大件商品，即设定门店配货的总件数，汇总打印一张标签，贴于其中一件商品上。三是定量的小件商品（通常需要冷藏）。具体作业要求是：在供应商送货之前先进行虚拟配货，将标签贴于周转箱上；供应商送货时，取自己的周转箱，按箱标签上的数量装入相应的商品；如果发生缺货，将未配到的门店（标签）作废。

第六，流通加工。生鲜的加工按原料和成品的对应关系可分为两种类型：组合和分割，两种类型在BOM设置和原料计算，以及成本核算方面都存在很大差异。在BOM中每个产品设定一个加工车间，只属于唯一的车间，在产品上区分最终产品、半成品和配送产品，商品包装分为定量和不定量的加工，对于秤重的产品/半成品需要设定加工产品的换算率（单位产品的标准重量），原料的类型区分为最终原料和中间原料，设定各原料相对于单位成品的耗用量。

第七，配送运作。商品分拣完成后，都堆放在待发库区，按正常的配送计划，这些商品在晚上送到各门店，门店第二天早上将新鲜的商品上架。在装车时按计划依路线、门店顺序进行，同时抽样检查准确性。在货物装车的同时，系统能够自动算出包装物（笼车、周转箱）的各门店使用清单，装货人员也据此来核对差异。在发车之前,系统根据各车的配载情况出各运输的车辆随车商品清单、各门店的交接签收单和发货单。

商品到门店后,由于数量的高度准确性,在门店验货时只要清点总的包装数量,退回上次配送带来的包装物,完成交接手续即可,一般一个门店的配送商品交接只需要5分钟。

(资料来源:物流天下网,http://www.56885.net)

(二)社会物流、旅游行业物流和旅游企业物流

从作用的层次和环节来看,有社会物流、旅游行业物流及旅游等。

社会物流即企业外部的物流活动的总称,它涵盖除企业内部之外所发生的一切物流活动。所以,又可称宏观物流。社会物流面向全社会,同时又在社会环境中运行和建立社会物流体系。

行业物流涉及同一(旅游)行业范围内不同企业间形成的共同性物流活动。同行企业尽管在市场上互为竞争者,但在物流领域却可常常互相协作,共同促进旅游业物流系统的合理化。比如,旅游餐饮、会展等行业,可以共建仓库,实行协同配送,还可建立信息及设备共享的共同流通中心、培训中心等。行业物流合理化的结果是参与的各个企业都得到更多利益。

旅游企业物流指的是在旅游企业内部由其生产或服务活动所发生的物流活动。企业作为向社会提供产品或服务的经济实体,比如一家旅游连锁餐饮企业,其内部经营活动需要采购原料并进行必要的储存,原料需要经过若干工序的加工,然后形成产品售出地。这些都属企业物流范畴,是微观物流的典型领域。

旅游企业内部所发生的营运性物流主要可分为住宿业及餐饮业物流、旅游购物品物流和会展物流。但有代表性和典型性的旅游企业物流是住宿业及餐饮业物流,旅游购物品物流和会展物流类似于商贸业物流。

二、住宿业及餐饮业物流

住宿业及餐饮业物流,主要包括宾馆、酒店或饭店、社会餐饮企业及单位的内部物流活动。住宿业及餐饮企业物流系统包括采供物流、生产物流、分销物流、回收物流、废弃物流五个子系统。

1.采供物流。采供物流是住宿及餐饮产品生产所需的布草用品、干鲜货原料、辅料、酒水或其他物品从供应者向宾馆、酒店或饭店的实体流动,也称供应物流。它包括采购、进货运输、仓储、库存管理、用料管理和供料运输。其主要功能为:

(1)采购。采购是根据生产计划要求,对所需物品向适当的供应商进行的选购活动。它是采供物流与社会物流的衔接点。采购通常依据宾馆、酒店或饭店

生产计划所要求的采供计划来制订采购计划,并进行外购作业,需要承担市场资源、供货厂家、市场变化等信息的采集和反馈任务。

(2)供应。供应指按实际生产需要提供所购物品的活动。它是采供物流与生产物流的衔接点,要求依据采供计划,控制原料消耗。

(3)库存管理。库存管理就是对处于储存状态的布草用品、干鲜货原料、辅料、酒水或其他物品进行计划、实施与控制。这是采供物流的核心部分。它依据企业生产计划的要求和库存状况制订采购计划,并负责制订库存控制策略及计划的执行与反馈修改。

北京国际饭店餐饮采购从价格谈判开始。做法是:采购员、库房验收员、厨师长三人同行,每月两次市场询价,采购员最熟悉市场价格走势,库房验收员注重货品品相,厨师长明白质量优劣,三人各自发挥特长,共同把关价格。同时,灵活进货,减少存货。饭店规定,鲜活原料每日进货,日进日出,基本上不存货,既保证原料新鲜度,又降低库存所占资金;对于急需的原料,实行"紧急采购",由厨师长填单,经财务总监、餐饮总监共同签字后,直接采购,由厨师长验货。这样减少中间环节,保证厨房的紧急需要。对于一些特殊原料(如鱼翅),实行单独采购。这样能够保证优质优价,不存货,不浪费,满足了需要。另外,库房还不定期地打出"慢流动表",凡是库存超过100天的,都要上该"黑名单",然后找到责任厨师长,寻求解决办法。

(4)仓库管理。仓库管理指对库存物品和仓库设施等进行规划、控制。它是采供物流的转折点,负责接货和生产供应的发货,以及物料保管工作。

2.生产物流。生产物流主要指旅游住宿及餐饮产品生产过程中,布草用品、干鲜货原料、辅料、在制品、半成品、产成品、酒水或其他物品等在宾馆、酒店或饭店内部的实体流动,也称为内部物流。它是伴随宾馆、酒店或饭店生产计划和生产流程所产生的。生产物流一般从外购件或原料、辅料投入生产后,以某一种或多种运、搬方式,按照规定的生产流程进行加工(布草用品清洗和餐饮品加工)或储存,并始终体现着物料实物形态的流转。这样也就构成了宾馆、酒店或饭店内部物流活动的全过程。

宾馆、酒店或饭店布草物品处理过程:客房换下布草→洗衣房洗涤布草→洗衣房将布草放在移动小推车/架子上→移动小推车将其送至储存室→储存室的移动小推车被送回洗衣房。在这一流程中,满载的小推车全天都在楼层间运送布草,以保证物品的不间断供应。

影响宾馆、酒店或饭店生产物流的因素主要有:一是不同的生产类型下产品品种、结构的复杂程度、工艺要求以及原料准备不尽相同。比如,客房与餐饮的产品品种不同。这影响着生产物流的构成以及相互间的比例关系。二是宾馆、酒店或饭店规模越大,物流量就愈大。

3. 分销物流。分销物流是指宾馆、酒店或饭店的布草用品、餐饮品等物品从连锁经营总店或配送中心向分店,外卖餐饮品或糕点食品等物品从供应点向接收点的实体流动。其中,宾馆、酒店或饭店的外卖餐饮品、糕点食品等物品从供应点向接收点的实体流动也称为销售物流。分销物流是宾馆、酒店或饭店企业物流与社会物流的又一个衔接点,但除连锁饭店配送物流量较为可观外,其他的只有相对较小的分销物流量。

4. 回收物流。回收物流指不合格物品的返工或返修、退货,以及周转使用的包装容器(如纸箱、塑料筐等物品)从宾馆、酒店或饭店返回到供方所形成的实体流动,被称为逆向物流。回收物流是社会物资大循环的组成部分。

5. 废弃物物流。废弃物物流指将完全失去利用价值的物品,根据实际需要进行收集、分类、加工、包装、搬运、储存等,并分送到专门处理场所发生的实体流动。宾馆、酒店或饭店住宿及餐饮物品在被消费后会产生废弃物(如破旧布草用品、一次性用品、菜肴加工废料和餐饮品消费弃物),其中部分废旧物可分类回收,部分已完全丧失了使用价值的物品则应按要求进行妥善处理,从而形成废弃物物流。

案例 7-3 马兰拉面的物流之旅

马兰拉面是一个中式快餐品牌,其不仅在洋品牌林立的国内快餐业领域取得了不俗的业绩,而且很快就成功地打入了美国市场、欧洲市场和新加坡市场,成为中国餐饮业中的佼佼者。马兰的成功在很大程度上要归功于它规范完善的物流系统设计。科学合理的物流系统保证了企业各个环节上的物品供应,使生产、销售能够稳定有序地发展。

第一,供应物流:强有力的供血机能。马兰从建立之初就十分注重自己的物流规划,建有一套完备的物流体系。创建初期他们选择了连锁式经营发展模式,克服了传统作坊式生产的弱点,在各连锁店中实行统一配送管理。同时,他们从原材料产地入手,严抓购货源头。在西北和华北两大牧区建立牛肉生产基地;在兰州和北京建立汤料和面剂生产加工基地;在岷汕建立无污染天然调味料种植生产基地;在甘谷建立辣椒生产基地;此外,马兰还建立了花椒、干姜、牦牛肉、筷子等生产基地。马兰在秦皇岛有一个总的物流中心。全国各地的原材料都是从这个物流中心发出的,该中心负责配送包括面粉、牛肉、汤料、可乐原浆等主要制作原料。原材料首先从各基地运到秦皇岛,经过严格的质量检验后,按重量分装成标准的包装,再由秦皇岛运送到各城市的配送点,最后用小货车送抵各连锁店。其中,从秦皇岛发出的配送物品,大部分由公司自己负责,而进入各城市后基本交由第三方物流公司完成。像所有的连锁企业一样,马兰也有自己的内部网络,并建有一个庞大的信息管理系统,每个店铺都是一个终端。各店铺提前一天通过网络提出要货申请,包括原料名称、品种、数量等。一般情况下,申请会在一至两日内得到满足。马兰的送货车采用全封闭式的集装箱货车,保证食品的卫生、清洁,防止外界污染。

第二,生产物流:速度造就中餐奇迹。"工艺是龙头,物流是关键",在马兰拉面的生产过程中,几乎每一种产品都有自己独特的工艺流程,每一种产品都要流经不同的加工间。各工序之间有平行、有交错,但无论路径如何、工艺如何,每一碗面始终都是井然有序地按操作规范实现着它的流程。从点菜单到一碗热气腾腾的拉面出锅,平均时间为2分钟。当有客人点餐后直接按要求拉成细或粗的面条。拉面间和前台只隔着一扇透明的玻璃窗,顾客可透过它看到拉面制作、下锅、出锅的过程。与麦当劳、肯德基等西式快餐相比,马兰的确显得有些不时尚,但从中式食品复杂的加工工艺来讲,马兰的生产速度是一个质的飞跃,也正是这种速度造就了今天成绩卓著的马兰拉面。马兰拉面除了以爽滑、细腻、面筋含量足、口感好著称外,每碗还辅以鲜嫩的牛肉。牛肉来自青海、甘肃等地的天然牧场,经过加工后,由位于秦皇岛的马兰物流中心统一配送到各地区的分中心。牛肉进店后,经加工先放入冰箱,有顾客点餐后即在凉菜间切块、装盘。而凉菜间与前台也只是一窗之隔,厨师可以通过窗口直接将菜传给前台的服务人员,既省时、省力,又便于服务人员询问菜的加工进度。

第三,分销物流:一窗之隔的等待。马兰的生产物流与分销物流只是一窗之隔,几乎没有中途的运输,这也是所有餐饮业的特点。但所有餐饮业店铺尤其是快餐店,都面临着一个共同的问题——"等待时间",所以减少顾客等待时间,就成了餐饮业销售物流的重中之重。马兰解决等待时间的办法,就是缩短生产物流与分销物流在空间距离上的间隔,加强前台销售人员与后台厨师的联系,前台的销售人员通过玻璃窗,直接可以观察到面条处在生产加工的何种状态,随时可与厨师直接交流,同时可以反映顾客的特殊需求。在等待时,完成筷子、餐巾纸之类的就餐前准备工作。

(资料来源:搜狐财经,http://business.sohu.com)

三、旅游购物品物流:采供与分销

旅游购物品主要包括旅游纪念品、文物古玩及其仿制品、实用工艺品、土特产品、特种工艺美术品及旅游日用品等,广义上还包括商贸旅游区的商贸品。旅游购物品物流主要是指宾馆、酒店或饭店、景区及景点、休闲度假区、商贸旅游区、客运公司及交通港站等由旅游购物品所引发的物流活动。

如果不计部分旅游纪念品、土特产品、特种工艺美术品的生产加工中所发生的生产物流,旅游购物品物流大体类似于商贸业物流,其系统主体就是采供物流和分销物流。

旅游购物品采供物流是旅游购物品从供应者向宾馆、酒店或饭店、景区及景点、休闲度假区、商贸旅游区、客运公司及交通港站的实体流动,也称供应物流。包括采购、进货运输、仓储、库存管理、用料管理和供料运输。

旅游购物品分销物流是指旅游购物品从供应点向接收点的实体流动。其流程包括:

1.订单处理。旅游购物品经营商接到客户订单后,即时查询该商品项的库存状况、装卸货能力、流通加工负荷、包装能力、配送负荷等,以最终设计出能满足客户需求的配送日期、配送安排的等物流操作方案。

2.发出提货单。旅游购物品销售部门按所接受的订单合同来安排配送运力与配载计划,根据所需要数量向仓库部门或上游供应商发出提货单。

3.库存管理。旅游购物品分销物流的库存,是为了物流配送作业的方便而产生的暂时性仓储,要求库存快速周转。这就必须强化对其库存和库存作业管理。

4.分拣作业。为了满足客户订单对不同种类、不同规格、不同数量商品的需求,分销物流必须对配货、配装作业进行实时监控,以有效地分拣货物,及时完成对客户订单的配货、配装工作;并且,及时根据补货量和补货时点要求,调度安排补货作业和相关工作人员,从而通过对补货、拣货作业的适时安排,保证销售物流流程的连续性,快速地完成对订单的响应。

5.流通加工。旅游购物品部分需要进行附加流通加工,比如可以根据客户对包装或内包装数量的要求,对商品进行分类、拆箱、重新组合等。

6.配送。配送作业包括货品装车并进行实际送达。这要求事先作好配送区域的规划安排、选择最合理的配送路线,根据配送路线选择的先后次序来决定企业货品装车顺序,并在货品配送途中进行跟踪、控制及配送途中意外状况的处理。

四、会展物流

会展业是世界上一个非常巨大的产业,根据国际展览业权威人士估算,国际展览业的产值约占全世界各国 GDP 总和的 1%,如果加上相关行业从展览中的获益,展览业对全球经济的贡献则达到 8% 的水平。根据国际会议协会(ICCA)统计,每年国际会议的产值约为 2 800 亿美元。在德国、香港等会展业发达的国家和地区,会展业对经济的带动作用达到 1∶9 的水平。中国会展业发展速度非常快,据不完全统计,20 世纪 90 年代以来,会展业每年以 20% 左右的速度递增。

(一)会展物流及其特征

会展物流即参展物品与其他辅助用品在参展商与会展场馆之间或直接向展品目的接收地的物理性空间运动。一次成功的会展需要包括会展举办方、参展商、物流商、展馆方、展位设计服务商等多方配合。

会展物流的发生往往只是短期的,且同时与多个参展企业发生关联,具有以下特征。

1.物流组织工作复杂且系统性强。在明确了会展主题、功能与层次等方面的定位,以及确定了参展商名单后,会展主办方就要尽快与参展企业取得联系,核定其参展产品的申报单,然后协助进行这些展品的运输并安排好仓储、保管等。由于参展商数量众多,展品种类不一,各参展商的展品物流不统一,因而其实际操作十分烦杂。

2.安全、快捷、准确的高要求物流管理。会展物流要求确保参展物从参展商到会展场馆的空间位移过程中完好无损、无缺失,以及适时、准确的运达。否则,将给会展活动造成重大的损失。为此,在发货、运货、提货等各项业务中,必须保证货单相符,在运送和交接过程中不发生错乱、丢失等事故,安全、快捷、准确地完成参展物品的物流。

(二)会展物流的主要环节

会展物流作为现代物流的一个分支,比一般运输、配送物流更具有专业性、服务性。好的会展物流服务商不但能够为客户设计科学合理的运输方案,而且可以代替客户完成参展样品的提货、运输、仓储、装卸、包装、搬运、布展,人员的组织、调度、管理,设备的供给、保养,服务的监督、保险等一系列内容。一般而言,会展物流主要包括以下一些环节:

1.组委会指定物流服务商。按照国际惯例,一般大型展览展销会议都是由大会组委会指定物流供应商。物流供应商根据组委会提供的信息与展商联系,洽谈具体的物流服务需求。在这一阶段,展商也可以与组委会沟通,自己选择物流服务商。

2.物流方案的设计与完善。承担会展物流业务的物流供应商设计物流服务方案,包括展品的运输、保管、布展及回收等内容,如果是国际性会议还需要涉及国际保险、报关。在这一阶段,展商需要与物流供应商充分沟通,以保证方案切实可行。

3.物流方案的实施。物流供应商根据方案进行提货、运输、保管等物流作业,并与组委会联系。交付展品后,与展商进行确认,待展览结束后马上启动下一轮物流或回程运输。物流供应商还可以为客户提供布展、展览管理、展品回收处理等一揽子服务。

一般而言,大会组委会指定的物流供应商大多是一些有会展物流经验、综合实力较强的大型物流企业。如果是企业自己联系物流服务商,最好是与正规企业联系,否则将会展业务交予缺少经验的物流公司难免会有一些意外状况发生,造成不必要的损失。

案例7-4 中远物流开拓会展物流

青岛国际啤酒节办公室与青岛中远物流公司签订合作协议:从2003年第13届青岛国际啤酒节(2003年8月15日至31日)开始到2007年5年间,每年一届的青岛国际啤酒节的物流服务,即国内外参展厂商携带的一切参展物品从厂区到展览会场的全程服务,啤酒节会场内部的物流配送,都由青岛中远物流公司独立承担。以往,啤酒节参展厂商自己指定物流的代理商,难以获得全面有效的服务。青岛中远物流公司与青岛国际啤酒节办公室签订的合作协议标志着青岛国际啤酒节的物流服务首次与国际接轨,进入了专业化、规范化阶段。

根据协议,在第13届青岛啤酒节举办期间,除青岛中远物流公司的运输车外,啤酒城内禁止一切车辆的通行。因此,3辆4.2米的带有鲜明标志"中远物流 COSCOLOGISTICS"的厢式货车将成为啤酒城内的亮点。同时,还配备2辆应急车辆,应急车辆保证在1小时内到位。此外,小型推车的配备也使城内运输更灵活。青岛中远物流公司在啤酒城内设有便于车辆进出的集货地,可以满足多辆车同时装卸。公司还在啤酒城内搭建一顶带有顶篷、防水防晒、四周加固、进出有门的帆布帐篷,这样,又为货物安全送送到目的地、避免出现货损货差加设了一层保险。

一般情况下,第一次在中国销售的品牌,仅标签审核就需要3个月左右。而青岛中远物流公司仅用20天就完成了包括啤酒标签申请、报关、报验到仓储、运输等一系列服务,使众多海外知名品牌啤酒能够顺利在第13届啤酒节上亮相。

同时,作为第13届青岛国际啤酒节的仓储基地,青岛远洋鸿池冷藏有限公司将为啤酒节提供24小时全天候服务。远洋鸿池公司是青岛中远物流公司与日本鸿池运输株式会社共同组建的综合性物流企业,位于青岛市高科技工业园凤凰岭,距离啤酒城汽车站仅10分钟车程。公司占地2 000平方米,仓储及配套设施均达到国际一流水准。拥有5 000吨级的10车道机械化作业冷库1座,风冷库500平方米,库容600吨,库温可以按客户需要在5℃~20℃之间自由调节;配备有物流配送专业车辆——装卸叉车、集装卡车近20辆,可根据客户要求自由选择机械装卸或人工装卸。公司为本届啤酒节提供近1 000平方米的冷藏库,电脑测温仪24小时不间断对库温进行监视和记录,使温度长期保持在最适宜啤酒保鲜的15℃~18℃之间。

(资料来源:在线国际商报,http://ibdaily.mofcom.gov.cn/show.asp?id=43912)

思考与练习

1. 旅游产品分销渠道策略有哪些?
2. 影响旅游产品分销渠道选择的因素有哪些?
3. 如何认识渠道冲突?
4. 旅游企业应如何选择、激励、评价渠道成员?
5. 旅游产品分销渠道的功能和特点是什么?
6. 调研一个提供旅游者网上预订的旅游企业网站,有哪些人会在网上预订?网站的设计有效吗?请说明原因。
7. 与旅游营销相关的物流主要有哪些?
8. 案例分析题

恺撒餐馆与 K－马特的两次协议

1991年,小恺撒餐馆与 K－马特(美国最大的折扣连锁店之一)经谈判建立了战略同盟。根据协议,K－马特将以1 200家小恺撒餐馆取代其他的店内食品服务,期限是5年。对于顾客来说,K－马特将成为一个品牌餐馆,而不是原来的普通自助餐厅/食吧,小恺撒餐馆将会增加其分销渠道,并希望顾客一旦发现了 K－马特中的小恺撒餐馆后,也能到传统的小恺撒餐馆去就餐。K－马特还答应向小恺撒餐馆提供其在全国做广告的资金,从而为小恺撒餐馆提供了更多通过媒体进行宣传的机会。对此,小恺撒餐馆的管理者非常得意。

最初,有些特许经营商并没有多大反应,后来却感到了不安。因为,他们原来以为小恺撒餐馆与 K－马特的协议仅仅是店内消费,不包括店外销售,而外卖将构成与本店的直接竞争。为此,一些不满的特许经营商组成小恺撒餐馆特许经营商协会(ALCF),代表着70家特许经营商,经营着4 000家连锁分店的550家分店。ALCF 声称,部分会员的销售额因一家 K－马特店开业后下降了20%。ALCF 还对允许与小恺撒餐馆在同一条商业街开设 K－马特竞争性的小恺撒餐馆表示不满。位于北卡罗来纳州只有5 000人口的小镇,有两家小恺撒餐馆,一家是新开业的 K－马特,一家是原来的特许经营商。ALCF 还抱怨,协议规定 K－马特要分担小恺撒餐馆做全国性广告的费用,却不为当地广告基金出钱。一些 ALCF 成员认为 K－马特抢走了他们的客户,同时还从他们花钱做的广告中获益。ALCF 协会非常气愤,他们每月收会员费建立基金,以采取合法的行动来反对小恺撒餐馆。不过,并不是所有的特许经营商都不满,有的特许经营商认为,与 K－马特搞联合是好事,可以让数以百万计的 K－马特客户知道小恺撒餐馆的名字。

1997年,K—马特与其合作伙伴小恺撒餐馆更新了协议内容,宣布推出850家"联合品牌"餐馆——小恺撒餐馆比萨饼店或小恺撒餐馆快餐店。小恺撒餐馆开发了与其特许经营商不同的特色。这个协议没有引起特许经营商的负面反应。小恺撒餐馆已经为其产品找到新的渠道,而K—马特也重新获得了作为特许经营商的信誉。

(资料来源:中国酒店网,http://cn.chinahotel.com)

思考题:

(1)小恺撒餐馆与K—马特间的第一次协议为什么会遭到ALCF的反对,而更新后的协议却没有引起经销商的负面反应?

(2)你认为旅游企业在处理渠道成员间关系时应注意什么?

(3)试评价小恺撒与K—马特间的联合对特许经营商的影响。

第八章 营销策略:旅游促销

本章提要

旅游促销的主旨在于旅游企业与旅游消费者进行有效的沟通。旅游促销组合是旅游企业综合运用人员推销、旅游广告、营业推广和公共关系诸种方式,取长补短,优化搭配所形成的一个集合体。旅游企业必须科学、合理地利用各种促销方式,形成针对目标市场的促销组合策略。

第一节 产品促销:旅游信息沟通与促销策略

一、旅游及旅游产品促销:信息沟通

促销即促进销售。旅游促销的概念可表述为:旅游企业将有关自身及产品的信息,以各种方式传递给旅游消费者,促使其了解、信赖并购买旅游产品的活动。

在信息时代,酒好也怕巷子深。旅游促销实质上是旅游营销者与旅游产品购买者或潜在购买者之间的信息沟通,通过沟通,引发他们的购买兴趣,促使他们产生购买行为。比如,香港旅游协会印发的一份旅游传单"怎样畅游香港",就

列出了73项参观游览项目。一些原本平淡无奇的香港日常生活现象,经其包装后,居然也使人感到大有可品味之处,如"漫游旧香港(西区),可以呼吸到奇妙的东方气息"、"到新界可看到头戴垂帘竹笠的客家农民在田里劳动"等。

二、旅游促销组合:促销方式选择与优化搭配

促销方式多种多样,主要有人员推销、广告、营业推广和公共关系等。这些促销方式各有其优缺点。旅游企业为了达到促销目标,获取最佳营销效益,综合运用各种促销方式,取长补短,优化搭配形成一体,便是旅游促销组合。

旅游促销组合策略可分为"推"和"拉"两种策略。推式策略着眼于积极地把本企业的旅游产品直接推向目标市场,表现为在销售渠道中,每一个环节都对下一个环节主动出击,强化顾客的购买动机,说服顾客迅速采取购买行动。这种策略以人员推销为主,辅之以营业推广、公共关系活动等。

拉式策略立足于直接激发最终消费者对购买本企业旅游产品的兴趣和热望,促使其主动向旅行社或其他中间环节寻求指名服务,最终达到把旅游消费者逆向拉到本旅游地或旅游企业身边来的目的。这种策略是以广告宣传和营业推广为主,辅之以公共关系活动。

总体上,从长期来看,旅游促销组合应以拉式策略为主,但是在局部市场或某一阶段,推式策略亦有很强的适应性。旅游营销人员应根据具体市场情况,做出偏向"推"或"拉"的促销组合决策。

第二节 促销组合:旅游人员推销与推销管理

一、人员推销及其优势

人员推销是销售人员与潜在顾客之间通过电话或面对面交谈的方式所进行的沟通,目的是劝说他们购买企业产品。与广告、公共关系和营业推广相比,人员推销是一种人性化的促销方式,能够直面单个消费者进行一对一的交流,并能由此发展出一种与客户友好和谐的个人关系。

旅游人员推销就是旅游企业从业人员或兼职人员直接与顾客或潜在顾客接触、介绍、宣传和洽谈,从而促进旅游产品销售的方式或活动。

旅游业的人员推销包括旅游企业的销售人员直接联系和走访旅游中间商、

机关团体、企事业单位及零散游客。其主要方式有:旅游目的地有关部门组织人员去目标客源市场进行整体旅游产品及其形象的宣传;聘请专家为潜在游客介绍旅游目的地的风土人情;举办旅游博览会,直接销售产品等。这里,主要探讨旅游企业的人员推销工作和管理。

旅游企业人员推销因其特殊的形式而具有人性化、针对性、双向互动等促销优势。

二、旅游人员推销步骤

旅游人员推销在实际操作中应遵循的基本步骤如下:

(一)寻找目标顾客

推销人员在开展推销活动之前,首先应做一些调查和筛选工作,将推销的重点放在那些最有可能购买该产品的消费者身上;应尽量避免那种漫无目的、没有针对性的随处推销。对旅游企业来说,最有可能进行购买的消费者应具备如下条件:

(a)现在或将来存在对旅游企业某种产品的需求;

(b)具有购买此种旅游产品的经济实力并且愿意支付;

(c)有权做出是否购买此种旅游产品的决策;

(d)愿意并且能为销售人员所接近。

旅游企业可以通过现有顾客的介绍,供应商、中间商、行业协会的介绍,有关旅游的报纸、杂志,各种社交活动和关系网络等多种渠道去获取有价值的信息,然后对这些信息进行筛选,找出最有可能进行购买的消费者。当然,在旅游企业刚刚成立或者企业目标市场发生重大变化的情况下,通过奔走游说、逐户走访来筛选顾客的方式也是经常被采用的。

(二)事前准备

无论是电话推销还是登门推销,销售人员事前都需要进行周密的计划和准备。一方面,销售人员需对旅游企业和旅游产品的相关信息了如指掌,以便向预期顾客介绍和解答预期顾客的疑问。另一方面,应尽可能多地熟悉预期顾客的情况,以期在进行销售访问时能与预期顾客迅速建立起相互了解和信任的关系。

(三)接洽

这是人员推销的中心环节。销售人员开始与预期顾客进行接触时(比如和他们预约时),就应注意给他们留下良好的第一印象,并努力引起他们对旅游产品的兴趣;特别是要通过对旅游产品的介绍和一些展示手段,向预期顾客强调旅游产品可以满足他们的需要或解决他们的问题。由于旅游产品具有无形性,销售人员对其进行展示往往受到诸多限制。视听材料、测试性材料和现场考察在一定程度上可以弥补这方面的不足。在介绍和展示的过程中，销售人员一方面要以简洁的语言配以展示手段清晰地描述产品将给预期顾客带来的利益；另一方面，要仔细聆听预期顾客的问题和意见。

(四) 处理异议

销售人员在进行旅游产品展示之后，预期顾客一般都会提出一些疑问，他们表达疑问的方式多种多样，甚至包括肢体语言，但就内容来讲，不外乎以下几个方面：

(a) 需求异议：销售人员推销的此种旅游产品不是很能满足他们的需要；

(b) 财力异议：无钱购买推销的旅游产品；

(c) 产品异议：不应购买推销的旅游产品；

(d) 权力异议：自己无权决定是否购买该旅游产品；

(e) 价格异议：推销的旅游产品价格过高；等等。

有经验的销售人员一般都能在事先预料到预期顾客的这些异议和问题，并对此加以解释；对于一些确实存在的并且确能影响到预期顾客购买行为的问题，也必须进行适当的处理，而不是一味地回避和忽略。比如，销售人员可以先承认问题的存在，然后从另外的角度向预期顾客做出解释，促使他们更加全面地看待这一问题，来证实旅游企业产品或服务相关方面的合理性。

(五) 成交

一旦问题得到妥善解决，预期顾客表现出购买的意图时，就意味着销售进入了达成交易的实质性阶段。销售人员可以通过观察顾客的表情、动作、姿态和语言等来判断顾客是否有达成交易的意愿。比如，预期顾客问道："何时需要付款？"或者，预期顾客对相关信息不断点头表示同意等。这些情况下，销售人员可以使用如下一些技巧来推动交易尽快达成：

(a) 帮助预期顾客填写订单并请他们签字；

(b) 强调现在是购买产品的最佳时机；

(c) 给予预期顾客最后的让步，如价格折扣和额外的优惠等。

(六) 后续工作

买卖完成并不意味着整个销售工作的结束，而是代表了一个新的销售过程的开始。销售人员在旅游产品售出后还必须继续进行以下工作：

(a) 保证产品能按承诺的质量如期交付；

(b) 关注顾客消费，一旦顾客有投诉，应及时妥善处理；

(c) 与顾客保持联系，特别是与重点顾客保持密切联系。

三、推销管理

与其他促销手段相比,人员推销中人的因素更加重要,销售人员的素质直接决定着人员推销的效果。

(一)推销队伍的组建

旅游企业应选择一些合适的人作为企业的推销人员,同时还要对他们进行一系列的培训来提高他们的推销技巧,增强他们的组织观念。

1. 推销人员选择。成功的销售人员应具备一定的销售能力和技巧,以及一些独特的个人特征。这些包括:良好的心理素质;较好的口头表达能力;敏锐的洞察力和较强的推理能力;较强的独立工作能力;团队精神;善于学习,能不断完善自己。

2. 培训。对销售人员的培训可以分为两种:一种是针对新员工的培训。企业招收的新员工通常都要接受公司概况、经营理念、策略方针、产品知识、企业文化等方面的培训,以促使他们尽快适应环境、认同企业、融入企业。二是针对销售人员的培训,目的是要提高他们的销售技巧以及与客户建立并保持良好关系的能力。这一点对销售人员来说必不可少,良好的培训结合积极的实践往往事半功倍。

3. 推销人员的结构。销售队伍的结构实际上就是销售力量的安排。旅游企业中通常存在 4 种销售人员的分配方式:按地区分派销售人员,一个地区由一个或几个推销人员负责;按产品结构组织销售队伍,对各种不同的产品,如宾馆的客房产品和餐饮产品、旅行社的购物和观光游,分别安排不同的推销人员负责;按顾客结构组织促销队伍,不同的推销人员负责不同的市场面,如青年旅游市场、老年旅游市场;复合型销售队伍,由于受销售人员数量的限制,很多旅游企业将这几种组织销售队伍的方法混合起来使用,形成一种复合型的销售队伍结构。每种类型的销售队伍结构都有其各自的优势和不足。

(二)推销人员的薪酬与激励

适当的报酬和激励方式,能激发并保持销售人员的工作热情,提高他们的工作效率,提高促销的成效。

1. 销售人员的报酬。旅游企业对销售人员报酬的给付,通常可选择的,一是固定工资形式,即不管销售人员完成多少工作量,都付给固定的工资;二是佣金形式,指以销售人员的销售业绩为基础支付他们一定比率的佣金;三是基本工资+佣金/奖金。基本工资固定给付,而佣金/奖金则与销售人员的业绩挂钩。这种方式是前两种方式的结合,是旅游业中广泛采用的一种方式。这种方式有利于对销售人员的管理和激励。

2.销售人员的激励。除了工作报酬之外,旅游企业还需要采取一些激励措施来提高和保持销售人员的工作热情。激励措施可以分为经济激励和非经济激励两类。经济激励包括加薪、提高佣金比率、免费旅游和医疗等;非经济激励措施有表彰、培训活动和晋升机会。这两类措施可以结合运用。

(三)监控与考评

1.监控。人员推销需要销售人员经常远离营业点和家庭进行工作。这就带来了销售经理对他们的监督和控制的难题。但正因为销售人员的工作有较大的独立性,且面临着较大的压力,企业更需要对他们的工作进行有效的监控,以便在必要时进行干预和调整,从而保障企业和销售人员的利益。销售经理的监督控制活动,包括周期性与销售人员进行面对面的会议或电话会谈、查阅销售档案资料,对于报酬、激励计划、销售领域、销售费用以及销售管理等方面进行合理的安排。

2.销售人员的考核。旅游企业对销售人员的考核,可分为定量考核和定性考核两部分。定量考核的指标有:销售业绩,包括销售额、汇款额、利润额、市场占有率和客户数;销售行动,包括平均每天拜访次数、每次所用时间、成功率、每天/次拜访的平均收入、每天/次的销售费用、一定时间开发的新客户数、客户满意度等。定性考核的内容有:销售人员的工作热情、团队精神、学习能力、创新能力、对企业的责任感、工作程序是否合乎规范等。

旅游企业对销售人员的考核结果是决定销售人员报酬、奖惩、升迁的重要依据;同时,也可借此分析企业整体的销售状况,找出其中存在的问题,并加以改进,提高推销的效率和效果。

案例 8-1 一天跑 50 家公司的饭店推销员

1996年5月的一天,山东济南珍珠大酒店销售部某先生,来到上海档次较高的商务办公地——瑞金大厦。这里,大多为外商的分公司、办事处,商务出差十分频繁。就在这一天里,某先生共走访了50家公司。其中,对瑞士浪琴公司中国分公司的推销,大可称道。

他见办公室门虚掩着,仍轻轻地敲了两下。
"请进!"里面传出清脆的女声。
他进门一看,一张办公桌前坐着一位小姐,可能是位秘书,眼睛正望着房门。
"您好!我是山东济南珍珠大酒店的。"同时,他双手递上了自己的名片;小姐也给了他一张。
"请坐。""谢谢!"
"听说贵公司经常有人出差到济南,我特来问候,感谢你们对济南市民的关心和支持。"他落座后彬彬有礼地说。

"是啊,常去济南,但没住过你们酒店。"小姐应道。

"下次,您可以来试一试,体验一下。我们酒店位于市中心,离火车站很近,距机场也不远。"

"你们的房价怎么样,贵吗?"小姐问。

"贵公司的实力比我们强多了,300元左右一间标准客房,对贵公司来说不算太贵吧。请您浏览一下我们酒店的客房、餐厅、会议室和娱乐设施的照片。"

小姐一边翻阅"珍珠大酒店"介绍手册,一边问道:"我想起来了,你们酒店与著名的珍珠泉同名,景色一定很美。顺便问一句,能安排旅游活动吗?"

"能。我们有旅行社,也有豪华大巴,数百人团队的旅游活动能承办得尽善尽美。"

"噢。我公司将要开一次北方代理商、经销商会议,正想安排计划。除旅游外,你们食宿方面能优惠吗?"

"能。对经常入住的商务客人和大批量订房的客户,我们提供客房、就餐、会议、娱乐、旅游等一揽子优惠项目,可以整体上打9折。而且,贵公司领导还可以入住贵宾套房。"

"这样吧,你留下介绍信和合同,我向老板汇报一下。"

"好的。过几天,我再给您电话联系。再见!"他起身告辞。

"再见!"小姐也起身送客。

(资料来源:蒋一飚主编.酒店营销180例.上海:东方出版中心,1998)

第三节 促销组合:旅游广告设计与策略

一、旅游广告及其促销功能

广告(Advertising),从字面上理解就是"广而告之",其英语词根源于拉丁文"Adventure",有"大声喊叫"、"注意"、"诱导"之意。美国广告协会对广告的定义是:广告是指由明确的广告主,以付费的形式通过媒体做公开宣传,达到影响消费者行为、促进相关产品销售的目的的非人员促销方式。

旅游广告是由旅游目的地国家或地区、旅游组织或旅游企业选择、制作并通过媒体发布有关旅游方面的信息,从而达到促销目的的一种广告形式;按发出主体可分为企业广告和目的地广告。企业广告由具体的旅游企业发布,一般有明确的产品和企业名称,目的是直接促进顾客购买、树立企业形象;而目的地广告则由旅游目的地政府或旅游组织发布,一般没有具体的产品和企业标志,旨在在目标市场树立整个旅游目的地的形象,促进整个目的地旅游业的发展。

现代社会,广告无孔不入,甚至已经成为人们生活的一部分。旅游广告作为广告的一个组成部分,不仅日益为人们所熟悉,而且在促进旅游产品销售方面有着独特的优势。

第一,传递信息。借助报纸、杂志等大众媒体,旅游广告能大范围地传播旅游企业和旅游目的地的相关信息。有些新的旅游产品,由于不为消费者所知晓,很难打开市场,而一旦进行了广告宣传,消费者就会有所认知并进行购买。云南中甸风景秀丽,但鲜有人知。通过"香格里拉就在中甸"的新闻宣传,众多国内外游客纷至沓来,使中甸的旅游翻开了崭新的一页。

第二,激发需求。消费者对某一产品的需求,往往是一种潜在的需求。广告造成的视觉、感觉印象以及诱导往往会勾起消费者的现实购买欲望,促进购买行为的产生。比如,深圳新景界旅行社推出的"马尔代夫蜜月时光"的广告,通过美轮美奂的图片和极富鼓动性的语言,一下子抓住了准备出国度蜜月消费者的眼球,另外也勾起了原来并不打算出国度蜜月的潜在消费者的欲望,收到了良好的促销效果。

第三,有助于竞争。广告的反复渲染、反复刺激,会扩大产品的知名度,甚至会获得一定的信任感并进而引起购买量的增加。比如,香港旅游协会于1995年推出的"魅力香港,万象之都"全球推广计划、于1998年推出的"香港动感之都"全球推广计划,都有助于确保香港在新世纪继续成为亚洲最受欢迎的旅游地。

第四,指导消费。通过广告可以全面介绍旅游产品的相关知识,影响顾客的旅游行程选择。比如,2001年底,深圳国旅与新加坡旅游局联合推出"尽情享受新加坡"十三大风情的"两晚三天团",通过广告介绍了新加坡的"十三大风情主题",使消费者认识到新加坡不仅是著名的花园城市,还是个包罗万象的城市。

二、旅游广告设计

旅游广告的效果既取决于广告传达的信息,也取决于广告传达信息的方式,即"说什么"和"怎么说"。

要想确定"说什么",必须对要推广的旅游产品有充分的了解,旅游产品的独特优势,就是广告要传达的主要信息。例如,新西兰旅游广告所强调的信息,就是新西兰纯净的空气、无污染的环境、秀丽的风光。这是新西兰有别于其他旅游目的地的独特优势。

旅游产品优势决定了旅游广告要向消费者传递的主要信息内容,而旅游广告的诉求方式则决定了旅游广告的整体风格。旅游企业或组织要善于利用广告表现形式,使目标消费者对旅游产品产生兴趣,唤起其愿望,并最终促成购买行动。因此,旅游广告信息的表达是旅游广告中最富创意的因素之一。比较适合于表达旅游广告信息的形式有:

其一,承诺式。广告大师赛缪尔·约翰逊指出:"承诺,实实在在的承诺,是广告的灵魂。"这种表达形式通过社会名流、权威人士、专家或满意的客户对旅游产品的证明,来突出旅游产品所能提供给消费者的切实的和与众不同的利益与满足。比如,2002年,前总统美国布什曾为美国做过山水风光广告。

其二,联想式。旅游企业可围绕旅游产品及其给人们带来的利益,给消费者带来一种联想。例如,通过对一些优美的自然风光、清新的自然色调、引人入胜的风景名胜等的展现,来表达广告所要宣传的内容,取材含蓄,寓意深远,能在吸引消费者注意的同时引起消费者的联想,给消费者留下深刻的印象。

其三,生活式。源于日常生活、贴近消费者需求的广告,更容易引起消费者的共鸣。这种以生活片断为基础的广告信息的表达方式,选取消费者日常生活中的片断场景,表现旅游产品怎样满足消费者的实际需要,解决他们的问题,对消费者具有较大的感染力。

其四,情感式。消费者在购买和消费旅游产品时,都希望能受到礼遇,接受良好的服务,情感式广告表现手法正好满足了消费者这一心理需要。广告可以通过富于人情味的语言、温馨浪漫的氛围来显示旅游产品将会带给消费者的愉快精神满足和享受。2001年,深圳国旅针对"千名长者温馨结伴游港澳"这一旅游产品,推出"给爸妈一个惊喜"的旅游广告,抓住了中国人孝敬父母的心理,尤其是在深圳这样一个移民城市,准确地把握住了深圳子女牵挂父母的这根"脉",真正做到了以情动人。

其五,夸张式。精心修饰过或夸张的场景,往往能一下子抓住消费者的注意力。因此,旅游企业可以运用一些特别的摄影技巧和夸张的表现手法来展示广告信息。这样的表现手法突出了旅游产品的特点,也表现了旅游企业的自信,往往能收到意想不到的效果。

其六,比较式。这可分为使用本企业产品前后的比较,以及本企业与竞争者产品的比较,通过比较可以突出本企业产品的特色和优势。不过,在与竞争者进行比较时应注意,首先不能将竞争者具体化,即具体到某一两个企业;其次是不能对竞争者进行恶意的攻击和明显的诋毁,但可通过一些委婉和暗示的方法,来表现本企业产品的"过人之处"。

在实际运用中,这种几种策略并没有明显的界限。旅游企业通常综合运用某几种策略来达到理想的广告效果。

三、广告策略

广告的设计强调创意和灵感,而广告的制作则要依照科学的程序来进行。大体上,制作旅游广告需经过设置广告目标、做出广告预算、设计广告信息、选择广告、评价广告效果等几个阶段。

(一)确定旅游广告目标

旅游广告目标即旅游企业或组织想通过广告完成的特定沟通任务。根据市场形式和企业自身及其旅游产品的发展阶段,旅游广告目标可以分为告知型、劝说型和提醒型三类。

1. 告知型。这主要用于开拓市场的初始阶段,可分为两类情况:一是介绍旅游新产品、新旅游服务项目,如新的旅游线路、新的宾馆服务项目,其基本内容、价格及可能给旅游消费者带来的利益等,以触发潜在旅游者的初步需求;二是宣传旅游地或旅游企业的市场地位及为旅游消费者采取的便利性措施,以树立良好的市场形象。

2. 劝说型。这主要用于与同类旅游产品展开竞争的阶段,一是进攻型,突出本旅游产品的优势特征和利益,激发旅游消费者的选择性需求,鼓励其偏向本旅游产品的购买;二是防守型,努力改变旅游消费者对本旅游产品(服务)的不利印象,抵消或削弱竞争者的广告影响。

3. 提醒型。这主要用于旅游产品的成熟期,随时提醒旅游消费者保持对本旅游地或旅游企业及其产品(服务)的记忆(尤其在淡季),以使本企业获得尽可能高的知名度。适时提醒旅游消费者记住购买的时机和购买的地点,以促使意欲购买者完成购买行为,并刺激老顾客再次消费的欲望。

(二)旅游广告预算决策

旅游广告预算主要包括:市场调研费、广告设计费、广告制作费、广告媒体租金、广告机构办公费及人员工资、广告公司代理费等。其中,媒体租金通常要占到70%~90%。影响旅游广告预算的因素较复杂,包括旅游产品生命周期、销售量、利润率、市场范围、市场竞争状况、国家政策法规等方面。由于广告效果的难以预测性,尤其是对于非生活必需品的旅游产品广告更是如此,因此使得很难做出对广告预算的科学决策。常用的广告预算方法有:

(a)量入为出法,即根据旅游企业目前的财务状况来安排广告预算。

(b)销售百分比法,即取销售总额的一个百分比作为广告预算。

(c)竞争对峙法,即根据竞争者的广告费用开支来决定自己相应的广告预算。

(d)目标任务法,即根据完成广告目标所需要的广告开支估算数来制定广告预算。这是一种相对较科学的方法。它需要以广告目标的具体化与科学化作为基础。比如,某旅游目的地广告的目标是:"一年当中使总数达700万人次的游客,能够认知'××旅游目的地是传说中的香格里拉'的人数比例,从10%上升为40%"。这样,就可以确定为了实现这个目标到底要花多少钱了。

(三)旅游广告信息决策

旅游广告信息决策是指旅游企业或组织如何设计广告信息,以及选择何种独特的方式向消费者传播广告信息,即旅游广告设计的具体表达形式是多样化的。

(四)旅游广告媒体决策

随着旅游市场的发展,媒体广告在旅游推广中的作用日益增强。根据不同广告媒体的特点与优劣势,应针对不同目的、内容、规格、受众对其进行选择。以媒体形式区分,旅游广告主要有以下几种方式:

1. 报纸广告

报纸广告是旅游线路、旅游交通等产品信息传播的主要渠道。报纸广告的受众主要集中在城镇,读者群稳定,具其主要受众正是旅游产品的主要消费者或潜在消费者。报纸信息具有时效性强、信息量大的特点,且传播速度快,较容易获得受众的信赖感。报纸广告以文字为主要表现形式,广告信息容量大,广告费用较低,能够更全面、准确、详细地对旅游产品进行广告宣传,而且还具有一定的保存性。它可用以发布旅游项目、旅游线路及旅游交通的广告,以及旅游行业的通告。但由于报纸表现手段与版面的限制,报纸广告的表现形式较为单一,视觉冲击力不够震撼,且目标受众群不够清晰,不适于对旅游产品进行形象性的整合宣传。

2. 电视广告

电视广告是旅游地形象宣传推广的重要表现形式。电视广告色彩绚丽,声情并茂,能够形象生动地表现产品,且具有广泛的覆盖范围。电视广告通过运用不同的拍摄手法和广告创意,可以在较短的时间内形成情节性的片断,具有较强的感染力,更容易为受众所接受和记忆,是旅游地形象宣传的最佳表现形式。电视广告多用于对旅游目的地进行概括性的形象宣传,一般通过片长在30~60秒左右的电视广告片,从视觉上生动地展现旅游地形象或旅游概念。比如,在一些省级电视台发布的"登泰山,保平安","人间天堂,山东烟台","梦西子,中国杭州"等旅游地形象广告。

3. 互联网广告

互联网是最佳的旅游广告媒体。1967年,美国CBS技术研究所所长P. Goldmark 首次使用了"新媒体"(New Media)一词,由此激发了对新媒体广告的研究和应用。新媒体主要是指以网络技术、光纤技术为基础的国际互联网、图文电视、卫星电视等。而互联网作为最具代表性的新媒体,在国际上得到了广泛的应用。1994 年美国 AT&T 公司在 hotwired 上发布了世界上第一个互联网广告,从而书写了广告发布的新篇章,网络广告在世界范围内迅速发展开来。

4. 杂志广告

杂志是宣传旅游企业形象和产品形象的得力媒体。杂志广告与报纸广告虽同为平面广告,但其在设计、制作、印刷和发行上,比报纸广告更加讲究艺术性和专业性,表现力更强,能够更加突出所宣传的产品。杂志的受众明确,有比较明显的指向性和专业性,具有保存价值。杂志通过广告创意将产品图片与版面设计、广告文案结合起来,形象地展现旅游产品的概貌,对旅游产品进行全貌性、形象性的宣传。杂志广告多用于对旅游宾馆、旅游景点等旅游产品的形象宣传。但是,由于杂志广告的传播范围有限,广告成本较高,时效性不强,因此不适用于重复性高、时效性强的旅游信息的发布。

5. 其他广告形式

除了利用报纸、杂志、电视和互联网进行规模化的旅游广告宣传外,旅游企业还可以运用不同的手段在不同的载体上发布其他的企业形象宣传,主要包括派发旅游宣传单、旅游企业宣传册、旅游产品介绍册,旅游交通工具上的流动广告,户外广告,旅游地图,以及旅游企业发布的其他隐形广告,如旅游企业的公共关系活动、企业现场活动等等。

任何一种广告媒体都不是完美无缺的,在选择广告媒体时,需要综合考虑目标市场的视听习惯、各种广告媒体的特点、旅游企业的广告预算和旅游企业的定位与预期目标来权衡选择。

(五)旅游广告效果评估

广告活动通常是需要花费高额的成本的。因此,必须对广告活动进行详细的跟踪调查,以评估广告效果。对于广告效果的评估,不仅要看广告有没有达到促进销售的目标,还要看广告是否改善了企业与目标消费者之间的沟通状况。

1. 对促销效果的评估,主要看通过广告宣传企业是否达到了预期的销售量和市场份额,是否实现了预期利润。在定量分析中,广告的促销效果可用广告成本效率指数来考察。

广告成本效率=广告引起销量增加数/广告费

从广告成本效率来看,其指数越高,说明该广告的促销效果就越好。

2. 对沟通效果的评估,可以分为事前评估和事后评估。事前评估是企业在将广告交付媒体发布之前进行的调研活动,可将选择的广告方案向消费者征求意见；也可以通过仪器来测试消费者对广告方案所产生的心理反应等。事后评估通常采用回忆测试和识别测试的方法：回忆测试主要是要求看过广告的消费者回忆广告的内容；识别测试则要求消费者指出他们以前曾见过的广告，了解广告为消费者注意过、联想过、仔细观看过的百分比。

沟通效果的评估，尤其是事后评估，得出的往往是定性的评估结果，旅游企业需要借助一些工具或模型把它定量化，以得出更为准确的评估结果。

案例 8-2　去美国旅游，一周只需要 35 英镑

20 世纪 60 年代初，奥格威广告公司被美国商务部聘用，负责在英、法、德三国为美国旅游业制作"请君莅临美国观光"的旅游广告。经过细致的调查，奥格威发现 20 世纪 60 年代初的欧洲，其经济发展速度远比不上美国的发展速度，人们的生活水平并不像美国人那么高。此前，到美国来旅游的欧洲人主要是商人和少数"大款"，而绝大多数欧洲人则认为美国旅游花费太高而不敢问津。但与此同时，奥格威发现到美国旅游的花费并非他们想象的那么高，欧洲人之所以产生误解是由于不了解美国情况所致。因此，奥格威通过对美国各地住宿、饮食、交通等方面的详细考察和对各种费用的反复核实，决定将广告的诉求点定位在"到美国旅游费用低"上面，并直接将费用写进广告之中——去美国旅游，一周只需要 35 英镑！

这一广告在欧洲的各主要报纸刊登后，立刻引起轰动，无数电话打到美国旅行社咨询旅游问题。在伦敦、巴黎、法兰克福的办事处，人们询问到美国旅游的各种具体问题。同时，欧洲的各家大报记者也根据这一广告提供的信息，到美国采访，发回大量专稿，介绍美国旅游业的情况。

奥格威策划的广告在欧洲获得巨大成功，在广告播出 8 个月后，从法国、英国、德国到美国旅游的人数都大大提高，从而促进了美国旅游业的发展。

（资料来源：余明阳.旅游广告的奥秘.广州：广东经济出版社，2004）

第四节 促销组合:旅游营业推广策略选择

一、营业推广及其促销特点、主要类型

营业推广,也称为销售促进。旅游营业推广就是旅游企业为刺激旅游消费者迅速、额外购买产品或服务所采取的非常规的、灵活多样的促销方式或活动。营业推广旨在使顾客即时即地变不买为买、少买为多买。

(一)营业推广的促销特点

营业推广和广告都是旅游企业营销活动中的市场工具,在旅游企业的营销预算中,两者互为对方最主要的竞争因素,因而经常被描述为营销沟通中两种对立的方法。但事实上,营业推广和广告既是对立的,却也是互补的。下面我们通过两者的比较来看营业推广的特点。

1.广告提供购买理由,营业推广提供购买激励。广告传播产品销售的信息,给消费者提供某种购买的理由;而营业推广则是在特定时间内提供给消费者某种购买的激励。这种激励来自于旅游企业提供的各种附加利益,可以是现金返还、商品,也可以是一项附加的服务。

2.广告追求长期效果,营业推广侧重短期效应。广告通常都是做长期考虑,它并不寻求消费者的迅速反应,其目的是培养消费者对品牌的长期忠诚度,建立品牌形象,创造品牌价值等;而营业推广则是为了获得消费者的立即反应而设计的,针对的是短期的销售效果,其目的是即时的销售增长。

3.广告建立和提升品牌形象,营业推广促进品牌试用和大量购买。在树立品牌形象、扩大品牌知名度及在竞争中为品牌定位等方面,广告的效果一般较好;在刺激消费者试用新品牌、促使消费者大量购买某品牌方面,营业推广又远比广告有效。对旅游企业来说,最理想的方式是以广告来抢占市场,建立品牌知名度,使消费者有长期的信心;同时,又以营业推广来与优势品牌竞争,提高该品牌产品的销售增长率,增加消费者对本企业产品的冲动购买次数。所以,通常情况下,营业推广很少单独进行,而往往与人员推销、广告及公共关系相配合。同时,营销推广着重强调对短期销量的拉动,若频繁使用或使用不当,往往会对品牌产生伤害。所以,营业推广的活动时期不宜过长,而且要注意选择恰当的时机和方式。

（二）营业推广的类型

旅游营销中营业推广的对象，主要包括旅游者、旅游中间商、旅游产品的推销人员。与之相对应，营业推广活动也分为三类：

1. 针对旅游者的营业推广活动

针对旅游者的营业推广活动，其目的在于吸引新顾客，抓住老顾客。旅游企业常用的营业推广手段主要有免费赠送样品、纪念品或实物礼品，赠送优惠券、礼品券，进行抽奖促销，以及成立俱乐部等。例如，为推销某条旅游线路，旅行社向旅游者赠送旅游地风情画册、特产、纪念品以及可以在这条线路上的定点商店享受购物折价的优惠券等，事后在回收的优惠券副券中进行抽奖，并把奖品邮寄给获奖的旅游者。又如，宾馆新开张时，邀请一些有影响的人士前来免费住宿，餐厅向用餐客人赠送新菜品。一些航空公司推出"常客计划"：当顾客的购买数量或金额达到一定的积分时，会得到特殊的奖励和优惠，以期建立长期的顾客关系。

案例 8-3　代保管余酒加打折吸引回头客

某三星级酒店餐饮部发现，不少客人点了名酒开瓶后总有剩余，就餐结束后客人又不好意思带走。餐饮部在晨会上介绍情况后，总经理请营销部与餐饮部共同研究，看是否能找到理想的解决办法：既不减少客人消费又不让客人觉得有带走余酒而显得小气的尴尬或携带不便。经过两个部门的研讨，商定了为客人免费提供代保管余酒服务加打折吸引回头客的办法。规定有余酒留在该酒店的客人再次来店就餐可凭存酒凭证享受 9.5 折的优惠，还别出心裁地把交给客人代保管的凭证做成仅用几角钱成本制作、印有本酒店标志的精美手饰，戴在客人手腕上，既提醒客人还有余酒在本酒店，又为酒店做义务宣传，还起到了装饰点缀作用，还能享受打折优惠。这一办法推出后，客人反映颇佳，回头客不断增加。

（资料来源：中国酒店网，http://cn.chinahotel.com）

2. 针对旅游中间商的营业推广活动

对中间商的营业推广活动的目的，在于扩大和增加旅游产品同顾客之间的渠道。由于旅游产品只有在存在客源的情况下才能生产，因而争取中间商的支持和合作，特别是对主要依靠入境旅游获取外汇收入的地区和国家来说，具有重要意义。

第一，对中间商折让。旅游产品生产者通常给予中间商价格上的优惠，某些优惠政策甚至已成为行业惯例。例如，宾馆通常给予有业务往来的旅行社一定比例的价格折扣，对 20 人以上的旅行团免收 2 人的房费。航空公司和其他旅游企业也有类似的做法。

第二，给予推广补贴。旅游中间商在为某条新线路赢得一批顾客后，除佣金之外还能得到一定比例的补贴,以鼓励中间商更好地推广新产品。

第三,提供宣传品,即向中间商提供用于陈列和展示的广告、小册子、录像带等宣传资料。

第四,联合开展广告活动,即旅游产品生产者和中间商进行联合促销,通常由旅游生产商提供资料和一定比例的资金(广告津贴),会同中间商联合制作或由中间商单独制作广告,然后联合发布广告,这种广告宣传服务于双方。

第五,举办贸易展览。旅游展销式的展览会是旅游业较为发达的国家进行旅游促销常用的一种方法。

3. 针对旅游推销人员的营业推广活动

对推销员的营业推广,也是旅游企业加强促销工作最常用的方法之一,其目的在于调动推销人员的促销积极性。常用的方法有:一是让利,根据推销业绩给予不等的物质奖励。二是销售集会,这种集会常常在游乐地和餐桌上举行,在沟通信息的同时,也带有奖励的性质。三是销售竞赛,通过组织销售竞赛,奖励销售成绩突出的推销人员,以此调动推销人员的积极性。

二、旅游营业推广策略

营业推广的具体目标有:鼓励潜在顾客购买,吸引旅游中间商推广新产品,抵消各种竞争性促销营销的影响,以及激励推销人员寻找更多的潜在顾客等。

(一)选择促销方法

营业推广选择何种具体的促销工具,要考虑市场类型、促销目标、竞争情况以及每一种促销工具的优缺点(见表8-1)。

表 8-1　各类营业推广方法优缺点对比表

营业推广方法	优点	缺点
价格折扣	简单,促销效果明显	会破坏品牌形象,不利于建立品牌忠诚度
优惠券	有助于知名品牌推广新品,鼓励重复购买	会破坏品牌形象,烦琐
赠品	激励效果明显,还能推广新品(如捆绑销售)	不恰当的赠品对销售有害无益
抽奖	激励效果及宣传效果明显	未获奖的顾客可能产生挫折感,影响对品牌的偏好
游戏	趣味性强,且能传达和提升品牌形象	参与度不高,宣传成本大,对活动组织要求高

续表

营业推广方法	优点	缺点
竞赛	趣味性强,且能传达和提升品牌形象	只能针对特定对象,对产品的普及帮助不大
退费优惠	不会损害品牌形象	刺激力度不大
免费样品	提高新产品的尝试购买率和重复购买率	费用太高
持续购买激励	促进重复购买	对提升品牌忠诚度作用不大

(二)确定活动要素

一个完整的营业推广方案包括:一是决定营业推广活动的规模。二是决定准备拿出多少经费和人力进行促销激励。三是决定营业推广的对象和条件。比如,选择以旅游者为主还是以中间商和推销人员为主;选定的消费者、中间商和推销人员应具备怎样的条件。四是选择促销措施的执行途径,如向旅游者赠送宣传品和旅游纪念品时,是采用在旅游点见人即送的方式,还是只赠送给有初步购买意向的旅游者,或者以其他方式进行。五是选择促销时间。促销时间太短或过长都不合适,前者会造成一部分顾客无法及时购买,后者则失去了刺激消费者立即行动的作用。六是选择促销时机。各种促销工具必须按计划投入使用,以使之相互协作配合,达到促销效果的最大化。

(三)计划行动细节

不论是价格折扣、游戏竞猜,还是有奖销售,每一类推广活动都有很多花样翻新的可能,而对这些具体细节的准确选择和把握也是获得成功的关键。同时,开展一项促销活动必然会带来繁重而琐碎的行政事务工作。这也需要厂商事先计划好活动的细节。例如,要开展一次游戏竞猜活动,就要根据活动的具体情况确定活动主题、游戏规则和奖品设置,以及游戏的宣传、组织、控制以及兑奖事宜的安排等。

(四)预估促销方案

市场的持续变化、活动形式的不断创新,都要求厂商在确定了促销行动细节后,对拟定的促销方案和行动计划进行预先评估,包括法律、物资后勤、预算、时间、促销方法、激励规模和促销媒介等方面。

(五)评价促销结果

在一个促销活动完成之后,立即对其进行效果评估。这是企业在促销中应该恪守的一个准则。促销活动效果评估的主要方法有:

1. 销售量比较评价法：是指从销售量评价营业推广效果，通过对基本推广活动前、中、后的销售量进行比较分析的评价方法。一般有以下四种情况：

（1）稳定上升型。指在营业推广期间内销售量不断增加，营业推广结束后仍然保持营业推广期间的销售量，这是一种最理想的状况，也是较为少见的情况。

（2）平起平落型。指在营业推广期间销售量增加，推广结束后，销售量又回到原先的水平。这说明营业推广只是使消费者购买时间提前，并没有有效地促使消费者增加使用量、扩大消费者规模和提高企业的市场份额。针对这种情况，对季节性或时间性不强的产品可不进行营业推广，改用其他方式进行促销。

（3）大起小落型。指营业推广期间销售量增长快，营业推广结束后销售量有所减少，但总体上销售量增加大于销售量减少。根据这种情况，企业可以在上一营业推广期结束后，经过短时间调整，开展新一轮的营业推广活动。

（4）大起大落型。指在营业推广期间销售量增加，营业推广结束后，销售量大幅减少，总体上销售量增加小于销售量减少。这种状况应引起企业的密切注意，一旦出现这种情况，应停止新一轮营业推广活动，以免受到更大的损失。

2. 随机抽样评估法。这是一种辅助的评估方法，主要是了解促销活动对目标消费者所产生的影响，如对促销活动的评价、对促销产品的印象、对促销目的的了解等。具体做法是：根据促销活动中收集到的目标消费者资料，从每个促销点中随机抽取5名目标消费者（必须是提供了有效联系方式的目标消费者），由专人通过电话与其联系，询问其在促销活动中的感受、是否知晓此次促销活动的目的、是否了解此次促销活动的产品、是否在近期购买了此次促销的产品等问题，最后汇总所有的目标消费者答卷进行分析。一般情况下，如果有85%以上的目标消费者对90%以上的问题做出了肯定的答复，则可以为此次促销活动非常有效。

3. 单位成本法。这是指用整个促销活动所投入的资金除以促销活动中接触的目标消费者的数目，所得出的数字即为接触到一个目标消费者所需的单位成本，如果该成本低于广告投放的单位成本，则说明该促销优于广告。

第五节 促销组合:旅游公共关系

一、旅游公共关系及其类型与促销作用

"公共关系"一词来自英语"public relations",简称"PR",是指一个社会组织通过信息沟通,发展组织与社会、公众之间的良好关系,建立、维护、改善或改变组织的形象,营造有利于实现组织目标的经营环境的一系列措施和行动。公共关系的行动主体是组织,作用对象是公众,作用方式是通过信息传播来达到相关目的。因此,通常也将组织、传播、公众称为公共关系三要素。

旅游公共关系是指旅游企业所进行的与公众建立和协调相互间合作关系的方式或活动。其行动主体是旅游企业,作用对象是旅游行业相关的公众,信息的传播方式包括企业新闻事件报道、演讲、展示、公益活动、广告等。

(一)旅游公共关系的类型

1.旅游公共关系有内部公共关系和外部公共关系之分,其核心是"内求团结,外求发展"。

(1)内部公共关系,主要指企业与员工、股东之间的关系,主要是"上情下达,下情上达"。企业内部进行有效信息沟通,企业上层将有关情况及时传达员工,使员工有主人翁意识和共担责任、共赴风险的精神;另一方面,员工的合理建议、意见及时反馈上来,发挥员工参与管理的积极性,具体办法有设立"意见箱"、"总经理接待日"等。通过建立良好的内部公共关系,如建立情谊交流和了解、关心、帮助职工及其家庭疾苦的常规制度,提高企业凝聚力。具体方式有喜事祝贺,丧事吊唁,生日送贺卡、蛋糕,为其子女提供奖学金等。有的企业会设立内部刊物,将其作为企业内部公共关系信息交流的主要媒介。

(2)外部公共关系,包括与顾客、政府、媒体、社区、金融机构、一般公众等的关系。对外公共关系总体上应体现"亲善、至诚、敬业"的企业形象,要使外部公众看到企业诚实正当经营,赢得社会各界的好感。

2.旅游公共关系因活动目的不同,又可分为社会型公共关系、征询型公共关系、建设型公共关系、维系型公共关系、进攻型公共关系、防御型公共关系和矫正型公共关系等主要类型。

(1)社会型公共关系,是指社会组织举办某些社会公益活动来扩大影响,赢

得公众的赞誉,以树立自身良好形象的公共关系活动。

(2)征询型公共关系,是指社会组织为自我生存与发展而收集社会的舆情民意,把握社会发展趋势的公共关系活动。其目的是顺应舆情民意,为组织机构的经营管理决策提供依据,使自己的行为尽可能地与国家的总体发展目标和市场的总体发展趋势相一致。

(3)建设型公共关系,是指社会组织为开创新的局面而在公共关系方面所作努力的公共关系活动。

(4)维系型公共关系,是指社会组织在稳定发展之际用来巩固良好形象的公共关系活动。其做法是通过各种渠道、以各种方式持续不断地向社会公众传递组织的各种信息,使公众增进对组织的了解,增强对组织的好感。

(5)进攻型公共关系,是指社会组织采取主动出击的方式来树立和维护良好形象的公共关系活动。当社会组织,特别是企业的预定目标与所处环境发生冲突时,要抓住时机,果断决策,积极主动地去改造环境,逐渐减少直至消除冲突的因素,以保证预定目标的实现。

(6)防御型公共关系,是指社会组织为防止自身的公共关系失调而采取的一种公共关系活动。

(7)矫正型公共关系,是指社会组织在遇到问题与危机,组织形象受到损害时,为了挽回影响而开展的公共关系活动。

(二)旅游公共关系的促销作用

1. 树立旅游企业形象

在信息大量充斥的社会中,要想使企业为公众所注意、所欣赏,给他们留下美好、深刻的印象,就必须有意识地通过各种手段去传播和树立本企业的特定形象。对企业来说,树立形象是全方位的。首先是企业内部的努力,如企业的经营观念、经营宗旨、企业的产品质量、服务质量等是否符合消费者的要求;其次,也取决于企业向外传播和树立形象的努力,如广告宣传、公共关系传播、人员推广等。在这些信息传播工具中,公共关系对于树立企业特定形象有着独特的、不可替代的作用。因为广告和人员推广的主要作用在于促进企业产品的销售,其形式主要是自我宣传。所以,其在树立形象方面所发挥的作用是有限的。而公共关系的作用是为整个企业服务的,不仅仅只是为某个方面的职能服务;且其采取的形式是多样化的,既有企业的自我宣传,又有公众的口头传播,还有新闻媒体、社会人士所进行的客观宣传。所以,其发挥的作用是广泛的。

2. 协调企业社会关系

旅游企业在经营活动中,必然要与社会各方发生关系,利用公共关系活动,一是可以将企业各方面的动态信息传达给社会公众,增加他们对本企业的好感;

二是可以增进本企业销售网络中各经销商同企业的感情,使他们产生好感;三是可以将企业信息通报给企业的股东、投资者、相关金融机构、政府部门和社会公众,使他们理解和支持本企业的活动。总之,通过公共关系活动,可以强化企业同各方面公众的关系,使企业的工作能够得到公众的知晓和理解,从而使企业与公众的关系更为紧密和牢固。

3. 化解企业面临的危机

企业处于千变万化的环境之中,随时可能面临危机。这些危机,有些是企业自身的失误造成的,有些是公众误解造成的,有些是竞争者采用不正当竞争造成的,有些是不怀好意造谣侮蔑造成的。但是,如果这些危机不能及时化解和处理,就会给企业带来很大的损失。企业应利用公共关系,对危机产生的原因进行分析并采取办法化解危机。

4. 增强企业内部凝聚力

旅游企业内部应实现"上情下达,下情上达",消除可能产生的误解和隔膜,增强企业员工的自豪感和认同感,使企业上下同心同德地为企业经营目标的实现而努力。这样的企业才会在竞争中充满活力,即使面临暂时的困境,也会很快以强大的凝聚力和高涨的士气重整旗鼓、摆脱困境。

5. 有利企业促进销售

由于市场竞争的加剧和生产技术的普遍提升,各类产品的质量差距和价格差距已越来越小,因而消费者对产品的选择更着重于生产产品的企业本身的形象。公共关系可通过信息传播,树立企业良好形象,使消费者在潜移默化中对企业及其产品产生好感而采取购买行动。这种作用是广告、营业推广等促销方式所不具备的。

二、旅游公共关系:活动、过程与工具

旅游公共关系活动包括新闻、演讲、展示、公益活动、广告等。旅游公共关系的过程主要包括:确立公共关系目标、选择公共关系信息和载体、实施公共关系计划和评价公共关系宣传的效果。

(一)旅游公共关系的过程

1. 确立公共关系目标

一般地,公共关系的目标包括公共关系的目标群体与公共关系活动想实现的目标。

(1)公共关系的目标群体可分为:一是顾客公众,指旅游企业产品的现实购买者和潜在购买者,他们是最为重要的公众。二是利益公众,指与企业在利益上有密切关系的团体或个人,如股东、中间商等。三是内部公众,指企业内部的全

体员工和家属。四是财务公众,指与企业的资金供应有密切关系的组织,如银行。五是媒体公众,指与企业传播信息密切相关的大众传播媒介,如报社、杂志社、电视台、电台等。六是政府公众,指与企业生产经营有密切关系的政府有关部门。七是地方公众,指企业所在地或旅游目的地周围居民和团体组织。八是一般公众,指上述所列的各种公众之外的各种组织和个人。

(2)企业进行公共关系活动的目的主要有:宣传新的旅游产品,促进其销售;对企业和企业现有产品进行宣传,提高其知名度;激励中间商和内部员工;和新闻媒体保持联系;向政府有关部门进行游说;收集相关信息,便于企业决策。

2.选择公共关系信息和传播方式

在选择公共关系信息上,公共关系人员通常通过两种方法来寻找公共宣传的内容。一是寻找新闻,即在产品或与产品相关的方面寻找具有新闻价值的素材。对于旅游企业来说,就是要寻找旅游者所关心的焦点问题。比如,旅游地的社会治安、风土人情、重大节日庆典以及体育比赛情况等。旅游企业能够提供给新闻界的素材十分广泛。比如,名人下榻某宾馆、某航空公司被授予服务质量奖、某旅行社的经营管理成就突出等。一些旅游企业还具有独特的公共关系方面的优势。比如,宾馆是社会活动的汇集点,一些重大的活动包括国际性会议、大公司的公共关系活动如新闻发布会、展销会等往往选择在宾馆举行。这些活动是新闻媒体追逐关注的焦点。如果宾馆能够积极配合媒体,这种情况无疑会成为宾馆"借船出海"进行公共宣传的有利机会。二是人为"制造"新闻。例如,利用各种活动,诸如企业周年庆典、展览会、艺术表演、美食节等,邀请名人光临或举办研讨会以及召开新闻发布会与记者招待会等。人为"制造"新闻需要有独特的创意和高超的技巧;否则,会流于平淡,达不到预期的效果。

在确定了公共宣传的信息后,还可以通过新闻发布会、演讲、展览会等多种方式进行传播。

3.实施公共关系计划

用于传播的信息加工好以后,就要具体实施公共关系计划。公共关系计划的实施同其他促销计划的实施有所不同。它要求公共关系人员同大众媒体有良好的关系;否则,其计划就可能难以按照预定计划进行。例如,准备好的信息资料(文章、录像、广播稿等)预于某一时间发布,但这些信息资料不同于广告,其能否发布、何时发布完全取决于媒体。所以,要求一是公共关系人员在准备这些信息资料时,要摸准媒体的品味,即要使资料具有新闻价值;二是公共关系人员要同媒体建立并保持良好的关系,尤其是媒体中的关键人物。这样,才能保证营销公共关系计划的实施。即使如此,由于不确定因素的影响,仍要准备几套方案,以便在某套方案遇到挫折时另行实施其他方案。

4. 评价公共关系宣传的效果

公共关系宣传的效果可以通过了解游客和旅游目的地社会公众对旅游产品和旅游企业的态度、产品与企业知名度的变化并结合销售额与利润情况的变化予以评价。需要指出的是,如果在某个时期单独使用或首先使用某种公共关系工具,那么它的效果是容易衡量的;如果与其他促销工具一起使用,则公共宣传单方面的效果就不易衡量了。因为,人们无法区分促销结果中的哪一部分是公共关系的贡献。这需要过滤掉其他促销工具的影响。

(二)旅游公共关系的主要工具

1. 新闻。新闻是以第三者名义通过大众媒体传播的特定信息。正因为如此,与广告、人员推销等自我宣传形式相比,其对公众的影响力要大得多。企业利用新闻的方式有:召开新闻发布会和记者招待会;邀请新闻记者参观企业,为其采访提供方便;企业人员撰写新闻稿件寄给新闻单位,供其采用发表;"制造"新闻素材,吸引新闻媒体的注意。

2. 编印刊物。编印内部刊物作为对外公共关系制度化、经常化的最佳手段,是企业发布信息的载体,联系外界的主要桥梁和纽带。它可用于赠送重点消费者、客户、公众、新闻媒体、政府和有关行业协会。要求内刊内容生动、信息丰富,反映企业文化和理念,印刷精美。

3. 公共关系广告。利用广告形式来树立良好的企业形象,或向公众传递必要的信息。公共关系中的广告可归纳为六种类型:形象广告、声明广告、致歉广告、祝贺广告、活动广告、公益广告。

4. 公益赞助。这是指企业投入一定的精力、金钱和时间用在一些有益于社会的公共事业、慈善事业、福利事业方面,以体现企业的社会责任,增加社会公众对企业的好感,提高企业的知名度。许多公共关系意识强的企业,已经充分认识到企业只有表现出对社会发展的关系和责任,才会被公众接受和喜爱的道理,积极投身于许多公益服务活动当中。比如,众多企业资助"希望工程"活动。

5. 记者招待会。这是社会组织或个人,根据自身的某种需要,邀请有关新闻媒体参加招待会,宣布关于自身的某一消息,同时接受记者提问的一种特殊会议。

6. 举办展览等。通过实物或模型展示和示范表演,宣传企业产品和服务形象。如参加政府部门、行业协会和展览公司组织的各类博览会、展览会;企业自行组织的各类展览会、展示会、新产品发布会和看样订货会;企业自身常设的展示厅、陈列室等。

案例 8-4　长城饭店传总统要闻声振海外

1983 年,北京长城饭店正式开张营业。开业伊始,面临的首要问题就是如何招徕顾客。一开始,北京长城饭店也曾在美国的几家报纸上登过几次广告,后来因为经费不足,收效又不佳,只得停止广告攻势,但其公关活动却没有停止,只不过是改变了策略。

1984 年 4 月 26 日到 5 月 1 日,美国总统里根将访问中国。北京长城饭店立即着手了解里根访华的日程安排和随行人员。当得知随行来访的有一个 500 多人的新闻代表团,其中包括美国三大电视广播公司和各通讯社及著名的报刊之后,北京长城饭店的公共关系经理喜出望外,决定充分利用这一机会。

首先,争取把 500 多人的新闻代表团请进饭店。他们三番五次邀请美国驻华使馆的工作人员来长城饭店免费参观品尝,在宴会上由饭店的总经理征求使馆对服务质量的意见,并多次上门求教。在这之后,他们以美国投资的一流饭店,应该接待美国的一流新闻代表团为由,提出接待随同里根的新闻代表团的要求,经双方磋商,长城饭店如愿以偿地获得接待美国新闻代表团的任务。

其次,在优质的服务中实现潜在动机,长城饭店对代表团的所有要求都予以满足。为了使代表团各新闻机构能够及时把稿件发回国内,长城饭店主动在楼顶上架起了扇形天线,并把客房的高级套房布置成便于发稿的工作间。对美国的三大电视广播公司,更是给予特殊的照顾。将富有中国园林特色的"艺亭苑"茶园的六角亭介绍给 CBS 公司、将中西合璧的顶楼酒吧"凌霄阁"介绍给 NBC 公司、将古朴典雅的露天花园介绍给 ABC 公司,供其作为播放电视新闻的背景。这样一来,长城饭店的精华尽入西方各国公众的眼帘。为了使收看、收听电视、广播的公众能记住长城饭店这一名字,饭店的总经理提出,如果各电视广播公司只要在播映时说上一句"我是在北京长城饭店向观众讲话",一切费用都可以优惠。富有经济头脑的美国各电视广播公司自然愿意接受这个条件,暂当代言人、做免费的广告,把长城饭店的名字传向世界。

有了这两条成功的经验,长城饭店又把目标对准了高规格的里根总统答谢宴会,要争取到这样高规格的答谢宴会是有相当大难度的。因为,以往像这样的宴会都是在人民大会堂或美国大使馆举行,移到其他地方尚无先例。他们决定用事实来说话。于是,长城饭店在向中美两国礼宾司的首脑及有关执行部门的工作人员详细介绍情况、赠送资料的同时,把重点放在了邀请各方首脑及各级负责人到饭店参观考察上,让他们亲眼看一看长城饭店的设施、店容店貌、酒菜质量和服务水平,不仅在中国,即使是在世界上也是一流的。到场的中美官员被事实说服了,当即拍板,还争取到了里根总统的同意。

获得承办权之后,饭店经理立即与中外各大新闻机构联系,邀请他们到饭店租用场地,实况转播美国总统的答谢宴会,收费可以优惠,但条件是:在转播时要提到长城饭店。

答谢宴会举行的那一天,中美首脑、各国驻华使节、中外记者云集长城饭店。在电视上出现长城饭店宴会厅豪华的场面时,各国电视台记者和美国三大电视广播公司的节目主持人异口同声地说:"现在我们是在中国北京的长城饭店转播里根总统访华的最后一项活动——答谢宴会……"在频频的举杯中,长城饭店的名字一次又一次地通过电波飞向了世界各地,长城饭店的风姿一次又一次地跃入各国公众的眼帘。里根总统的夫人南希后来给长城饭店写信说:"感谢你们周到的服务,使我和我的丈夫在这里度过了一个愉快的夜晚。"

通过这一成功的公关活动,北京长城饭店的名声大振。各国访问者、旅游者、经商者慕名而来;美国的珠宝号游艇来签合同了;美国的林德布来德旅游公司来签订合同了;几家外国航空公司也来签合同了。后来,有38个国家的首脑率代表团访问中国时,都在长城饭店举行了答谢宴会,以显示自己像里根总统一样对这次访华的重视和获得成功。从此,北京长城饭店的名字传了出去。

(资料来源:http://zhidao.baidu.com/question/58203758.html)

三、公共关系与企业危机化解

美国《危机管理》一书的作者罗伯特·希斯(Robert Heath),曾经对《财富》杂志评出的世界500强企业的董事长和总经理们进行过一次专门调查。该调查显示,80%的被调查者认为,现代企业面对危机,就如同人们必然会面对死亡一样,已成为不可避免的事情。每个企业都可能遭遇危机,重大的危机事件往往是新闻媒体关注的焦点。而经过媒体的进一步传播,企业的危机又易成为人人关注的重大社会事件,因此应对是否得当,将对企业的声誉(甚至生存)产生重要影响。

于是,危机公共关系管理应运而生。它是指组织对自身发生的具有重大破坏性影响的、导致组织形象受损的意外事件进行全面处理,并使组织处境转危为安的一整套工作过程。

(一)危机管理的基本原则

1. 重在预防

任何企业在发展过程中都不可能一帆风顺,各种风险与突发事件会随时袭来。企业危机的发生形式是多种多样的,但不论形式如何,它们都对企业构成威胁。应对不测以求得生存,是一切危机管理和危机公共关系的基本原则。

如果说危机公共关系和危机应变方案的策划是企业生存的一项重要内容,那么就应该在危机发生前,制定危机应变方案,以确保危机到来时能有准备地面对危机,并顺利化解危机,将危机给企业带来的负面影响降到最小。有了应对危机方案,当危机来时,就可以从容地应对危机,就有了充分的准备去掌握主动权。在一些著名跨国公司里,危机管理更多地转到了预防层面。它们经常通过调查分析,及早发现可能引发危机的线索和原因,预测将要遇到的问题和危机发生的基本进展情况,从而制定多个应变营销方案。同时,还通过加强培训,树立员工的危机意识。

2.快速反应、及早处理

危机消息的出现,经常使企业的形象造成消极的影响。媒体的消息来源渠道是复杂的、不同的,其相互也会进行转载。因此,可能会对同一危机事件的传播,在内容上有很大的差异。当危机发生时,作为危机的发生者——企业,应该以最快的速度,把危机的真相通过媒体告诉消费者,确保危机消息来源的统一,最大可能地消除对危机的各种猜测和疑虑。

成功的危机公共关系一定是在尽量早的阶段化解危机,尽量迅速地解决问题、平息冲突,努力去尽早消除危机;对个别小范围内发生的事,应减少"曝光",尽力消除不利影响。

3.积极与新闻媒体合作,把握信息发布的主动权

新闻媒体总是传播危机消息的先锋,并总是向消费者提供有关危机的来龙去脉。每当这时,媒体的信息采编人员,总是千方百计地收集并传播着消息。这些危机消息,通过他们迅速传播给了消费者,并将深刻、长久地影响着消费者的心理和购买行为。

因此,在危机面前,企业采取主动行为是非常必要的。在传播沟通中,要掌握对外报道的主动权;要以自己的组织为消息第一来源。一般来讲,在企业出现危机时,最好成立一个由企业重要人物负责的新闻中心(对这一概念,没有必要理解成人们日常生活中的新闻中心的概念)。这一机构应根据不同企业、不同危机的具体实际情况而设立,可以是临时性的,也可以是长期性的。在危机发生时,它的作用在于将危机真相告诉消费者。设立这样的机构或专人,有助于媒体采编人员在离开危机地后仍然能获得很多关于危机的消息,可以尽可能地避免媒体的主观臆测。这一机构有必要安排一人专门写稿,介绍危机的详细情况以及企业的应对措施。

4.以诚相待

面对危机,企业只有开诚布公地说明事情的原委,诚恳地接受批评,才能缓和矛盾、度过危机。无论面对的是何种性质、类型及起因的危机事件,企业都应该主动承担责任,积极进行处理。即使起因在受害者一方,也应首先消除危机事件所造成的不利影响。以积极的态度去赢得时间,以正确的措施去赢得顾客,创

造妥善处理危机的良好氛围。以诚相待,还表现为维护消费者利益,主动弥补顾客的实际利益和心理利益。

(二)解决危机常用的方法

1.权威公断法。邀请或协助公正性、权威性机构(如消费者协会、技术监督部门等)帮助解决危机是企业控制危机事态发展、转危为安的关键所在。不少危机事件平息均得益于成功运用权威公断。

2.将事就事法。在事态尚未恶化时,可有针对性地作处理,以免事件的扩大。

3.公益法。利用公益活动可转变公众对企业的看法或转移公众的注意力。

案例 8-5　从希尔顿的"双树旅馆事件"看危机公关

美国两位在西雅图工作的网络顾问——汤姆·法默(TomFarmer)和沙恩·艾奇逊(Shane Atchison),在美国休斯敦希尔顿酒店的双树旅馆(Double Tree Club)预订了一个房间,并被告知预订成功。

尽管他们到饭店登记的时间是在凌晨两点,实在是个比较尴尬的时间段,但他们仍然很安心,因为他们的房间已经预订好了。但在登记时,他们被当头泼了一盆凉水:一位晚间值班的职员草率地告诉他们,酒店客房已满,他们必须另外找住处。这两位网络顾问不仅未能入住预订的房间,而且值班人员对待他们的态度也实在难称友善——有些轻蔑,让人讨厌,甚至在他们的对话中,这个职员还斥责了客人。

这两位网络顾问当时离开了,然后制作了一个讽刺但又不失诙谐幽默的PPT文件,标题是"你们是个糟糕的饭店"。在这个文件里记述了整个事件,包括与那名员工之间不可思议的沟通。他们把这个PPT文件通过电子邮件发给了酒店的管理层,并传给自己的几位朋友和同事看。

这一PPT文件立刻成为有史以来最受欢迎的电子邮件。几乎世界各地的电子邮箱都收到了这份文件,从美国休斯敦到越南河内,还有两地之间的所有地区。这份PPT文件还被打印和复印出来,传播到美国各地。双树旅馆很快成为服务行业内最大的笑话,成为商务旅行者和度假者避之不及的住宿地。传统媒体的评论员们也将这一消息载入新闻报道和社论中,借此讨论公司对消费者的冷漠和网络对于公众舆论的影响力。

接着,法默和艾奇逊收到了3 000多封邮件,大部分都是支持他们的。对此,酒店的管理层也迅速作出有礼而大度的反应。双树旅馆马上向二人道歉,并以这两个人的名义向慈善机构捐赠了1 000美元作为双树旅馆的悔过之举。双树的管理层还承诺要重新修订旅馆的员工培训计划,以确保将此类事件再次发生的可能性降到最低。另外,双树旅馆的一位高级副总裁在直播网络上与法默和艾奇逊就此事展开讨论,以证明饭店高度重视此事。

(资料来源：中国酒店，http://www.17u.net/news/newsinfo_179491.html)

思考与练习

1. 旅游促销组合包括哪些方式和手段？
2. 人员推销的步骤有哪些？
3. 旅游广告信息设计的形式有哪些？
4. 营业推广与广告的区别和联系有哪些？
5. 营业推广可分为哪几类？
6. 常用的公共关系工具有哪些？
7. 危机公共关系应奉行哪些原则？
8. 选择一个你熟悉的旅游产品或品牌，分析它的促销方式与竞争者相比有何特点？
9. 某宾馆发生火灾，但员工行动迅速，房客得以紧急疏散，火情很快得到了控制，且没有人员伤亡，但如果公共关系处理不好，将给宾馆造成很大的负面影响。如果你是该宾馆的公共关系人员，面对此次危机，你将如何开展公共关系活动，以保证企业形象不受影响？
10. 案例分析题：

"太爷鸡"打入香港市场

有70多年历史的"周兴记太爷鸡"颇受广州消费者喜爱。香港与广州在生活习惯上比较接近，有"无鸡不成宴"之说。所以，鸡的市场需求量很大。为进一步开拓市场，"周兴记"决定打入香港市场。

1. 产品策略。"周兴记"根据对香港消费者需求情况的调研，制定出"太爷鸡"的产品策略。一是香港人的口味与广州人无明显差异。因此，"太爷鸡"在制作方面保持传统特色，力求甘香可口。二是香港人心理上不喜欢吃打防疫针的和饲料鸡，因而在选取料上采用经精选的自然放养的优质鸡。三是产品卫生标准符合香港方面的有关卫生条例。

2. 价格策略。香港的整体消费水平较高，又由于产品有特色，制作精良，与众不同。所以，售价将比其他鸡价格高50%左右。

3. 分销策略。为了能成功打入香港市场，扩大销量，在分销渠道的设计上，宜采取多渠道销售。一是在广州制作，高质保鲜处理，即日运往香港。二是与驻港中资旅游机构、港商等合作，通过香港的食品商场销售。三是在香港办一家以销售"太爷鸡"为主的茶馆，以扩大销售和影响。四是由来广州的商人、客人零星带入香港。

4.促销策略。第一,在香港电视上作宣传。第二,在香港各发行量较大的报刊上大量刊登广告。第三,宣传重点集中于"太爷鸡"的选料和制作特色与众不同。第四,在香港的若干茶馆、酒吧,请顾客免费品尝。

由于采用了这一套组合策略,"太爷鸡"成功打入香港并大获成功,受到许多香港消费者的欢迎,并很快占据了香港市场。

思考题:本案例中,"周兴记"采用了什么营销策略?对你有何启发?

第九章　旅游营销策划与营销控制

本章提要

　　旅游营销策划是对旅游营销活动或某一个方面的旅游营销项目、产品、促销等进行创意构思、设计规划并制定营销行动方案的行为。营销策划要素是创意、目标和可操作性。旅游营销策划书的结构，一般要与旅游营销策划的构成要素或内容保持一致。旅游营销控制方法有：年度计划、盈利能力、效率与战略控制。

第一节　旅游营销策划：要素、程序与表述

　　"策划"一词在我国出现较早，《后汉书·魏器传》中即有"是以功名终申，策划复得"的记载。流传至今的"凡事预则立，不预则废"、"运筹帷幄之中，决胜千里之外"、"好谋而成"等，都蕴涵着丰方的策划思想。《辞源》将"策划"解释为"谋略"、"筹谋"；《辞海》中"策划"为计谋、计划、打算之意。

一、旅游营销策划、策划要素与主要分类

　　策划，即出谋划策，是指对未来将要发生的事情和从事的活动进行预先的谋划、设计和决策的行为过程。从理论上说，策划是指人们为达到某种预期的目

标,借助科学方法和创造性思维,对策划对象的环境因素进行分析,对资源进行整合和优化配置而进行的调查、分析、创意、设计并制定行动方案的行为。从实践本质上看,策划是人类运用脑力的理性行为,是一种思维活动和智力活动,其结果是要找出事物之间的因果关系,衡量未来可采取的策略。换言之,策划就是预先决定做什么、何时做、何地做、何人做、如何做的问题,它要对未来一段时间将要发生的事情做出当前的决策。因此,策划是一座跨越现在与未来时空的桥梁。

(一)旅游营销策划及其特点

旅游营销策划是指将市场营销策划的原理与方法运用于旅游经营活动的专项营销策划活动。它是旅游营销策划人员根据旅游区和旅游企业现有的资源状况,在分析和研究旅游市场环境的基础上,对旅游营销活动或某一个方面的旅游营销项目、产品、促销等进行创意构思、设计规划并制定营销行动方案的行为。

旅游营销策划具有以下特征:第一,它是一种理性的思维活动,目的在于制定旅游营销战略和策略,或者进行旅游产品开发、客源市场开发,以及进行某个旅游项目或节事活动,或者以解决旅游营销过程中某一特殊问题而进行谋划;第二,基本质在于对旅游营销环境做出判断和对未来营销行动做出计划安排,是一种超前性的谋划行为;第三,涉及旅游学、营销学、资源学、文化学、地理学、信息学、心理学、传播学等许多学科的知识和理论,需要运用大量的间接经验和直接经验,对庞杂的信息进行处理,需要高度复杂的智力活动,如创意、设计等,是一项非常复杂的智力工程;第四,在时间上前后呼应,在空间上立体组合,并为了保证旅游营销策划方案的合理性与成功率,一般都要按照计划的程序来进行,最终形成一个合理、系统的整体性策划;第五,在旅游营销策划开始时,要充分考虑未来旅游发展形势和旅游营销环境的变化,使策划方案具有相应的灵活性,以便在策划方案的执行过程中,可根据市场信息及时做出修正、调整;第六,在旅游营销策划过程中一般会产生多个策划方案,这就需要进行权衡和比较,从中选出合理的或最佳的方案,并用于旅游营销实践。

(二)旅游营销策划三要素

旅游营销策划包含创意、目标和可操作性三个要素,如果没有独辟蹊径、令人耳目一新的创造性思考,不能称之为营销策划;若没有具体的营销目标,策划也落不到实处;而不能操作的方案,无论其创意多么巧妙杰出,目标多么具体,也都没有任何实际价值。

1. 独特的创意。营销策划必须要有独特的创意。所谓创意就是与众不同、新奇而又有独到之处的构思和设想。营销策划的关键是创意。可以说,创意是营销策划的核心和灵魂。创意并不是什么高深莫测的东西,独特的创意来源于长期的积累。此外,还必须充分发挥想象力、联想力和创造力,开阔思路,打破常规、习惯、定势的思维方式,采用多种新的思维方式。

2. 明确的目标。营销策划必须确立一个恰当的目标。恰当的营销策划目标具有以下特征:一是目标具体、量化。二是目标包括长期目标和短期目标。短期目标是长期目标的分解,各阶段的短期目标之间要保持连续性和协调性。三是目标具有价值。营销策划目标的价值表现在两个方面:首先,其对企业的所有员工是有意义、有价值的,是与他们的利益息息相关并从而能够取得他们的认可和支持并充分调动他们的积极性;其次是对旅游企业的发展是有促进作用的。

3. 可操作性。要使营销策划能够实施、易于实施,就要求营销策划不仅要有新颖奇特的构想和具体的目标,而且还要有很强的可操作性。可操作性是指在企业现有的人、财、物、信息、信誉、品牌的条件下可以实现同时又与外部环境不冲突。另外,还要有具体的、可操作的行动方案,使营销策划的各参与者都知道如何去行动。

(三)旅游营销策划的分类

旅游营销策划的内容非常丰富,涉及的领域十分广泛,依据不同的标准,可以划分为不同的类别。

1. 综合旅游营销策划、旅游专项营销策划和旅游专题策划

(1)综合旅游营销策划。这指的是旅游企业从战略的高度出发,对其营销活动进行全面的、综合性的策划。它具有涉及范围广、内容丰富、活动延续时间较长等特点。这种策划活动关系到旅游企业生存和发展的根本大计,涉及旅游企业的方方面面。旅游企业的所有职能部门包括市场调研部门、产品研究与开发部门、生产部门、销售部门、人事部门和财务管理部门等都要参与综合策划。并且,策划活动从旅游产品的设计、生产到分销、促销、信息管理等所有环节都要贯穿始终,是旅游企业最重要的营销策划。比如,市场竞争战略策划、旅游企业形象战略策划等均属综合旅游营销策划。

(2)旅游专项营销策划。这是旅游企业针对某一项具体的营销活动进行的策划,因而涵盖面较窄,延续的时间也较短。例如,各种节庆活动的策划、旅游新产品的新闻发布会策划、旅游产品展示会策划、某一促销活动策划、广告策划、公共关系危机策划等。

(3)旅游专题策划。它是旅游企业为突出某一主题举行大型专题活动而进行的策划。比如,某一旅游企业为宣传环保知识举行的大型生态旅游活动。旅游专题策划有鲜明的主题,针对性和目的性均较强。成功的专题活动策划,能够提高旅游企业的知名度和美誉度,甚至产生巨大的轰动效应,取得意想不到的策划效果。

2. 旅游形象策划、旅游产品策划、旅游广告策划和旅游节庆策划

(1)旅游形象策划。这是旅游企业运用视觉艺术,将其经营理念与宗旨视觉化、规范化、系统化,通过商标或企业标志的造型与色彩的设计,传播给企业员工和社会公众,从而赢得社会大众尤其是旅游消费者对企业的肯定和信赖,树立良好的企业形象,增强企业的竞争力,提高企业的知名度。

(2)旅游产品策划。这是旅游企业为增强其产品竞争力,实现旅游产品的差异化,延长其市场生命周期所进行的策划。旅游产品是旅游企业占领市场并在市场竞争中取胜的物质基础,也是制定价格策略、分销渠道策略和促销策略的基础。如何制定行之有效而又独具特色的旅游产品策略,是旅游产品策划的主要任务。具体来说,旅游产品策划包括:如何增强产品各因素尤其是质量、商标、包装、服务等的竞争力,如何将旅游产品组合的广度、深度、密度进行有机的结合,如何实施旅游产品差异化,如何选择旅游产品市场生命周期各阶段的营销策略等。旅游产品是一种以游客需求为中心的包括行、住、食、游、娱、购六个要素的整体产品。因此,旅游产品策划就是根据旅游者的需求对旅游产品进行选择、编排、组合,以适应旅游需求多样化和个性化的趋势。它包括单项旅游产品策划、整体旅游产品策划和旅游新产品开发策划。

(3)旅游广告策划。这是旅游企业为广泛地传播信息,引起旅游者的注意与兴趣,提高旅游企业知名度和美誉度而综合利用多种广告形式所进行的策划。旅游者的旅游决策,主要取决于对旅游目的地或旅游产品的感知;而旅游者对旅游目的地的感知,是通过获得间接的信息来实现的。旅游广告是传达旅游信息的主要渠道,因此,旅游广告策划在旅游企业的经营中占有非常重要的地位,它在旅游信息的传递和沟通,促进销售,提高旅游企业的经济效益等方面发挥着非常重要的作用。旅游广告策划包括:成立策划组织、进行市场调研、广告定位、广告创意构思、广告媒体策划、广告发布和广告效果评定。在旅游广告策划过程中,要将创新性、可行性与应变性有机地结合起来。

(4)旅游节庆策划。这是通过举办一些大型的节庆活动,以刺激旅游消费需求而进行的策划。旅游节庆活动具有规模大、影响广、参与者众多的特点。通常,它可分为政治性旅游节庆活动、宗教性旅游节庆活动、文化性旅游节庆活动、体育性旅游节庆活动和商业性旅游节庆活动。因此,它不仅系统性强、涉及面广,而且工作难度大,对策划人员的专业素质要求高,是一种全方位、多角度的策划。首先,要明确旅游节庆活动策划的目的,确定旅游节庆活动的主题;其次,要确定旅游节庆活动的初步方案,然后逐次进入策划启动、拟定方案与审查方案各阶段;再次,进入各种项目的具体落实阶段,指挥、组织和实施旅游节庆活动;最后,对旅游节庆活动计划进行全面评估,为下一次的旅游节庆活动积累经验。

二、旅游营销策划的程序

(一)拟定旅游营销策划计划

旅游营销策划是一项非常复杂的工作,在进行正式的策划之前,必须拟定相应的计划。一般而言,旅游营销策划的计划要根据委托方的要求去制定,主要内容应包括:策划目的、策划进程、策划分工、策划预算等。旅游营销策划计划应明确、细致,使参与者能够有条不紊地去完成各项工作。

1. 明确策划目的。旅游营销策划涉及旅游企业或旅游经营单位的人、财、物等诸多要素的投入,关乎其利益目标,因而其计划的拟定必须具有十分明确的目的性。一是效益目的或利润最大化目的,即实现以最少的投入产生最大的营销效益。二是使营销活动效率更高,从而扩大市场影响,提高市场地位,创造市场品牌。三是应符合社会商业道德准则,从而建立起独特的旅游企业营销文化,形成良好的公众形象。四是更加明确责任及对未来充满信心。

2. 拟定策划进程。在拟定旅游营销计划时,应明确旅游营销策划工作的具体进程,并列出其进展时序表。旅游营销策划进程大致分为以下几个阶段:

(1)准备。此为前期准备阶段,包括明确策划问题,确定策划主题,做好策划的物资、人员、知识和舆论准备等,为正式策划工作的开展提供必备的条件。

(2)调研。这是收集资料、获取信息阶段。虽然调研阶段不是策划的核心,也不是策划的目的和结果,但它是旅游营销策划的基础,也是策划成败与否的关键。因此,在时间安排上要充足,在资料和信息收集方面要充分,这样才能确保旅游营销策划的质量。

(3)创意设计。这是核心阶段。旅游营销策划创意与方案设计,是基于大量的旅游市场调研材料和旅游市场信息,并综合适用营销策划理论与实践经验所进行的智力活动。如果前期调研与信息收集工作做得扎实到位,环境分析比较透彻,那么创意的产生就比较容易,而且不需花费太多的时间。否则,策划人会感到茫然无绪,无从下手。所以,在拟定策划进度时,应根据策划人的经验和调研准备的情况来灵活确定该阶段的长短。

(4)实施。旅游营销方案实施阶段时间的长短主要由其性质决定。旅游营销方案一般有两种:一是旅游营销战略方案,该方案涉及旅游营销活动的全局,具有长期性、战略性的特点。因此,其实施的终点并不明确。至于它究竟何时而止,由旅游市场形势、营销环境和旅游企业的产品、竞争实力而定。二是旅游营销策略方案,该方案仅涉及旅游企业或旅游经营单位的某一次或某一段、某一方面的营销活动。比如,武汉黄鹤楼景区门票调价策划、苏州乐园新产品开发策划等。它不仅有起点也有终点,但起于何时、终于何时,则由活动的目的和性质而定。

3.策划经费预算。旅游营销策划工作需要一定的资金投入,而投入多少资金、什么时候投入、如何投入等都是制订策划经费预算应考虑的问题。因此,在拟定旅游营销策划时,必须认真筹划用于各项活动的具体费用,使经费预算合理、科学。经费的预算要遵循效益性原则、经济性原则、充足性原则与弹性原则。旅游营销策划经费主要由以下几部分组成:

(1)旅游市场调研费。该项费用取决于调研规模的大小和难易程度的高低。规模大、难度高,则耗费必然高,反之则费用低。如果资金不足,就会导致调研资料失真,影响调研结果的可靠性。

(2)旅游信息收集费。该项费用主要包括信息检索、资料购置及复印费、信息咨询费、信息处理费等。其数量大小由收集的规模及层次来确定。

(3)旅游策划人力投入费。为了完成不同的分工,需要投入一定的人力。这一费用比较容易计算。

(4)旅游营销策划报酬。这主要是支付给策划人的报酬。如果是旅游企业内部人员进行的策划,可以奖金形式发放;如果是外聘策划专家,则要事先商定好策划费的多少和支付细则,然后据此发放。

4.预测策划结果。在拟定旅游营销策划书时,必须对策划方案实施后的可能效果进行初步预测,并将其提交给旅游企业或旅游经营单位有关方面的决策者定夺。

(二)界定问题,确定策划主题

所谓界定问题,就是要把策划的问题或策划的主题搞清楚。通过界定问题使问题简单化、明确化,然后明确策划的主题。

1.界定问题的方法。界定问题的方法有许多种,应根据实际情况予以应用。

(1)专注重要的问题。旅游企业或旅游目的地在开展市场营销活动时,总会出现这样或那样的问题。在这些问题中,也总会有那么一个或两个是亟待解决且对企业或目的地有着重要影响的问题。策划人员必须关注这些重要的问题,如旅游形象危机、客源市场的严重萎缩等。策划如果没有专注于亟需解决的严重问题,则很可能解决了一个不重要甚至不值得解决的问题。这样的策划不但没有什么意义,反而会造成别的难题。

(2)细分问题。实验主义大师杜威曾经说过,将问题明确地提出,等于解决了问题的一半。要把问题明确化,就得缩小问题的范围,而缩小问题范围的最好办法,就是将问题进行细分。例如,湖北武当山风景区既是世界文化遗产,也是中国道教圣地之一,同时武当武术与少林武术齐名,名闻海内外。然而,武当山旅游业的发展却不尽如人意,年均游客量和年均旅游收入都不到少林寺的一半。

造成这种局面的问题是多方面的,有管理体制的问题,也有产品开发的问题,有市场营销的问题,也有管理水平的问题,等等。但武当山风景区的主要问题是市场营销的问题。发明家凯特琳说过:"研究就是要把问题细分化,因而可发现其中许多已知的问题,再去专心解决那些未知的问题。"凯特琳的话也从另一方面说明了细分化对解决问题的重要作用。

(3)改变原来的问题。著名经济学家弗里德曼碰到别人问他问题时,总喜欢改变一下别人的问题,问题经他改变后,答案就自然浮现出来了。所以,改变问题会使问题更明确、更清晰。例如,旅游宾馆的服务生态度生硬,动作迟缓,接待不热情,做事不认真,服务不规范等,管理人员看到这些现象一般会对服务生进行批评甚至处罚,结果不但不能使情况得到改观,还很可能会引发新的、更多的问题。但如果将问题改变一下呢?如是不是宾馆的管理制度有问题?宾馆对员工的激励是否不够,难以调动其积极性?宾馆的员工是不是没有经过培训或培训没有到位?等等。这样,问题就从服务生态度不好、工作不认真转换为宾馆的管理制度需要完善、员工需要进一步培训等,改变问题可以使问题迎刃而解。

(4)用"为什么"来界定问题。有很多事情不问不明白,只要不停地问下去,"打破砂锅问到底",用"为什么"来界定问题,就可以使问题明确化、浅显化、重要化。例如,某旅游度假村处于风景秀丽的湖畔,交通也比较方便,但开业以来效益一直不佳。为什么呢?主要是因为游客少。为什么客源少呢?因为该度假村开业不久,知名度不高,知道的人少。为什么度假村知名度不高,知道的人少呢?因为没有做市场推广和促销活动。为什么没有做市场推广和促销宣传呢?因为管理层没有重视这个问题。这样,通过不断地追问"为什么",就可以找到问题的症结所在——这就是该度假村的领导层市场意识不够,营销观念缺乏。在界定了问题之后,就比较容易找到解决问题的方法了。如果使该度假村领导层树立市场意识,聘请专家做好市场营销策划,同时增加一定的宣传促销投入,一定可以打开市场。

2.明确策划主题。一般来说,旅游营销策划主题的确定大致可分为:旅游经营单位或企业领导决定的主题、旅游地政府决定的主题以及旅游策划人员凭自己的判断提出的主题。设定旅游营销策划主题之后,还需要进一步细化主题,使主题更明确。例如:将"提高酒店收入的策划"细化为"提高酒店营业收入的促销策划",又如将"提高酒店娱乐产品销售收入的促销策划"细化为"提高酒店娱乐产品销售收入30%的促销策划",并可再细化为"提高本年度酒店娱乐产品销售收入30%的广告促销策划"。

(三)收集有用信息,打好策划基础

策划需要有价值的信息,而有价值的信息就是能使策划人心动的信息。这主要包括：以前不曾有过的新现象、新信息，与以前不一样的现象或信息。有价值的信息并不总是蕴涵在正面的信息中，它也可能来源于旅游市场的负面信息。比如，游客对旅游经营单位的投诉或提出的意见，对旅游企业来说就是很有价值的信息，它告诉旅游企业其在哪些方面（如产品质量、服务水平）存在着不足，需要改进。这种负面信息是旅游营销策划很重要的着眼点。如果能以诚恳的态度去倾听游客的心声，就可能从中获得很有价值的信息。

有价值的信息主要有两种来源：一是收集现成的信息资料，一是进行市场调研，并进行信息资料的汇集与整理。

（四）形成创意，确定策划方案

策划创意阶段是整个旅游营销策划过程的核心部分。一个好的旅游营销策划方案必须要有创造性，没有创意，策划也就没有生命力。

1. 寻找灵感。创意通常是由灵感产生的。一般来说，要寻找产生创意的灵感，首先要有一定的知识和信息积累。其次，应当积极寻找能形成策划创意的信息。策划者不仅要拜访同业或不同行业的知名人士，而且要多参加相关的座谈会，访问旅游经营者、游客、新闻媒体，要从各种不同的渠道获得有关旅游营销策划的信息和启示。最后，联想是产生灵感的重要源泉。联想是由一种经验想起另一种经验，或者说，联想就是将头脑中储存的形象或反映事物形象的概念连接起来，从而产生新设想的心理活动。例如，由武汉东湖联想到杭州西湖，由苏州联想到威尼斯，由武汉联想到芝加哥等，在此基础上所产生的灵感，就可能在旅游营销策划中充分展示出来，进而形成独特的创意。比如，苏州被定位为"东方威尼斯"，武汉被定位为"东方芝加哥"等，都是相似联想在旅游形象定位中的具体运用。

2. 创意产生。创意就是思想冒险的开始。它实际上是一个艰难的过程。创意需要在调查中获得资料。这是基础。创意需要从过去的经历与经验中去寻找，挖掘好的思想；创意需要多思考；同时，还要吸收他人的新观点、新见解；创意需要借鉴、吸收他人成功的经验。

3. 确定策划方案。在旅游营销策划中，往往会出现几个创意、几种思考。选择时应比较哪一个方案更符合实际。如果某一策划方案设计得很好，创意很特别，但需要巨额投资，且涉及面广，实施难度大，那么就要慎重考虑此方案的采用与否。因此，在确定策划方案时，要综合考虑多方面的因素，比较各创意方案的优劣，最终选择有创意、风险不大、实施难度较小、预期结果较理想的策划方案。

（五）撰写策划报告书并组织实施

一项旅游营销策划方案的成果形式，是形成策划报告书。策划报告书是策划的文字化，也是载体。在策划报告中，要详细阐述策划的思想、实施方案和步骤。策划报告书完成的好坏，影响整个策划方案的质量。策划报告书一般由文字、图表、照片、示意图等组成。报告应一式几份以供各相关部门审查。

策划报告书完成后，要向委托方或有关部门领导汇报。汇报的内容包括：策划的背景资料、策划的主题思想、市场分析、策划方案、实施计划、步骤与预期结果等。在听取了各方面专家、领导的意见或建议后，认真对策划报告书进行修改完善。当策划方案获批准后就进入实施阶段。同时，策划组应随时跟踪或关注策划实施的进展，及时帮助解决实施过程中出现的新情况、新问题，做好后期服务工作，保障策划方案的顺利实施。

三、策划表述：旅游营销策划书

旅游营销策划书是旅游营销策划者提供给旅游地或旅游企业的营销管理设计蓝图，是为了实施某一营销的书面文件，是旅游营销策划成果的重要表述形式。策划人在经过各项调查、明确目标和进行创意设计等之后，会形成解决问题的方案。调查、分析、研究的要点和行动方案的内容与步骤，都以策划书的形式表述出来，供管理者进行决策使用。因此，撰写好旅游营销策划书具有重要意义。

（一）策划书撰写原则

为了提高旅游营销策划书撰写的准确性、科学性，在撰写策划书时应把握以下几个主要原则：

第一，逻辑思维原则。策划的目的在于解决旅游营销中的问题，应按照逻辑性思维的构思来编制策划书。首先是设定情况，交代策划背景，分析市场现状，道出策划目的；其次是在此基础上进行具体策划内容的详细阐述；最后是明确提出方案的实施计划。

第二，简洁朴实原则。策划书要简洁、精练、严谨、朴实，突出重点。要抓住旅游营销中所要解决的主要问题、核心问题、关键问题，深入分析，提出相应的对策，使其对实际操作具有指导意义。

第三，可操作性原则。编制旅游营销策划书的目的在于指导旅游营销实践，其指导性涉及旅游营销活动中每个人的工作及各环节关系的处理。因此，其可操作性非常重要，不具备可操作性的方案其创意即使再好也无价值。

第四，创意新颖原则。要求旅游营销策划的创意新、内容新，表现形式也要新，新颖的创意是策划书的核心。只有新颖的策划书才能给人耳目一新的感觉，才能获得阅读者的认同和接受。

（二）格式及内容

旅游营销策划书依据所要策划的内容不同而在编制格式上也有变化，一般情况下要与旅游营销策划的构成要素或内容保持一致。

1. 封面

封面是旅游营销策划书的"脸",它能起到强烈的视觉效果,给人留下深刻的第一印象,从而对策划内容的形象定位起到辅助作用。封面的设计原则是醒目、整洁,切忌花哨,至于字体、字号、颜色则应根据视觉效果具体考虑。封面制作要点为:

(1)取一个简明扼要的标题。题目要准确、简洁,使人一目了然,有时为了突出策划的主题或者表现策划的目的,可以加一个副标题或小标题。

(2)标上日期。一般为正式提交日。因为,策划具有一定的时间性,不同时间段的市场状况不同,营销执行的效果也不一样。

(3)标明策划者。一般在封面的最下部标出策划者的名称,如"××大学旅游规划设计研究院"。

(4)标出策划委托方。如果是受委托的旅游营销策划,那么在策划书的封面上要把委托方的名称列出来,如《××宾馆××策划书》。

2. 前言

此部分一方面是对策划内容的高度概括性表述,另一方面在于引起阅读者的注意和兴趣。要使阅读者看过前言后,产生急于看正文的强烈愿望。前言的篇幅以不超过一页为宜,字数可控制在 1 000 字以内,其内容应包括以下几个方面:

(1)简单交待接受策划委托的情况。比如,"××旅游规划设计研究院接受××委托,承担××风景区旅游形象的策划项目"。

(2)阐明进行策划的原因,把进行策划的必要性、重要性和意义表达清楚,吸引阅读者进一步去阅读正文。

(3)对策划过程和策划实施后预期可达到的效果进行简要说明。

(4)致谢,对委托单位及提供支持的相关单位及个人表示谢意。

3. 目录

这是为了方便阅读,通过目录使旅游营销策划书的结构一目了然,可以方便查找旅游营销策划书的内容。目录在策划书中必不可少,但要注意目录中所标页码应与正文页码相一致。

4. 摘要(或概要)

摘要(或概要)是对旅游营销策划书内容的概述或浓缩,它能使阅读者对策划内容有一个粗略的了解,便于阅读者理解策划者的意图与观点。摘要的撰写要求简明扼要,一般控制在 2~3 页,篇幅不宜过长。摘要一般在策划书正文完成后确定。这样,只需把策划内容进行归纳和提炼就行了。

5.背景与动机

此部分主要介绍策划委托单位的基本情况及要求进行策划的目的。如果是旅行社委托进行营销策划,就要介绍该旅行社的历史沿革、经营状况、主要产品(服务)、销售渠道、主要客源、财务状况、竞争实力、管理能力、营销能力、组织结构、旅行社负责人情况等情况并说明进行策划的动机。

6.策划目标

这是委托策划单位在一定时间内奋斗的方向和要达到的目标,是策划书的重要内容,策划人要根据委托单位的资源情况、经营实力、竞争优势等来确定。在策划书中,需要明示策划所要实现的目标和改善的重点。比如,新景点的销售目标是全年游客达 50 万人次,销售收入达 2 000 万元,同比增长 10%。策划目标的确定必须满足"SMART"的要求,即重要性(Significance)、可度量性(Measurablity)、可实现性(Achievement)、相关性(Relevant)以及时效性(Time)。

7.环境分析

环境分析是旅游营销策划的出发点、依据和基础。通过对环境的分析,从中发现机会、把握机会,是旅游营销策划的关键所在。只要找准了市场机会,策划就成功了一半。

8.战略及行动方案

这是策划书最主要的部分。此部分必须非常清楚地列出旅游营销战略与具体的行动方案,包括旅游营销战略目标、战略原则、旅游主题形象、客源市场细分与目标市场定位、旅游产品组合策略、旅游产品定价策略、旅游分销渠道策略、旅游广告宣传与公共关系策略、旅游竞合战略等。在确定旅游营销战略、策略的基础上,根据策划期内各时间段的特点,提出各项具体行动方案。行动方案要细致、周密,操作性强又不失灵活性,还要考虑费用支出,尤其要注意不同旅游产品淡、旺季营销的侧重点,抓住旺季营销优势。

9.进行资源、预期收益及风险评估

在旅游营销策划书中,应对行动方案执行过程中所需人力、物力、财力及可能产生的有形、无形成本负担进行评估;同时,对方案何时产生收益、产生多少收益以及方案有效收益的长短等也要进行评估。此外,内外环境的变化不可避免地会给方案的执行带来一些不确定性(风险)。所以,当环境变化时,是否有应变措施,失败的概率有多大,造成的损失是否会危及旅游经营单位的生存和发展等,也要在策划书中加以说明。

10.方案实施计划

将旅游营销策划方案的各工作项目,按照实施时间的先后顺序排列,形成实施时间表。这样,有利于在策划方案实施中进行检核。人员的组织配备、相应的

权责也应在这部分中加以明确。另外，执行中的应变措施也应该在这部分中给予通盘考虑。

11. 结束语

结束语与前言呼应，使策划书有一个圆满的结束，主要是再重复一下主要观点并突出要点。

12. 附录

附录是策划案的附件，对策划案起着补充说明作用，便于策划案的实施者了解有关问题的来龙去脉，也为旅游营销策划提供有力的佐证。在突出重点的基础上，凡是有助于阅读者理解旅游营销策划内容的，以及可增进阅读者对旅游营销策划信任的资料，都可以考虑列入附录。比如，引用的权威数据资料、游客问卷样本、游客深度询问等。列出附录，既能补充说明一些正文内容的问题，又显示了策划者负责任的态度和精神，同时也能增加策划案的可信度。编写附录时，也要标明顺序，以便查找。

旅游营销策划书因旅游营销单位性质、旅游产品、旅游营销目标等的不同，在内容编制上有详略取舍。

案例 9-1　华山旅游品牌宣传策划

西岳华山是我国五岳之一，素有"奇险天下第一山"之称。2003年9月27日是第24个世界旅游日。这一天，在素有"五岳独秀"和"佛教圣地"之称的南岳衡山，一个以共同宣传、共同促销、共同发展为宗旨的旅游联合体——中华五岳旅游联盟的成立，将世界的目光引向了这里。

策划目标

近期目标：通过一系列强有力的宣传活动，迅速提升华山的知名度，并初步确立其独特的自然景观和浓厚的人文历史底蕴，从而带动华山旅游业的发展。力争在宣传开始的三年内，将华山旅游业占陕西旅游业的市场份额提高到40%以上。

远期目标：使华山真正成为一个具有独特的自然景观和浓厚的人文历史气息的国家级旅游品牌，牢固确立华山"陕西旅游第一品牌"的地位。

优劣势分析

1. 优势。华山是我国五岳名山之一，以"险、雄、奇、秀"闻名，有着浓厚的人文历史气息和美丽的神话传说；华山位于华阴市南，交通便利，距古城西安较近，可受西安旅游辐射效应；陕西省省政府、渭南市和华阴市政府及相关单位对华山旅游业的发展高度重视与支持。

2. 劣势。高档宾馆较少，食宿条件较差；市区环境差；两大景点间距离远。

市场分析

中国是一个旅游大国,旅游资源非常丰富。华山要在国内众多的旅游资源中脱颖而出,必须以独特、新颖的品牌定位和大力宣传方式,才能成功。

陕西省是中国五大旅游省份之一,旅游景点众多,但其旅游业收入甚微。究其原因,一是宣传力度不够大;二是只注重对自然资源的开发,对人文历史资源开发不够深入;三是旅游业的副产品(手工艺品、纪念品)做工粗糙,不具陕西特色,难以吸引游客;四是旅游区的商品价格高,甚至有坑蒙顾客之嫌,严重影响陕西旅游形象。

宣传模式

宣传的基本模式:活动开道、新闻配合、广告断后。

具体内容:第一,在华山举办一系列具有创新特色的活动,吸引媒体和公众的关注;第二,邀请名人和记者参加活动,给记者提供一些新闻素材,请他们以新闻报道的方式进行宣传,以扩大知名度、提高可信度,容易被受众记忆,对品牌的塑造尤为有效;第三,在各大媒体上做广告,在报纸和杂志上刊载一系列的华山美景图片;邀请著名的电影导演以《华山印象》为题,拍一部华山人文自然风光短片。

活动项目及内容

1. 华山五岳旅游文化节

主题:游华山、品五岳

内容:举办五岳特色小吃、手工艺品及旅游纪念品的大型展会,丰富华山旅游业的副产品。通过新闻报道方式提高华山旅游的知名度与美誉度。

2. "挑战华山"大型攀岩赛

主题:挑战华山、超越极限

内容:华山以"险"著称,有举办攀岩比赛的地理优势。攀岩是一种挑战、冒险的运动,能够引起媒体和公众的兴趣,并邀请媒体对该项活动进行直播,直播过程中可以穿插一系列的华山美景,突出华山的人文美、风景美、环境美等特色,以及华山的险而安全的特点。

3. 寻找好儿郎——"沉香"

——喜迎"母亲节"野外大型有奖问答活动

主题:千名少年智闯华山、弘扬中华孝道

内容:"沉香劈山救母"是华山著名的传说之一,是有名的"孝道"故事。本活动暂定名"智闯华山、弘扬中华孝道",拟在全国选取千余名青少年,以"用智慧为母亲夺奖品,圆母亲心愿"为宣传主题,进行华山野外有奖问答活动。可在华山旅游途中,设置若干个答题关口,守关人身着传说故事中人物的服饰,以增加活动的趣味性。奖品分为两种:一是要满足参赛者母亲的心愿,二是授予参赛获奖选手"21世纪好儿郎——沉香"的称号。

4.中华五岳雄心宝剑交接专题活动

主题:"雄心宝剑、光现华山"

内容:举办隆重的中华五岳雄心宝剑交接专题活动,利用雄心宝剑的神秘性,吸引媒体的关注,邀请媒体对该活动宣传报道,从而宣传华山。

媒体选择

导游图、旅游指南、VCD光盘、旅游画册、旅游网站等"五个一"基础工作,通过电视、报刊、互联网等媒体,生动形象地大力宣传华山旅游;举办具有浓郁华山特色的文化节、文化旅游展示会、研讨会等活动,实现"文化搭台、经济唱戏";邀请媒体记者新闻采风,拍摄旅游风光专题片。

总预算

总费用:170 000元

宣传经费		活动经费	
电视宣传		旅游文化节活动	
报纸宣传		大型攀岩赛活动	
杂志宣传		有奖问答活动	
网络宣传		雄心宝剑活动	

(资料来源:免费案例网,http://www.anli.cc/plan/lvyou)

第二节 旅游营销控制

旅游营销控制实质上是对市场和产品的再调研和再定位。这种调研和定位的目的是检查原定的营销计划的合理性和进展情况。通过实施旅游营销控制,旅游企业可以发现营销计划中存在的问题,并据此提出改进现行旅游营销方案的措施。

一、旅游营销控制及其程序

旅游营销控制,指旅游企业通过检查营销活动的实际情况,考察实际情况与原定计划的差距,分析原因,采取必要对策,确保营销目标实现的过程。

旅游营销控制是一个系统过程,目的在于确保旅游营销计划的落实。旅游营销控制的具体实施可分为如下几步：

（一）建立标准

旅游营销控制过程的第一步，就是确定控制标准，即确定这一行动的预期目标是什么。如规定某项旅游新产品投放市场一年后其市场占有率应达到 x%。为了便于衡量实际结果，衡量标准应尽可能具体。

（二）衡量绩效

衡量绩效就是将控制标准与实际结果进行比较。实际结果如与预期标准相符，甚至优于预期标准，则应总结经验，以便继续保持。实际结果若未能达到预期标准，则应找出问题的症结。

（三）纠正偏差

对实际结果与预期标准发生的偏离进行诊断，即找出产生偏差的原因，这是营销控制过程中的重要环节。产生偏差通常有两种情况：一是实际营销过程中的问题；二是营销计划决策的问题。前者容易发现，后者在认识和判断上较困难，而且两种偏差常常交织在一起。例如，某旅游宾馆的营销人员完不成预定的销售标准，可能是因为"他工作不认真或不够灵活"，如果这样，管理者可采取某种激励手段，如提高报酬或者加强培训等。但是，也可能是由于销售指标定得过高，如果这样，就应降低计划指标。然而，在实践中，营销员素质不高或销售目标不切实际等因素可能同时发生作用。另外，还可能有其他原因，如广告宣传力度不够、旅游产品缺乏吸引力等。

（四）采取行动

在查明产生偏差的原因以后，应采取相应的改进措施。一般来说，可以根据诊断的不同情况分别采取下列三种措施。一是维持原来的标准。一般而言，当实际结果略微超过或基本达到原定标准时，则不应对原定目标或衡量标准进行改动。例如，原定计划要求客房出租率达到 75%，而实际结果为 78% 或 72%，这说明计划是可行的，实际绩效也是不错的，应继续按原计划进行下去，不用做任何调整。二是纠正偏差。如果原定客房出租率为 75%，而实际客房出租率为 60%，就必须采取相应的措施，例如增加营销费用、加大宣传力度或者培训营销人员等。三是改变原定的计划和标准。如果大多数营销人员都大大超过原定的销售目标，就意味着这个标准可能定得太低了；相反，如果只有一两个人能达到，而大多数营销人员无法完成，则说明这个销售标准可能定得太高了。为此，应根据实际情况对原标准作出适当改动。

二、营销控制方法：年度计划、盈利能力、效率与战略控制

旅游营销控制是旅游管理者用以跟踪企业营销活动各个环节的一套工作程

序,以确保旅游营销活动按期望目标进行。这是旅游企业营销管理的一项重要职能,也是实施旅游企业营销计划的必要措施。

(一)年度计划控制

年度计划控制的中心是保证企业年度计划中规定的各项目标能够顺利实现。年度计划控制系统包括四个主要步骤:

(1)制定标准,即确定本年度各个季度(或月)的目标,如销售目标、利润目标等;

(2)绩效测量,即对实际成果与预期成果进行比较;

(3)因果分析,即研究发生偏差的原因;

(4)改正行动,即采取最佳的改正措施,努力使计划顺利实施。

年度计划控制可按管理层次分头进行,即最高主管负责整个企业的计划执行情况,各部门主管只负责本部门计划目标的实现。旅游企业年度计划控制的方法有以下五种:

1. 销售情况分析。销售情况分析主要用于分析销售指标的完成情况。

(1)销售差异分析。分析实际销售额与计划指标产生差异的原因及不同因素对销售额的影响。

案例 9-2　某酒店客房销售分析

某酒店年度计划要求第一季度以单价 150 元销售客房 5 000 间,即完成销售额 75 万元。而实际只以 120 元的价格销售客房 4 500 间,实现销售额 54 万元,完成计划销售量的 72%,差额为 21 万元。原因何在?用销售差异法分析如下:由于降价的影响:(150−120)×4 500=135 000 元,占 64.3%;由于销售不力的影响:(5 000−4500)×150=75 000 元,占 35.7%。

由此可见,销售额未达到指标的主要原因是客房降价。进一步分析原因,可能是原定价过高,或旅游市场萧条被迫降价促销,或有强有力的竞争者加入,找出原因后应及时拿出解决方案。

(2)微观销售分析。这是指分析个别地区或个别产品的销售情况。

案例 9-3　某北方旅行社的销售分析

某北方旅行社的主打旅游线路有三条,包括北京胡同游、长城风光游和冰雪世界游。这三条线路第四季度的利润指标分别为 10 万元、12 万元、18 万元,而实际完成情况分别为 6.5 万元、10 万元、21 万元,分别为计划指标的 65%、83.3%、116.7%。

该旅行社通过销售分析,认为北京胡同游出现了较大的问题。于是,总经理责成销售经理检查该线路情况,找出具体症结并拿出初步解决方案。

2. 市场占有率分析。旅游企业仅仅进行销售额分析是不够的。因为,这并不能表明企业相对于竞争者的绩效如何。有的企业虽然销售额有所上升,但市场地位反而下降了,这就意味着企业经营落后于竞争者。因此,作为管理者还要分析企业的市场占有率。如果企业的市场占有率升高,表明它较其竞争者的情况更好;如果下降,则说明相对于竞争者其绩效较差。衡量市场占有率的重要步骤是确定使用何种度量方法。一般说,有四种不同的度量方法。

(1)全部市场占有率。以企业的销售额占全行业销售额的百分比来表示。使用这种测量方法有两点需要注意:一是要以单位销售量或以销售额来表示市场占有率。二是正确认定行业范围,即明确本行业所应包括的产品、市场等。

(2)可达市场占有率。以其销售额占企业所服务市场的百分比来表示。所谓可达市场一是企业产品最适合的市场,二是企业市场营销努力所及的市场。企业可能有近100%的可达市场占有率,却只有相对较小百分比的全部市场占有率。

(3)相对市场占有率(相对于三个最大竞争者)。以企业销售额占最大的三个竞争者的销售额总和的百分比来表示。如某企业的市场占有率为30%,其最大的三个竞争者的市场占有率分别为20%、10%、10%,则该企业的相对市场占有率为:30÷40=75%。一般情况下,相对市场占有率高于33%即被认为是强势的。

(4)相对市场占有率(相对于市场领导竞争者)。以企业销售额占市场领先者的销售额的百分比来表示。相对市场占有率超过100%,表明该企业是市场领先者;相对市场占有率为100%,表明企业与市场领先者同为市场领导者。相对市场占有率的增长表明企业正接近市场领先者。

3.营销费用率分析。营销费用率指市场营销费用占销售额的比例。旅游企业的营销费用通常包括人员费用、广告费用、促销费用、市场调研费用及营销行政管理费用等。显然,在销售额一定的情况下,营销费用越低,企业效益就越高。

进行营销费用率分析的目的就是监督营销费用的支出情况,确保其不超出年度计划的指标。营销费用受各种随机因素的影响而上下波动,通常允许有适当的偏差,但如果波动超出了正常范围,就应引起注意。

4.财务分析。旅游企业营销成果最终要体现在利润上。"不会花钱的企业,永远不会挣钱"已经成为西方企业界的一句流行语。但会花钱,绝对不是乱花钱,而是要正确地花钱,旅游企业可用财务分析工具评价投入产出的效果,寻求利润的提高。企业往往最关心的是资本净值回报率,其公式为:

资本净值回报率=资产回报率×财务杠杆率

式中,资产回报率=净利润/总资本;

财务杠杆率=总资产/资本净值。

从一般的情况和要求来看,资本净值回报率应大于购买金边债券(国债)的收益。

5.游客态度追踪。前四项年度计划控制基本上是量化分析,还需要与定性分析相结合,才会比较全面。旅游市场已为游客主导型的买方市场,关注游客及旅游中间商的态度,监测他们态度的变化,并采取必要行动,是提高游客满意度的前提。许多旅游企业已经认识到:满意的游客造就不败的企业。

多数旅游企业建立了宾客意见跟踪反馈制度。比如,很多旅行社实行的游客回访制度就很有成效。还有众多的酒店在客房内放置了宾客意见表,鼓励宾客反馈意见,以了解企业产品和服务的不足并加以改进。

(二)盈利能力控制

旅游企业在实行年度计划控制外,还需要对不同旅游产品、不同地区、不同细分市场、不同销售渠道等进行盈利控制,以便决定增/减哪些产品,开拓或放弃哪些细分市场,扩张或缩减哪些销售渠道。反映企业盈利能力的主要指标包括:

1.营销成本。旅游企业营销成本直接影响企业利润,其主要包括:一是旅游产品直接推销费用,包括推销人员的工资、奖金、差旅费、培训费、交际费等;二是旅游产品促销费用,包括广告媒体成本、印刷费用、奖励费用、展览会费用等;三是营销管理费用,包括营销管理人员工资、办公费用等。这些成本连同企业的生产成本构成旅游企业总成本,直接影响着旅游企业的经济效益。其中与销售额直接相关的称为直接费用,与销售额无直接关系的称为间接费用,有时两者也很难严格区分。

2.主要盈利指标。

(1)销售利润率。一般来说,销售利润率是评估企业获利能力的主要指标之一。销售利润率是指利润与销售额之间的比率,表示每销售百元使企业获得的利润,其公式是:

$$销售利润率=本期利润/销售额\times100\%$$

由于各旅游企业的负债比率往往大不相同,而对销售利润率的评价又常需通过与同行业平均水平来进行对比。所以,在评估旅游企业获利能力时,最好能将利息支出加上税后利润。这样,将能大体消除由于举债经营而支付的利息对利润水平产生的不同影响。因此,修正后的销售利润率计算公式是:

$$销售利润率=(本期利润-利息-税收)/产品销售收入净额\times100\%$$

(2)资产收益率是指旅游企业所创造的总利润与该企业全部资产之间的比率。其公式是:

$$资产收益率=本期利润/资产平均总额\times100\%$$

与销售利润率的情况一样,为了在同行业间有可比性,资产收益率可以用如下公式计算：

$$资产收益率＝(本期利润－利息－税收)/资产平均总额×100\%$$

上式中的分母之所以用资产平均总额，是因为年初和年末的资产额相差很大，如果仅用年末资产额作为总额显然不合理。

（三）效率控制

旅游企业进行效率控制的目的，是监督和检查企业各项营销活动的进度与效果，及时发现其中存在的问题，以便及时加以改进。如果旅游企业通过盈利能力控制，发现某些产品或某些市场的盈利状况不佳，就有必要对之进行效率控制。效率控制包括：

1．人员推销效率控制。各地区销售经理要对管辖范围内的人员推销状况做详细记录，并定期进行分析，主要内容包括每个推销人员日均访问客户次数、每次访问所需平均时间、每次访问平均收益、每次访问平均成本、每百次访问的成功率、每次访问的平均花费、每次访问带来或丧失的顾客数和旅游合约、销售队伍成本占总成本百分比。

通过推销效率分析，常常会发现一系列有待改进的问题。一家旅行社发现，它的推销人员完成的访问次数太少，而且将大多数访问时间都消耗在老客户那里，因而要求推销员缩短老客户每次访问的时间，同时拜访更多的新客户，改进访问工作后取得了明显的收益。

2．广告效率控制。旅游企业广告效率控制的目的是分析本企业旅游广告的效果。在实际工作中广告效率控制工作非常复杂，因为顾客态度和销售额的变化是多种因素综合作用的结果，要准确找出其中广告的贡献几乎是不可能的，但经营者至少要掌握和分析以下资料：一是企业使用的各类广告媒体接触每千位目标顾客的广告成本，二是本企业广告受众占各类媒体受众的百分比，三是接受广告信息的顾客占潜在顾客的百分比，四是顾客对广告媒体的反应，五是顾客对广告内容的反应，六是广告前后顾客对产品的态度对比，七是由广告引起的询问次数，八是广告前后销售量的变化。

3．营业推广效率控制。营业推广是旅游企业促销的重要手段。为提高其效率，管理部门应记录每种方法的费用与促销效果，同时注意下列资料的搜集与分析：一是优惠销售所占的百分比，二是每百元销售额的营业推广费用，三是赠券回收的百分比，四是因现场展示或表演而引起的顾客询问次数。

（四）战略控制

旅游企业战略控制又称旅游营销审计，是旅游企业对营销环境、目标、战略和活动所作的全面、系统、独立和定期的审查。通过营销审计，可保证旅游企业的各项可控因素与不断变化的营销环境保持和谐统一。营销审计主要包括六部分内容：

1. 旅游环境审计

旅游环境审计，即了解旅游市场环境变化，捕捉环境机遇，化解或减轻环境威胁。从总体上看，它包括宏观环境审计和微观环境审计。

2. 营销战略审计

营销战略审计包括营销目标是否明确，营销战略是否切合实际，执行状况如何，旅游市场细分是否科学，细分市场测量是否准确，旅游市场定位是否合理，所选择的旅游细分市场是否恰当等。

3. 营销组织机构审计

营销组织机构审计包括营销组织机构设立是否科学，资源组织和配置是否合理，营销活动组织是否有效，内部营销沟通渠道是否通畅，各部门之间协调配合是否默契等。

4. 营销系统审计

营销系统审计包括营销信息系统、营销计划系统与营销控制系统审计。营销信息系统审计的对象是游客、中间商、同行竞争者的信息，主要审查对这些信息的掌握是否充分、及时以及其真实性如何。营销计划系统审计是指检查营销计划制订前是否进行过旅游市场调研和预测，调研预测结果是否被运用，营销计划方案是否切实可行，预期效果如何，等等。营销控制系统审计是检查营销控制能否保证战略和计划落实，是否定期分析旅游产品、细分市场、各类旅游销售渠道的量、本、利状况，旅游新产品开发计划构思、筛选试销是否适当，等等。

5. 营销效益审计

营销效益审计包括对不同旅游产品、不同目标旅游市场等盈利状况的审计、对各类营销推动成本的审计。

6. 营销策略审计

营销策略审计包括对旅游产品、旅游价格、旅游营销渠道、旅游沟通与促销等方面的审计。旅游产品审计主要包括：游客对本企业产品和同类其他企业竞争产品的态度，产品是否应该淘汰或产品线是否需要增减等。旅游价格审计主要包括定价目标是否清晰，定价依据是否可靠，价格与需求关系是否明了，价格是否符合有关法律制度的规定，游客与中间商及同行对本企业产品的价格的态度如何。营销渠道审计主要包括：分销地点是否明确，对中间商是否了解，营销渠道是否适应目标旅游市场，营销渠道是否需要增减。沟通与促销审计主要包括：旅游广告目标与定位是否清晰，预算是否合理，媒体选择是否恰当，目标受众对广告内容和形式是否喜闻乐见，营业推广和公共关系是否有创意，销售队伍是否能保证营销任务的完成，是否建立了适合的营销激励机制，销售绩效评价方案在实施中有无改进余地,与同行竞争者相比本企业销售队伍的整体实力如何。

思考与练习

1. 什么是旅游营销策划?它的要素有哪些?
2. 旅游营销策划的主要类型有哪些?旅游营销策划的程序是怎样的?
3. 一份完整的旅游营销策划书应包括哪些内容?
4. 如何进行营销控制?
5. 实际调查一个你熟悉的旅游景区,选择景区日常经营中的某一主题,如新产品开发、景区促销、节事活动等写一份策划书。
6. 案例分析题

大堡礁——最成功的营销

2009年5月6日,34岁的英国人本·萨特霍尔击败了全球近3.5万名竞争者,赢得了"世界上最好的工作"——澳大利亚大堡礁汉密尔顿海岛的看护人。

未来半年内,萨特霍尔每日与白沙碧水为伴,通过每周的博客、照片、视频及接受媒体的跟踪访问等方式,向全世界报告他在大堡礁的探奇历程,并享受半年15万澳元(约合人民币66万元)的高薪。

"世界上最好的工作不仅是一段令人赞叹的旅程,也是史上最成功的旅游营销战略"。6日,昆士兰州州长安娜·布莱在公布萨特霍尔成为最终获胜者时说。

昆士兰州旅游部门估计,此项招募"世界上最好工作"的活动开支为170万美元,但在全球产生的广告效益将达到1.1亿美元。

澳大利亚市场分析师巴罗斯说:"这是一次典型的小投入、大收获的旅游营销活动,证明了人际传播的力量,很大程度上通过免费的Youtube等网络方式。所以说,如果你有一个足够好的点子,想要吸引人们的眼球,成为人们的谈资,不一定要投入巨额的广告费。"

(资料来源:中国旅游营销网,http://www.aatrip.com)

思考题:

(1)从策划要素角度评析澳大利亚昆士兰大堡礁成功营销的原因何在?

(2)从本案例中,你得到什么启发?

第十章 旅游异质产品营销

本章提要

旅游异质产品主要包括住宿业产品、社会餐饮业产品、旅行社业产品、旅游交通业产品、旅游景区景点产品、康乐业产品、旅游购物品、节事旅游产品和会展旅游产品等,其营销管理因异而异。

第一节 传统与创新:宾馆住宿业营销管理

住宿业企业的称谓很多,如宾馆、酒店、饭店、旅馆、旅社、客舍、度假村等。英文中的"Hotel",指的是既有客房部又有餐饮部和其他综合服务的宾馆或饭店、酒店、旅馆等,至少是食宿兼备的场所,而与那些仅有客房而无餐饮的旅店、仅有餐饮而无客房的餐馆酒家或仅有餐饮娱乐而无客房的娱乐场所均有所区别,但它们在营销管理上却是相通的。

一、宾馆住宿业营销活动及其策略

(一)宾馆住宿业市场营销活动

宾馆住宿业在其发展进程中,既保持着历史传统,又不断地注入现代文明的气息。因此,无论宾馆住宿业曾发生过或正发生着、将会发生多大的变化,其营销管理始终遵循的定律,乃是传统与现代并重、传承与创新交融。

宾馆住宿业营销活动包括产前活动、销售活动和售后活动。具体地说:首先,是以满足顾客需求为中心,并不断发掘消费者的潜在需求,从而有目的地对其产品进行创新。其次,宾馆营销涉及企业所有部门、所有员工的工作,不仅涉及销售部门、预订部门、前厅部门、客房餐饮部门、员工培训部门等,而且每位从业人员,包括前台接待员、餐厅引座员、客房服务员、电话接线员、宴会预订员及后台工作人员,以及各部门各人员在企业整个产前活动、销售活动和售后活动的相关职能环节,都会直接或间接地影响着宾馆产品的品质。

因此,宾馆市场营销需要解决好如何调动企业在营销过程中的活力的问题,从而满足顾客消费需求,以实现企业目标。

(二)宾馆住宿业市场营销策略

1. 产品策略

宾馆在确定营销组合策略时,首先要决定以何种产品来满足市场需求。这就是宾馆在经营中需要加以明确的产品策略问题。一般来说,宾馆在制定产品策略时应着重注意以下方面:

(1)产品差异化。随着社会经济的发展和人们生活水平的提高,顾客需求之间的同质性将趋于弱化,而异质性或差异性会不断增强、扩大,个性化需求将成为新时期需求的一种常态和主流趋势,这导致宾馆产品的市场需求呈现出细分化、差异化、复杂化和多样化的特征。产品差异化,即"人无我有、人有我优、人优我变"。差异化产品不仅指新发明的产品,而且包括现有产品在形态和功能方面的改变。比如,英国著名的萨伏依集团,经营中始终恪守着"旅馆必须有其独特风格,有自己的传统和历史等级"的原则。它的宾馆多建在伦敦白金汉宫与特拉法加广场附近,而且几乎每个旅馆都有与某位王室成员有关的故事,它不追求"千店一面"的标准化,而是坚持自己建筑古老壮观、设施高档豪华、服务一流的特色。

(2)个性化服务。顾客在年龄、职业、经历、文化程度、兴趣爱好等方面是有差异的。对顾客"热情、礼貌、周到"等,这些都是共性要求,但具体个体的情况又是不同的,只有满足了不同的个性需求,才能提高宾馆的美誉度与知名度。所以,宾馆需要提供个性化服务。个性化服务的概念起源于发达国家,是指以标准化服务为基础,但又不囿于标准,而是以客人需要为中心去提供各种服务,即针对性的服务,同时包括超越标准的特殊服务。只有在标准化服务的基础上,才能提供个性化服务和超常化服务。提供个性化服务意味着:宾馆提供的实物产品必须与服务结合,做到客人想到的,服务员早已想到了,并已做了准备;顾客没想到的,服务员也想到了。这也就是说,宾馆及全体员工应尽力了解顾客的整个消费过程,特别是其个性化需要,使宾馆产品在满足"物有所值"的基础上,达到个体上的"物超所值"。

2. 价格策略

价格是宾馆营销的重要因素。宾馆产品价格制定是否合理,将会对产品销售、利润及产品形象产生很大影响。因此,在宾馆营销活动中,如何制定恰当的价格是旅游宾馆在发展中的各阶段始终面临的难题。

一般地,产品价格应超过其成本,两者之差为该产品的回报。因此,多数宾馆均以成本为价格基础,另加预期的回报,从而确定其产品价格。这种成本导向定价模式简单方便,但存在一些问题。首先,在许多情况下,宾馆的产品总是综合地对成本发生作用,并且其回报大小也并不一致。因而,单一产品的成本是很区分的。其次,成本导向定价仅考虑了成本因素,而没有充分考虑市场需求变化。这种价格属于供给价格,其市场适应性较弱。有些宾馆采取随行就市价格策略。这种价格主要基于竞争者的情况,而且宾馆之间的服务设施、目标市场、服务类型,以及服务质量要求等方面均有所不同,因而不考虑宾馆自身特点和目标顾客的需求价格,无疑具有天然缺陷,很难保持长期利润;特别是在行业领导者发起价格竞争时,采取随行定价策略的宾馆,往往会面临生存的危机。所以,宾馆欲在目标市场上拥有吸引顾客并能保持长期利润的价格,就必须以需求为导向,从核心顾客的利益出发,充分认识和了解顾客心目中的需求价格,然后再考虑成本因素,从而确定价格。这种定价模式已为许多著名企业采用。比如,Marriott 和 Tacabell 每次推出的新服务项目的价格制定均是如此。

3. 分销渠道选择与管理

宾馆分销渠道是其营销组合的一个组成要素,它的作用在于能使宾馆的各种设施和服务更方便地让顾客得到。因此,宾馆的分销渠道应能为宾馆客人提供时间效用和地点效用。这就不能使用单一的渠道。宾馆的分销渠道可分成两种类型:一种为直接渠道,即宾客直接预订或直接进入宾馆住宿就餐;另一种为间接渠道,即宾馆的产品经过中间商转移到顾客手中。比如,旅行社、宾馆销售代理机构、预订系统、分时度假系统、航空公司与其他交通运输公司等中间媒介。宾馆倾向于直接销售自己的产品,但为适应旅游市场需求达到营销目的,在产品销售中常常是直接销售和间接销售并用。旅游市场上存在着成千上万个旅游消费者,宾馆不可能完全采用单一的直接销售方式进行产品推销。空间距离及语言等方面的障碍,也常常使宾馆不能完全采用单一的直接销售方式进行产品分销。宾馆在选择分销渠道时,要根据目标市场的类别采取不同的渠道。例如,宾馆如果位于机场附近,目标客户是机务组人员和转机客人,就应特别重视间接渠道,与航空公司取得联系,争取更多的客人;宾馆如果处于客源丰富的商业中心,就应重视直接渠道。另外,实际工作中,还要考虑向中间商所付的报酬等。

4.促销策略

(1)广告。广告是宾馆促销组合的因素之一。许多营销专家把广告看做是对宾馆的一种长远投资,而且是一种有效的投资。但是如果广告运用不当,就收不到预期的效果。为此,营销人员在使用广告之前,要充分了解运用广告宣传产品是否必要,做广告的目的是为了劝说客人购买或提醒客人购买,还是要树立宾馆形象。在确定广告主题后,要对主题内容进行表达。例如,要宣传宾馆中装修考究的中餐厅,就要用一些简洁明快的图片来表达主题。为了吸引公众并引起其对广告对象的兴趣,广告在内容和设计上,要给公众以知识和美的享受;在形式上力求图文并茂、具有艺术感染力。同时,广告宣传不能过分夸大,在宣传时要选择适当的时机、适当的媒介,以达到营销的目的。

(2)奖励策略。为了吸引回头客,争取新顾客,宾馆可制定奖励和激励常住客、回头客的策略,并运用数据库建立常住客档案,加强与顾客的联系,运用关系营销。比如,许多宾馆集团在20世纪80年代建立了会员俱乐部,采用向常住客人提供优惠卡的形式来吸引回头客。另外,有些宾馆向常住客颁发积分卡,顾客每次入住可获得一定的点数,在某个时间段内达到一定积分,便可获得颇有吸引力的奖励。常住客对于宾馆营销具有十分重要的价值,不仅在于他们本身的决策能给宾馆带来销售收入,而且在于企业可以通过精心设计、目标明确的促销来影响其亲友及其他参照群体,获得一条成本低、效益高的营销途径。

(3)公共关系。宾馆公共关系是指宾馆为了增进与社会公众和内部员工之间的了解、信任和合作而做出的各种审慎的、有计划的、持久的沟通努力,通过各种有效的公共关系活动如宣传报道、大型活动、捐款赞助等,使宾馆树立起良好的企业形象,提高宾馆知名度,减少或消除对宾馆的不利影响,增强宾馆员工的凝聚力,并密切与新闻界、宾客、客户、竞争者及社区居民和组织的关系,创造良好的企业经营环境。

二、社会餐饮业市场营销

(一)社会餐饮业及其主要类别

社会餐饮业是以商业性盈利为目的,利用餐饮设备、场所专门提供各类餐饮产品满足社会和居民饮食需要的行业。这是一个长盛不衰且深具潜力的古老又现代的行业,且其规模越来越大、构成越来越复杂。纵览全球形形色色的餐饮企业的起源、现状与发展,其可分为以下几大类:

1.独立经营类餐饮企业

独立经营的餐饮企业包括正规餐馆、便餐馆和快餐馆。正规餐馆一般是提供各种风味餐饮和大餐的豪华餐厅或风味餐厅。便餐馆提供室内或室外的桌餐服务以及花样繁多的普通菜肴。它们可能24小时营业或只供应早、中、晚三餐。快餐馆只提供有限的菜品,顾客来到餐台前或驾车到供餐窗口点好菜,如果餐馆内有座位,顾客可在餐桌用餐;否则,可带至车中、带回家或工作单位食用。

2. 连锁经营类餐饮企业

连锁餐饮企业是指拥有多家直营连锁分店的企业。各个连锁分店的产权归总部所有,且由总部直接运营;通常共用相同的菜单,联合采购原材料和设备,并采用统一的经营管理程序。一个连锁餐馆可以为一个母公司所拥有,也可以为一个特许经营公司所拥有,或者为一个或几个私人业主所拥有。有些连锁餐馆还由一个管理公司来经营,如知名度较高的北京"全聚德"、经营天津特色菜的"天津狗不理"等。

3. 特许经营类餐饮企业

特许经营是连锁经营的一种特殊类别,即加盟连锁或特许连锁,指的是独立主体之间只有合同关系,各个特许加盟店的资本是相互独立的,与总部之间没有资产纽带;特许经营者从事特许经营首先要向特许经营授权人或公司交纳费用,以换取特许经营授权者的商标、建筑物设计、经营管理方式的使用权。此外,特许经营者还必须统一保持特许经营授权者的管理和质量标准。特许经营授权者通过与特许经营者签订特许经营合同来扩大自己的特许经营连锁公司。比如,肯德基、麦当劳、必胜客就属于此类餐饮企业。

4. 住宿业餐饮设施

住宿业餐饮设施指包括从只有"床和早餐"的最小住所到大型豪华宾馆配有的各类餐饮设施。主要有咖啡厅、家庭式餐厅、特色餐厅、宴会厅等。此类餐饮产品部分可面向非住客服务。比如,从咖啡、水果、点心到品种丰富的各类冷热早餐,各种宴席等。

5. 其他商业性餐饮设施

商业性的餐饮设施还包括自助餐厅、酒吧、咖啡屋、茶室、冰淇淋和奶品售货点、饮食对外承包公司等。自助餐厅通常与正规餐馆和便餐馆的菜肴类似,但用餐和服务的方式简单便利。酒吧、咖啡屋、茶室分别以提供酒精饮料、咖啡、茶水为主,但不提供饭食或仅提供品种有限的饭食。冰淇淋和奶品售货点主要出售冷冻奶制品。饮食对外承包公司一般在现场或外场为公司或家庭的大小型宴会提供个性化的餐饮和服务。

这一类餐饮设施遍布商业区、商业街、商务区及居民社区等。此外,旅游景区、休闲娱乐场所,如主题公园、体育场、运动场、赛马场,以及歌剧院、歌舞厅、夏令营和狩猎场等;交通运输场所,如车站、码头、机场、飞机上、火车上、客轮上等;各类超市、购物中心,甚至有些商店,也烹制各种即食菜品和预制食品,并开辟了就餐区,顾客可以将购买的菜肴打包带走,也可以在商场内享用。还有,出售各种食品的街边售货车、大排档、小吃摊点;街头巷尾的各类小吃店、穿街走巷吆喝的特色小吃,庙会、集会、市集上的临时摊点等等。

此外,工商企业、医院和疗养院、政府部门、学校、社团、宗教团体、私人俱乐部、盲人院、孤儿院、养老院、救助站,以及军队驻地、监狱等非居家类餐饮设施,主要是服务于各所在单位内部人员的非商业性餐饮需要,如提供午餐作为员工的福利,为病人及家属、学生、盲人、孤儿、老人提供餐饮等。其中,除办理工商营业注册并对外提供商业性餐饮服务的,其他都不属于社会餐饮,而应该归于单位内部餐饮。

(二)社会餐饮业营销策略

社会餐饮业形形色色,林林总总,规模有大有小,经营水平有高有低,有传统的、现代的和有中式的西式的,且散布于广大的城镇农村。因此,在市场营销策略上,也应是不尽相同的,但就一般意义上看,需要考虑以下一些方面:

1.餐饮环境营销

餐饮企业在营销中,应尽可能多地提供一些有形线索或有形提示,以帮助顾客识别和了解企业,并由此促进产品的销售。美国服务营销专家肖斯塔克(L. Shostack)指出,顾客看不到服务产品,但能看到服务环境、服务工具、服务设施、服务人员、服务信息资料、服务价目表、下在接受服务的其他顾客等。这些就是顾客了解无形服务产品的有形线索。餐饮业的营销从某种意义上讲,就是通过有形线索推销无形服务的过程。所以,餐厅的环境就成为餐饮业市场营销的重要内容之一。

(1)餐饮企业除了提供高质量和有特色的菜肴、饮品和良好的服务外,还要提供优雅的用餐环境,从餐厅的地段选择、外观设计、停车场、餐厅内部的装饰等方面入手,将餐厅打造为一个有情调、有文化、有品味的休闲和交际场所。

(2)餐饮企业的外观应该突出经营特色,便于顾客识别和判断其菜肴风格及消费水平。外观包括餐厅的建筑风格、色调、绿化和装饰品等方面。建筑风格应该体现经营特点,是快餐、大餐,还是风味餐,是广东菜、北京菜,还是四川菜,或苏帮菜等。餐厅设计应追求空间、家具、照明、色彩、风格、音乐、温度等方面与经营特色的一致。餐厅的招牌、橱窗、菜肴照片、菜肴说明、菜单、信函广告、广告传单等,在餐饮营销中都起着重要作用。

(3)地方风味餐厅可以收集一些照片、历史文物、民俗物品供顾客欣赏;临街的餐厅可装上玻璃,使顾客能够观赏街景。这些措施都是有效的营销方法。

(4)清洁是衡量现代餐饮质量的标准之一,是顾客选择餐厅的重要因素,是餐饮企业的形象和命脉。清洁不仅有卫生的含义,而且代表着尊重和高尚。餐饮企业的清洁应是全方位的,包括:餐厅外观和装饰的清洁,餐厅、灯饰和内部装饰的清洁,餐台、餐椅、餐桌上摆放的花瓶或花篮、调料等的清洁,餐厅洗手间及其服务设施的清洁,厨房、菜肴生产设备和工具的清洁,餐厅工作人员和厨师的清洁,还包括制定餐厅清洁质量的具体标准并按时进行检查等。

(5)餐厅洗手间亦应讲究装饰与造型,配备冷热水系统和卫生纸、抽风装置和空气调节器、明亮的镜子、液体香皂、擦手纸巾、烘干器、垃圾桶乃至花篮与盆景等。

2. 餐饮业回头客营销

回头客营销又称倾斜营销。美国贝恩咨询公司创始人赖克赫尔德(Reichheld)指出,有进取心的公司着眼于一种更好地衡量服务质量的标准:它们是否紧紧抓住了顾客。因为,留住一位20年的顾客,比留住一位10年的顾客要多增加85%的利润;顾客的保留率提高20%,在利润方面可以与降低成本10%具有同样的效果。这实际上道出了争取"回头客"所带来的收益。现在,许多餐饮企业在营销方面存在的一个最大问题是:不分回头客与新顾客,不分"忠实顾客"和"非忠实顾客",在营销中没有制定对回头客或忠实顾客的倾斜政策,因而不易形成回头客或忠实顾客队伍,造成营销资源的浪费。比如,许多餐馆推出了优惠促销政策,但面对的是所有顾客。这对回头客尤其是忠实顾客不公平。忠实顾客对餐馆贡献大,如果得不到公平的回报极易流失。回头客营销有几种常用的选择:

(1)向回头客"分红"。餐馆可以按照顾客惠顾本店的次数和消费的金额,向其发放相应数目的奖金,以鼓励其增加惠顾次数和消费的金额。这种发放奖金的方式对回头客或忠实顾客是公平的。这种奖金实际上就是促销的成本。比如,美国一家餐厅暗中将顾客每次购餐金额记录在案,到年中拿出餐厅所赚净利的一成,按顾客购餐金额比例奖给顾客,起名叫"利润共享"。这项"利润共享"营销策略使得这家餐厅顾客盈门。

(2)让回头客有"归属感"。一些餐饮企业所推行的俱乐部制、会员制、贵宾卡和优惠卡制等,也是对将顾客进行倾斜营销的一种方法。这些制度可以增强政策倾斜的效果,使顾客产生归属感。而这种归属感会产生"共同受惠"的效果,使餐饮企业与顾客的关系更加正式化和稳固化,对餐饮企业来说是具有长远的战略意义的。要注意的是,优惠卡和贵宾卡不是为了临时的或短期的促销,而是以这种方式与本店的回头客、常客保持联络,并通过这种政策倾斜使持卡人的队伍能够长期稳定。如果把优惠卡和贵宾卡看做短期或临时的促销措施,那么它们的营销功能就失去了。

案例10-1　人脉是餐馆最佳推动力

2004年12月,上海某餐饮有限公司董事吴先生,听一个朋友说,有一家餐厅位置很好,位于襄阳路和淮海路附近的东湖路上,但由于经营问题,生意一直不是很好。这个朋友把吴先生介绍给了这家餐馆的老总。餐馆老总在这个朋友的推荐下,聘请吴先生负责餐馆的全权管理,作为回报,吴先生可以从营业额中提成。

到2005年1月底,在吴先生接手餐馆1个月后,餐馆的营业额就成倍增长。当月仅吴先生朋友们的用餐费就达到了20多万元。"很多时候,都是朋友知道我在这边管理,过来捧场的。"吴先生说。

原来,在吴先生接手餐馆管理后,把自己的印有这家餐厅职位的名片和一些餐馆的打折卡、贵宾卡、免费的点心券等,都邮寄给了自己的朋友。这些朋友都纷纷过来捧场,有来同学聚会的,有来员工聚餐的……

(资料来源:http://news.zhike.com/renmai/200904/13-321.html)

3. 餐饮合作营销

餐饮业的合作营销是指餐饮业与其他行业之间通过渠道的合作来接近顾客和发展与顾客的关系。餐饮业与零售业、旅游业、交通业、文化业、娱乐业、通信业、物流业等都有密切的联系。其中,有一种市场的连带关系或共生关系,即餐饮业的市场发展可以带动零售业等的发展;同样,后者亦可带动前者的发展。因此,餐饮业可以通过一定的渠道合作,将其他行业的市场或顾客连带地转变为餐饮业的顾客。这就是合作营销的实质。

(1)拓展市场。餐饮业与其他行业合作,可以利用其他行业渠道进入新的市场。例如"店中店",即在商店里开设餐饮店,是餐饮业与商业合作的一种方式。

(2)义务促销。餐饮业与其他行业合作,合作双方自然就成了对方的"义务促销员",事实上,帮对方促销也是为自己促销,可以使总体促销的效果倍增。例如,在2002年5月22日至6月30日近40天的时间里,TCL与麦当劳共同演绎谋求双赢的促销战略,推动"世界杯"前最后一周的体育营销热浪再起高潮。

(3)共同锁定市场。餐饮业与其他行业合作往往有利于锁定市场。因为在同一个市场上,合作双方的利益完全捆绑在了一起,任何一方对市场的维护都有利于对方,这个市场对双方更容易被锁定。例如,2003年,北京乐杰士餐饮有限公司和北京华联商厦股份有限公司达成了建立战略合作伙伴关系协议,两家公司的合作正在向着"哪里有华联,哪里就有乐杰士"的目标努力。

(4)增强环境形象。餐饮业与其他行业合作,还可以改善包装并提高环境形象。如环境形象较差的小吃店通过小吃广场的形式进入环境形象良好的大商场,可以大大提升自己的环境形象和增强有形化营销的吸引力。例如,上海有一批与商业购物中心相配套的小吃广场。

4. 餐饮产品特色营销

差别化营销是现代营销的基本战略之一。实施该战略的餐饮企业可以通过向顾客提供竞争者无法提供的特殊产品,建立企业的竞争优势,以期在激烈的市场竞争中占据主动地位。由于每个餐饮企业都具有各自不同的资源优势,因而从理论上讲,任何餐饮企业都可以利用差别化战略来形成自己的特色,获得目标消费者的偏爱。但是,现实中许多餐饮企业无法有效地创造出差异性竞争优势,其原因在于缺乏寻找和创造差异性的科学方法。餐饮企业可以从以下几个方面创造差异、突出特色:

(1)产品特色化。餐饮产品设计是决定产品竞争力的重要因素。因此,要抓住越来越多样化与个性化的消费者心理,以了解人们的需求为起点,以满足人们的需求为归宿,提供具有不同文化或艺术内涵的餐饮产品。

第一,餐饮传统的继承。如上海被评为"中华老字号"的"老隆兴"之所以被称为特色菜馆,主要就是"老隆兴"70年来始终继承和保持正宗的上海本帮菜特色,像"老隆兴"的油爆虾、鸡骨酱、大乌参等,都是有特色的或无可替代的精品。

第二,餐饮技巧的创新与融合。餐饮企业的特色可在技巧的创新中形成,菜点制作和烹饪技巧的创新可以形成特色。同时,同一菜系不同企业或品牌特色的建立,可采取菜系融合的办法。餐饮企业将不同菜系、不同菜别的制作技巧相互融合,有可能产生自己的特色产品。"九头鸟"就是南北菜系融合的最好实例。

第三,菜品原料的独到之处。餐饮企业特殊的原料或原料来源也可以形成产品特色。如江苏溧阳天目湖宾馆的"天目湖砂锅鱼头"即以其原料特色吸引了上海、无锡、北京的消费者。

(2)服务特色化。在餐饮产品的质量、性能、价格近似的情况下,餐饮服务成为增加菜肴附加价值,建立忠实的消费者群,树立餐饮企业良好形象的一大"利器"。而追求服务特色化,就要千方百计想顾客所想、急顾客所急,以新颖、实在的方式提供周到细致的服务,获得公众良好口碑,从而创造出巨大的无形资产和品牌魅力,以谋求企业的长远发展。餐饮服务涉及的活动包括摆台、餐饮产品从制作人员传递到服务人员、对客服务、清理台面等。每一项服务程序都应尽可能标准化。为顾客提供愉快的就餐经历的关键就在于员工的服务标准和特色。

(3)价格特色化。在餐饮价格的制定方面,商家多遵循传统的定价法,但要看到定价方式并不是一成不变的。对于某些餐饮产品,定价的巧妙创新会收到意想不到的效果。例如,美国新泽西州的一家奶酪店,由于所在街区奶酪店众多,生意冷清。于是,店主改用一种独特的定价法,从而使销售情况大为改观。

此店规定,顾客先说出自己所要购的重量,然后由自己动手切奶酪。假若经称量恰好与自己所要的量等同则无须付钱。这个巧妙的创意使等待购买的顾客排成了长龙,顾客因为这一特色而对该店留下深刻印象,不论好运与否,总乐于一试运气,即使不成也博得一笑,从而长期重复购买。

(4)促销特色化。广告、公关、销售推广、人员推销等策略都应围绕餐饮产品或服务的特色,对之加以鲜明和有力的突出和渲染,通过一体化的特色营销树立起企业统一而明晰的形象。这方面的一个突出例子,就是"可口可乐"农村行。

5.餐饮个性化营销

餐饮企业的个性化营销是指重视顾客之间的个性化差异,针对个性化差异提供个性化服务。局部的个性化必然表现为整体的多样化,餐饮企业对每一位或每一类顾客的个性化服务,就是对所有顾客的多样化服务。餐饮企业的个性化服务可以分为两类:一类是顾客要求的个性化服务,另一类是餐饮企业提供的个性化服务。

(1)被动性个性化服务。这是指由顾客提出个性化需要和餐饮企业为满足这个需要而提供的随机性服务。这里顾客是主动的,而餐饮企业是被动的。被动性个性化服务的特点是随机性,即顾客提出什么样的需要或要求、在什么时候提出都很难预测,餐饮企业只能被动适应。但应注意的,一是灵活服务,即不管是否合乎餐厅服务规范,只要客人要求合理,餐厅服务员就应灵活地、尽最大可能地满足他们的要求;二是意外服务,即某些服务并非客人当初所需要,而是在用餐过程中突然发生意料不到的情况,急需得到帮助并解决有关问题。例如,某餐厅的包厢里一桌客人酒兴十足,添酒加菜,而其中一位客人因不胜酒力,悄悄将杯中的白酒倒了,将工作台上的矿泉水倒入杯中。不料冰镇过的矿泉水使酒杯蒙上了一层水汽。别的客人借机取笑,该客人处于尴尬之中。这时,餐厅服务员见状赶紧走上去,"先生,对不起,我刚才错将矿泉水倒入你的杯中",使客人及时"脱险"。

(2)主动性个性化服务。这是指餐饮企业在调研的基础上,掌握目标市场顾客的细分差异,主动针对不同顾客或不同细分市场的差异提供有准备的服务。比如,将常客、熟客的各种饮食习惯、偏好等一一存入计算机,建立客户档案。客人来时不用开口,餐厅就能提供符合客人心意的服务。有的餐饮企业甚至把常客偏爱的食物、饮料、爱坐的餐桌、爱听的音乐都记录下来,每当客人到达,特地安排他所熟悉的服务员,从而使客人真正感到"宾至如归"。

第二节　旅游中间商服务市场营销

旅游中间商，主要包括旅游经销商、旅游代理商、旅行社以及其他旅游中介。旅游经销商又分为旅游批发商和旅游零售商。旅行社是从事旅游业务的企业。其他旅游中介主要是特殊旅游中介及预订系统等。在不同的国家和地区，旅游中间商的构成不一，至少在名称上各不相同。比如，在日本被称为旅行业者；在欧美国家则被称为旅游批发商、旅游经营商和旅游零售商。在中国，最主要的旅游中间商就是旅行社；而且，其他旅游中介都与旅行社有业务上的联系。

因此，可以这样说，旅行社是旅游中间商的代表；旅游中间商服务市场营销，主要是旅行社服务市场营销。

一、旅行社：产品优化与营销策略

旅行社的旅游业务，主要包括为旅游者代办出境、入境和签证手续，招徕、接待旅游者，为旅游者安排食宿等有偿服务，由此形成旅行社服务产品。

（一）旅行社产品的主要类型

旅行社产品是指旅行社为满足旅游需求而向旅游者提供的各种产品和服务。旅行社出售的产品，不论是包价的还是非包价的，均不是由旅行社自行生产的，旅行社只是预售或现售这些服务或服务组合。旅行社服务产品的类型主要有：

第一，单项服务。单项服务也称零星代办业务，或委托代办业务。它是指旅行社根据旅游者的具体要求而提供的各种有偿服务。比如，导游服务、代订宾馆客房、代办签证等。零散旅游者是单项服务的主要需求者。

第二，包价旅游。一是团体包价旅游（全包价）。团体包价旅游是指参加10人及以上旅游团的旅游者采取一次性预付旅费的方式将各种旅游服务全部委托一家旅行社办理。团体包价旅游是我国旅游发展初期向海外市场推出的主导产品。二是散客包价旅游。散客包价旅游是指参加10人以下旅游团的旅游者采取一次性预付旅费的方式，将各种相关旅游服务全部委托一家旅行社办理。

第三，半包价旅游。半包价旅游是指在全包价旅游的基础上，扣除中、晚餐费用的一种包价形式，其目的在于降低旅行社产品的直观价格，提高产品的竞争力，同时也是为了更好地满足旅游者在用餐方面的不同要求。

第四，小包价旅游。小包价的名称是针对团体综合包价提出来的，外国旅游者常称之为可选择性旅游。小包价不像大型综合包价旅游团那样组团人数在20人以上，而是以零散客人居多。小包价旅游一般由两部分构成，即非选择部分和可选择部分。非选择部分包括接送、住宿和早餐等，旅游费用由旅游者在出游前预付。可选择部分包括导游、节目欣赏、风味餐等项目，旅游者可根据自己的时间、兴趣等自由选择，费用既可预付，也可现付。

第五，自由包价旅游。自由包价旅游又称零包价旅游。自由包价旅游是指所有旅行时间由旅客自己支配的旅游包价形态。参加这种旅游的旅游者必须随团前往和离开旅游目的地，但在旅游目的地的活动就如同散客，完全自由。近年来，这种旅游形式风行发达国家，尤其是日本。从市场分层看，自由包价在家庭主妇中最流行，单身人士也很钟情自由包价。

第六，组合旅游。组合旅游是指旅游者分别从不同的地方来到旅游目的地，然后由当地事先确定的旅行社组织活动的一种旅游产品形式。

(二)旅行社营销策略

旅行社和其他旅游企业一样，随着经济的发展，无论在营销观念上还是在营销战略和策略方面，都应不断更新，以提高整个行业的服务水平，促进旅游业的发展。

1.客户关系营销

客户关系管理要求旅行社去关注每一个游客，建立专门的客户数据库，力争使旅游者"一个都不能少"地成为旅行社的终身客户。这就是"一对一营销体系"。如旅行社根据客户数据库的资料，给过生日的老顾客发一份电子贺卡，给参加上个团旅游的每一位游客发一封E-mail，对他们表示感谢，并希望他们在旅行社的网站上注册为会员，以获得更好的服务和更优惠的价格；调出即将出团的老顾客的旅游档案，包括他们曾经到过的目的地、饮食喜好、性格、特长、身体状况等等，打印出来并交给出团的导游；为有特殊要求的游客量身定制个性化的旅游线路，在旅行社网站的BBS上收集并处理游客的建议、意见，对现有线路和服务作出改进等等。

旅行社导入一对一的关系营销，需要营销观念的转变，需要运作流程的重组，需要借助客户关系管理系统，并通过数据库分析找出个性化服务的依据，发现新的销售机会；通过电子邮件、直邮信函、游客论坛等方式建立与游客的互动沟通，努力争取终身客户。同时，推行会员制，当累计消费额到一定额度后即成为银卡会员或金卡会员，成立会员俱乐部，向其提供各种优惠和更加个性化的服务。这样，旅行社将拥有一批忠诚的客户，拥有更高的市场占有率。

2.产品组合优化

要想在旅游市场上争得一席之地,仅仅依靠传统单一的以游为主的产品设计是不够的。因而,优化产品组合和设计特色产品,就成为旅游营销要予以重视的内容。旅游产品可以有很多的创新模式。例如,"旅游＋培训"、"旅游＋修学"、"旅游＋爱情"、"旅游＋研讨"、"旅游＋探险"等。深圳国旅新景界旅游俱乐部开发的"旅游＋培训"线路,就获得了市场的欢迎;其开发的另一产品"深圳情旅",由于把旅游和爱情这两个主题很好地组合在一起,同样获得了成功。当然,在产品设计上也不能随意组合,要综合考虑旅游消费者的需求、旅游企业的生产能力、旅游企业的目标市场、竞争者的状况等因素。同时,应注意产品组合的广度、深度和关联度,并在产品投向市场时进行追踪反馈,不断对产品进行修正和改进。

旅游产品没有进入门槛,不能申请专利保护,任何新线路,不管多么有特色,多么有创意,只有一投向市场,就有人以更低的价格跟进、模仿,甚至连广告都照搬。因此,针对特定的旅游消费者群,设计出差异化的旅游产品,抢先制定游戏规则,并利用规模、资源、契约、企业实力等优势,使别人无法模仿。这是一种行之有效的营销方式。例如,深圳深度公司策划的"寻源香格里拉"线路,就由于和其他线路具有较大的差异性而受到市场的欢迎,同时由于事先和四川某专业机构合作,并签约成为其在广东地区的总代理而使其他企业无法模仿。

3.旅游品牌营销

越来越多的企业已经意识到,只有打造出知名品牌,企业才能长远发展下去。但这并不是说,企业一旦重视品牌营销就能把它做好。要是忽略对产品本身质量和价值的追求,任何品牌营销注定是不会成功的。从"喝孔府宴酒,做天下文章",到零价转让品牌的山东"孔府宴",并没有带向企业家所期望的未来。所以,旅行社在做品牌营销时一定要选择正确的品牌营销方式。

(1)价值营销。旅行社必须实现从成本导向观念到价值导向观念的转变,在设计旅游产品、制定产品价格时要首先考虑产品的价值。因为,旅游者已经对胡乱压价、服务质量差、疯狂购物等旅游产品深恶痛绝了。人们更加愿意多花点钱享受高质量的旅游。比如,深圳深度公司策划的品质旅游联盟就深受广大游客欢迎。

(2)标志营销。旅行社主要采用门市经营方式,在较为繁华的地方设立营业部吸引客源。这样,大旅行社集团必须要有一个简洁明了、含义深刻、深入人心的标志。例如,全球著名的麦当劳,其门面上永远有一个大大的"M"字招牌。大型旅行社集团应该参照这种营销方式,设计一个统一标志,并将之置于各店面的最显著位置,使人们远远一看就知道,这个标志是×××旅行社的,那个标志是×××旅行社的。这样,从认知感方面拉近与客户的心理距离,无形中增强了品牌的效应。

(3)形象营销。一个好的品牌要向公众传递一种亲和力、一种美誉度、一种良好的社会形象。所以,企业在打造品牌之路上,往往选择参与公益事业、参加公益活动来达到目的。旅行社也不例外。国内旅行社集团可以积极参与到"希望工程"、残疾人保障协会等公益事业和组织中去。例如,建立"中旅希望学校",成立"国旅弱智儿童学校"等,积极参与到抵制污染、关注弱势群体等大型群众性公益活动中去,提高企业的社会形象。当然,品牌营销战略还有很多种。例如,中旅总社花巨资整合重组中旅系统,收回"中旅"品牌的所有权,不再允许别人随便使用"中旅"品牌。

4.旅游专营

2002年4月,全国第一条旅游线路专营权由广东"国旅假期"以策划投入和组团承诺方式独家"买断"两年,打响了广东旅行社从以往单一的组团竞争向旅游资源独占方面转变的新一轮争夺战。"专营协议"包括:"国旅假期"两年投入约200万元对神农架进行包装、宣传推广;用约1 000多万元买下广州往湖北宜昌双程航空线路的机位。作为回报,湖北神农架林区政府将通过酒店和景区的有力协调,控制广东其他旅行社带团直接进入神农架;广东其他旅行社如欲组团游览神农架,必须统一由"国旅假期"批发。

2003年元旦,"2003中国景区与旅行社合作论坛"在峨眉山召开。这次论坛的议题之一即旅游专卖店营销模式在中国的推广应用。这种新型的营销方式提供了新的思路。"峨眉山旅游专卖"是一种与其他"专卖"不同的模式,它既有区域内的互动合作,又有跨区域的互动合作。在区域内,它将四川全省4大世界遗产的6个景区组合在一起,共同在全国推出了"四川世界遗产精品旅游线",为入川旅游提供了极大的方便;在跨区域的更大范围内,它的专卖店已发展到了国内外50多个地区。比如,"上海春秋国旅"就通过它在上海的30个门市部、在全国的31家分社和上海春秋网站向市场投放峨眉旅游产品;广州"广之旅"还与峨眉山合作组建了"四川峨眉广之旅国际旅行社有限公司";此外,"郑州国旅"迅速组建的"中旅四川遗产假期"旅游联盟;"沈阳北国"和"长春文化"组织的"峨眉山号"入川专列;"苏州文化"和"无锡康辉"的"千名江南人游峨眉山"等等,也都是这种跨区域互动合作的产物。

这些案例提供了一个旅游营销的新思路:既然神农架、峨眉山可以这样专营,其他著名旅游资源如张家界、九寨沟、武夷山、黄山等也可采用这种方式。模式是通用的,关键是看哪家旅行社能争夺到这块香饽饽,与旅游景区共同组建旅游专卖店网络,而这种专营模式就需要专业的旅游策划公司进行科学的调研,精确的预算,完善的设计,准确的项目进度控制来策划实施。

5. 横向联合体营销

旅行社新型营销战略中,横向联合体营销也是一个新模式,其实质就是旅行社间组成区域联盟,利用联盟后的规模优势降低运营成本,提高产品竞争力。有些知名的大旅行社已经分别在广东、上海、北京发起了互为代理联盟,且各具优势。广州"广之旅"率先推出了由签约旅行社共享的品牌"名家之旅",依靠品牌优势扩大影响;上海春秋凭借在全国各地拥有的网络优势,以及大量的包机占领市场;中旅国际推出"精彩世界"品牌,主打特色产品;中国国旅也推出了"环球行"品牌,按照国际大型旅游批发商的运作流程,统一采购、统一销售、统一运作,提供标准化的服务和系列化的产品。

二、旅游交通服务产品与市场营销

旅游交通为旅游者提供直接或间接交通运输服务。它同旅行社业、宾馆业共称为旅游业的三大支柱产业。这是因为,旅游者出游时,首先要借助于各种交通工具,到达目的地后,也需要短途运输予以配合,为旅游者的游览提供方便;旅游者离开旅游目的地时,仍需要借助交通工具实现空间的转移。所以,交通运输是旅游和游览的必备条件。在一定时期内,交通运输提供的运载工具类型与运载能力,应与旅游者接待数量和需求类型相适应。另外,有些交通工具不仅是为旅游者提供空间位移的工具,而且它们本身也是一种旅游吸引物,如索道、游轮、观光列车、直升飞机、传统交通运输工具等。

(一)旅游交通方式及其主要特点

航空、铁路、公路、水运等是旅游交通的主要方式。它们各有特点,有些情况下,旅游者可以某一种交通方式直达目的地,也有些情况下特别是远程旅游,则需要利用两种及以上的交通方式,才能到达旅游目的地。

1. 航空旅游交通

航空旅游交通是一种广泛用于远距离旅游特别是国际旅游的交通方式。它可分定期航班客机、临时航班客机、专线航班客机以及旅游包机等。其中旅游包机是专门用来运载旅游者的空中交通方式,具有航行速度快、时间短、航程远、乘坐舒适、灵活性大、安全系数高、服务质量好等特点。旅游包机可在固定航线上或非固定航线上飞行,可连结旅游城市或飞越非旅游城市飞行,是旅游旺季时用来补充班机运力不足的一种临时交通方式,在解决旺季游客滞留问题方面发挥着重要作用。此外,近距离的直升飞机以及飞艇等既可作为交通工具,也是一种旅游吸引物。

2. 铁路旅游交通

铁路旅游交通是国内游客较远距离旅游的主要交通方式;有直达特别快速

旅客列车、动车组旅客列车、特别快速旅客快车、快速旅客快车、直通普通快速旅客列车、普通旅客列车和市郊列车、公交式旅客列车以及旅游列车等。它具有运输能力大、价格低、安全准点、环境污染小以及不易堵塞、事故率低、能源消耗少、乘坐平稳等特点。特别是旅游列车,是专门为运送旅游者而开设的旅客列车,它一般运行于旅游客源地和旅游目的地之间。此外,北京、天津、上海、广州等地的地下铁道,不仅是解决城市交通紧张状况的有效交通方式,而且也成为外地游客的旅游吸引物。

3. 公路旅游交通

公路旅游交通是较近距离旅游的主要交通方式。其类型有客运汽车、出租汽车、旅游汽车和私人汽车等,具有灵活性大、行驶自由、短程速度快等特点。旅游汽车有出租车、观光游览车、轿车等。其中,观光游览车坐位间距离大,可以自由调节坐卧,乘坐舒适,视野广阔,装有通讯、取暖和制冷设备,置有带色玻璃窗,设有自动开门、自动升降玻璃窗以及隔音、防尘等设备。有的长途游览观光车还有卧铺、卫生间、厨房、文娱室等。现在,私人轿车已逐渐成为旅游的交通工具,国外一些旅游用的私人轿车还带有挂车和备有可折叠的野营帐篷、小汽艇、舢板等游乐设施以及盥洗设备等。

4. 水上旅游交通

水上旅游交通是一种兼具旅行和游览两种功能的旅游交通方式。它可分海上航船和内河航船,前者又有远洋和沿海等不同类别;具有安全性能好、乘坐舒适、票价较低等特点。特别是乘船可以同沿途观海、观景结合起来,长江三峡旅游、古运河旅游、浙江的钱塘江、富春江旅游、桂林的漓江旅游都是深受旅游者青睐的旅游精品。传统的水上旅游交通工具如游船、竹筏、皮筏、乌篷船等亦深受游客欢迎,适应人们回归自然潮流的漂流项目几乎成了全国的一股旅游热。

案例10-2　苏州环古城河水上游"变脸"

登上水上巴士,观赏古城夜景,或环古城河滨河风光带,览尽苏州的水景美色。这是苏州环古城河水上游的一个小小镜头。苏州开通夜间旅游水上巴士、亮化环古城景观带、规划环城河餐饮酒吧带等,不断上马的环古城河水上旅游项目,为古老而又美丽的苏州注入新元素,逐步成为旅游、休闲的新亮点。

(资料来源:名城苏州网,http://www.2500sz.com,2009—06—24)

5. 特殊旅游交通

特殊旅游交通是指人们常用的交通方式以外,为满足旅游者某种特殊需求而产生的交通运输方式。一般来说,这种交通方式不仅能为旅游者提供位移服务,还能为旅游者提供新奇、惊险、独特等感觉,是一种旅游吸引物。比如索道,既具有对自然地形适应性强、爬坡角度大、建设周期短、基建投资少、能缩短运输距离等特点，又可以让旅游者一边乘坐索道，一边观赏沿途风景，体验新奇、惊险的感受。此外，宇宙飞船等更是未来旅游的新型方式，它既可是人们登月的交通方式，又可使旅游者领略地球风采，体验在太空中观赏日出、日落的壮丽景色和失重感觉。

案例 10-3　庐山全国首创直升机旅游

2009年6月1日，庐山北山公路入口附近机声隆隆，投资3亿多元的庐山旅游直升机项目正式开工建设。到10月，游客可乘坐直升机跃上庐山。

庐山旅游直升机项目机场分为山上和山下两部分，山下机场位于庐山区威家镇威家村。这里距庐山北山公路入口和环庐山公路都不到100米，交通十分便利。庐山北山游客换乘中心也位于此地。因而，这里又是庐山重要的游客集散中心。山上机场位于庐山山顶北园门停车场东面，距离小天池风景区约200米，标高1 300米，几乎已到庐山最高海拔（庐山海拔1474米）。庐山旅游直升机项目，有载客直升机5架，为俄罗斯米—171型直升机，一次可载客28人。到2009年10月，庐山旅游直升机将正式开通。届时，游客乘坐飞机仅需10分钟，就可跃上庐山。相对于坐汽车上山，既节省了半个小时左右的时间，又可免受盘山公路"四百旋"的晕车之苦，还可从空中欣赏另一个角度的庐山美景。在国内风景区中，庐山直升机旅游在全国尚属首例。

（资料来源：宁夏网，WWW.NXNET.CN，2009-06-03）

6.传统旅游交通

传统旅游交通主要指古代发明、现代依然使用于旅游运输的交通方式。比如，人力车、轿子、滑杆、畜力车、马、牛、驴等。此类旅游交通工具，或具有浓厚的乡土特色，风格古色古香，或令人感到新奇、刺激。这些传统旅游交通工具，既是可供选择的交通方式，也可作为旅游产品向旅游者提供服务。

（二）旅游交通营销战略与策略

旅游交通不仅是旅游业产生和发展的先决条件，而且起着促进旅游各要素发展、优化旅游产品的作用。

1.发展战略

旅游交通对促进旅游业的发展及优化旅游产品是至关重要的。在一些国家或地区，有许多极具潜质的旅游资源没有得到开发利用，也没有形成旅游产品，一个重要原因就是缺乏进出景区的旅游设施。所以，必须大力进行旅游交通建设，旅游目的地应根据当地情况选择并投资适合的旅游交通项目，以加快旅游交通业发展和旅游产品优化。

2."竞合"与一体化

跨国公司展现了资本全球化的趋势，并生产标准化的产品，推动了国际旅游市场的同质化。这表明,因超越了地理局限性,跨国公司之间的国际旅游业务在不断增长,而且虚拟化公司也能作为交通运营商。其结果是,旅游和交通将会更加一体化。在这种情况下,旅游交通服务商意识到,旅客需要通过多种交通方式的结合来完成旅程,竞争不可能解决所有的问题,合作在某些时候可以通过互相替换并能够相互联合的交通方式为乘客提供一体化的服务,是一种选择。例如:1997年,英国区域航空公司(British Regional)、英亚航空公司(British Asia Airways)、布里蒙航空公司(Bryman Airways)和欧洲TAT航空公司成为英国航空公司的特许经营企业;泰航(Thai)、加航(Air Canada)、美联航(United)、汉莎航空公司(Lufthansa)和北欧航空公司进行星际联盟计划(Star Alliance),其内容包括,一是整合产品和一条龙服务;二是提供普通登机服务和预订服务;三是共享机场候机厅服务;四是共享市场营销、信息沟通和奖励服务。这就是一种"竞合"与一体化战略。

3. 联盟战略

一些旅游交通企业越来越多地将注意力从业内向业外转移,从作为提供交通工具、交通线路和各种交通设施的传统角色,转向与整体旅游产品中其他产品要素经营者进行联盟的合作者。这些联盟的范围很广,上至与旅游经营商或旅游批发商建立联盟,下至与住宿供应商结成联盟。通过联盟,可以密切旅游交通企业与其上游链和下游链的关系,增强其竞争能力,提高经济效益。

4. 旅游交通网络营销

随着互联网的普及与电子商务营销模式的兴起,大量旅游交通服务商纷纷建设预订系统和咨询平台。最先开发和使用网络技术进行市场营销的是航空公司,其将网络信息技术作为一种廉价、准确地处理大量数据和资料的工具率先运用到航空业。空中交通的发展和航空交通管理的开发,极大地刺激了计算机预订系统的扩张,使其发展成为全球预订系统。例如,美国航空业早就开放了价格、航班安排和航线。这种预订系统再造了航空公司的整体营销和分销流程,使旅游交通网络营销成为可能。

5. 促销策略

旅游交通战略营销的一个重要作用就是借助旅游交通,将潜在旅游需求变成现实的旅游需求,并获取一定的收益。所以,各旅游交通部门(企业)需通过促销策略的运用,树立良好的形象,争取常客和回头客,培养其忠诚度。比如,全球广泛运用的常客奖励方案,铁路、公路固定往返线路上的季票,折扣机票等。

第三节　旅游景区、康乐业和旅游购物品营销

一、旅游景区景点营销：产品开发、创新与保护

旅游景区景点所拥有的自然山水、人文遗迹和历史文化等旅游吸引物不仅具有独特性，且具有不可替代性，完全是独占的，致使此类旅游产品市场营销往往倾向于以供给为导向，因而很大程度上导致了旅游景区景点经营理念不清晰，服务意识淡薄，市场定位泛化，经营效果不理想。如何有效地开展市场营销，成为多数景区需要解决的问题。

(一) 旅游景区景点产品类型及其特征

景区泛指由不同景点组合而成的特色较鲜明和有共性的旅游资源空间地域，也是供给相应特色旅游组合产品的场所或组织。景区内含景点，又由景点发展而成，二者难以区分。

1. 旅游景区景点的主要类型

旅游景区景点类型很多，根据不同的划分方法，可以分出各种类型的旅游景区景点。从旅游市场营销的角度考虑，景区景点的内容和表现形式不同，其面对的目标市场也不尽相同，因而营销战略也应有所差别。

(1)古代遗迹。古代遗迹指挖掘出土并加以保护的古迹，如古城防建筑、古墓葬等。西安秦俑坑、北京周口店猿人遗址等均为此类景点。

(2)历史建筑。历史建筑指以历史上遗留下来的各种建筑物为主要游览内容的旅游景点，主要包括历史上遗留下来的城堡、宫殿、名人故居、寺庙等。

(3)博物馆。博物馆可分为两大类：一类是以特定收藏品为展示内容的博物馆。如，各种科学博物馆、历史博物馆、军事博物馆和交通运输博物馆等。另一类是以特定场址为展示内容的博物馆，如故宫博物馆、美国威廉斯堡博物馆和英国约克郡的铁路博物馆等。

(4)美术馆。美术馆以收藏和展览历史或传统美术作品为主，如北京美术馆、英国伦敦蜡像馆等。

(5)公园和花园。公园和花园指以具有特色的自然环境和植物景观为主要内容的旅游景点，如国家公园、自然保护区、花园和园林等。

(6)野生动物园。野生动物园指以观赏野生动物为主要内容的旅游景点，如

动物园、水族馆、观鸟园等。

(7)主题公园。此为围绕某一主题而兴建的大型人造游览娱乐园区,如美国迪斯尼、北京世界公园、深圳世界之窗、苏州乐园等。

2.景区景点旅游产品的特征

旅游景区景点的旅游产品,除了具有旅游产品的一般特征之外,还有以下特征:

(1)景区特色的稳固性。无论是自然景区、文化历史景区还是人造景区,只要独具特色,就会在游客心中留下长期稳定的印象。这对景区营销起到两种作用。一是可缩短目标顾客购买决策的过程,能很快将旅游消费引向景区。这是有利于景区营销的一面。二是一旦目标顾客兴趣发生转移,景区特色立刻暗淡,不但形不成吸引力,反而等于向市场昭示该景区非顾客所需,会对景区营销起到相反作用。因此,旅游景区应充分挖掘景区服务功能,通过不断更新景区活动内容,推出新主题,延长产品寿命来推动营销,让目标顾客感到"山水依旧,感受常新"。

(2)旅游吸引性。大凡景区都有其标志性的观赏物,即旅游景区吸引物。它是景区旅游产品中最突出、最具特色的部分。在某种意义上,旅游也可称作"眼球经济"。游客正是为观赏旅游景区某一特定吸引物,才不远千里万里、不惮车马劳顿赶来一睹为快的。旅游吸引物是旅游景区赖以生存的基础,是旅游景区招徕游客的招牌和幡帘,是景区旅游产品的主要特色之所在。没有这个吸引物,景区就难以形成吸引力。吸引物不仅靠自身独有的特质来吸引游客,还要通过良好的形象塑造和宣传才能起到应有的引力效果。

(3)旅游产品组合因素多样性

旅游景区除了各类景点之外,还有多样化的活动项目,包括结合景区特色举办的常规性或应时性供游客或欣赏,或参与的大、中、小型群众性盛事和游乐项目丰富多彩,如文艺、体育表演或比赛,民间习俗再现,各种绝活演艺,游客参与节目,寻宝抽奖等等。所有这些,都构成景区旅游产品组合的一部分,形成特色鲜明的旅游产品组合。

(4)旅游景区可进入性

可进入性指的是旅游景区交通的通达性。由于很多景区处于交通不便的偏僻地区,使得游客进出旅游景区大受限制,交通成为其营销瓶颈。旅游景区的产品销售过程与有形商品不同,是"景定人动",顾客必须来到景区享受服务,经营要靠大量的客流。

(5)产品质量对社区环境的强烈依赖性

旅游景区都是从地方社区脱胎而来的,与社区有着千丝万缕的联系。当社区利益与景区利益一致时,社区会协助景区开展经营活动;当社区利益与景区利益不一致时,社区会采用种种方式阻碍景区经营,增加景区经营成本。

（二）旅游景区景点营销管理

旅游景区营销即指景区依托旅游资源优势,彰显旅游吸引物特色,设计开发产品组合,采取各种促销方式,吸引游客前来消费并使之满意的活动过程。简而言之,即景区采用怎样的方式与手段将自己推销出去,以满足更多旅游消费者的需要,吸引更多的消费者来景区进行旅游,实现景区的自身价值以及收益的最大化。实质上,景区所营销的,正应是游客所喜欢的和感兴趣的旅游产品项目,并吸引游客去体验。

1. 战略规划

景区战略规划即从长远、全局的角度对景区未来营销活动的战略性把握,对景区营销实践具有刚性指导意义。制定规划的前提就是要深入分析旅游市场,明确景区的目标市场是谁,他们到底需要什么样的服务,景区能不能满足游客的需要,怎样营销才能激起游客最大的积极性等,以及要明确景区是以提供风景游览为主还是以提供休闲度假为主,是以娱乐科普为主还是以探险体验为主等。

明确景区目标市场及主题后,就可以对景区营销实施整体规划,包括景区营销的总体目标、要达到的效果、每一阶段的营销目标、对细分市场的营销管理及行动计划方案等。

2. 体验营销

体验营销就是指在整个营销过程中充分利用感性信息,通过影响消费者的感官感受来影响其行为过程。实施景区体验营销可从以下几方面入手：

(1) 注重消费者心理需求研究。对消费者心理需求进行研究是景区实施体验营销的前提。直接与顾客进行沟通,了解他们内心的渴望,使产品和服务的开发与目标顾客心理需求相一致,全面满足顾客心理需求。

(2) 制定"体验主题"。设计一个鲜明的主题,对于吸引游客是非常必要的。如果缺乏鲜明的主题,消费者就抓不到主轴,就不能整合所感觉到的体验,也就无法留下长久的记忆。主题是在了解消费者心理需求的前提下,针对某一目标市场,就内涵丰富的文化,以高度形象化语言的概括。如"寻源香格里拉"这一主题,针对的是探险旅游市场,以回归都市人心中最美、最真的理想国度——香格里拉为深层内涵,其广告词"深深呼吸一次,足足回味一辈子"也很好地体现出了这一特色。制定景区的体验主题,要善于抓住消费者的心理和个性特征,突出表现个性、特色与新奇,力图避免与周边邻近地区同类旅游目的地的雷同。可从以下几方面来确定主题：历史、宗教、时尚、政治、心理学、哲学、实体世界、大众文化、艺术。如"民俗旅游"、"探险旅游"、"体育旅游"、"自行车旅游"、"摄影旅行"、

"考察旅行"、"驾车旅行"等。

(3)设计适合体验营销的事件,整合多种感官刺激。体验的前提是参与,在参与中才会产生体会与思索,而且体验所涉及的感官越多,就愈容易成功、愈令人难忘。景区增加游客参与性的途径可以有:设计出可供其选择的主题;提高相应的活动项目的弹性,增加可选性;提倡深度的体验旅游,要让游客在旅游前了解旅游地的历史与环境,游中善于交流,游后"复习",动腿走、动嘴问、动脑想、动手记,把观察上升为心得,从经历中提炼体验,增强体验的深度。围绕着设计的主题把食、住、行、游、娱等各种服务用"体验"的观念整合起来,强化游客的体验。如农家游的主题,可以让游客吃、住在农家,坐农家的交通工具,玩农家的娱乐节目,穿农家的衣服,干农家活,过几天真正的农家生活。

案例 10-4　蜀南竹海打造首家生态情景体验式景区

万里苍翠的竹林之中,一出永不落幕的"江湖故事"正在上演:漫步的游侠、巡视的捕快、好客的店小二,还有江湖通缉令、比武招亲的擂台……2009 年 4 月中旬,蜀南竹海成功推出中国首家生态情景体验景区,启动了游客"江湖体验"活动,开创了 ESE(Ecological Scene Experience)景区生态情景体验新模式。这就是生态情景体验,指旅游者在传统游览行为中,主动进行自我角色定位,并按照角色逻辑进行体验式互动游览,使游览者的整个游程成为以"我"为中心的故事情节,从根本上改变了游客在游览过程中的被动性。

2009 年 4 月以来,蜀南竹海旅游飞速发展,景区游客量、门票收入和旅游收入大幅度增长。从 4 月 4 日蜀南竹海春笋节开幕到 4 月 13 日的 10 天时间内,与 2008 年同期相比,景区游客增长 96.5%,收入增长 100.7%,创同比历史最高增长纪录。

(资料来源:http://www.sc.gov.cn/lysc/lyyw/200904/t20090430_712078.shtml)

(4)旅游纪念品营销

在游客的景区游览经历中,旅游纪念品扮演的是一种体验标志物的角色。它是引发游客回忆的重要线索,起着强化旅游体验的作用。因此,尽管一个景区在食、住、行、游、娱几个方面的服务都很出色,但是如果没有提供一个有代表性的、有特色的纪念品,这个体验就会很不完整,会给游客留下遗憾。因此,精美而富有特色的纪念品或旅游商品,对提升景区产品的价值有很重要的意义。

3.组合产品与产品组合优化

游客来到景区的第一印象中的所有重要内容,皆由硬件设施所形成,如景区的外观建筑、游乐设施、停车场、园内餐厅、商店、洗手间位置和卫生等。这些有形的景观设施和服务设施,对游客的感官刺激能支持和加强体验的主题。因为,有效的感官刺激能使人们对体验更加难以忘怀。但同时须进行软设计。游客与服务系统的互动、游客之间的互动、游客的参与都是构成氛围的"软要素"。景区服务人员的着装、态度及其所提供的服务等都会强烈地影响着游客的感受,其他游客的在场及其行为、游客的绝对数量等也会影响到游客体验的质量。

4. 区域一体化与整合营销

整合营销应通过建立企业、政府、社会之间积极而有意义的互动关系,达到城市和景区旅游品牌的有效传播。这主要从两个方面着手:

首先,大区域的旅游整合。从空间上来看就是要形成跨景区旅游线路。旅游线路的基础是旅游交通线路,如果主要旅游区与中心城镇的交通畅通,再能将一些旅游景区之间的线路直接打通,并把一些单独看旅游资源价值不高而符合整合需要的旅游景区或点串联起来,形成一个大的区域网络,就可提高旅游资源的价值,进行大区域的景区整合营销。这其间政府应发挥重要作用。

其次,加强旅游产业链的联合营销。面对分散的客源,景点单独促销成本高、效果又不明显,但通过协作旅行社的联合促销,共打一张牌,经济且效果好,同时解决了旅行社宣传企业品牌和产品线品牌不能兼得的难题。协作的方式可以是多种多样的,可以共同设计、策划新产品,共享资源,联合促销,联合竞争,互通信息,形成产业链利益共同体,共同维护产业链利益。

此外,各景区也要结合自身特色和目标市场做到"六个一"工程,即"一个好的形象定位"、"一句好的旅游宣传口号"、"一个好的旅游网站"、"一套好的解说系统"、"一系列好的旅游节事活动"、"一次好的旅游体验"。

5. 促销策略

景区在市场营销上,由于供给导向倾向而与其他企业是不尽相同的,因而更应着重于促销,至少应加大促销在整个营销中的分量。尤其是在促销宣传方面,应当加大与媒体的合作,进行全方位促销,以获得更为充足的客源市场。

案例 10-5　洪雅:五颗珍珠连一线,串成璀璨旅游链

四川洪雅是旅游资源异常丰富的宝地。但是,论名山,略逊五岳、普陀、九华;论美景,较"甲天下"之称的桂林山水、杭州西湖略显不足;论文化,亚于十三朝古都西安、大漠宏歌敦煌莫高窟;论奇观,又略逊于景色奇冠中外的四绝黄山。但是,这里的很多旅游特色是洪雅所独有的,只是受地理、历史与开发等因素的影响,不那么广为人知而已。

如何发挥独特的差异性优势,在众多强大的竞争者中脱颖而出呢?洪雅打出了整合优势资源、强强联合的组合牌:把当地的各种特色资源像串珍珠一样串到一起,打造了一条一站游遍壮丽名山、绚丽美景、厚重文化及惊世奇观的旅游价值之链。

1. 洪雅从产品角度,对资源进行了整合,串起了一条由瓦屋山国家森林公园、槽渔滩、高庙古镇、七烈士纪念馆和林海度假村等组成的"旅游项链",赋予其旅游产品三个特色:一是欣赏自然风光。天造之美"瓦屋雪",地赋之丰"植物王国";冬的素洁,夏的热情,适宜的气候与丰富的物种,雪雕、兰溪瀑布、野牛街、燕子洞、大发洞等让游客流连忘返,满足了其游山玩水的基本需求。二是感受厚重文化,不仅重走老子悟道之路,领略道教玄妙,还可感受古镇文化、古风民韵,满足了游客对旅游更高的精神需求。三是体验新奇神秘。洪雅拥有独一无二的"日出"、"佛光"、"圣灯"、"三日争辉"、"迷魂凼"等神景奇观,为绚丽奇景笼罩了一层神秘的面纱,让人既神往又着迷,足以让来过洪雅的旅客出乎意料,"乐常思蜀"。

2. 洪雅采取统一服务标准规范,做到硬件(旅游产品)过硬,软件(服务)到位,使来过的游客都能留下美好的印象,打破了旅游行业的"一次性消费"怪圈,赢得"回头客"。即使游客不再光顾,其口碑宣传也会带来不少游客。这主要是送给每位游客一份赠品:一本精美的当地旅游纪念册,封底附带一张再次光顾 9 折优惠贵宾卡(可转赠);一张当地最具特色旅游景区介绍光盘;一本旅游景区介绍台式月历,以及带有洪雅旅游标志的特制当地手工艺品(手机链、钥匙扣、发夹等)。游客走了,但把洪雅的旅游信息也带走了。

3. 除注重过程的体验营销外,着力在同行体验营销最薄弱的初期和末期环节上下功夫:录制洪雅独有的各种景观视频,发布在网站上并刻成光盘送给旅行社,作为推介光盘。

4. 采用 CRM 客户管理系统,对已消费顾客、潜在顾客进行分析,随时做出营销上的调整。比如,通过对已消费顾客的数据分析,确定目标消费者更加清晰的特征及偏好。

5. 洪雅除了开发传统文化资源之外,更积极开发新型文化资源,并通过这种新文化与游客产生互动:瓦屋山杜鹃节、藏羌文艺表演、特色篝火晚会、民俗表演、阳坪茶艺表演等,使游客既了解了民俗文化,又获得了独特的体验,留下了美好的回忆。

2008 年洪雅实现旅游收入 6.6 亿元,接待游客 105 万人次。同时,旅游产业带动了特色手工艺品、食品等行业的迅速发展。

(资料来源:史光起。http://www.timeceo.cn/market/al/200902/48493.html)

二、康乐业:产品开发与市场营销

追求健康和长寿,是人类自古未变的愿望。可以说,自从人类产生以来,就有了康乐需求和康乐活动,但是在不同的时期有着不同的表现形式。这可以从许多历史遗迹和古籍中得到印证。例如,汉代的陶俑和画像砖中就有许多关于康乐活动的画面。尽管如此,但将其作为一个专门的行业进行研究则是近代以来的事。

(一)康乐及其产品分类

什么是康乐?人们对此看法不一,但多数认为至少应该包括康体活动和娱乐活动。除此之外,还应包括保健类活动和休闲类活动。总起来看,康乐(Recreation)是指人们为达到调节身心、恢复体力和振作精神的目的,在闲暇时间、在一定场地和设施条件下参与的休闲性和消遣性活动。

康乐的类型五花八门,除了一些传统类的项目外,随着人们对康乐活动需求的变化和科技的进步,新的康乐项目层出不穷。通常,可将康乐项目大致分为4大类。

(1)运动型。运动型康乐项目包括球类和非球类康体类活动。球类活动主要包括保龄球、台球、网球、高尔夫球、壁球,以及足球、乒乓球、篮球、羽毛球、地掷球等。非球类运动型康体项目主要包括射击或射箭、游泳、溜冰、潜水或冲浪、健身、骑马、划船、狩猎、登山等。

(2)娱乐型。娱乐型康乐项目主要包括各种游戏类项目,诸如电子游戏、棋牌游戏等;歌舞类项目,如卡拉OK、KTV、MTV、迪厅等;视听阅览类项目,如背景音乐、书报阅览、投影电视、迷你电影;表演类项目,如茶道、乐器演奏、歌舞、民族舞蹈、地方特色的民俗风情表演等。

(3)保健型的康乐项目主要包括洗浴桑拿、按摩保健、护肤美容等几类。具体又可细分为足疗、搓背、药浴、氧吧、温泉浴、蒸气浴、桑拿浴、头部按摩、人工按摩、设备按摩以及各种美容美发项目等。

(4)休闲型。休闲型的康乐项目主要包括过山车、观光摩天轮、蹦极、碰碰车、划船、滑草,以及棋牌活动等。

康乐产品,即康乐业提供的康乐活动及相关服务。它具有相同于其他旅游产品的一般特征,也从不同方面表现出一些差异化特征。其一,趣味性,如电子游戏;其二,新颖性,如虚拟现实电子游戏、喷泉氧吧;其三,适应性,如摩天轮;其四,运动性,如各体育运动项目;其五,观赏性,如歌舞表演;其六,刺激性,如蹦极、过山车等。

(二)康乐业发展与产品开发

社会经济的发展为人们不断提高生活水平特别是生活质量,创造着越来越有利的条件,人们对康乐消费也有更高更多的追求,从而推动了现代康乐业的发展,也促进了康乐产品的开发。

第一,素有"浓缩型社会"或"袖珍式社会"之称的豪华高星级宾馆,服务产品比较齐全,店内客房、餐饮、康乐等设施和服务,基本上能满足顾客的工作、生活、社交和娱乐的需要,但由于受到经营场所的限制,相当部分的宾馆康乐产品较为单一,难以形成产品特色。因此,宾馆在规划时可利用社区环境和康乐项目与设施,形成产品互补。同时,宾馆也应重视内部康乐产品的完善和配套。

第二,康乐产品的推陈出新是吸引顾客的主要因素。现代科技的不断发展推动了新型康乐、健身、娱乐、休闲设备和项目的不断涌现,使康乐产品不断丰富。一是由健身、休闲、康乐三者紧密结合向综合性产品演进;二是传统性康乐产品、地方性康乐产品与现代性康乐产品相结合向多样化产品演进;三是主营与配套项目相结合向多功能产品演进。

第三,顾客参与及寻求冒险和刺激的需求,对康乐活动提出了更高的要求。当代康乐产品不仅要注重文化内涵和品味,而且要能充分满足顾客各种追求,如亲身体验、寻求刺激,使顾客能在康乐活动中找到自己的快乐,娱乐身心。这就要求在确保安全、有益于健康的前提下,开发一些刺激性康乐产品。

第四,康乐从业人员的素质在不断提高;现代化的康乐设备设施更加科学完善,使得康乐经营环境大为改善,高科技设备也使康乐活动的效果更加逼真。

第五,康乐业市场竞争日趋激化,促使康乐项目的经营向大众化发展,即使一直被人们认为是贵族运动的高尔夫、网球、保龄球等活动项目也降低了价格,成为更多平民百姓可参与的体育运动项目和休闲活动。这既是康乐业营销上的策略变化,也在一定意义上反映了康乐产品低端化延伸性开发。

(三)康乐产品市场营销策略

康乐业作为旅游行业的组成部分,其产品市场营销与其他旅游产品营销没有本质上的区别,关键是使一般市场营销策略及旅游营销策略如何更适合于康乐产品营销。

1. 康乐产品策略

康乐产品策略的重点,一是现有康乐产品的完善和调整,提高产品品质,使其更好地满足现有顾客的需求;二是加强特色康乐产品、组合产品及新产品开发。

2. 康乐产品价格

康乐产品的价格策略,主要可分为大众化产品低价策略和高档产品高价策略。

(1)大众化产品低价策略。大众化康乐产品是指以企业自身的硬件和软件优势为依托,面向社会大众提供康乐产品,即企业将广大平民百姓作为其目标市场,并为之提供康乐产品。对于这类产品,在价格上实施低价格策略,但并不是指绝对价格无限制的低,而是指相对于其产品质量水平来说,价格较低。例如,许多高星级酒店开办的保龄球场和网球场,曾是一般工薪阶层所不敢问津的地方,但如今这些场馆的产品价格已降到广大民众能够消费得起的水平,在某些时段已经降到了每小时5元左右。这使这些康乐设施得到了更多的利用,也活跃了康乐业市场。

(2)高档产品高价策略。高档产品是指以企业自身的硬件和软件优势为依托,面向社会部分特殊消费群体提供的高质量康乐产品,即企业将部分社会特殊消费群体作为其目标市场,并为之提供康乐产品。同样地,这里所说的高价并不是指绝对价格无限制的高,而是"物有所值"甚至"物超所值"。因此,高价成为企业标榜产品高品质的最好手段。通常,接受高价消费的那小部分消费者,更注重于产品品质,而对产品价格的高低是不敏感或不太敏感的。

2. 康乐公共关系营销

公共关系在康乐产品营销活动中,是起着非常重要作用的。康乐企业应通过广泛的宣传建立与各种公共机构的良好关系,处理不利的偏见、谣传和偶发事件,树立企业的良好形象。康乐企业公共关系活动的对象主要包括:康乐市场的现有和潜在客户、特殊客人、金融机构(如银行和保险公司)、媒体(电视台、电台、报社和广告机构等)、康乐企业投资团体和股东、社区个人和团体、其他社会团体,如学校等。具体来说,主要有以下几种方式。

(1)与各媒体单位保持良好的关系。及时向新闻媒体单位提供有益的康乐活动的新闻素材,诸如知名演员的演出、由宾馆承办的某项重大赛事以及自身取得的重要成就等。

(2)内部宣传材料的设计、摆设与更换。例如,及时更换户外广告、展示康乐项目的图示牌,刊布介绍设施的图片、通讯动态等,也包括编印和发放一些特殊的促销资料。例如,节假日、特殊节日促销材料的编印和发放,以及定期向会员发放资料等。

(3)为客人提供服务。例如,寄送生日卡、问候卡以及举办会员联谊会,定期组织相关的免费活动等。

(4)保持与社区的良好关系。积极参与政府组织、文化部门、社会团体组织的有关会议和活动,承办或举办各项赛事,在节假日向社区提供一些免费或优惠康乐设施。

3. 康乐会员制营销

20世纪90年代以来,各种新的营销模式不断涌现,会员制营销便是其中之一。这主要适用于绝大部分的高档康乐企业或部门。康乐企业普遍实行的俱乐部、会员制、贵宾制等都是会员制营销的典型形式。

为保证会员制营销的成功,必须有严密合理的制度,即具有私密性。会员制作为一种机制,必须有严密的、以书面形式确立下来的企业与会员双方认可的制度,包括入会条件、手续、会员资格、会员义务和会员权利等。

案例 10-6　健身市场细分阶段下的会员制营销

过去的健身会所根据位置、消费地域,可以分为商业型(面对社会消费者的健身俱乐部)、住客配套型(宾馆健身会所)和房地产型(住宅健身会所)三种;而现在根据规模、资金、专业化等分为一线和二线健身会所,在一线、二线的基础上再划分出商业型、住客配套型和房地产型。所谓一线健身会所,指的是大型、专业、高档的健身会所,如中体倍力、力美健、北京青鸟等。

大体上,一线和二线健身会所在消费群和收费方面有较明显区别。一线健身会所面向的,是月薪 3 000 元以上的白领消费群。这一群体有一定的经济基础,年龄在 25~45 岁之间。而二线健身会所则以月收入 1 500~2 000 元的消费群为主。其中,家庭主妇占很大一部分。健身会所一般采取会员制,一线健身会所的会员卡平均一年约需 3 000 元,而二线的只需要 1 200 元左右。一线健身会所大多选择在城市的中央商务区设点。原因是这些地区是白领、"金领"的聚集地,也是它们主要的会员来源地,这个消费群比一般消费者更容易接受高档健身会所。例如,知名的连锁式大型健身俱乐部力美健俱乐部,在广州和上海共有 5 家俱乐部,均位于城市中心地区,总面积超过 20 000 平方米。力美健俱乐部以"运动、健康、高贵、时尚"为宗旨,采用统一会员制管理。

为了适应不同健身者的需要,一些大型健身会所做了多种卡种。比如,月卡、季卡、年卡、会员卡、黄金卡、学生卡等,价格弹性较大。其中,月卡和季卡平均健身一次需要 10~20 元,办年卡或者会员卡,平均一次消费只需 10 元以下。

(资料来源:张俐俐.旅游市场营销.北京:清华大学出版社,2005)

4.康乐赛事营销

举办和承办各类康乐项目的赛事活动,是康乐产品营销的重要组成部分。这必须在了解市场需求的基础上,依据企业的实际情况作出决策和实施决策。具体来说,康乐项目赛事活动的具体营销运作包括以下几个主要步骤:

(1)确定目标。在确定竞赛活动的目标之前,首先应对市场和本企业的经营情况进行调查研究,收集有关信息并加以整理分析,作为决策的依据。这些信息包括:某康乐产品的市场需求量、市场供应量,本企业的市场占有份额,消费群体对本企业的认知情况,某康乐产品的营业情况等。根据这些信息作出是否举办竞赛活动的决策。如果要举办,还应确定竞赛项目及竞赛目的。

(2)编制预算。这里的预算是指编制开展某项竞赛活动的支出和收入计划。支出项包括:购买奖品和发放奖金支出、宣传费用支出、人员劳务支出等。其中,购买奖品的支出额根据竞赛活动的规模大小、持续时间长短、竞赛活动对企业影响力的大小来决定。宣传费支出包括广告费、印刷费、为组织本次活动而开展的员工培训的费用等。除这些费用之外，还有诸如赠送礼品的费用，聘请顾问或邀请嘉宾的交通费用及食宿费等。预算收入项包括参赛人员的报名费等。

（3）筹措资金。康乐项目的赛事资金来源，一是康乐企业自身拨款；二是其他企业或事业单位、团体赞助与协办提供赞助；三是个人赞助，个人通常是由于对某个康乐项目的偏爱或其他原因而愿意为推广该项目解囊相助。

（4）设立奖项。这是为了鼓励和刺激消费者报名参赛。设立奖项的内容和数量相对较多，除了通常设置的冠军、亚军和季军外，还可以设置鼓励奖、嘉宾奖等。在设立奖项后，还应根据筹资的情况设定奖品和奖金额度，如果资金充足的话，则可提供高额奖金，提高竞赛活动的吸引力。

（5）开展宣传。不论在赛事活动的举办前期还是举办过程中，为了保证康乐项目达到预期的目的，宣传工作始终很重要。通过宣传赛事活动，可以达到塑造企业形象、提高企业知名度、扩大企业影响、吸引消费者参赛、增加企业销售额的目的。

在此过程中，可以以多种渠道、多个角度来进行宣传。比如，贴海报、发放宣传材料，在报纸上作广告、在电视台或广播电台上播放广告等，也可以由公共关系人员、销售人员或服务员向客人面对面地宣传动员。在赛事活动的具体实施过程中，还应包括：设立竞赛组织委员会、聘请竞赛活动顾问、确定比赛日程、制定比赛规则、设定注意事项、决定抽签办法和抽签时间以及安排裁判及服务工作等内容。

三、旅游购物品营销策略

旅游购物品，或称旅游商品，主要是指与旅游活动相关、体现旅游目的地特色且富有旅游纪念意义的各类有形物品，也包括与旅游活动相关的其他物品。

（一）旅游购物品的主要种类及其特征

旅游购物品形形色色，五花八门，但主要可分为旅游纪念品、旅游日用品和免税商品。

1. 旅游纪念品

旅游纪念品指的是具有地方特色、富有纪念意义的旅游购物品。它是旅游购物品的主体，受到各旅游目的地及旅游企业的高度重视。

旅游纪念品不同于一般的商品，它能反映旅游地的特色，是某旅游地所独有的、在旅游市场上具有独占性的商品，兼具艺术价值、收藏价值与礼品价值。其中，艺术价值是旅游纪念品的最重要特征，它使旅游纪念品具有观赏性、保存性和馈赠性。艺术价值的内涵,一方面可以体现旅游地特有的历史文化工艺水平,如传统工艺品;另一方面也可体现时代趋势,制作表现现代工艺水平的旅游纪念品。艺术价值高的纪念品可以给人以美的享受,其艺术魅力会打动人们,使其产生购买与珍藏的欲望。所以,它同时具备了收藏价值。此外,艺术价值也可以与实用价值相结合,以满足人们的文化、心理需求和生活需要,使旅游纪念品既有审美性,又有实用性。比如,以潍坊风筝为图案的胸饰、发卡等。礼品价值则是旅游纪念品的普遍特征,满足旅游者购物的馈赠性消费需求。

根据旅游纪念品的功能,可将其分为旅游工艺品,纪念性、礼品类旅游食品,纪念性、礼品类旅游用品和其他纪念品。

旅游工艺品泛指旅游目的地出售的所有美术工艺品。其制作广泛应用工艺手段和各种专业技术,具有较高的工艺价值。旅游工艺品大多具有地域性特色,是旅游地文化特色的重要标志,具有纪念功能。

纪念性、礼品类旅游食品通常具有浓郁的地方特色、悠久的历史、美丽的典故或传说以及较高的知名度,制作工艺讲究,包装精美。例如,桂林三花股份有限公司和桂林博物馆共同推出的青花梅瓶三花酒,其酒瓶仿桂林靖江王陵出土的明代宣德携酒寻芳图青花梅瓶制成,具有一定的纪念价值。

随着"日用品工艺化、工艺品实用化"潮流的兴起,一些旅游用品因其审美因素的增长而具备了较高的艺术性和纪念性,一些旅游工艺品却拥有了实用功能,两者产生交叉现象,该交叉部分即为纪念性、礼品类旅游用品。例如,广东肇庆鼎湖山森林公园纪念品商店内出售的鼎湖山风光扑克,牌面上印有鼎湖山优美的风光。这种扑克牌的纪念功能已超过了其实用功能,与其说它是旅游用品,不如说它是旅游纪念品。鉴于旅游者购买此类商品主要出于纪念动机,因此将其划归旅游纪念品。

2. 旅游用品

旅游用品指旅游者在旅游活动过程中购买的生活日用品和旅游日用品,具体包括导游图、地图、旅行手册等游览用品,旅行箱、旅行闹钟、旅行杯等携带用品,洗漱用品等旅居用品,指甲油、面乳、唇膏等化妆用品,香脂、防晒霜等护肤用品,卫生纸、手电等旅用杂品,通讯录、笔等记录用品,扑克牌、围棋等娱乐用品以及睡衣、泳装、旅行帽等服饰用品。

3. 免税商品

免税商品指按照国家法律规定,符合有关条件的旅游者在指定的免税商店购买的商品,如烟、酒、眼镜、珠宝、行李箱、手表、香水、电子产品和光学产品等。可免去或者减免部分关税是这类商品的唯一特征。

(二)旅游购物品营销策略

制定旅游购物品营销策略,除应用一般营销原理外,也需要充分考虑旅游业及旅游购物品的特性。只有这样,才能更有效地开展旅游购物品营销。

1. 突出旅游景区产品的特色和地位

在很多景区,几乎所有店铺都挂着一模一样的塑料项链、手链等旅游纪念品。这些因过分泛滥而显得粗鄙不堪的东西,往往淹没了当地的优秀产品,使当地的旅游纪念品市场缺乏文化内涵和地方特色。所以,各景区应有意识地限制景区销售的纪念品品种,注意突出景区产品的特色和地位;景区纪念品商店和风景区所在地的旅游购物定点商店应着重突出当地的特色产品,而对于其他景区的产品应当严格把关,只准优秀产品和有特色的产品进入。那些各地都可以见到的塑料项链、手链等,则不准进入景区销售。这样是为了使本地特色产品得以最大程度的凸显,让自己市场上的产品替景区打广告。这样,既突出了自己景区的文化特色和旅游纪念品的特点,又节省了时间,使游客认为不虚此行,即使不买商品也大饱眼福,不至于觉得旅游购物是白白浪费时间。

2. 营造良好的购物服务环境

旅游纪念品属于非生活必需品,其消费属于弹性消费。只有在良好的文化氛围下,游客才会产生出购买旅游纪念品的需求和热情。所以,景区的文化底蕴和良好的服务是旅游纪念品销售的重要因素。同时,旅游购物尤其是购买旅游纪念品,还是一种特殊的审美活动,需要一个良好的购物环境。在很多景区,到处是乱哄哄的地摊,到处有追逐、拉扯游客的小贩。这不仅让游客窘迫万分,还败坏了游客对景区的良好印象,破坏了游客的购物兴趣。景区和景区所在地的旅游纪念品销售需要整顿、规范,营业要有执照;销售要定点,店铺装修和商品陈设要有特色。售货员需要考核上岗,要具备必要的旅游纪念品专业知识,要讲究服务技巧,服务态度要得当有度,不至让顾客产生受到骚扰或有意诱骗游客购物的感觉。只有营造出良好的购物环境,才能激起游客的购物欲望,使游客乘兴而来,尽兴而归。

3. 开发和销售配套服务性附加值产品

没有发掘旅游纪念品的附加值,是许多旅游纪念品卖不出去的主要原因。比如明信片,游客在景区寄一张明信片回家,主观上既是向亲友报告平安,也是让对方分享自己的经历;客观上是为景区做了一个免费的广告。无论社会如何进步,这种负载着景区特有的文化信息的明信片是电话、电子邮件等所不能代替的。对景区来说,它是免费广告;对旅游者来说,它是一种比写信方便,比打电话更有意义也更经济的传递感情的工具,并且明信片本身也是很有意义的纪念品和收藏品。但是,国内许多景区包括故宫、颐和园都没有邮局或邮政代办所。

此外,许多景区销售工艺品尤其是高档工艺品也没有售货章和收藏证,售书也不盖售书章。如果能够获得一枚别致的、带有景区名字的售书章,不想买书的游客可能都要买书。北大南门外的"风入俗"书店,书价比一般书店贵,但其别致的售书章仍吸引了不少人前来购买。一个售书章、售货章或收藏证值钱不多,但却可以看出经营者是否为游客着想,是否意识到自己景区名字在游客心中的分量,是否有意识地发掘自己景区纪念品的文化附加值。

4.生态旅游购物品开发

第一,以生态旅游文化开发生态旅游纪念品,反映"回归自然"的生态文化特征。例如,在材料的选用上,树根、竹子、贝壳等经过生态旅游内涵的挖掘和打造,都可制成精美的纪念品。中国台湾地区深受欢迎的生态旅游纪念品之一——年轮座,就是在木材的横截面上刻上生态旅游地标志性景物,及"生态旅游留念"等字样,配上精美的支架制成的。

第二,大力开发绿色食品。绿色食品是一种无污染的安全、优质、营养丰富的食品。其原料产地必须具有良好的生态环境。生态旅游地一般都具有良好的生态环境,其大气环境质量、水质量、土壤质量都较高,具备了生产绿色旅游食品的环境条件。利用区内丰富的绿色食品资源开发绿色旅游食品,是符合绿色消费时尚的。比如,广东肇庆鼎湖山就利用该生态旅游区内的楠木木姜,制成了深受游客喜爱的生态旅游食品"肇庆姜糖"。

第三,以先进的科学技术开发新型生态旅游购物品。先进的科学技术对新型旅游购物品的开发具有重要意义。随着人民生活水平的提高,人们要求居家环境装饰品、旅游纪念品、旅游用品具有更高的品味、更强的艺术性及时代感。高科技是实现这一要求的重要手段。例如,北京百卉农科技开发部利用无土栽培技术,把植物栽培学与工艺美术相结合开发的生态旅游商品——植物娃娃就是一个成功的例子。这些娃娃外形各异,吸足水后让它始终保持湿润,经过7~12天,头上就会长出"头发"(草)。当"头发"长至3厘米以上,即可把它修剪成各种样式。

第四节 节事旅游与会展旅游市场营销

节事旅游与会展旅游是旅游活动的组成部分,也是旅游活动中具有异质性的特殊形式,故在其市场营销方面存在特性。

一、节事旅游及其营销策略

"节事"一词来自英文的"event",有"事件、活动、节庆"等多方面的含义。节事活动是指某地举办的各类活动或事件,包括节日、庆典、地方特色产品展览会、交易会、博览会、会议、以及各种文化、体育活动与非日常发生的特殊事件。从概念上来看,西方在"事件"及"事件旅游"(Event & Event Tourism)的研究中,常常把"节日"(festival)和"特殊事件"(special event)合在一起作为一个整体来进行探讨,在英文中简称为 FSE(Festivals & Special Events),中文译为"节日和特殊事件",简称"节事"。节事是节庆活动和特殊事件活动的统称,节庆注重公共庆典的欢乐本义,而特殊事件具有更为广泛的内容,包括各种交易会、博览会、文体活动等。

(一)节事旅游:类别与作用

节事旅游专指以各种节日、盛事的庆祝和举办为核心吸引力的旅游活动,它是一种特殊旅游形式。

1. 节事旅游的主要类别

第一,以"商务、展览"为主题的节事旅游。这类节事活动是以商贸、会议活动为主要内容的。随着经济全球化的不断发展,跨国公司不断壮大,企业合作趋势日益加强,以城市为中心的各种商务、会议活动数量不断增加,其所带来的大量客流已经受到了广泛的关注,并出现了不少以商贸会议为主题的节事旅游活动。例如,苏州旅游商品交易会、昆明世界园艺博览会、广交会等。

第二,以"人文自然景观"为主题的节事旅游。这类节事活动是依托当地现存的或历史上典型的、有特色的地域文化或当地具有突出性的地理特征而开展的节事旅游活动。这类节事活动常常与当地名胜古迹等具有特色文化的物质载体相结合,开展丰富多彩的旅游观光和文化交流活动。如苏州乐园啤酒节、曲阜国际孔子文化节、哈尔滨国际冰雪节等。

第三,综合性节事旅游。即在某城市同时举办几种主题的节事活动,将其优势综合起来。这类节事活动一般具有持续时间长、投入高、规模大、内容丰富等特点。比如，从1998年开始，由广州市人民政府主办，市商业委员会、市旅游局共同承办的广州国际美食节、中国旅游艺术节暨广东欢乐节同时同地举行，为期11天，跨越6天公休假期；苏州国际旅游节不仅包括在苏州市区的主题活动，而且包括各县级市的一系列不同主题的庆祝活动，亦为一种综合性的节事旅游活动。

2. 节事旅游的作用

其一，节事活动以塑造旅游目的地形象、促进目的地经济文化发展为目标，通过举办一系列独具特色的活动，传达给公众关于旅游目的地自然、人文和经济等方面的信息，加深公众对目的地的了解，从而收到公共关系营销的效果。举办节庆活动就是目的地形象的塑造过程，成功的节事活动的主题能够成为目的地形象的代名词，如一提到豆腐节，人们就会想到安徽淮南；一提到啤酒节，人们就会想到山东青岛。这些都说明，举办节事活动能够迅速提升目的地的知名度。

其二，丰富旅游活动内容，构成旅游产品体系的有机组成部分。旅游目的地旅游产品都有其生命周期，为了能持续地吸引旅游者的注意力，延长其生命周期，就需要对旅游地进行再开发或深度开发。而通过对本地旅游资源、民俗风情、特殊事件等因素的优化组合，举办具有别出心裁的卖点且丰富多彩的节事活动，一方面可以吸引游客，为游客提供新的旅游选择；另一方面，可以调整旅游资源结构，为旅游业的发展提供新的机会，并能较好地解决旅游淡季市场需求不足的问题。如黄山国际旅游节，既充分利用了当地的旅游资源，解决了黄山冬季旅游市场需求不足的问题，又丰富了黄山风景区旅游活动的内容，吸引了大批的回头客。

其三，促进旅游基础设施的完善，优化旅游环境，促进相关产业的发展。举办节事活动可以极大地促进旅游地的交通、通讯、城建、绿化等基础设施建设的步伐，优化旅游环境，尤其是对于交通条件的改善具有很大的推动作用。任何一次节事活动都有一定的主题，围绕这个主题的诸多产业都可以在节事活动中获得经济收益。"节庆搭台，经济唱戏"，通过举办节庆活动，吸引大批客流，从而带动当地旅游、经贸、投资等相关产业的增长。

(二) 节事旅游营销策略

1. 节事旅游产品策略

节事旅游产品至少应包含的，首先是服务。这是举办任何节事活动都必不可少的，包括安全与健康、舒适、食物和饮料、信息、通讯与可进入性等。其次是主题，这是节事的吸引力所在。再次是一般利益。这些组成使节事旅游产品区分于其他的旅游产品，尤其是那些永久性的吸引物。这些有形的组成部分是难以明确的。因此,需要从游客的角度辨别这些组成部分:场面(spectacle)、附属共享物(belonging and sharing)、仪式(ritual)、游戏(games)、真实性(authenticity)。最后为目标利益,即节事旅游产品所带给游客的独特性(uniqueness)和专门性(specialties)。

2. 产品宣传促销

旅游节事活动能否引起公众关注、吸引商家参与、形成市场轰动效应,关键在于组织者是否具有创新意识并以此为指导形成全新推介模式。要实施新闻媒体的强势传播战略,通过强势媒体的高强度、大容量、全方位的宣传,加大对外宣传促销的力度。第一,提高宣传促销人员业务素质,更新其旅游促销观念。第二,丰富宣传促销内容,尤其应高度重视节事活动整体形象的宣传促销。第三,采用灵活多样和全方位的宣传促销方式。在采用传统的宣传促销方式的同时,应充分采用最先进的高科技信息手段(如国际互联网)促销,以加大促销力度,拓宽促销的渠道。旅游节事主办地政府应充分发挥作用;要明确促销对象,不能只对当地居民宣传,更要重视针对客源市场的大众和旅行社的促销,要注重发挥公共关系和新闻媒介的作用。

3. 广泛吸引赞助商

吸引赞助是节事旅游促销的重要内容。招选赞助商时应注意以下几点:一是节事的主题与形象必须适合赞助商;二是节事活动主办者应寻求与节事活动的主要目标市场相一致的赞助商的使用;三是应向赞助商提供以下一个或多个机会:销售产品,使其名称与节事紧密联系,确保免费或付费的广告,给其员工精神上的鼓舞等,确保赞助商的这些利益通过节事活动得到实现;四是使赞助商相信其可能获得的潜在利益与其所提供的赞助费之间能够取得平衡,甚至可能得到更多的利益;五是确保节事活动的质量能够使赞助商满意;六是建立良好的媒体关系,使赞助商能够得到公开展示自己的足够机会,并以此吸引新的赞助商。

案例 10-7 青岛国际啤酒节

青岛啤酒节创办于1991年,其作为青岛市的重要节庆活动,不仅是国内最早创办的节庆之一,也已经跻身国内成功举办的大型节庆行列。

1991年至1995年,青岛国际啤酒节主要依靠政府投入。从1996第六届国际啤酒节开始,提出了"民办公助"的办节思路,政府不再给啤酒节资金上的支持,而是提供一些相关政策上的支持,主要依靠企业出资。随后的第七、八届青岛国际啤酒节处于市场化过渡阶段。而1999年的第九届青岛国际啤酒节与2000年的第十届青岛国际啤酒节,已达到了"收支平衡",实现了"以节养节"的目标;政府已经开始实现了零投入。从2001年的第十一届啤酒节开始,青岛国际啤酒节形成了良好的节庆气氛,也已具有了良好的群众基础。

青岛国际啤酒节对旅游业,特别是酒店行业和旅行社行业带动巨大,在啤酒节期间,青岛市的酒店出租率明显提高,几乎达到了100%。此外,受影响较大的依次是市内交通(如出租和公交)、航空、铁路以及商业零售、餐饮业等。在对整个目的地的推动上,啤酒节提升了青岛作为一个沿海城市的知名度和美誉度、塑造了其海滨休闲度假地的目的地形象,另一方面也推动了整个城市的环境的改造和建设。

(资料来源:中国旅游营销网,http://www.aatrip.com)

二、会展旅游营销:市场开拓与发展

无论是在国际还是在国内,会展旅游都已成为旅游业发展中最快的旅游业态之一。2007年,全世界的大型会展总数超过15万。其中,规模性的国际会议约7万多个,国际展览超过8万个。全球会展产业的直接经济效益达到了3 000亿美元。按照1:9~10的产业拉动系数计算,国际会展产业为世界经济带来的增长总额超过3万亿美元。

(一)会展旅游及其主要特点

从旅游需求看,会展旅游是指特定群体到特定地方去参加各类会议、展览活动,并附带有相关的游览及考察内容的一种新兴旅游方式;从旅游供给看,会展旅游是特定机构或企业以组织参与各类会议、展览等相关活动为目的而推出的一种新型的旅游产品。会展旅游的关键是主体的"转化",即将会展活动参加者变成旅游者,延长其停留时间,引致更多消费。会展旅游主要有在以下几个特点:

第一,组团规模大。会展本身具有行业性、产业性以及规模庞大等特点,这势必将吸引众多由政府或民间组织的会展团、参观团以及旅行社组织的观光团队。

第二,消费档次高。会展往往规格较高,参会人员均是有较高消费能力的商务客人,其消费档次、规模均比普通旅游者要高得多。

第三,客人停留时间长。对于一般旅游团队或旅游者来说,如果在旅游过程中恰逢举办会展,由于会展所带来的强烈的节日般气氛,就能使其旅游兴趣大增,从而延长停留时间。

第四,产业关联性强。会展业和旅游业同属第三产业,具有较强的产业关联性,举办会展不仅可使当地的展览馆、宾馆、餐饮服务业受益,而且对相关的电信、交通、购物、旅游服务以及城市市政建设,都有积极的促进作用。

第五,成本低,见效快。举办展览和会议不仅为城市带来场租、办展费、施工费、运输费等直接收入,而且还能为交通、通信、旅游、住宿、餐饮、贸易等相关行业带来收入。会展旅游还具有不受气候和季节影响的特征,从而弥补了观光旅游具有时段性的明显不足。

(二)会展旅游营销策略

会展旅游作为一种新兴的旅游活动,在市场营销方面的重点工作,就是其市场的开拓和发展。这一重点也就成为会展企业及相关部门进行营销策略研究和制定时应围绕的中心。

1. 整体营销。整体营销能提高地区会展业的整体形象,并可有效组织分散的资金、人力、物力,集中力量宣传本地区优越的办展环境和品牌展会。一些世界级的都市(如巴黎、纽约等)常常通过开展国际性的公共关系与宣传活动来塑造城市的独特形象,吸引世界各地的商家及游客。因此,应由政府有关部门牵头,大力推进目的地整体营销,将城市的各部分功能组织成一个产品进行营销。例如,香港旅游局、贸易发展局和展览会议业协会合作开展了大量的目的地营销活动,以期共同推动香港旅游业与会展经济的发展。新加坡旅游局下设的展览会议署,每年制定专门的推广计划,到世界各地介绍本国的旅游业和会展业情况,举办会展经济方面的研讨会,向与会者尤其是国际会议或展览会的组织者宣传新加坡举办会展活动的优越条件。

2. 联合营销。会展企业之间存在着竞争,但也存在着合作的可能。会展企业之间的联合营销,就是将各会展企业的力量进行聚合,共同开拓国际市场,使单个企业不能完成的目标成为可能。法国国际专业展览促进会(Promo Salons)是由商会和政府牵头组织、专业展览公司自愿加入的民间团体。该促进会在近50个国家和地区设立了办事处,这些办事处的任务是在各自负责的国家和地区为加入该组织的展会,开展形式多样的促销业务。这种联合促销使单个企业的全球促销成为可能,而单个展览公司,哪怕是实力雄厚的展览集团,也没有足够的实力在世界上50个国家建立属于自己的办事机构网络,但是从属于不同展览公司的展会集中到一起,就能组成一个有效的展会国际促销网络。

3. 城市形象。城市往往具有独特和鲜明的形象魅力。比如,巴黎的浪漫、纽约的繁华、罗马的艺术气质、伦敦的传统、瑞士的雪域风光等,有特色的城市往往会有形象定位口号,如"风之城"、"狮城"、"赌城"、"音乐之都"、"阳光之城"等。

正面的城市形象对吸引会展旅游者的作用很大,而负面的城市形象则在一定程度上阻碍会展旅游者的到来。因此,树立或改变城市形象意义重大,特别是对那些已拥有一定知名度的工业城市。此外,将目的地形象与目的地营销相结合,用于促进城市对会展组织者的吸引力具有一定现实意义。目的地可以利用影响力较大的大型会议,或者重大事件提高本地区知名度或重新确立城市形象。

4. 品牌营销。知名度高或有特色的品牌展会,才有其市场竞争力,才能在激烈的市场竞争中求得生存与发展。因此,要创立会展品牌,提升经营服务理念。打造一个城市的会展品牌,将其与该城市的产业特点相联系会收到事半功倍的效果。被称为"时尚之都"的法国巴黎,其产业特色就是时装、化妆品、香水等时尚产品,因此培养了许多时装展、化妆品展等国际著名展会。德国的许多专业性展览会就是依托其城市产业发展起来的,如工业重镇汉诺威的工业博览会,杜塞尔多夫的国际印刷、包装展,旅游城市纽伦堡的玩具展等。这些专业性展览会突出了各个城市的产业特色,打造了城市的会展品牌。

案例 10-8　景区展览营销的窗口——2005 年中国国内旅游交易会

一年一度的中国国内旅游交易会是国内规模最大的旅游专业会展活动,自 1993 年开始,已经在广州、上海、昆明等城市成功举办了十六届,是构建专业化国内旅游产品交易的平台,也是宣传旅游形象、促进全国各旅游部门交流的一个重要窗口。

2005 年,中国国内旅游交易会在桂林国际会展中心举行,总面积 2.4 万平方米,共设立展位总数 1 501 个。其中,旅游交易会展区展台 1 405 个;中国旅游纪念品、工艺品展区展台 36 个;旅游教育展区展台 60 个。来自全国 31 个省(区、市)旅游局、旅行社、景点、宾馆、传媒、网络公司、旅游院校、旅游人才培训中心、旅游纪念品企业的万余名旅游专业人员云集交易会。香港旅游发展局和澳门旅游局分别设立了 10 个展台和 4 个展台。这届旅游交易会是国家旅游局与广西壮族自治区政府联合主办的第 12 届国内旅交会,是一次高规格、大规模的旅游业界盛会,吸引了来自全国各地近 40 000 人次的旅游专业人士入馆进行洽谈和交流。各地旅游局和旅游企业签定了一系列的旅游合作协议,举行了 20 多场的旅游产品推介会,推出了一批新产品和区域联合的新举措。在讲评大会上,广西壮族自治区旅游局、上海旅游局等 20 家单位荣获"最佳组织奖",广西团展台、浙江团展台等 12 家单位荣获"最佳展台奖",广西壮族自治区旅游局和桂林市人民政府奖被授予"特殊贡献奖"。

(资料来源:中国旅游营销网,http://www.aatrip.com)

思考与练习

1. 宾馆住宿业产品的特质有哪些?如何对其进行营销管理?
2. 社会餐饮业市场营销如何进行?
3. 旅行社产品营销策略主要有哪些?
4. 如何进行旅游交通服务产品营销?
5. 旅游景区景点产品营销策略主要涉及哪些方面?

6.节事旅游营销策略主要有哪些？如何进行节事旅游营销策略创新？

7.会展旅游营销策略主要有哪些？如何进行会展旅游营销策略创新？

8.案例分析题

旅行社组团面临的问题

2008年"五一"节，虽然广西各大旅行社的接团数同比增长了32.6%，但由旅行社组织出游的人数却比历年都少。不跟旅行团出游并不意味着旅游不红火，相反，许多市民纷纷将目光投向了短线游。"五一"期间，南宁、桂林、柳州、贺州、北海等地的各大旅游景区游人如织。其中，相当一部分都是自发而来的游客。

旅行社组团不"火"了，暴露了旅游行业深层次的问题。业内人士认为，旅行社在出境游或长线游方面还会有相当大的生存空间，毕竟游客出门在外，自己打点吃、住、行相当麻烦。"如果旅行社不改变经营模式和开发旅游新产品，将会失去越来越多的客源。"

（资料来源：中国旅游报,http://www.ctnews.com.cn）

思考题：

(1)运用市场营销学的有关原理，分析旅行社组团不"火"的原因有哪些？

(2)旅行社在组合旅游产品时应如何创新？

第十一章 目的地营销：旅游产品、市场开发与管理

本章提要

旅游企业的旅游目的地营销管理，主要包括通过旅游市场分析来识别目标市场与游客分类、开发旅游景点景区与游乐设施的组合产品，以及旅游目的地营销战略与策略。在旅游目的地营销中，政府起着关键性作用。

第一节 旅游目的地与目的地营销

一、旅游目的地：分析与认知

什么是旅游目的地？简单说即吸引旅游者作短暂逗留、参观游览之地。概括些说，它是能够使旅游者产生旅游动机，并追求动机实现的各类空间要素的总和。这可分五个层次加以阐述。

一是旅游者。旅游者是旅游活动的主体，也是旅游目的地的吸引对象和服务对象。这样，从目的地的营销角度来说，首先就要使旅游者产生动机，进一步要把这种动机转化为一种目的，由此，旅游目的地的才能得以形成。目的的产生

需要一个信息传递和接受的过程,也需要足够的吸引力才能把动机转化为目的。

二是追求。追求是一个过程,旅游者从浩如烟海的各类旅游目的地之中选定一个旅游目的地,并追求旅游目的的实现,这是一个极其复杂的市场过程,对旅游者个体来说也是一个产生动机和追求目的的综合性过程。其中,旅游者的文化背景、个人偏好以及经济能力等因素发挥着重要作用。

三是实现。追求动机的实现就是旅游目的地的现实,从实现到现实,需要一系列的旅游消费活动,也需要一系列的旅游生产过程,两者之间对应得越紧密,实现的现实性越强,两者之间衔接得越圆满,实现的满意度就越高。

四是各类空间。空间是地域的概念,没有空间也就难以称其为旅游目的地。此处的空间包括各种意义上的空间,也就是说在地域性空间的基础上,也包括经济性空间、文化性空间以至心理性空间等等,是一个复合型的空间概念。另一方面,空间有大有小,作为旅游目的地来说,如果局限于一个小尺度的空间,就很难称其为旅游目的地,所以它至少应该是一个中等尺度的空间。

五是要素。要素至少包括三个层次,首先是吸引要素,如各类旅游吸引物都构成旅游要素。其中除了有形的吸引物外,也包括无形的吸引物;除了物质性的因素之外,也包括非物质性的因素。其次是服务要素,即各类旅游服务的综合,服务要素本身也是一类吸引要素。最后是环境要素,环境要素本身既构成了吸引要素的组成部分,同时也是服务要素的组成部分,更重要的是形成了一个旅游目的地的发展条件。前两个方面可以称为吸引要素,而后一个方面可以称为发展要素。

这些方面的综合构成一个旅游目的地的内涵,也形成了一个旅游目的地的独特吸引力。因此,具体说,旅游目的地是由旅游吸引物资源与旅游专用设施、旅游基础设施以及其他相关条件有机结合起来,接待旅游者逗留和活动的一定空间地域。

二、什么是旅游目的地营销

旅游目的地以其独特吸引力,成为满足旅游者终极目的的地点或主要活动地点,但要吸引旅游者前往并进行旅游消费,同样还需要因地制宜地组织旅游目的地营销。

(一)旅游目的地营销及其特点、作用

旅游目的地营销指的是以旅游目的地为对象,对旅游区域进行规划与产品开发,将区域内的服务和产品信息、目的地形象等传递给目标市场受众,并通过各种营销手段刺激旅游消费的一种动态管理、控制过程。

1. 旅游目的地营销的特点

旅游目的地营销有其特殊性。对此,国内外学者是有共识的,尽管其认识的角度不尽相同。综合起来,可归纳为以下几点:

(1)旅游产品供给独占与多用性。旅游目的地的自然的和人文的旅游吸引物,大多是独一无二的,具有独占性。而且其通常是由旅游者和其他使用者共同占用。除了一些专项设施,如主题公园是完全服务于旅游者外,许多目的地的企业都是同时为旅游和各个方面服务的;同时,旅游者常常是最新和最不受重视的使用者。例如,乡村的自然保护区与农林设施。在这些设施共享的目的地,旅游就可能会成为矛盾的根源,导致旅游者和其他使用者产生冲突。这就需要对之加以有效协调,针对可能出现的冲突提出解决的办法。

(2)资源环境的脆弱性。旅游目的地的资源和环境非常脆弱,随着到访者的增加,一些目的地就会出现超载现象,导致环境质量下降。只有有效的规划和管理才能拯救这类目的地。说到底,旅游的实质就是旅游者被景观独特但环境十分脆弱的地区所吸引。因此,目的地需要有效的保护。只有当旅游发展的指标由单纯的抵达人数转变为高质量的旅游体验时,这种状况才会得到改变。提供"低流量、高质量、高附加值"的旅游才是未来旅游目的地的发展方向。

(3)旅游目的地产品具有不可储存性。目的地产品与其他旅游服务产品一样具有不可储存性,如果目的地产品没有被使用,其价值就会流失。例如,目的地淡季酒店闲置的床位、餐厅闲置的座位和景点未售出的门票等,都不能储存到旺季再出售。所以,季节性是大多数旅游目的地面临的一个主要问题,这使目的地的利润下降、固定资产不能得到有效的使用。那些全年都能旅游的目的地,如加勒比海地区,在这方面就有明显的优势。所以,在开发目的地之前对市场规模和特点预测的准确度是至关重要的。

(4)营销效果的不易确定性。在西方,有学者称旅游目的地营销为"地点营销",认为目的地可当作商品;在逻辑上,旅游目的地是由旅游者体验组成的复杂活动的消费点,并最终由地点促销机构在市场上销售。但是,旅游目的地营销与物质产品营销有明显差别。一般的物质产品营销,产品实体可直观地展现在消费者面前,消费者对产品的满意度也主要取决于物质产品本身的属性,营销主体容易控制。而旅游消费要求旅游者作出空间位移,游客在出游前对旅游目的地的认识是不完整的,游客满意度受到旅游行程多个环节、多个因素的影响,营销主体往往难以完全控制。同时,旅游"六要素"的整体特点也决定了人们拥有较大的消费弹性。

(5)营销内容的宏观性、综合性。这是目的地营销与单个旅游企业营销的区别。目的地营销作为发生在区域层面的营销活动,在内容上主要从宏观层面和综合性角度宣传旅游目的地,不可能对本区域众多具体旅游企业的单项产品给予详细介绍,区域总体旅游形象、总体旅游产品(主要景区景点)才是其营销的重点,而单个旅游企业营销的重点是本企业的旅游产品。比如,各条线路、景区、各项服务等,以宣传本企业为主,关注的是其销售量、营业收入,营销局限于微观层面。虽然不少企业也顺便宣传所在地的景区景点,但毕竟只是附带的,往往也是片面的。

(6)营销目标的长久性。"没有永远的企业,只有永远的地区。"与一般旅游企业相比,旅游目的地营销目标具有长久性。单个企业的营销活动虽然客观上有利于提高目的地的知名度,但主要关注的是本企业的短期利益,较少考虑或无暇顾及地区的长远发展,更难涉及关系地区营销潜力的系列基础要素的建设(如区域基础设施、区域经济背景等)。旅游目的地营销目标则具有长久性,也即某地想成为旅游目的地,并希望得到可持续发展,就离不开营销。

(7)营销组织的多元性和等级层次性。一般来说,当地政府是旅游目的地营销活动的主体。因为,只有当地政府才有能力组织整个地区的营销活动。但也应看到,由于营销内容的综合性、复杂性,当地各种公共和私人团体、旅游企业及其从业人员、当地居民,对目的地的营销也有重要影响。

2. 旅游目的地营销的作用

第一,一次完整的旅游过程需要各个相关利益主体的相互配合。各旅游企业的"自我意识",将使旅游过程中的各个环节脱节。旅游目的地营销则可通过区域旅游集团的建立以及区域整体目标的制定,增强各旅游企业的"集团意识",将其糅合为一个整体来为旅游者服务,完整发挥旅游地的潜在优势。

第二,在目的地市场营销中,旅游营销主体不仅能"统筹兼顾",考虑到当前发展与长远发展的相互协调,还在空间上充分考虑旅游目的地某一发展时期各方面之间的协调发展,促进资源的可持续利用及基础设施的保护与修缮。

第三,旅游目的地营销的模式是"旅游景区+交通部门+旅行社+酒店+政府管理部门+旅游社区",使旅游市场竞争规范化。

(二)旅游目的地与旅游业的可持续发展

1. 旅游目的地生命周期理论

管理学家认为,如同生物一样,产品有其生命周期,旅游业由于其服务行业的特点,生命周期具有自身的特点和发展模式。20世纪80年代以来,为了深入理解旅游目的地的发展和管理模式,人们从新的角度来重新认识旅游目的地,把它作为一个综合性的旅游产品来看待,从而提出了旅游目的地的生命周期模型,对旅游目的地的开发和经营,尤其是目的地不同发展阶段所采取的营销策略提出了新的认识和理解。

旅游地生命周期或旅游产品生命周期理论最早是由旅游学者克里斯塔勒

(Christaller W.,1963)在研究欧洲旅游时提出的。加拿大地理学家巴特勒(Butler)在1980年对旅游地生命周期理论进行了系统阐述,成为该理论的集大成者。(图 11-1)

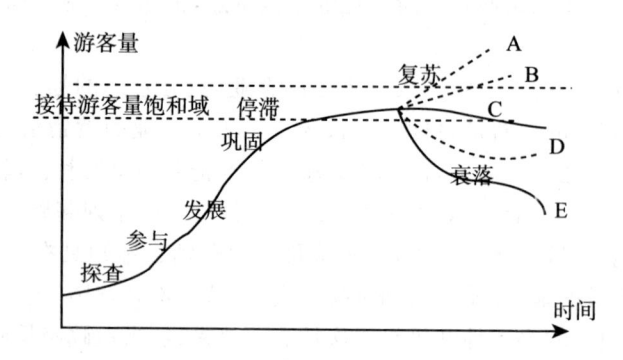

图 11-1 Bulter 旅游地生命周期模型

(1)探查期。这一时期旅游地只有少量的探索型旅游者,这些人不喜欢那些定式化的旅游。旅游地的自然资源、规模和文化是其主要的吸引力。但由于受到交通和设施的限制,游客的数量很少。这一阶段旅游地的景点保持原状,几乎没有受到旅游的影响,游客与当地居民的接触密切。

(2)参与期。在参与期,当地社区必须决定是否鼓励旅游开发。如果鼓励的话,要确定开发何种类型和规模的旅游产品。当地社区开始向游客进行宣传广告活动,旅游地将会吸引数量不断增加的定期游客。旅游的季节性和市场促销要求政府部门进行基础设施建设和实施管理控制。在这个阶段,建立适当的旅游管理组织和决策程序是十分重要的。当地社区的参与能够保证确保由当地来决定旅游容量的限度并引入可持续发展的原则。

(3)发展期。在发展期,大量的游客涌入,高峰期的游客接待量等于或大大超出接待能力。这一阶段旅游业的构成发生了变化,许多外地的企业进入当地并开发产品和设施。这些外地企业会与当地企业在可持续发展问题上产生冲突。如果当地的组织比较弱小,就会有许多问题出现。由于政府规划在某种程度上对问题的改进变得越来越必要,政府部门对目的地的管理可能也会相应调整。因为游客越来越依赖于通过旅游业预订安排好的旅游活动,所以对国际客源国的营销是很有必要的。由于这些设施和旅游性质的变化会改变目的地的特征,设施的过度使用和环境的恶化会造成目的地产品质量的下降,因而这个阶段十分关键。

(4)巩固期。在这一时期,尽管游客的总量还在增长并可能超过当地居民的数量,但游客数量的增长速度开始下降。旅游地已成为旅游业中非常成熟的组成部分，有些还会出现有特色的休闲商业街。

(5)停滞期。这一阶段，旅游者的数量达到最高点。旅游地不再受到青睐，大多数游客都是一些保守的回头客。因此，需要积极寻求对旅游地的设施进行广泛的商业化的利用；同时，也需要进行大量的促销和开发活动来保持游客的数量。在这个阶段，旅游地常会出现一些环境、社会和经济问题，并面临着来自成熟和完善的旅游地的激烈竞争。

(6)衰退期。在这一时期，旅游者减少并开始寻求新的旅游目的地，大多数游客都是在较小的范围内进行一日游活动或周末游览活动。但旅游地的衰退并不是不可避免的，应该通过寻求新市场、重新对旅游地进行定位、开发设施的新用途来吸引游客。

(7)恢复期。目的地的管理可以通过开发新市场或新产品来恢复或重新振兴目的地。一个通常的做法是引入新型的旅游产品，如博彩业。这时目的地不仅要保持老市场，还要寻求新市场，如商务旅游、会议旅游和专项旅游。这些措施有利于稳定客源，降低季节性的影响，降低对正在衰退的细分市场的依赖。

2. 旅游目的地的可持续发展

毫无疑问，旅游能够带来收益，但是旅游需求可能与当地居民的需要与愿望发生冲突，盲目或过度开发以及半途而废的开发，很容易对旅游目的地的环境造成破坏。随着大众旅游经历的增多和旅游意识的增强，人们更加重视旅游目的地的可持续发展。

除此之外，在可持续发展方面则需要强调能够对目的地进行有效管理的基本能力，包括掌握对空气、水、森林、植被和野生动物管理的知识和技能。这些方面不仅包括维持和增强目的地的纪念意义和社会文化完整性的管理方法，还包括对出现在目的地的个人进行有效管理的能力，即对游客的管理和当地居民的管理。(见表11-1)

表 11-1　旅游目的地的可持续发展的管理内容

竞争力(资源部署)	可持续性(管理内容)
市场营销	水质量管理
金融管理	空气质量管理
经营管理	野生动物管理
人力资源管理	森林/植被管理
信息管理	游客管理
组织管理	居民/社区管理
战略规划	纪念意义和完整性

目的地发展的长期战略所具有的控制功能,能够防止目的地旅游人数超出旅游容量以及由此带来的影响。旅游目的地有可能在其每一个生命周期阶段制定适当的市场营销战略,使人们能够不断重新审视和调整目的地的发展模式,从而保证旅游在满足消费者需求的同时也符合可持续发展的要求。

案例 11-1　古城古镇:文化遗产正遭遇"文化异化"

丽江、平遥、洪江、凤凰四大知名古城缔结为"姊妹古城",力图打造"中国古城旅游品牌"。这些曾经被视为"欠发达地区"的古城古镇,在享受一场旅游大开发带来的狂欢盛宴的同时,也将面临一场生死考验。

古城古镇的根本属性是"不可再生性"

据有关部门初步调查,仅湖南省具有保护价值的古城、古镇、古村即有408处之多,保存的古民居文物建筑9 146栋,总建筑面积1 200多万平方米。这种遗产既是重要的文化资源、教育资源,又是重要的旅游资源和经济资源,但其根本属性是"不可再生性"。

站在凤凰古城南华山上,可以看到10余栋钢筋水泥楼房居高临下,俯视着一大片深褐色的飞檐翘角的古建筑群。另一个令人震惊的事实是:最能体现凤凰独特风情的吊脚楼,有一部分已改建成钢筋水泥结构的民居,只在回龙潭附近尚留有10多栋老屋。在经济利益驱动下,一些凤凰人将祖传的老屋拆掉,重修两三层的砖房开"家庭旅馆",或随意洞开门面,肆意在房顶加层,使越来越多的新式房屋穿插于古巷之间。古民居建筑本身经历了上百年的创伤,已经相当脆弱,加上各级政府的投入不足,保护工作跟不上,大多陷入了自生自灭的困境。而且,湖南大量的古建筑群的古民居属于私人所有,政府难以统筹其保护工作,难以协调解决保护与居民生产生活之间的矛盾。随着生活条件的改善,拆旧建新不断发生,致使古城古镇古村的民族文化特色、地域文化特色、历史文化特色的消失速度日益加快。与此同时,民间收藏热,导致一些非法收藏行为对古民居的破坏加剧。

文化遗产面临"旅游性破坏"

在经历了一轮"建设性"的破坏之后,中国的古城、古镇、古村等文化遗存又面临着"旅游性"破坏,使开发与保护的关系话题日益敏感和沉重。

凤凰古城是一座新兴的旅游城市,厚重的人文底蕴和古色古香的街巷吸引了无数外地游客来此寻梦。在凤凰古城,夜色中的古城喧闹得令人吃惊,沱江边的古民居不少摇身变成了闹哄哄的酒吧,形形色色的游客在吊脚楼歇斯底里地大呼大唱。这座被称为"中国最美的小城",弥漫着进口啤酒和爆米花的味道,正在失去宁静安详的氛围,与"梦中守望的家园"渐行渐远。凤凰古城经营银器和扎染的老艺人说,随着古城旅游开发的加速,老街上的古旧味儿越来越淡了,由于租金水涨船高,商铺门面渐渐被外地资本占据,具有地方特色的工艺品店面,生意远远不如那些喧嚣的酒吧和宾馆。开画廊的不如开宾馆的,开手工艺作坊的不如开酒吧的,珍藏着中国历史文脉的古城古镇古村,由于对资源的掠夺性索取,导致不少景区谢顶早衰,吸引力急剧下降,"摇钱树"正蜕变为长不大的"小老树"。

类似凤凰古城遭遇的这种隐性"文化伤害",也在加速遗产"折旧"。在江南小桥流水周庄,"万三猪蹄"招幌满镇飘荡,"多了商家,少了人家",令人遗憾。

专家们认为,旅游开发与文化遗产保护其实并不矛盾,如果在做好文化遗产保护的措施上再进行产业开发,那不仅是一代人的利益保障,而且是子子孙孙多少代人取之不竭的财富资源。不能只顾眼前经济效益,去做损害子孙后代的缺德事。

(资料来源:经济参考报,2008-11-04)

第二节 旅游企业:目的地营销管理

一、分析与识别:旅游目的地游客分类

(一)识别目标市场

旅游目的地可以通过两个途径来识别其目标市场。一个途径是收集有关目前游客的资料:出发地、出游原因、人口特征、满意度、回头客数量,以及支出情况。通过考察这些问题,规划者便基本可以确定游客目标市场。另一个途径是通过对旅游景点的仔细分析,来选择那些理论上可能会对其感兴趣的顾客群。我们不能假定当前的游客就代表了所有可能乐于到旅游目的地的游客。地方旅游局或景区管委会可设置市场细分变量,并通过访问咨询,可能会有所收获,包括目标景点、市场区域定位、游客特征和游客期待等变量,以有助于选定最佳目标市场。

比如某地的目标市场确定后,旅游管理者就要做寻找游客的调研工作。哪个国家拥有大量的有兴趣、有能力参观某一旅游地的人群?例如,阿鲁巴主要吸引了喜爱阳光的游客。东欧人因为缺乏购买力被排除在目标市场之外;澳大利亚人被排除在外,是因为他们本国就有阳光十分充足的旅游地,尽管"澳洲人"都是些频繁出游的游客。

这样的分析或许可以发现许多目标市场,如果识别出来的目标市场有多个,那么应该估算每个市场的潜在收益。目标市场的潜在收益,是该市场旅游收入与为吸引和服务这一市场而花费的支出的差额。支出取决于基础设施的需要。最后,要对潜在的目标市场进行排列并根据其盈利多少进行选择。

如果通过这样的分析得到的目标游客太少,就必须对基础设施和景点进行投资。旅游投资包括基础设施改进(类似宾馆、交通、通讯、水、电灯)和开发可能吸引新类型的游客的景点。投资支出也许仅过数年就可收回,但如果旅游地所经营的目标市场竞争激烈,收回投资就要花费较长的时间甚至无法收回。

无论旅游目的地寻求哪一类目标市场,非凡的独特性是必需的。滑雪区吸引滑雪者,自然礁石区吸引潜水者,艺术和手工艺品吸引艺术群体,冒险旅游吸引寻找刺激的游客。考虑了这些还不够,潜在的游客要通过其他特征来加以细分。

(二)游客分类

多种分类法已被用于描述不同的游客构成。其中,最常用的分类法是基于游客是团体旅行还是自助旅行,通常的术语有团体包价旅游(Group Inclusive Tour, GIT)和散客旅游者(Independent Tour, IT)。习惯上,在描述游客分类时,也常用游客组织化程度和对旅游目的地影响程度的归类方法。

1. 有组织的游客团

这与团体包价旅游相类似。除了选择旅行社,这类游客对其旅行经历没有或很少有影响。他们组成一个临时性团体,共乘旅游巴士,待在预定好的宾馆里。

2. 单独的游客团

这类游客大体上与有组织的游客团相类似。但是,他们又与有组织的游客团不尽相同。这主要表现在这类游客自己能多少控制旅程。例如,他们可以租一辆车去参观景点。

3. 探险旅游者

这类游客属于散客类游客。尽管他们可能也会通过旅行社,但他们规划自己的旅程,自己找住宿之地。这类游客大多是好交际的人,喜欢跟旅游地人们交流。

4. 浪游者

这类属于背包徒步旅行的游客,他们很少出现在传统的宾馆里,他们可能跟朋友呆在青年旅馆里,或者野营露宿。这类游客倾向于跟当地群体融合在一起。他们大多是年轻人。

二、旅游景点景区与游乐设施：组合产品开发

向潜在游客传达信息的一个有效途径是提供景点组合。如果想要成为被游客选择的旅游地，关键就在于对富有吸引力的旅游景点与游乐设施进行组合开发，以供旅游者在比较中择优选择。

旅游景点景区通常面积不大，以某一特色吸引物为主，拥有独立和专门的场所。它可以是自然的或人文的，也可以是历史的或现代的、物质的或非物质的等。相对于旅游景点景区，旅游目的地面积上更为广阔，包括数个旅游景点以及提供相应的吃、住、行、游、购、娱各项服务。游乐设施包括室外的和室内的、休闲的和康乐的，比如度假区、高尔夫球场、赛车场、游乐园、娱乐中心等，以及提供住宿、餐饮、交通等设施。旅游景点景区与旅游目的地营销是密不可分的。旅游目的地营销是一个经过归纳、整合后在整体形象统领下旅游景点产品群的营销。这个产品群不是一盘散沙，而是把产品群优化组合后打造出有独特卖点的、有核心产品拉动的、个性化包装的、对市场有特殊吸引力的营销过程。

案例 11-2　源发于体验的深层"诱惑"

旅游目的地营销体现的，是文化、外贸、体育、园林、文物等多种类型整体营销。韩国目的地旅游，就是成功地运用了这样的整合营销策略，而在塑造旅游组合产品品牌形象方面的成绩尤为突出。

大量的韩国影视剧冲击着亚洲（尤其是中国）和美洲的市场。因为，中韩文化的血源性，相似的观念和人物，让中国人对韩国影视有着很大的认同感，从而对影视中所体现出的饮食、服饰、优美景色等文化产生向往，形成对韩国旅游的关注点。在此基础上，倘能有效地发力，就会影响韩国对外形象暨旅游产品品牌形象。韩国的文化、韩国的帅哥美女，无不成为"韩国"这一品牌牢固的形象基石。比如，韩国拍摄《冬季恋歌》的小岛，有美丽的景色，有浪漫的爱情，有青春悸动的痕迹，有美好热烈的纯真；还有精美的食物、华美的建筑、各种传统的完美留存。有了这些强烈的诱因，大量游客去韩国旅游就成了一种必然。

据韩国观光公社委托秋溪艺术大学文化产业研究所做的"韩流旅游营销效果分析及发展方向调查"，2004 年，来自日本以及中国大陆、台湾的游客中，有 27.1%（约 71 万人次）是直接或间接受到韩国影视剧的影响到韩旅游的。这些"韩流游客"共为韩国带来了 7.8 亿美元的外汇收入。美国的《纽约时报》将裴勇俊称为"创汇 23 亿美元的男人"；《冬季恋歌》的外景拍摄地之一外岛成为"爱情岛"，每天吸引着上千游客的到来；在《大长今》的影响下，2005 年前往韩国的游客人数增加了 15% 之多。

继影视先行后，韩国在满足游客"体验"方面还做了很多其他的工作，从而强

化了游客心中对"韩国品牌"形成的良好形象,让韩国变成游客心中一个向往的旅游目的地。在这些后续的计划中,最醒目的莫过于各种主题公园的建设。

《大长今》热播后,韩国首都首尔以北的杨州 MBC 文化院,作为《大长今》的主要拍摄地,被韩国旅游发展局挂起"MBC 大长今村"的招牌,包装成旅游观光点。面积达 4 000 平方米的大长今村由御膳房、厨房、补给处、管理部内资寺和司雍院等组成,大型剧照随处可见,经典片断不间断播放。处身其中,体验韩剧带来的独特感觉,为很多人所向往。因此,2004 年 10 月开放以来,截至 2005 年 12 月初,光顾"大长今主题公园"的游客已达 30 万人左右。

为了进一步巩固"韩流"带给韩国的效益,2006 年韩国京畿道政府正式与投资商签订合同,宣布将仿照美国"好莱坞"(Hollywood)、印度"宝莱坞"(Bollywood),兴建一座"韩流坞"(Hallyuwood),面积相当于两个东京迪斯尼乐园,里面建 5~6 个主题村落:"欢迎之村"作为出售纪念品的购物中心和高级餐厅;"嘉年华之村"中有韩流明星的蜡像馆和户外大型音乐厅;"东方之村"主要是水上庭院;"电影之村"设立韩国电影体验馆和韩国皇宫体验馆。主题村之间,还建设 10 多处"体验之街"。这个被认为区别于西方大众文化的"韩流坞",代表着韩国、中国及日本文化相交流的新东亚文化的主题公园,将带来全新的文化体验,具备了成为一个新的体验焦点的潜力。

(资料来源:唐曼曼. 成功营销. http://biz. 163. com/06/0801/21/2NFJVOEE00020QDS.html)

三、旅游目的地营销战略与策略

旅游目的地营销应贯穿旅游目的地规划和发展的整个过程。这也就是说,旅游规划和发展的每一个步骤、每一个措施、每一个阶段,都要立足于特色旅游吸引物及相关产品供给的基础上,运用营销理念指导营销活动的各个环节和各个方面,努力满足目标游客的需求,特别是旅游产品的开发和管理、游客的旅游体验,以及创建和塑造旅游形象。只有这样,才能使得游客更加满意。

(一)调研、形象和观念

旅游目的地营销犹如一棵参天大树,调研如树之根,观念是树之经脉,形象乃树之花,即"3I",包括旅游目的地调研(Investigation)、形象(Image)和观念(Idea)。如此一棵大树屹立起来,景区的目的地营销才能生生不息。

第一,调研是目的地营销的基础研究,包括了旅游资源调查与评价、市场研究和竞争者研究。调研是后期所有计划的基础,该部分研究的准确与否,直接关系到营销计划的可操作性。

第二,形象包括形象的测量、定位、塑造和传播,测量是形象定位的基础研究,游客对景区形象的认知与专家对景区形象的认知是有区别的,不同细分市场对景区形象的认知也有较大的差别。通过形象的测量来定位景区的形象,是目的地营销的重要工作。

第三,观念是无形的,要通过产品展示、形象定位、战略实施等具有表象的实体展现出来,观念虽无具体形态,但在整个目的地营销体系中起关键作用,它是文化,是理念,是整个目的地营销规划的精髓,决定着营销的成败。

（二）产品修正和"需求漏斗"

在目的地营销中,产品是核心。但是在景区建设好以后,产品不能总是一成不变。如果市场变了,产品还是原来的产品,就会形成产品与市场的脱节。因此,在景区营销的过程中要根据宏观环境、竞争者、游客偏好的变化及时调整营销战略,根据市场和营销战略的变化对产品的内容和结构进行合理适当的修正,即产品修正。在景区建成以后,即使大的建筑格局已定,也要根据市场需求,不断调整和升级产品,使景区产品越来越人性化、精细化。

在规划和设计时,企业和景区往往希望自己的产品可以完全满足目标市场的需求,实现产品一对一的销售。然而,顾客的需求很难百分之百地满足,当顾客的期望被一定程度的满足但又没有达到完全满足的情况下,其就会对产品产生一种基本满足状态下的更高期望,从而对产品产生长久的依赖。这就是所谓的"需求漏斗"。景区在设计产品的时候应当考虑需求的漏斗效应,为产品的提升和发展保留一定的空间。

（三）市场细分与差异化

游客需求的多样性与旅游产品的有限性的矛盾必然导致每一个旅游地只可能满足某一部分游客的某些需求。所以,只有明确自身的相对优势,然后把信息传递到对本旅游目的地旅游产品感兴趣的游客群,才有可能提高信息的传递效率,获得较好的促销效果。为此,必须实施市场细分与差异化战略。这需要通过游客调查和主要旅游产品对应分析,明确自己的相对优势和目标市场。再通过各种手段,把目的地的相关信息传递到目标市场。

以鞍山为例,鞍山最初采用的旅游促销手段是在中央电视台做城市旅游形象广告,效果不理想,通过深入细致的产品分析和游客调查,鞍山目的地营销规划组发现,南方游客与北方游客对鞍山旅游产品具有明显的不同偏好:南方游客对玉佛苑感兴趣,而对千山比较淡漠;北方游客,尤其是东北游客对千山最感兴趣,对玉佛苑却不怎么喜欢。因此,鞍山如果采取市场细分的促销策略,针对不同的目标市场采取不同的促销内容和方式,就会取得较好的促销效果。

（四）形象与主题形象

旅游产品的实现形式首先是游客对旅游地的感知。因此,旅游者在选择旅游目的地时,其头脑中对旅游地的印象起到了近乎决定性的作用。只有旅游目的地形象被完整、系统、良好地表现出来,形成品牌,且有效地传达到消费者的头脑中时,才有可能被旅游者选择为出游目的地。所以,对于旅游目的地而言,重要的是目的地品牌形象的定位,尤其是主题形象。

主题形象是突出旅游地个性、强化吸引力与深刻游客记忆的基本要求。旅游地主题形象的确立,一要突出最具有地方特色的方面从而体现差异性;二是必须利于引发游客的兴趣。旅游业发达的城市,一般都有自己的鲜明主题。例如,广州——华南商都(强调其商业文化);深圳——最开放的城市,最靠近香港的城市,最能梦想成真的城市;珠海——最适于人类居住的城市。一旦确立城市的主题形象之后,所有的城市旅游营销活动都要围绕主题形象而展开,服务于主题形象。首先,旅游产品的开发应该围绕主题形象,体现主题形象和强化主题形象。其次,旅游地标识系统的设计,景观的建设,大型事件活动的举行,也要尽量围绕主题形象,服务主题形象。例如,昆明"世博会"正好服务于昆明"春城"的主题形象。最后,向外传递旅游信息要以主题形象为核心,主打旅游形象的品牌,而不是忽视主题形象,直接传递旅游产品的相关信息。

形象与主题形象营销是目的地营销最有效的途径之一。举个例子,香港的旅游资源相对贫乏,与其他著名旅游胜地相比,没有闻名遐迩的名山大川,也没有独一无二的历史文化遗迹,但这块弹丸之地却使世界各地的游客趋之若鹜,2004年,香港被美国极具影响力的刊物 *Recommend* 评为:"亚洲/太平洋最佳旅游目的地";2005年,香港被美国《国家地理杂志》评为全球14个经典旅游地之一。说到底,香港营销的最成功之处便是形象营销的到位,香港2001年到2003年的旅游主题是"动感之都,就是香港",展示出一个充满机会和活力、中西文化汇聚的都市形象;2003年,"爱在此,乐在此"的主题形象宣传很好地塑造了香港作为国际性都市的健康美丽新形象;随着家庭群体及商务客人逐渐成为香港旅游客源的主体,香港于2006年开展了"2006精彩香港旅游年"主题活动,目的在于短期内令香港成为亚洲最热门的目的地,进一步巩固香港在国际旅游市场上的地位。

许多国家和城市的"形象营销"都获得了巨大成功,比如"花园国家"新加坡、"水城"威尼斯、"音乐之都"维也纳、"世界艺术之都"巴黎、"会议之都"达沃斯,以及"滑雪胜地"瑞士和"圣诞老人故乡"芬兰等等。不懂得制造概念和VI设计,不重视旅游目的地品牌建设和形象营销,这些都是眼光短浅、缺乏营销意识的行为。

案例 11-3 "生态乐园"、"东方水城"、"休闲天堂"营造

拥有2 500年历史的古城苏州,其旅游资源有一个鲜明的特征,即单一观光型发展模式,旅游者数量呈自然型增长,很难形成一种跨越式的增长,发展有一定的瓶颈制约。对此,苏州旅游开始转变观念,打造体验式休闲旅游模式,从质量和效益的角度构筑全新的旅游模式——休闲天堂。

有关资料显示,国际旅游产品中非观光类的占了77%,而苏州的旅游产品仍然以传统观光类为主,占了70%。古典园林、苏州刺绣、水乡古镇、枕河人家等产品已经难有新的卖点。打造休闲天堂,是从粗放数量型向质量效益型过渡,以休闲度假旅游为重点、特色旅游为补充的一次观念转型。

苏州借环古城河综合改造之力,把开发水上旅游新产品作为其主要目标。古胥门至觅渡桥的水上观光带作为东方水城的一大特色景观,吸引了众多海内外游客。环城河水上游已有7家公司在经营,共接待游客15余万人次。

与此同时,修学旅游、工农业旅游、红色旅游等新产品也已逐渐成熟,成为苏州旅游新的增长点。苏州,这个被誉为"人间天堂"的旅游胜地,以温婉典雅的特色成为江南的一颗明珠,全力营造"生态乐园"、"东方水城"和"休闲天堂",精心织造古典风韵与现代时尚交融的经典"双面绣",休憩身心,怡情养性,享受生活,追求浪漫。这将是人间天堂新的魅力所在。

(资料来源:中国旅游营销网,http://www.aatrip.com)

(五)全民参与

信息传递的数量和质量,以及游客满意度的提高,都有赖于旅游目的地全民的参与和支持。信息传递,尤其是旅游形象的传播,需要当地居民的积极参与。一方面,当地居民的口头信息传递成本很低,传递效率高;另一方面,抽象的旅游形象,以及一些深层次的信息,例如,旅游产品的文化内涵,很难为游客直接所感知。此时,当地居民参与就变得极为重要。另外,满意度直接取决于游客的体验,而后者是诸多因素综合作用的结果,尤其是与当地居民的对待游客的态度、旅游相关行业的服务质量等因素息息相关。这决定了仅仅关注需求者的传统营销方式是行不通的,还必须关注所有的利益相关者和一些偶然因素。这是旅游目的地营销与其他营销相区别的一大特点。而且,这些因素大多数在营销者的直接控制范围之外。因此,要成功地进行旅游目的地营销,就必须有全民的参与,需要政府、非营利部门、本地居民及其他部门的通力协作。

为此,首先必须关注所有相关者的利益所在,尽量平衡相关各方的利益要求,使大家都从旅游业发展中受益,实现各自的目标。这样,才有利于相关者对游客态度的改变和各行业服务质量的提高,从而使游客的体验需求得到更大的满足,并形成良好的口碑。其次,要实行对内营销,把旅游目的地的信息,尤其是

旅游形象和产品的文化内涵传递给当地居民,并获得他们的认同。

(六)事件营销

国外长期跟踪研究业已表明,通过举办大型活动制造事件,对于提高旅游目的地的知名度具有长期效应。这有许多成功的例子可供证明。张家界的"飞机穿越天门洞",昆明"世博会",宜昌的"告别三峡游",都使举办地名声大振。事件营销的策略对知名度低,旅游资源比较丰富,旅游业处于起步阶段的旅游地尤其适合。

案例 11-4 "穿越天门洞",天门山名动天下

天门山在张家界市区以南约 8 公里,山体南北宽 1.93 公里,东西长 1.96 公里,面积 2.2 平方公里,海拔 1 518.6 米,它以发育较齐全的岩溶地貌,区别于张家界武陵源风景区的砂岩峰林景观。令人叫绝的是,在天门山 1 264 米高的绝壁之上,有一个南北洞穿的天然门洞,洞底至洞顶 131.5 米,宽 37 米,当地人称之为天门。但这一奇特的景观却一直不为人所知。游客到了张家界,一般都是只到武陵源风景区,而不去天门山。

为了改变这一现象,1999 年 11 月,当地旅游部门策划了一次"穿越天门"的世界特技飞行大奖赛。由于这是人类首次驾驶飞机穿越自然溶洞,加上参与这一壮举的都是来自世界各地的特技飞行高手,具有很强的新闻性。因此,这一计划一公布,立即成为媒体关注的焦点,各种有关"穿越天门"活动进展的报道连篇累牍。其间,媒体还产生了争论。比如,"万一特技飞行员失手,飞机撞到'天门'上,会不会破坏这一自然奇观?"但这样的争论围绕的都是景点保护,反而对景点的宣传起到了更好的推动作用。到了正式穿越这一天,"穿越天门"更是引起了轰动,不仅各地媒体蜂拥而至,电视还向全国现场直播,天门山"天门"的名字一下子就走进了世人的视野,旅游人数增长了 1.1 倍,收入增长了 70%。

这样的一种冒险和壮举,实际上赋予了"天门"一段传奇,除了在飞越之时产生的轰动和吸引无数眼球外,更重要的是在以后的景点推介中可以不断地谈到这个传奇,勾起人们的美好回忆。

(资料来源:郭羽.营销宣传策划.南昌:江西人民出版社,2005)

(七)创新营销

产品创新是旅游目的地营销获得成功的重要条件,其核心就是"新",以新形象、新产品、新形式给旅游者"耳目一新"的感觉,以达到吸引旅游者、占领目标市场的目的。而营销手段的创新在某种程度上对营销成功起着决定性作用。

例如,"世界杯"是足球迷的挚爱,在夏季旅游"黄金假期"里,"德国世界杯游"的确使德国旅游大大火了一把,但欧洲的其他旅游目的地国也并不落下风。据报道,2006 年 5 月,瑞士一则旅游广告独树一帜,做起了球迷之外的女性游客生意。这则片名为《女孩,我的爱》的广告在德国、法国电视台黄金时段亮相,片中是身材魁梧的农场工人、性感的火车列车长、健美的登山运动员、强壮的伐木工等一系列美男的镜头,展现着独特的男性魅力,阳光而性感。"亲爱的姑娘们,为什么不离开世界杯看台,到瑞士来。这里的男人不爱足球爱佳丽!"煽情的广告词完全会激起女性前往旅游的欲望。这便是创新营销。这则广告把自己的受众定为那些对足球不感兴趣的女性,创造性地"借题发挥",唤起了那些受到冷落、打算放弃一年一度家庭休假的女性出游的愿望,得到了一大块新市场客源。创新往往能出奇制胜,旅游业也是靠创新激活的行业。

(八)合作一体化

市场竞争的最终结果,是优胜劣汰,但也很可能是共存共荣。合作一体化将竞争者变为朋友和合作伙伴,实现共同发展。这在旅游市场上越来越多见了。

旅游是线状的,旅游目的地的产品组合包装在一起营销,反而会卖得更好。比如,在桂林《印象·刘三姐》门口竖块大牌子,做个网络——阳朔西街、漓江百里画廊、桂林两江四湖。游客看了后,若是自助旅行,便会在看完演出后游历其他的三个景点。同样,在西街也有这样的牌子,这就是合作营销。那些包括多个目的地的旅游线路,还可以进行跨区域宣传合作,以期收到"1+1>2"的效果。国内有中国四大佛教名山联合营销、泛珠三角旅游联合、中部地区旅游联合在运作,有长三角旅游圈的逐步形成,那些知名度较低、影响力较小的旅游目的地,其合作营销的要求更为迫切。

(九)能力管理

在旅游目的地营销中,能力管理是营销系统中最体现人性化的一个方面。能力管理是指旅游接待设施在处理游客需求及实际流量随时间波动的能力及措施,包括需求管理、容量管理和排队管理等。好的能力管理可以从游客的角度出发,使游览过程中的每个环节的服务都细致周到,保证整个游览过程的顺畅。以黄山风景区为例,它在自身资源和景色方面已经被市场认可,获得了较高的顾客满意度,而在等待索道时间方面游客的满意度介于不满意和很不满意之间。因为,等待索道平均花费的时间太长,在旅游旺季的平均等待时间达 2 个小时以上甚至更长,影响游客的心情和整个行程安排。如何使长时间的等候变得更舒适是景区亟待解决的问题。如果能够在景区的日常管理中充分发挥能力管理的作用,根据往年同期需求变化建立需求模型,按照模型进行需求管理,在新一轮旺季到来前,就可以提前掌握黄山景区的游客数量和构成比例,以应对客流高峰。

第三节 政府与旅游目的地营销

美国著名营销学家菲利普·科特勒于1986年提出,在跨国营销过程中,传统的"4P's"理论已经远远满足不了需要,在"4P's"之外还应加上另外"2P",即政治权力(Political Power)和公共关系(Public Relationship)。自从20世纪90年代以来,世界经济形势发生了变化,国际竞争加剧了贸易保护主义,各国相继采取了管理贸易政策,跨国营销中权力因素的考虑也因而变得必不可少。

一、权力与权力营销

"权力"一词源于拉丁语"Autorias",最初包含着两层意思:其一,权力是意志,是法令;其二,权力是权威。权力来源于权力资源。这种资源可能是一种自然禀赋,也可能是人的才能、职务或者地位。任何群体或个体都会拥有某一种或几种权力资源。他们利用这些资源,对他人所欲求的"价值"(如情感、利益、前景等)加以掌握和控制,就获得了支配他人的权力。

(一)权力及其类型

权力是指某一群体或个体凭借和利用某种资源占有的优势地位,对其他群体或个体进行价值控制所形成的支配力、控制力和影响力的总称。或者,也可以这样理解,权力是领导他人行动或作决定的力量,也含有命令与服从的关系,但服从不一定非要经由强制而产生,其他如劝告、要求或说服等都可获得同样的效果。尤其是现代管理更注重积极的劝告,而不是消极的制裁。因此,权力不应与"强迫服从的力量"相提并论,而视为"作决定的权利"和"采取行动的力量"。

1. 政治权力、经济权力、社会权力、法律权力和文化权力

(1)政治权力。政治权力是某一政治主体依靠一定的政治强制力,为实现某种利益或原则,而在实际政治过程中体现出的对一定政治客体的制约能力。政治权力的来源在于权力主体(通常为国家)所占有的政治资源,如军队、警察、惩罚制度等。政治权力的表现形式有参与国家政治活动和参与国家、社会的管理等。同其他种类的权力相比,政治权力具有较强的强制性和公共性。

(2)经济权力。经济权力是一种经济的力量或经济力。通常被定义为:某个体、某个组织或某一集团通过对经济资源的控制、运用而达到自身目的的能力。它的核心在于对经济资源的控制。经济资源是一种重要的权力来源。在任何社

会里,对经济资源的控制,就意味着有了一个重要的权力基础。经济权力对政治权力有较大的影响。美国的加布里埃尔·科尔克甚至将政治权力视为经济权力的一个方面。

(3)社会权力。社会权力是国家权力之外的、散落于社会和民间并由社会集团所执掌的各种权力的总和。社会权力是经济权力和政治权力的特殊中间环节。宗教组织、社会组织、家庭等社会组织中的权力都属于社会权力的范畴。

(4)法律权力。法律权力包括两个部分,一是一国国家宪法、法律和法规中以条文形式明确规定下来的权力;二是由国际条约、协议的签定而源生出来的即国际法层面上的法律权力。

(5)文化权力。由于不同的文化具有不同的特质,在一种文化背景下的群体,基于对本文化的占有优势,而对进入该文化的异文化群体所产生的权力,就是文化权力。

这五种类型的权力会从各个不同的方面对旅游企业开拓旅游市场尤其是从事境外市场开拓施加影响。同时,它们又相互融合,组成了权力的构成要素。

2.合法的权力、职位的权力、专业知识的权力和认同的权力

(1)合法的权力。凡是具备合法性的权力就是合法的权力。拥有合法权力者有要求他人服从的权利,而隶属权力者有服从的义务。因此,在层级体制中,上级人员对下级人员的关系,包含了这种合法的权力在内。权力是一种关系。权力存在于人与人的相互关系之中,单独的个人无所谓权力。

(2)职位的权力。当人们在社会机构中占据权势地位和支配地位时,他们就有了权力。一旦占据这种职位,就具有该项职位所拥有的权力。这项权力的大小与其所处职位的高低成正比,即职位越高,权力越大;掌权人物居于重大决策的地位,他们不作出决策,倒不十分重要,重要的在于他们占据着如此关键的地位。他们掌权本身就是一种行为,往往会比他们作出决策产生更大影响。

(3)专业知识的权力。这种权力并不限于正式的层级体制中。与职位相联系的权力是一种"职权",而与专业知识和特殊才能相联系的权力是一种没有职位的权力,这种权力在社会中是普遍存在的。有时,一个机构的下层人员凭借知识和特殊才能,会拥有比他上司大得多的权力。

(4)认同的权力。这是来自于个人修养,也是其他三种权力的综合及外延。有时,我们称颂某人"德高望重"、"高风亮节",意味着他的行为、思想可以作为其他人员的表率,成为别人"认同"的对象,或者是因为他们具有某种超人的禀赋或感人的道德力量,或者是因为他们的风度、品德、判断力、学识及人格等足为他人所钦佩。一个有效的领导者,不仅应具备合法的权力,而且更应具备认同的权力。

(二)权力运用方式

科特勒认为,权力指某一渠道成员支配另一渠道成员的能力,即 A 方能使 B 方去做它原来不想做的事情的能力。A 至少可以采用五种基本方式来运用权力对 B 施加影响:

1. 强制型权力

强制型权力是指如果中间商与旅游产品生产者合作不力的话,生产者可以取消合同或终止关系胁迫中间商就范。这种强制权力在中间商对生产者依赖性较强的情况下特别奏效。不过,强制权力的滥用会引起不满并导致中间商的反抗。一般来说,强制权力在短时间内或许有效果,但从长远来说,其效果并不好。

2. 报酬型权力

报酬型权力是指旅游产品生产者为中间商采取的特殊行动而付出额外的报酬。一般来说,报酬型权力的效果比强制型权力好,但有时也会被高估。中间商会因为有额外的好处而遵从生产者的意愿。但渐渐地,生产者每次希望它们进行活动,它们都会要求得到报酬。

3. 契约型权力

契约型权力是指旅游产品生产者按照固有关系和合同要求实施某种行为的力量。某旅游企业按照它与销售商签订的特许销售合同,要求销售商保持一定的库存量。生产者认为它有这种权力而中间商有这种责任。

4. 专家型权力

这种权力能为旅游产品生产者所运用的原因,在于其专业知识为中间商所看重。举例来说,生产者有种力量引导中间商的发展方向,或为中间商的销售队伍提供专家培训。这是一种有效的权力形式。因为,中间商得不到这种帮助,行动就会步履维艰。问题在于,中间商一旦也成为专家后,这种权力就会削弱。因此,生产者必须继续维护自己的专家地位,才能使这种权力得以延续。

5. 咨询型权力

咨询型权力指旅游产品生产者为中间商热烈拥戴,并以能和它同步而感到自豪时所体现出来的一种权力。像希尔顿、喜达屋等这样的大企业就拥有很强的咨询型权力,中间商在一般情况下都乐于按它们的意愿行事。

(三)权力营销

权力营销,即政治权力营销,或者政府权力营销,一是指政府使用其行政权力直接或间接地传递信息,致力于开拓新市场特别是异地市场,打开和扩大产品市场销路的营销活动;二是指企业善于借助政府权力营销,从而开拓和扩大产品市场销路的营销活动。

案例 11-5 "中国龙虾节"

"中国龙虾节"是江苏省盱眙县人民政府在 2000 年 7 月成功举办"中国龙年盱眙龙虾节"后,于 2001 年正式开始打造的一个节庆品牌,每年 7 月前后举办一次,每次历时 10 天左右。江苏省环保厅以及扬子晚报社、江苏卫视倾情加盟。

"中国龙虾节"秉承"以虾为媒促开放,四地联动办大节,以人为本谋发展,主动融入长三角"的总体办节思路和"隆重、创新、务实、节俭"的指导方针。除盱眙当地外,还在南京、上海等地联动举办,各有侧重。盱眙以"开幕式、山地广场文艺演出、万人龙虾宴"为三大主活动,辅以群众性活动;南京以文艺演出和旅游促销为主,辅以其他活动;上海以农副产品和旅游推介为主,辅以招商引资;浙江以招商为主。历届"中国龙虾节"的成功运作,使盱眙龙虾跨过长江、抢滩上海、直逼浙江、挥师北京,掀起一轮又一轮"红色风暴",取之者多,食之者众,惠之者广,令人叹为观止。

在"中国龙虾节"举办过程中,盱眙人以"五湖四海闯荡,红红火火终生"的"龙虾"精神,不断改革创新,实现了由造势、造财向"造人"的三大转变,体现了以人为本的理念。"中国龙虾节"已经办成了盱眙的艺术节、经贸节、农展节、旅游节、美食节,成为名副其实的文化节、招商节、创业节、富民节,成为扩大盱眙知名度、美誉度和引领盱眙经济增长的强力推进剂,并将在盱眙县的富民强县和社会主义新农村建设中作出更大贡献。

(资料来源:http://www.china-longxia.net/lxjie.asp)

权力营销的主体是政府机构,包括中央政府和各级地方政府;政府职能机构,包括政府部门的各职能机构及分支机构;政府驻外机构,包括国家驻外大使馆、领事馆,以及国内驻外省市的办事处、联络处等;政府官员,包括各级在职官员和退职官员;行业组织,包括官方、半官方和民间行业组织社团组织,以及权威人士。

因此,权力营销最显著的特点,就是政府参与、群体行动、影响力大、成功率高,特别是在"强政府"体制下,某种程度上直接表现为政府行为。

二、旅游目的地营销:权力效应分析

成功的旅游目的地营销,需要包括政府、非营利部门、旅游业相关企业、本地居民及其他部门的通力协作。但是这其中起决定性作用的是当地政府。

第一,树立旅游目的地的中长期形象和战略发展目标。政府参与旅游目的地营销的主要作用在于树立旅游地的中长期形象和战略发展目标。绝大部分企业,尤其是中小型宾馆、旅行社、景点等,为了生存和竞争,其经营往往只考虑短期,调查预测和具体经营行为也都是短期的。这种短期战略,必然忽视对大量全局性的、具有战略价值的和不具有直接产出性的营销的投入。而且,事实上也只有政府才能承担起这一工作。

第二,解决旅游业及与旅游相关产业信息不对称问题。现实经济生活中,信息一般是不完全的,而且获得信息往往要付出成本。信息的不完全性和信息成本会影响到市场机制运行的结果和资源配置效率。在旅游产业中,信息的密集性有着特殊的意义。旅游业中主客体之间、客体和媒体之间、主体和媒体之间,存在大量的供需不相等和信息不充分的分布特征。很少有其他领域能像旅游那样把信息收集、加工、传递和利用放到如此重要的地位。旅游服务的无形性、旅游设施的不可移动性和旅游产品的非贮存性,增加了信息不对称的可能。无形的旅游服务在销售时是无法展示的,而且通常在远离消费地点被预先销售。这个信息不对称问题,单凭旅游企业的力量是不容易,甚至不可能解决的。因此,只有依靠政府力量。

第三,政府策划和强力推动热点盛事,增强区域旅游吸引力和被关注程度。一个旅游目的地的形象必须花费代价予以维护和提升;通过大量的传媒宣传,提高正面旅游形象的知名度和独特点是吸引旅游者的唯一选择。热点盛事活动,往往是一个城市景气的关键所在。没有政府参与,单个企业不愿或无力承担这些外溢效应很明显的活动。在激烈的旅游市场竞争中,不同的目的地之间争夺游客的格局是此消彼长,而一直缺乏热点的旅游地,最终会被旅游者淡忘,在竞争中难以立足。

案例 11-6 从世界杯看旅游目的地"事件营销"

德国旅游业成为 2006 年世界杯足球赛真正的大赢家。世界杯期间游客数量较预测翻了一番,达到了 200 万人次,直接为德国带来了 30~35 亿欧元的消费额。德国遍布世界各地的旅游推广体系,假之以"世界杯"事件——"全球事件"这样的体育盛事,创造性地"借题发挥",并以整合营销活动加以推广,令旅游目的地德国迅速"走红"。由于世界杯的效应,德累斯顿银行专家指出,德国旅游业 2006 年全年的收入将增加 7%,达 250 亿欧元。更难能可贵的是,91%的游客表示愿意向朋友推荐德国作为旅游目的地,此举将令德国的旅游业长期受益。

早在 20 世纪 90 年代中期,德国国家旅游局与德国联邦足协开始合作,为德国赢得了世界杯的举办权。自此之后,德国国家旅游局通过 1 000 个展会、5 000 个考察团和 2 500 万本宣传册,来推广德国的"足球盛宴"和"旅游大餐"。德国国家旅游局的官方网站 www.deutschland-tourismus.de 的访问量也累计高达 7 500 万人次。

德国国家旅游局在推动德国旅游目的地营销方面,实在是经验老到。经过数年发展,它已经在境外设立了 30 个代表机构,以此在国际上展示其旅游资源,提升自身形象,促进德国境内外的旅游业发展。此外,庞大的旅游推广销售体系也遍布全球,构成了其旅游营销价值链上重要的一环。由此看来,借"世界杯"事件旅游展开的推广活动仅是其规划严谨、执行有效的无数次旅游推广活动之一,只不过这次规模更大,力度更强,时间更长而已。

(资料来源:周蕊.成功营销 http://media.news.hexun.com/2002_1761061A.shtml)

三、旅游营销中的政府作为

政府旅游营销的重点是"整个旅游目的地及其旅游产品"。政府应充分运用其影响力,调动有效资源,宣传旅游目的地形象,增强旅游目的地的吸引力。要做好市场调研及指导、管理和服务企业的工作,促进目的地旅游业的科学发展。

(一)准确把握政府旅游营销的定位

第一,把握好旅游市场调研与营销决策的关系。旅游市场调研的基本功能是收集、加工、提供市场信息,为营销决策服务。做好旅游市场调研工作,是政府的职责。优秀的营销策划创意来源于现实,来源于对现实大量信息的占有、分析和提炼。政府利用自身的资金、人才优势来进行这项系统的、繁杂的工作具有自身的先天优势。

第二,准确定位旅游目的地形象,围绕该主题加以推广。政府旅游营销的主要目的,就是为了提升旅游目的地的知名度和形象。为了达到预期效果,一是政府在确定营销方略之前,必须对目的地形象进行明确的定位;二是组织具有足够分量和影响的目的地形象推广活动。比如,浙江的"诗画江南,山水浙江",香港的"购物天堂,万象之都"。

第三,抓宣传,塑造旅游目的地形象。俗话说:"不怕不挣钱,就怕不宣传。"宣传在旅游经济活动中的作用日益明显。在旅游市场上,无论是国际旅游还是国内旅游,如果不重视宣传工作,供给与需求双方的信息就会不对称,也得不到相互沟通。

(二)协调好政府营销和企业营销的关系

在旅游营销活动中,牵涉众多方面的关系。其中,最重要的,政府与企业的关系应该是分工明确,各司其职。

1.政府搭台,企业唱戏,明确角色,才能唱好一出戏。香港的旅游促销,就有声有色。政府推出口号"动感之都",展示各项内容,给人以形象的冲击。而企业则埋头做事,各尽其责。政府要组织有足够分量和影响的旅游目的地形象推广活动。节庆活动是打造形象的较好方法之一,也是促进旅游业发展的绝佳商机。节庆活动的作用不仅仅是展示旅游目的地形象,提高其知名度,更重要的是营造品牌。

2. 要调整思路,抓住重点。各级政府和旅游主管部门的促销资金有限,必须用在刀刃上。政府的职能就是宣传形象、塑造形象。成都市请大导演张艺谋拍城市形象宣传片,利用名人效应,就起到很好的效果。5 分钟的影片,甚至没有解说词,就突出一个主题:"一个来了就不想走的城市"。定位准确,形象突出,真正起到了宣传作用。

3. 要抓住"龙头",带活全盘。这些角色中,旅行社是最重要的角色,它既要根据市场需求采购原料(六大要素作为基础),又要有针对性地做成产品,还要想方设法推销出去,使产品成为商品,成为牵头的"卖家"。四川省 6 家主要旅行社和 6 个世界遗产景区,联合制作《四川世界遗产之旅》的产品手册,改过去单一的形象宣传,把形象和产品结合起来,把针对游客的社会宣传和旅行社的促销网络结合起来,走出了一条新的道路,成为宣传促销的范例。因此,抓住"龙头",带动全盘,才是一步好棋。政府在旅游营销推广方面始终是领袖的角色,高瞻远瞩,把握全局,统领团队,这是成败的关键;企业则各显神通,短兵相接,争取胜利。利用各自优势,形成团队力量,旅游营销推广就一定会有好的回报。

4. 抓联合促销。从旅游者的角度看,一个景区的旅游产品是一种总体性的产品,是各有关景区为满足旅游者的多种需求而提供的设施和服务的总和。因此,政府作为营销主体在对外促销时所推销的,也应该是这种概念上的旅游产品。这就要求政府充分发挥自身的协调优势,调动各方力量,促使各相关旅游企业资源上的有效组合,为形成以核心景区带动的、具有吸引力的旅游新产品提供服务。

5. 制定营销激励政策,引进竞争机制,培育旅行社。旅行社在旅游活动中扮演着双重角色,它既是旅游产品的组合者,又是旅游产品的销售者和代销者,其在景区营销中所起的作用不容忽视,特别是在旅游者和旅游景区中所起的中介作用和在为旅游者提供综合服务方面,其具有独特的优势。

(三)旅游目的地的可持续发展

当旅游者的数量超过一个极限后,就会对旅游目的地的旅游资源等各个方面产生消极影响。例如:超过物质容量极限,将会使旅游者流量受到限制,并会使旅游者的安全受到威胁;超过环境容量极限,旅游者的流量将会受到一些间接问题的限制,如危害健康或目的地的吸引力受到破坏;超过社会和文化容量极限,会导致当地居民对旅游者的反感和敌对;超过旅游者数量极限,会影响旅游者的满意程度,迫使他们去其他地方寻找更好的产品;超过经济容量极限,会导致生产资源和要素的不合理配置。于是,旅游目的地的可持续发展就带来了问题。客观上,有一些推进旅游可持续发展的力量——来自旅游消费者的压力。比如,消费者基于对环境的关注来决定度假的形式。然而,更重要的,也是更能直接起作用的,是政府,包括政府的法规、规划文件。比如,保护和恢复名胜古迹,建立野生动物园,保护珊瑚和海岸,保护森林,保护原生态等等。同时,政府要通过奖励与认可来采取各种形式的环保措施,并对环境影响进行评价和对环境进行监测。

四、非权力策略

在旅游目的地营销过程中,非权力影响力的运用也尤为重要。非权力影响力可理解为社会关系中人们不是通过价值控制方式,而是通过相互影响和相互作用,在没有权力主体意志参与的情况下,自然而然地实现改变人们行为方式的影响。非权力影响力是存在于关系网络中的一种相互影响力。旅游企业不应仅将目光放在权力影响上,还应考虑建立良好的关系"软环境",同旅游目的地政府、相关企业、居民和谐相处。非权力影响与权力影响的结合,能极大地促进旅游企业权力障碍的突破。

案例 11-7　中国旅游促销团赴美促销活动

中国旅游促销团"新世纪——中国"美国大型促销活动,于 2002 年 6 月 14 日至 7 月 1 日在美国东海岸主要城市及北部重镇芝加哥举行,历时 18 天。

中国旅游促销团由国家旅游局及 9 个省市旅游局的负责同志参加,国家旅游局局长任团长,成员还包括来自我国 14 个省市及国旅、中旅、青旅、首旅集团等的 20 多个旅游企业的代表以及一个 15 人组成的民族歌舞、京剧表演艺术团,共 87 人。

此次宣传促销,首次在国外市场上采用"大篷车巡游"方式:所有促销人员分乘 4 辆彩色大巴,车身绘有长城、故宫、桂林山水、秦兵马俑、东方明珠、丝绸之路等中国旅游经典景点,很醒目,很有吸引力,从 6 月 15 日在美国首都华盛顿的自由广场开幕启程后,车队历经纽约、费城、里士满、奥兰多,行程逾 4 000 公里,一路浩浩荡荡,惹人注目,成为一则充满活力、移动的大广告。同时,促销团在这些城市,分别进行了拜访、接受新闻采访等一系列的 9 场重要活动,均取得了比较满意的效果。

(资料来源:中国经济网,http://www.ce.cn)

思考与练习

1. 如何正确理解旅游目的地和旅游目的地营销?
2. 旅游企业如何进行旅游目的地营销管理?
3. 如何理解权力营销?政府在旅游目的地营销中的地位和作用如何?

4. 政府旅游营销通常包括哪些内容？试举例说明。

5. 案例分析题

"梁山泊"该谁来开发？

负责泰山旅游规划的专家提出，从拓展泰安旅游内涵的角度考虑，应该确立泰山新的品牌形象，把最能体现泰山雄峻本色的后石坞区作为规划泰山世界自然遗产形象的重点。在此基础上，还应该把梁山泊作为一个亮丽品牌。因为，东平湖是梁山泊唯一的残留水面，且群山环抱，碧水浩淼，是展示水浒景观的理想之地，应将东平湖打造成梁山泊，形成水浒旅游线上的重要节点。

然而，此观点却受到了水浒故事发生地——济宁旅游部门的质疑，理由是"水泊梁山"在梁山县境内，济宁及梁山才是"水浒"正宗，而且，梁山县已经为开发水浒旅游线做了很多工作，如梁山县拟斥巨资，在梁山周围造环山湖，营造"水泊梁山"。"梁山泊"品牌，还是要济宁和梁山来打。

据了解，由于行政区划上造成的分割，分布于聊城、济宁、泰安等地的水浒旅游线，一直是冷线。山东省旅游总体规划中，明确提出旅游开发要打破行政区划，但在实际操作中却很难。梁山泊只是一个例子。

（资料来源：中国旅游营销网，http://www.aatrip.com）

思考题：结合案例，说明品牌对于旅游目的地成功营销的重要性，并分析政府在旅游目的地营销中的定位与作用。

第十二章 国际旅游市场营销

本章提要

国际旅游通常包括入境旅游和出境旅游。国际旅游营销可运用营销的一般理论与方法,但在营销环境、营销对象和营销管理等各方面有所区别。旅游企业应分析出境旅游和入境旅游的需求特征,有针对性地开展国际旅游营销活动。

第一节 国际旅游与国际旅游营销管理

一、国际旅游与国际旅游营销

根据世界旅游组织对旅游的定义,旅游包括国际旅游和国内旅游两方面。国内旅游(domestic tourism),主要是一国居民在本国国境以内进行的旅游活动;国际旅游(international tourism),则是指一国居民离开本国而到其他国家所进行的旅游活动。国际旅游通常包括入境旅游和出境旅游,前者是指他国居民进入本国国境以内的旅游活动;后者是指本国居民离开本国而到其他国家所进行的旅游活动。

(一)国际旅游及主要特征

国际旅游,指的是人们为了休闲、商务和其他目的(不是为了从访问地获得经济收益),离开居住国,前往其他国家并作短暂停留(不超过一年)的旅游活动。其既包括本国居民到其他国家的出境旅游,也包括其他国家居民到本国的入境旅游。

国际旅游相对于国内旅游,所具有的主要特征包括:一是跨国性。不论是出境旅游还是入境旅游,其本质都必须是跨越国界的。否则,就不能称为国际旅游。通过跨国际、跨地区的国际旅游活动,不仅使旅游者对其他国家或地区自然风光和风土人情有了了解和认识,也使不同国家和民族之间增进了交流。同时,由于国际旅游跨国性特点,决定了国际旅游必须办理有关的国际履行手续。比如,护照、签证、出入境手续、卫生检疫、货币兑换等。所以,国际旅游一般比国内旅游手续复杂、程序较多,并且大多数旅游者还存在着一定的语言障碍。二是高消费性。从出境旅游角度看,由于出境旅游通常出游距离较远,在旅游目的地停留时间较长,要办理各种国际旅行手续,再加上国家之间消费水平的差异,出境旅游消费支出一般要比国内旅游高得多;从入境旅游角度看,由于国家经济实力的差异,入境旅游者的消费一般比较高。因而,发展入境旅游不仅能增加外汇收入,还能获得较高的经济效益,促进社会经济的发展。三是服务贸易性。国际旅游中,国内旅游接待者向国外游客提供服务,获得收入。这种旅游服务贸易和运输、金融、咨询等服务贸易一样,是国际服务贸易的一种重要形式。四是财富转移性。国内旅游消费对一个国家而言一般并不增加国民经济的总量,只是进行国民财富的再分配;但国际旅游会促进入境旅游接待国的经济总量增长,引起出境旅游客源国的收入"漏出",从而引起财富在国家之间的转移。

(二)国际旅游营销及其特点

国际旅游营销就是国际旅游企业和组织对国际旅游产品进行设计、定价、促销和分销,以达到满足国际旅游者需求和实现国际旅游企业和组织目标的活动。

国际旅游营销与国内旅游营销在营销环境和营销对象上有很大的不同。

第一,在旅游营销环境上,国内旅游营销局限于本国市场,受国内环境的制约。国际旅游营销不仅受到国内环境的影响,而且还要考虑到目标国家的市场环境。不同的目标国家的政治法律环境、社会文化环境、经济环境、技术环境等是存在很大差异的。

第二,在营销对象上,一般地,选择出境旅游的游客相对于国内旅游的游客在经济收入、教育水平、旅游经历等方面,都更高、更丰富,对各类营销活动的审视也更苛刻。而入境旅游的游客来自不同的国家和地区,在文化背景、消费习惯、经济收入、旅游需求上有很大的差异。比如:在中国的入境游客中,港澳同胞探亲访友的比重、台湾同胞观光游览的比重、外国人商务旅行的比重均明显高于平均水平。这就要求营销活动应该做到有的放矢,即要找准明确的目标市场。

由于国际旅游相对于国内旅游存在明显的差异性,国际旅游市场营销也表现为更复杂、更激烈、风险更大。

案例 12-1　马来西亚文化艺术及旅游部的巡回促销

2000 年,有 43 万中国公民赴马旅游。马来西亚的目标是,力争到 2001 年使访马中国游客增至 60 万人次。马旅游官员认为,马来西亚比泰国和新加坡进入中国市场晚,对中国的促销更晚(2000 年起)。马来西亚一直在新、马、泰旅游路线中,马旅游局的目标是加强对中国市场营销,使更多的中国游客选择马来西亚一地游。为此,马来西亚加大了营销力度。

首先,2001 年,马来西亚文化艺术旅游部副部长拿督黄燕燕女士亲率 35 人的促销团,赴中国 6 城市巡回促销。巡回促销的目标:除京沪两市外,还选择了具有开发潜力的天津(紧邻北京的直辖市)、南京(江苏省省会城市)、青岛(山东省海滨城市)、沈阳(辽宁省省会城市)。巡回促销的方式主要是:参加上海旅游节、南京华商大会、北京国际旅游文化周,通过舞蹈团的表演让更多的中国人了解马来西亚。巡回促销的口号:"马来西亚——亚洲魅力"、"马来西亚——多元文化"、"马来西亚——购物天堂"。促销团所到之处掀起一股马来西亚旅游热。

第二,改善相关旅游政策,更加方便中国游客选择马来西亚。譬如,2001 年分别在北京使馆和上海体育馆设立旅游处,马移民局加快对中国公民办理旅游落地签证的时间,签证人数由过去的 4 人放宽到 1 人也办。针对中国旅行社反映马来西亚办证时间仍然比泰、新两国长,落地签等待时间过长等问题,马旅游局将进一步与移民局磋商,力求改善。

第三,密切与旅行社的合作,推出新产品。比如,将东马的沙巴和沙捞越与文莱联线,吉隆坡—怡保—槟城—兰卡威一线游等。又如,推广家庭度假、休闲旅游、健身旅游、蜜月旅游等专项旅游产品。

(资料来源:徐汎.中国旅游市场概论.北京:中国旅游出版社,2004 年)

二、国际旅游营销管理:营销战略和营销组合策略

随着旅游者群体的扩大与人们旅游经验的增长,越来越多的人视旅游为丰富人生经历的一项活动,而不只是为了看看外面的世界。国际旅游需求的个性化越来越突出,消费群体越来越细,每一个细分市场都有特殊的需求,细分市场的个性化带来总体市场多样化。国际旅游营销管理就是要确定去满足哪些消费群体的需求,以及采取什么样的措施去满足他们的需求,即制定营销战略和营销组合策略。

(一)国际旅游营销战略

为了找准国际旅游营销的对象,就需要进行国际旅游市场细分。适用于国际旅游市场细分变数,除了与国内市场细分相关的外,常用的主要有国界、地域和目的等。其一,按国界划分,国际旅游市场可分为入境旅游和出境旅游。其二,按地区划分,世界旅游组织把世界旅游市场划分为欧洲旅游市场、美洲旅游市场、中东旅游市场、非洲旅游市场、南亚旅游市场、东亚及太平洋等地区旅游市场。其三,按目的划分,不同旅游者的旅游目的不同,对旅游产品的要求也不同。比如,观光旅游市场、度假旅游市场、探亲旅游市场、会议旅游市场、宗教旅游市场、体育旅游市场、商务旅游市场、文化旅游市场、保健旅游市场、教育旅游市场等。

在进行国际旅游市场细分时,也可结合上述几个变数。不同的细分市场要求提供不一样的旅游产品。企业应在综合分析自己的优势劣势与市场机会及威胁的基础上,选择进入,并在目标市场上确定自己的位置。在选择何种目标市场上,有两种策略:

第一种是填补空白。旅游企业选择没有竞争者的空白市场,设计和提供市场上没有的特色旅游产品,从而避免和竞争者直接竞争,迅速在市场上站稳脚跟。这种策略优点是风险小、成功率高,但是可能面临空白市场容量小,弃之可惜、食之无味的局面。

第二种是以强抗强。旅游企业将目标市场定在和竞争者相同的位置上,提供类似的产品,和竞争者直接竞争。企业采取这种策略应清醒估计自己的实力,考虑是否能在激烈的竞争中生存下来,或者可否通过提供更好的营销组合,取而代之。

(二)国际旅游营销组合策略

国际旅游营销组合策略由政治权力策略、产品策略、价值策略、配销策略、促销策略、公共关系策略等组合而成。这种组合策略与国内营销组合策略有所不同。

第一,与国内营销组合策略相比,增加了权力营销策略、公共关系策略两大部分。权力营销要求旅游企业必须懂得如何与其他国家的政府打交道。政府部门尤其是立法部门的影响,在国际旅游营销活动中是非常重要的,有时甚至是决定性的。至于公共关系,在国际旅游营销中,主要是指如何使旅游企业或旅游目的地国在国际公众心目中树立起良好形象。由于各国历史文化、风俗习惯、宗教信仰、生活水平、礼仪等不同,导致各国人民的消费习惯、价值观念、审美观念各异,而这对国际旅游营销活动的顺利开展将产生重大影响。

第二,在国际旅游营销组合策略中所包含的产品策略、价格策略、分销策略,其内涵与国内营销组合策略中的内涵大不相同。例如,价格策略中需要考虑国内价格和国际价格之间的关系;分销策略需考虑旅游企业进入国际市场的途径。最为重要的是,判断产品是否适宜,价格是否合理,促销是否有效等等的标准,不再是以国内惯例为标准,而应考虑以国际旅游市场或旅游目的地国约定俗成的、通用的准则为标准。

第三,国际旅游营销组合是各种国际旅游营销策略的有机组合,利用各种营销策略间的联系性、补充性、制约性、替代性,采用不同的组合方式,会给企业带来不同的利益和风险。所以,在制定国际旅游营销策略时,需要考虑在各个不同的国家采用的子组合之间的关系。如果把旅游企业在某个国家内采用的组合,称为该企业国际旅游营销组合策略的一子组合,那么企业在确定国际旅游营销组合之间的关系时,应根据各国具体的环境特点制定不同的子组合。只有这样,才能保证发挥国际旅游营销组合策略的整体优势。

世界旅游组织专家在预测未来世界旅游大趋势时,列举了10个热门的旅游产品,即海滨旅游、运动旅游、探险旅游、生态旅游、文化旅游、城市旅游、乡村旅游、游船旅游、主题旅游和会议旅游。不同国家的旅游者需要不同的旅游产品,同时也需要不同的价格、分销渠道和促销活动,旅游企业在制定国际旅游营销组合策略时,应根据不同国家的目标顾客和营销环境设计相应的营销组合。

案例 12-2　澳大利亚旅游委员会的战略营销

澳大利亚旅游委员会(ATS)在 20 世纪末,经过长期考察与分析之后,注意到随着中国出境市场的不断开放,未来的客流会向欧美市场分流。所以,澳大利亚要加强营销,在竞争中求发展。

1.确立目标。澳大利亚旅游委员会专门对中国市场进行跟踪研究,在此基础上,确立对中国市场拓展的目标,2000 年为 12.4 万人,到 2005 年增加到 49 万人。(详见案例 12-2-表 1)

案例 12-2-表 1　澳大利亚旅游局开拓中国市场目标

年份	2000	2001	2002	2003	2004	2005
目标人数(万人)	12.4	16.8	22.7	30.6	39.2	49.0
目标增幅(%)	35	35	35	35	28	25

2.抓住重点。拓展中国市场的重点,一是把中国作为开拓东北亚市场的重点;二是在中国,继续将京、沪、粤三省市作为重点;三是从 2002 年起,将北京作为三省市的重点。预计 2002 年在北京投入 500 万元(折合 60.5 万美元)的电视广告费。

3.扩大市场。在扩大市场方面,一是扩大客源地区,随着中国扩大开放,逐步将客源区从京、沪、粤三地向江苏、浙江和其他省区推进;二是扩大与中方组团社的合作,一旦中国在现有69家组团社的基础上增加新的组团社,随即扩大合作伙伴;三是扩大旅游产品品种,以往中国公民赴澳主要是观光度假,将推广会议、奖励旅游、修学旅游。

4. 开拓市场。对中国市场的开拓,需要做的工作主要包括,第一,做好市场调研。1999年,澳大利亚旅游委员会在京、沪、粤三地调查,结果发现,三地游客的消费心理各有不同。比如,北京游客更追求文化品位,参观悉尼歌剧院,不满足于仅拍照片,还要进去看看;又如,广东和北京游客比较相信组团社的介绍,上海人不满足于只听介绍,还要求提供关于目的地的一些基本资料,价格也要求介绍清楚。第二,做好中国旅游业者的工作。有计划地在京、沪、粤举办各种类型的研讨、洽谈、交流活动,共同设计产品。第三,做好导游工作。澳洲的导游不发牌照,现有中文导游水平有待提高,且要配合景点解说。2001年8月,澳旅委在中国发起"澳大利亚旅游专家培训课程"(Aussie Specialist Program),主要面向京、沪、粤三地出境旅行社的澳洲销售人员和领队,旨在提升他们对澳大利亚旅游知识的认识。经过2个多月的网上学习,有26人通过第一级9部分的考试,并获得澳旅委颁发的"澳大利亚旅游专家"第一级证书。《中国旅游报》刊登了这批销售人员的照片及所在旅行社通讯录。

(资料来源:徐汎. 中国旅游市场概论. 北京:中国旅游出版社,2004年)

第二节 入境与出境旅游市场:分析与开发

从20世纪70年代末以来,旅游业作为一个新兴的产业得到迅速发展,入境旅游、国内旅游与出境旅游逐步成为旅游市场的三大板块。随着改革开放的深入,中国出入境旅游市场的发展出现了前所未有的变化,为中国乃至全世界带来了巨大的商机。

一、入境旅游市场分析

改革开放30年来,中国悠久的历史、灿烂的文化、多彩的风情以及改革开放以来的巨大变化,吸引着越来越多的境外游客。从1978年至2008年的30年间,中国入境过夜旅游者人数,从71.6万人次增长至44 940.975万人次,增长了626.27倍;国际旅游外汇收入由2.63亿美元增加到408.43亿美元,增长了

155.29倍。

(一)入境市场的结构

中国入境游客可以分为三部分:外国游客,2008年所占份额为55.5%;港澳同胞,占33%;台湾同胞,占11.5%。(见表12-1)

表12-1 中国入境旅游客源市场结构(1988~2008年)

客源	1988年	2008年
港澳同胞(%)	93.0	33.0
台胞(%)	6.0	11.5
外国游客(%)	1.0	55.5

资料来源:根据《中国旅游市场年鉴,2002》和中国旅游局网整理。

从发展趋势上看,港澳同胞所占比重呈下降趋势,从1998年到2008年,减少了60个百分点,并将继续减少;外国游客的份额呈较快速的增长,从1998年到2008年,增加了54.5个百分点,并有继续上升的空间;台湾同胞的份额呈平稳上升,从1998年到2002年,增加了5.5个百分点。另外,在入境游客中,港澳同胞绝大多数到珠江三角洲旅游,不过夜者占多数。外国游客中的80%是过夜旅游者,台湾同胞的过夜旅游者的比重则高达90%。

(二)外国旅客市场的结构

外国游客市场结构,以洲内市场为主体。1980年洲内市场占49.6%,洲际市场占到50.4%,两者基本上几近各半。此后20年的发展中,洲内市场的份额直线上升,到2008年,达到约60%,呈明显优势,洲际市场的份额则降到约40%。(见表12-2)

表12-2 入境游客市场结构　　　　　　　　　　　　　单位:%

年份	亚洲	欧洲	美洲	大洋州
1980	49.6	21.1	22.6	5.9
2002	64.3	21.0	11.2	2.6
2008	59.8	25.1	10.6	2.8

资料来源:根据《中国旅游市场年鉴,2002》及中国旅游局网整理。

洲内市场持续增长,得益于近30年来亚太地区经济的发展,亚洲集中了一批全球经济发展速度最快的新兴工业国家,日本、韩国、东南亚诸国来华市场的规模不断增大,占总体市场的份额也随之加大。

2008年,在旅华游客来源上,排名前15位的国家分别是韩国、日本、俄罗斯、美国、马来西亚、新加坡、菲律宾、蒙古、澳大利亚、泰国、加拿大、英国、德国、印度、法国。其中,属于洲内市场的有韩国、日本、马来西亚、菲律宾、新加坡、蒙古、泰国、印度8国;属于欧洲市场的有俄罗斯、英国、德国、法国4国;北美洲有美国、加拿大2国;大洋州仅澳大利亚1国。

(三)旅华需求变化及趋势

入境旅客在华旅游需求主要可分为:观光休闲、商务、探亲访友、度假、其他等。从1995年到2008年,观光休闲和度假两类游客的数目都有所上升。2008年,观光休闲的游客比例为49.5%;商务所占比重趋少,但值得注意的是度假的增长,从1995年的1.9%到2008年的10%。(见表12-3)

表12-3 中国入境旅客旅行目的地变化　　　　　　　单位:%

年份	观光休闲	商务	探亲访友	度假	其他
1995	45.3	36.2	6.5	1.9	4.0
2008	49.5	23.3	0.3	10.0	16.9

资料来源:中国旅游局网

在旅游发达国家,60%以上的出游者和到访者是为了观光游览和休闲度假,旅游目的地营销的对象,主要就是这部分游客。但同时,观光休闲中观光游览的比重远大于休闲度假。这个结构的形成,有诸如中国入境旅游起步较晚等历史的原因,也有诸如中国旅游产品比较单调、缺乏度假型产品等现实的原因。从这个意义上讲,中国距一个成熟的高质量的旅游目的地,还有一段很长的路要走。

二、出境旅游市场:需求、客流与管理

在出境旅游上,自古以来,中国人就有"读万卷书,行千里路"之说。20世纪90年代以来,随着国民经济的发展,国民可支配收入和公共假期的增多,1991~1997年,出境旅游人数以年均17.25%的速度在增长;1998~2000年,出境旅游平均每年以30%的速度递增。中国已成为亚洲地区增速最快的新兴客源输出国。

(一)出境旅游需求

出境旅游在国内旅游的基础上快速发展了起来。截至2008年,随着朝鲜和萨摩尔受批准加入中国ADS国家行列,中国出境旅游目的开放的国家已经达到了136个,越来越多的人希望到国外走走,感受出境游的魅力。如果计算国民的国内旅游与出境旅游的比例,可以看出,1994年,两者的比例是140:1,即有

140个人在国内旅游,有1个人出境旅游。随后,尤其是1998～2002年间,两者比例缩小速度加快,1998年为83∶1,2002年为53∶1;这也就是说,有53个人次在国内旅游,就有1个人次出境旅游。2007年中国公民出境旅游的市场规模是4 095.4万人次,2008年达到创纪录的4 584.44万人次,比上年同期增长了11.94%。

根据有关统计数据,中国出境旅游的消费额从1994年的27.97亿美元增至1999年的108.64亿美元,居世界第9位。以1999年的消费额(108.64亿美元)除以当年出境人数(923.24万人次),人均在外消费1 176.73美元。

中国出境旅游正处于一个高速发展期,随着中国加入世界贸易组织及中国经济的发展和国民出境旅游需求的提高,中国政府关于公民出境旅游的政策进一步放宽,出境旅游市场有着广阔的发展前景。据世界旅游组织预测,1995～2020年间,中国的出境游将以年均12.5%的速度增长,相当于同期世界出境旅游增长速度的3倍。到2020年,中国国民出境旅游人数将达1亿人。

(二)出境旅游形式

中国公民出境旅游包括港澳游、边境游和出国游三部分。港澳游是由内地居民赴港澳探亲旅游发展而来的。边境游属相邻国跨边境旅游。出国游是从出境探亲旅游发展演变而来。截至2008年,已批准136个国家和地区为中国公民自费出境旅游目的地。

(三)出境游客来源

中国地域辽阔,31个省(区、市)的经济和社会发展具有很大的不平衡性。全国的经济总量相对集中在三大城市化区域经济体。第一是京津地区,以北京和天津两个直辖市为中心;第二是长江三角洲经济区,主要是上海市和江苏省、浙江省;第三是珠江三角洲经济区,主要是广东省和港澳两个特区。这三大城市化经济区囊括了全国经济发展水平和综合评分前10位的绝大多数省市,也是旅游业相对发达的地区,又是出境旅游的主要客源地。

(四)出境旅游目的地

2008年,中国游客出境旅游的目的地主要有中国香港、中国澳门、日本、越南、俄罗斯、美国、新加坡、泰国、马来西亚和澳大利亚。(见表12-4)。

表 12-4 中国公民出境旅游主要目的地

排名	旅游目的地	
	2000 年	2008 年
1	中国香港	中国香港
2	中国澳门	中国澳门
3	泰国	日本
4	俄罗斯	越南
5	日本	俄罗斯
6	韩国	美国
7	美国	新加坡
8	新加坡	泰国
9	朝鲜	马来西亚
10	澳大利亚	澳大利亚

资料来源：根据《中国旅游市场年鉴，2002》及中国旅游局网整理。

1. 香港

香港是中国公民出境旅游开放较早的目的地，自 1983 年以来，内地一直是香港最重要的客源市场。内地赴港市场中，广东省是最大的客源地。香港游的主要类型有：

(1) 探亲访友兼旅游。此类客源相对集中在广东省。广东省已发出 17 万本多次往返港澳通行证。广东人港澳游与内地的最大差别是，广东人多数在港澳有亲友，约 70% 不需要住酒店，去澳门的游客 40% 不住酒店。在港内地企业员工的家属赴港探亲也占一定比例，虽然是探亲，但通过旅行社赴港更加方便，办证加机票合计 3 200 元人民币，在港停留 1~12 天不等。

(2) 商务兼旅游。此类客源主要来自北京、上海、长江三角洲、珠江三角洲及各省会城市。香港是外资进入中国市场的桥头堡，许多跨国公司的中国或亚太总部设在香港，外资企业有许多培训是去香港。香港是亚洲最大的展览城市，不少公司组织业务人员赴港参展。上海由旅行社组织的赴港游客中，商务、会展约占 1/3。

(3) 观光休闲。内陆省份出境游相当一部分，是将东南亚的泰、新、马与港、澳相连，一为香港航线多，二为增加一个停留点。内陆省份还有珠江三角洲旅游产品——广州、深圳、珠海、香港、澳门五地游，乘火车至广东出境。在几大客源地,港澳游已经平民化,香港一地自助游,由杭州一日游,再付300元人民币,包三餐,大多数工薪阶层基本上都能接受。北京、上海等都市的高消费群体(演艺界的明星、企业家、高级白领)则在节假日去香港休闲、购物,有的人常来常往,每逢换季,就去香港买时装。

(4)过境兼旅游。口岸城市如上海,前往没有直达航班的目的地(如新西兰、越南、菲律宾、柬埔寨),多经香港转机。地处内陆但离主要空港较近的省份,如浙江有约20%的出国游都经香港。边远省份如黑龙江,除哈尔滨到香港每周有2个航班外,基本没有直接通往东南亚各国的直达航班,前往东南亚的游客绝大多数是经香港转机,30%从哈尔滨直飞香港,70%从广东进入香港。经港的原因,一是香港飞往各目的地的航线和航班多,选择多,价格竞争有利降低成本;二是内陆和边远省份赴东南亚的旅行团中,相当一部分是通过香港的旅行社来运作的。

进一步开拓香港市场,需要认真研究适合香港市民的出游偏好。香港是个动感之都,生活节奏快,在职人员面临激烈竞争的压力,外出旅游时,喜欢回归自然,亲近自然,寻求安宁,得到身心的放松。香港人来内地喜欢全家人一起出行,他们视节假日合家出游为享受天伦之乐的机会。因此,希望得到细致周到的服务,最忌讳出事故的香港人对目的地是否安全十分看重。中央实施西部大开发战略引起香港媒体的关注,不少报刊、电台、电视台开辟介绍西部的专栏、专题,亚视、无线、凤凰电视台都新辟了开发西部的栏目。港中旅、康泰、永安、现代中国等旅行社都推出西部之旅的产品。西部是个大范围,其中距离相对较近的西南地区,如果能组合连接快捷的线路,则会更适应香港游客停留时间较短的特点。

同时,香港市场的开拓,需要认真研究适合香港的促销手段,内地赴香港促销往往是开个推介会,请当地的旅行社和媒体参加,领导讲话,发材料,讲话和材料的内容多数是介绍"我们有什么……",在市场经济环境中做事和长期生活的香港同仁不大接受这种填鸭式的促销方式。旅行社宜改变以我为主的促销角度,从"我们开发了什么产品能满足香港市场什么需求……"的角度来进行促销,促销手段也要改进,要有虚实结合的创意,要使用高科技的手段。只有这样,才能收到较好的效果。

2. 澳门

澳门比香港多些异国风情,如葡萄牙风格的建筑、葡萄牙餐等,澳门的博物馆多过香港(汽车、酒、海市、科技以及澳门博物馆)。广东的旅行社组织了许多有吸引力的澳门游产品,如"骑车游澳门"(198元,约1万人);"合家欢游",寒暑假期间带着孩子一起游;"澳门博览游",主要是带孩子看博物馆。珠三角的居民喜欢在假期去澳门,长假期间一天就有5 000人去澳门,澳门方面只能提出,当天往返,不住宾馆。2002年春节,几千名打算去澳门旅游的大陆游客,因澳门客房紧张而不得不推迟行程。去澳门的游客中大约有30％是常客。

3. 东南亚

泰、新、马等东南亚的市场优势:一是有特色的异国风光,尤其寒假和春节期间,东南亚的亚热带气候对北方游客具有很大的吸引力。二是价格水平一般,工薪阶层等大众消费者能够接受。另外东南亚游的价格一直在下降,如1992年,泰国一地游在上海卖到12 000元人民币;2000年3 600元;2001年3 300元。这与国内旅游长线产品的价格相差无几(如从南部的广州到东北部的哈尔滨,单程机票就要2 000元人民币),故而东南亚各国是多数消费者从国内游转向出国游的第一站。三是泰、新、马三国距离近,便于连线,出国旅游每年增加的几百万人次数中,第一次出国者占了很大的比例,初次出国者的一般心理是希望一次多走几个国家。前往东南亚的游客中,工薪阶层、退休人员占绝大多数,95％参加旅行社组织的团队旅游。有两个细分市场发展看好,一是家庭度假,多数在春节和寒暑假;二是外资企业组织的奖励旅游,奖励旅游的时间一般在1周之内。

4. 俄罗斯

俄罗斯与中国接壤,边境旅游已有10余年的历史,形成了一定的市场规模。据《中国旅游年度报告》,中国公民赴俄罗斯旅游市场1998年前以万人次计,1998年成倍增长至43万,2002年近70万。目前,赴俄罗斯游客占到欧洲市场的一半。

对中国人民来说,俄罗斯的历史、文化、艺术是不陌生的,20世纪50年代,苏联的文艺作品、音乐艺术在中国十分流行,现在50岁以上的人,普遍会哼唱苏联歌曲,知识界的消费者更是熟悉托尔斯泰、普希金、高尔基的名著,熟悉柴可夫斯基的名曲。中俄双方已就开放俄罗斯为中国公民出境旅游目的地达成意向,正在磋商具体细节。一旦正式开放,旅行社公开宣传,正规组团,俄罗斯市场会有进一步的发展并进而带动整个东欧市场。

5. 日本和韩国

中日两国隔海相望,相距最近的两点的空中旅程不足2小时,在开放为旅游目的地之前,两国之间因经贸、科技、文化、艺术、学术交流等各种目的的人员往来即已比较频繁。据世界旅游组织公布的数据,1995年有22.1万人次中国公民赴日本,随后几年逐年上升,到2000年达到35.2万人次,年均增长10％。每年赴日本的几十万客流中,商贸及交流占大多数。中国加入世界贸易组织之后,日本的东芝、索尼、松下、佳能等大公司进一步扩大在中国的业务,同时,中国大型家电企业海尔集团与日本太平洋电机公司合作,进入日本市场。中日间业务互访、培训、会议往来日渐频繁。

日本自2000年开放为中国公民出境旅游目的地以来,观光游客明显增长但增幅不大。其主要原因:一是价格定位较高,开放之初,北京的10家旅行社曾共同定位,根据各项成本将赴日旅游的价格定到18 000元人民币,结果几乎无人问津。二是心理定位,在北京和上海游客心目中,日本是近距离的东方色彩的目的地,却旅费昂贵(不仅团费贵,在当地的消费也贵),不值得。三是日本基本是单独目的地,旅行社曾尝试推出日本、韩国联线,但未成功。作为一次旅行的唯一目的地,日本的价格因素格外突出。四是日本只对京沪粤三地自费旅游者开放,只能团签(ADS),日方要求,所有的签证都须从北京出。广东旅行社办签证往返需14天,周期较长。

韩国自1999年开放为目的地以来,发展较快。据世界旅游组织公布的统计资料,1998年赴韩国的中国游客为21.1万人次,1999年赴韩国的中国游客猛增至31.7万人次,增幅为50%,2000年再增长40%,达到44.3万人次。2001年,韩国接待475万人次海外游客,其中9.3%为中国游客,中国已成为韩国入境旅游的第二大客源市场。

韩国的市场优势在于,距离近,价格便宜,产品组合在时间搭配上操作空间较大。赴韩2日游、3日游、4日游、5日游都可以安排,周末的2日游(周六晨发,周日晚归)2 880元人民币,2夜3天3 380元;其市场弱势在于,无论是自然环境还是文化色彩,与中国的差异性都不大,影响了总体吸引力,去过一次的游客很少再去第二次。

韩国最大的卖点在冬季,冬季的卖点在滑雪与温泉,市场主要面向中国南方。冬季项目对北方人缺乏吸引力,北方人在冬季喜欢去澳大利亚、新西兰或东南亚,南方人(尤其广东人)冬季则喜欢去韩国。全国赴韩首团是从广东出发的,韩国在广东市场最旺的季节是12月至次年2月(春节)。以往,广东市场冬季的主打产品为"韩雪梦幻假期",春节期间的韩国游提前1个月就告罄。冬游韩国的重点项目是到韩国雪况最好的阿尔卑斯滑雪场与冰雪亲密接触,就近泡温泉,浏览首尔附近的景点。首尔华克山庄的娱乐场和表演也是一个卖点。

6. 澳大利亚和新西兰

澳大利亚、新西兰于1999年正式开放为中国公民自费旅游目的地。在心理定位上,作为洲际目的地的澳大利亚具有明显的市场优势。澳大利亚与中国在历史文化方面的差异,旅游资源方面的差异,乃至旅游季节方面的差异,都增加了这个有着浓厚异国情调的目的地的吸引力。在中国游客的心目中,澳大利亚是西方文化,是远程旅游目的地,即使价格高一些,也可以接受。

在已开放的目的地中,澳、新旅游属于高消费,平均售价为:10~12天,

20 000元左右,旺季21 000元,淡季18 000元。澳、新两地12天22 000元;两地16天,24 000元。中国游客在澳人均消费约为3 000美元。

赴澳、新的游客有以下特点:其一,多次出国者的比例较首次出国者高。游客层次也较东南亚高,白领的比重较大。2001年10月,青旅总社出境公司组织"夕阳红"赴澳旅游团,200多人,平均年龄在60以上,多数是离退休的干部、知识分子、医生、教师等。其二,家庭游比例上升较快。原因之一是,位于南半球的澳、新与中国在季节上正好相反,冬季去澳洲避寒,夏季去澳洲避暑受到家庭度假者的青睐。原因之二是,富裕之后的家庭,投资更多转向子女教育,送孩子去澳大利亚留学成为一部分家庭的考虑,这些家庭会带孩子一起去澳大利亚旅游,顺便看看环境,了解澳洲。其三,奖励旅游已见端倪,不仅京、沪、粤的外企和民企组织奖励团,浙江的雅尔、好孩子(名牌童装)等效益好的企业也组织客户去澳洲。2001年,浙江著名企业好孩子经公安部批准,组织600人的奖励团,赴澳大利亚旅游。

案例12-3　台湾已跃居厦门口岸最大出境旅游目的地

自2008年7月4日大陆居民赴台旅游正式启动近1年来,台湾已跃居厦门口岸出境游的主要目的地。特别是进入2009年以来,赴台游无论是团队数量还是人数都已超过香港、日本等热门地区,成为厦门口岸最大的出境游目的地。

据厦门边检东渡、高崎站统计,截至2009年6月,厦门口岸赴台游团队(不含金马澎游)达1 700多个,游客4.9万多人次。赴台游从开放到成为旅游热线的速度,是其他出境游无法比拟的。厦门口岸(含经厦金航线邮轮、五通码头和厦门机场)的大陆居民赴台游团队,从开放首月的30多个团队600多人次,激增至2009年6月的200多个团队5 000多人次;2009年4月,厦金航线单月赴台游旅客人数更是达到创纪录的1.4万多人次,赴台游呈不断升温的趋势。

厦门拥有被列为两岸直航航点的厦门机场,亦有作为两岸"小三通"码头的厦金航线邮轮中心和五通码头,具有交通便利、航程短、旅费便宜的优势,从而逐渐成为大陆居民赴台旅游的"黄金通道"。

据统计,自大陆居民赴台游开放以来,来自全国20多个省市的旅游团已通过厦门口岸赴台旅游。"厦金第二航线"五通码头原设计年通行能力为50 000人次,而2008年8月底开通到2009年6月,出入境台胞和大陆游客已达24万多人次。

因赴台游大受民众欢迎,厦门边检部门自主开发了"赴台团队通关便捷系统",便于民众赴台旅游。此外,边检部门还针对赴台游团队旅客老人小孩多的情况,开通"家庭旅客通道"、需扶助人员通道,为赴台游旅客通关带来便利。

(资料来源:http://www.cnta.gov.cn/html/2009—7/2009—7—3—15—20—47472.html)

三、边境旅游

1987年11月，国家旅游局和对外经济贸易部批准辽宁省丹东市对朝鲜新义州市的"一日游"，从此开始了中国公民边境游。截至2009年，经国家批准，黑龙江、内蒙古、辽宁、吉林、新疆、云南、广西、西藏自治区、海南等9个省、自治区可与俄罗斯、蒙古、朝鲜、哈萨克斯坦、吉尔吉斯斯坦、缅甸、越南、老挝等多个国家开展边境旅游。

边境旅游是中国出境旅游的最早形式，在中国旅游发展过程中，尤其是在广大的边境地区，产生过重要的影响。但是，自2005年以来，这一独特的旅游活动正在全面萎缩。造成这一局面的原因很多，境内和境外相关政策的变化是最为重要的因素。

从境外来看，主要是俄罗斯首先中止了原来双方实行的边境通行证的做法，提出统一实行护照和签证的要求，使得原本简便的跨境旅游手续变得繁杂，成本增加。尔后，大部分与中国接壤的国家也都采取了同样的政策，致使与东北、西北接壤国家之间的边境旅游发展受到了严重的制约。

从境内来看，禁止越境赌博政策冻结了一些地区的边境旅游。为了有效地堵截通过边境旅游的渠道进行越境赌博，广西、云南、辽宁、吉林和黑龙江等边境省区，自2005年9月以来，相继采取了暂停边境通行证和异地办证等措施，使边境旅游几乎陷入停滞状态。很显然，这些政策的实施，对禁止国内人员出境赌博起到了很大作用，境外一些以中国游客为主要目标市场的赌场纷纷倒闭或迁移，但同时对边境旅游也产生了明显的影响。中国公民边境出境旅游人次数锐减，边境入境旅游也大大减少，甚至内地到边境地区的国内旅游也停滞不前，从而造成边境地区的旅游业，乃至当地整个经济发展陷入困境，也在一定程度上影响了与邻国边境地区的正常经济往来

2009年初，经公安部、监察部、国家旅游局联合考察评估，中国边境异地办证业务再次启动，辽宁丹东、黑龙江黑河、广西崇左等地成为首批试点城市。办证人只需提供照片及居民身份证，就可以在中朝边境城市丹东办理赴朝旅游通行证，整个过程只需2到3天，证件的有效期是3个月。中国公安部门批准的赴朝鲜边境旅游线路共有两条，分别为新义州1日游和妙香山3日游。新政策的执行，会促进边境游的进一步恢复。

案例12-4 老外最爱哪一面——关于苏州入境客源市场的分析报告

苏州市旅游局为拓展境外市场，进行了深入调查，从而更精准地把握老外们的旅游习惯和对苏州的兴趣所在，进而调整苏州旅游推介的应对之策。

日本游客：吴文化精品新线路"回头率"高

日本是苏州海外第一客源市场,2007年日本旅华总人数为365.9万人次,来苏州的达到50.91万人次,占到苏州入境旅游市场的24.69%,同比略有下降。日本游客人次的下跌是受到各种因素的综合影响。

首先,从2007年下半年起,有关食品安全问题、饮用水安全问题(如太湖蓝藻污染问题)等等新闻报道不绝于耳。这些事件在日本被主流媒体大量持续报道,在潜在访华客源市场上产生了巨大的负面影响。因为,日本客人十分关注旅游目的地国家的交通、住宿、食品安全等基本情况。而且日本来苏州的客源以中老年人为主,他们更多关注自身的安全问题,并且很容易受媒体的影响。

其次,散客旅游(自助游)迅速发展,传统团队出游的客人持续减少,对苏州的传统旅行社业务造成不小的冲击。同时,先前苏州地区宾馆较少,订房困难,迫使日本旅行社推出了很多以上海为中心的旅游线路,以一日游的方式来苏州成为定式。苏州高星级宾馆的迅速增加,房价走低,但原先的不利影响仍难以在短期内消除。雪上加霜的是,价格竞争日趋激烈,2007年冬季,上海旅行社甚至推出了苏州地区旅游1.98万日元/人(折合人民币1 300元/人)的最低价格,最终导致服务质量下降,客人投诉增加,回头客下降,高端客人大量流失。

好在苏州推出的措施应对得当,使日本旅苏市场保持了大大超过日本来华旅游市场平均增幅的良好记录。一是通过参加日本大型活动,提升苏州旅游城市形象。苏州已经连续两年参加了日本大阪御堂筋花车巡游活动,沿途观众约200万人,NHK电视台、读卖电视台、大阪电视台等12家日本主要电视台,面向全日本及海外进行现场直播,苏州的世界文化遗产和传统文化精华得以大范围的传播。二是通过与日本主要旅游集团的合作,把周庄、拙政园、寒山寺、山塘街、吴宫喜来登、胥城大厦等旅游企业纳入日本海外旅游精品线路之中,改变了苏州原有的以虎丘、寒山寺为主的单一格局,为苏州旅游产品增添了新意,吸引了日本媒体的注意力。三是拓宽对日本的旅游推介面。"中国第一水乡——周庄旅游说明会"、"中国苏州吴中太湖旅游说明会"、"中国苏州太仓国际旅游航线"等专题说明会,向日本民众介绍了苏州丰富多彩的旅游内容。

韩国游客:高尔夫专项游受追捧

韩国游客在苏州入境排行榜上位居第二。2007年,韩国旅华总人数为442万人次,来苏州31.47万人次(含一日游);苏州各宾馆共接待韩国住夜客23.47万人次。

韩国旅游市场同样有其鲜明的特征:商务旅游人数增加迅速,约占来苏人数的一半。韩国人注重以家庭为单位的海外旅行,休闲、休假、娱乐以及高尔夫为主的体育健身活动,成为韩国人出境的最主要目的。在旅行方式上,自助旅游约占到一半,但旅行社是出行者最主要的信息来源,并且依然发挥着重要的服务功能。韩国来华客源第一目的地集中在上海和苏州地区。其中,70%的游客来自以首尔为中心的韩国首都圈地区。不过,以上海为中心的韩国客源,有倾向逐步分流至杭州市场。大众旅游产品和专项产品出现两极分化,一个趋势是旅游团队因价格低廉、利润低下不受青睐,高尔夫等专项旅游产品附加值高,日益受到追捧。

美国游客:最爱苏州美食与美酒

2007年,来苏州的美国客人达15.34万人次,美国已成为苏州市境外旅游第三大客源市场和第一大远程市场。美国游客尤其希望团队能够照顾到游客的特殊需求和兴趣,其兴趣最高的是旅游目的地的美食和好酒。

美国游客来中国旅游的"发动机"是商务旅游,有相当一部分美国客人在纯粹的商务活动之外还顺带休假。值得注意的是,根据美国商务旅游协会(NBTA)调查,无论是采购方还是供应方,尤其是跨国公司,都倾向于直接展开业务,直接向航空公司、酒店等大额采购,绕过旅行社,从而达到节约成本、互利双赢的结果。

向美国游客推介苏州旅游,必须重视网络销售。根据有关调查,2007年,美国网络消费总额达2 000亿美元。其中,旅游支出为688亿美元。美国主要的旅行网站Travelocity、Expedia、Yahoo等原以美国宾馆、机票、租车预订为主,现已增加了包括到中国的散客或团队预订。借助电子网络销售,将成为推广苏州旅游产品增添新途径。

东南亚游客:华侨群体仍是主力

2007年,东南亚游客市场保持了稳定增长,马来西亚、新加坡的出境人数分列第一、第二。

马来西亚是苏州的第四大旅游客源国,也是苏州在东南亚最大的客源市场。2007年来苏旅游4.9万人次,同比增长54.3%。马来西亚华人是整个东南亚华人群体中保留华人传统最多的,也是对中国感情最深的一个华侨群体。他们是赴苏旅游的主力市场。苏州的打算是进一步开发穆斯林客源市场,但在接待穆斯林的硬件方面有较大的欠缺,如专业提供清真饮食的餐厅较少,酒店专门针对穆斯林的设施不足,而这一游客群体要求提供麦加方向的标识便于祷告,古兰经以及洁具设施等。

新加坡出入境旅游市场开展较为成熟,旅游机构动作较为规范;而且,新加坡法律制度健全,执法严格。从市场行情来看,新加坡一些大的组团社已经逐步放弃一些低价格、低品质的产品,提出高品质、高效益的市场策略。

西欧游客:神秘的丝绸之府是经典品牌

在西欧旅游市场中,主要的是法国、德国和英国。2007年,这三国来苏旅游人次的同比增长幅度平均达到约30%。在这一市场中,古运河、水乡、丝绸、古典园林、盘门、网师园夜花园等产品十分符合客人的品味。这在许多西欧旅行商中,已成为经典的中国味道的品牌。

法国是世界第一旅游大国。在法国6 070万人口中,有73.5%的人每年至少旅游一次,63.9%的法国人每年外出度假一次,每年出国旅游一次的占到22.2%。2007年法国游客在华平均停留9.6天。法国人出国游一半以上通过旅行社预订,有26.3%通过互联网直接预订。

2007年,德国出境远程旅游近1 500万人次,平均停留天数在9天以上。城市、文化观光游是德国人的首选。根据国家旅游局驻德国办事处对德国120多家经营中国旅游的批发商的调查结果,苏州要继续扩大这一市场,必须推出新举措。首先要大力加强对外宣传,包装和推广新产品。像苏州这样的地方城市,在德国知名度还不高。因此,可将中国在德国旅游市场的经典游线,即北京、上海、西安、桂林和丝绸之路融合包装推向市场。其次要强化苏州"丝绸之府"的形象,与丝绸之路的宣传挂钩。因为,丝绸之路在德国人心目中仍保留着一份神秘感和新奇感。还有,要做好专项旅游产品、运动型产品的开发和宣传推广工作。比如,"世界文化遗产之游"、"高尔夫游"等,德国游客对此也比较感兴趣。

英国游客中,有41.1%的人来华是出于公务商务活动;英国出境旅游旺季是每年的1月、3~4月和8~9月。一个重要原因是,这些时候是学生的假期,很多家庭选择这个时段出游。英国赴苏旅游出现散客化趋势,选择自由行的越来越多,预计未来这一趋势将更加明显。

(资料来源:苏州旅游咨询网,http://travel.sz.js.cn)

思考与练习

1. 国际旅游的类型有哪些?
2. 国际旅游营销与国内旅游营销有何区别?
3. 中国入境旅游游客需求正在发生怎样的变化?
4. 中国出境旅游游客需求正在发生怎样的变化?
5. 内地旅游企业应如何吸引香港游客?
6. 案例分析题

"全球抄底":2009年春节出境旅游面面观

从新西兰、澳大利亚到韩国、日本,从欧洲大陆到英伦三岛,从北美到东南亚以及中国的港澳台地区,2009年伊始,中国公民出境旅游已成为全球旅游寒冬的亮色。中国游客"全球抄底",显示出作为全球新兴旅游大国,中国人旅游的高度"抗跌性"。

远程旅游：全球大抄底

这些年，每逢春节黄金周，都是世界各旅游目的地张贴"福"字的时候，在作为大多数国家旅游淡季的冬天，数目庞大的中国游客是名副其实的"冬天里的一把火"。2009年与往年不同的是，在金融危机造成的严冬里，这把"中国火"显得弥足珍贵，中国游客因此享受到前所未有的"抄底"机会。

澳大利亚、新西兰因为具有反季旅游优势，多年来春节涨价幅度最大。而金融危机造成澳元急剧贬值，中国游客可以花更少钱就能到袋鼠与绵羊之国迎接牛年的来临。市场监测显示，北京、上海、广州等地赴澳新旅游人数，从圣诞、元旦以来连月走高。澳洲5日游已从2008年1月的约20 000元跌至16 000元左右。各大出境旅行社春节澳新游团队大多提前爆满。来自携程网、芒果网、游易网的信息显示，2008年12月，去澳新的出游人数大多比11月份翻一番；2009年1月，去澳新的出游人数在此基础上又翻了一番。由于春节澳新团队游名额满员，许多人不得不预订了2月份、3月份的线路。

欧洲10国经典游价格平均跌破10 000元，花9 500元左右就能买到2008年同期达15 000元的服务。北京、上海、南京人只要花7 000元至8 000元，就能实现2008年报价为10 000元的欧洲5国游。2009年春节欧、澳、美热线以最快速度提前爆满，而较冷的埃及9日游、南非8日游等线路同样提前圆满收官。

周边旅游：近水楼台

伴随中国成为亚洲最大的客源国，并持续保持世界最快的出境旅游增长率，周边国家"近水楼台先得月"，旅游产品价格"逢节必涨"。而在2009年春节，无论是到韩日赏雪、泡温泉，还是到东南亚游泳、晒太阳，却出现了少见的低价。

据悉，日本游已从2008年的8 000元左右，下降为2009年的6 000元左右。在价格降低和贺岁片《非诚勿扰》等因素推动下，到日本北海道体验《北国之春》的情境，已经成为"哈日一族"的优先选择。据日本国家旅游局提供的信息，冬天的北海道呈现的是一片银白色世界，鄂霍茨克海域的流冰、美丽的丹顶鹤和白天鹅已成为中国游客前往必看的项目。

2009年春节期间，北京首次开通北京至冲绳直航航线，两地之间只需要3小时即可到达，大大地降低了中国游客的出游成本。凯撒旅行社针对春节推出的"日本冲绳岛5日新春之旅"市场反响良好。

东南亚地区的旅游产品在2009年元旦后，加大了在中国的促销力度，以吸引想去体验异域热带海洋风情的中国人。因局势动荡重挫旅游业的泰国，更是加大了在中国市场的促销力度。据悉，2009年春节期间，泰国的包机价格只有2008年的6成左右。重启的泰国游平均价格在2 700元至6 000元，而且报价大多都包含了签证费、机场建设费以及大部分旅游项目的费用。

(资料来源：http://travel.cnnb.com.cn/system/2009/01/24/005969268.shtml)

思考题：试用所学知识分析本案例，并谈谈有何启发？

第十三章　网络营销：旅游企业营销技术创新

本章提要

旅游网络营销是以互联网为基础，利用数字化的信息和网络媒体的交互性来辅助旅游营销目标实现的一种新型的旅游市场营销活动过程。旅游企业网络营销需要在网站建设的基础上，采用计算机预订系统、全球分销系统、旅游目的地营销系统等网络技术，尤其是应广泛采用新技术，以新范式实施新战略，强化优化旅游网络推广与线上线下配合。

第一节　网络营销与旅游业发展

随着信息技术、计算机和网络技术的不断发展，以及被日益广泛地应用，网络营销已成为世界趋势。网络营销应用于旅游业，革新了传统旅游营销方式，从而加速了旅游业的发展。

一、网络营销：特点、信息资源优势与策略

（一）网络营销及其主要特点

网络营销(Cyber Marketing),指的是以互联网为基础,利用数字化的信息和网络媒体的交互性来辅助营销目标实现的一种新型的市场营销活动。网络营销实质上是电子商务的一个组成部分,是属于 B to C 模式,即企业对消费者个人的电子商务。在世界性的电子商务发展浪潮中,起主导作用的是 B to B 模式,即企业对企业的电子商务。但是,面对数量每半年即翻一番的(新摩尔定律)互联网用户群体的网络购物需求,一些企业家抓住了这个机遇,并取得了成功。比如,Amazon、Dell、Preview、Walmart、National Academy Press、Federal Express、FNAC 等著名公司,都是在网络营销领域成功的范例。网络营销的出现,是对传统营销方式的革新和发展,并对传统营销形成了一定的冲击。网络营销和电子商务一样,都是互联网普及和广泛应用的产物。

市场营销最重要也是最本质的,是在组织和个人之间进行信息广泛传播和有效的交换,如果没有信息的交换,任何交易就会变成无本之源。互联网技术发展的成熟以及互联网的方便性和成本的低廉,使得任何企业和个人都可以很容易地将自己的计算机或计算机网络连接到国际互联网上。遍布全球的各种企业、团体、组织以及个人通过国际互联网跨时空地联系在一起,使得相互之间信息的交换变得"唾手可得"。网络营销呈现出以下一些主要特征:

第一,跨时空。互联网络能够超越时间约束和空间限制进行信息交换,使超越时空限制达成交易成为可能,企业能有更多的时间和在更大的空间中进行营销,每周 7 天,每天 24 小时随时随地向客户提供全球性的营销服务,以达到尽可能多地占有市场份额的目的。

第二,多媒体。参与交易的各方利用互联网可以传输文字、声音、图像等多种多媒体的信息,从而使达成交易所需的信息交换形式多样化,能够充分发挥营销人员的创造性和能动性。

第三,交互性。企业可以通过互联网向客户展示商品目录,通过连接资料库提供有关商品信息的查询;可以和顾客进行双向互动式的沟通;可以收集市场情报;可以进行产品测试与消费者满意度的调查等。因此,互联网是企业进行产品开发,提供商品信息,以及提供服务信息的最佳途径之一。

第四,人性化。在互联网上进行的促销活动具有一对一、消费者主导、非强迫性和循序渐进性的特点。这是一种低成本的、人性化的促销方式,可以避免传统的推销活动所表现的强势推销的干扰。而且,企业可以通过信息提供与交互式沟通,与消费者建立起一种长期的、相互信任的良好合作关系。

第五,成长性。全球网民数量飞速增长,而且上网者大部分是中青年人。由于这一群体的购买力强,且具有很强的市场影响力,因而网络营销是一个极具开发潜力的市场渠道。

第六，整合性。在互联网络上开展的营销活动，可以完成从商品信息的发布，到交易操作的完成和售后服务的全过程，这是一种全程的营销渠道。另一方面，企业可以借助互联网络，将不同的传播营销活动进行统一的设计规划和协调实施，通过统一向消费者传达信息，从而避免不同传播渠道中的不一致性产生的消极影响。

第七，超前性。互联网同时兼具渠道、促销、电子交易、互动顾客服务，以及市场信息提供等多种功能，是一种功能强大的营销工具。它所具备的一对一营销能力，正迎合了定制营销与直复营销的未来趋势。

第八，高效性。网络营销应用电脑储存大量的信息，可以帮助消费者进行查询。所传送的信息数量与精确度，远远超过其他传统媒体。同时，它能够适应市场的变化，及时更新产品阵列或调整产品的价格，能及时、有效地了解并满足顾客的需求。

第九，经济性。网络营销使交易的双方能够通过互联网进行信息交换，代替传统的面对面的交易方式，可以减少印刷与邮递成本，进行无店面销售而免交租金，节约水电和人工等销售成本；同时，减少了多次交换带来的损耗，提高了交易的效率。

第十，技术性。建立在以高技术作为支撑的互联网络基础上的网络营销，企业必须有一定的技术投入和技术支持，必须改变企业传统的组织形态，增强信息管理部门的功能，引进懂营销和电脑技术的复合型人才，从而形成企业在网络市场上的竞争优势。

(二)网络信息资源销售的优势

与传统商业分销模式相比，网络营销已形成的优势主要表现在以下方面：

1. 地区与国界限制消失，顾客群体遍布全球

传统商业经营模式的缺陷之一，就是企业无法突破地域和国界限制。一个实体批发或零售企业，有其固定的商业辐射范围，其顾客基本上限于辐射范围内。企业要扩大辐射范围，唯一的选择就是到其他城市、地区建立连锁店，而这会增加经营成本，而且难以保证经营成功。企业如果要扩大国外的客户群，要么通过国外企业代理，要么自己去设立分支机构，困难程度更大。互联网从根本上突破了地域和国界的限制，企业只要设立网站，进行网络销售，它所面对的顾客就分布在世界各国和地区，企业的商业辐射范围是全球性的。顾客群体的扩大，为企业最终实现销售额的增长提供了保障。

2. 经营规模巨大，经营成本低廉

实体商业企业的经营成本是巨大的。因为，传统商业企业在经营中，必须建立面积足够大的店面，才能满足经营需要。比如，商品摆放和陈列空间，顾客购

物必要的空间、售货人员活动空间、管理人员办公场所、营造企业形象特色必需的顾客娱乐、休闲、餐饮空间、保证商品连续供应的仓库等等。这些经营场地，无论是购地自建还是租用，都会涉及成本增加的问题。商业企业在经营规模和购物环境豪华程度上，呈攀比之风，所需资金数以亿元计，刚开张就背上了沉重的债务包袱。此外，广告促销宣传费用、经营管理人员的工资和福利、商品周转也需要大量资金，也构成了高昂的基本经营成本，限制了企业的规模扩张。网络商业企业在一定程度上，可以说是"无店铺企业"，它的经营成本主要是建立网站的成本、软件和硬件费用、网络使用费、网络维护费等，和实体商业企业相比较，需要的资金少得多。企业网站同时具有促销和宣传功能，企业不需要负担促销广告费。更为关键的是，网络商店经营的商品种类几乎可以是无限的，只要经营者有足够的经营能力和商品开发能力。只要是顾客所需要的商品，电子商店的服务平台都可以满足。现在，国外网络商业企业经营的商品规模一般在 30 万～50 万种，既有商品的目录，还有商品的性能、质量指标、使用说明、注意事项等等。这是传统实体商业企业难以做到的。

3. 低价格，高周转

网络商店的经营模式，一般是以销定进，即"Prop shopping"方式。商店在接到顾客的购买定单后，才向生产厂商定货，由厂商直接把商品（通过专业邮递公司或厂商的销售网络）送到顾客手中。商店只需设立面积有限的小仓库，用于周转那些畅销商品。在资金流方面，顾客在定货时即向商店付款，商店通常和厂商统一结算，一般是一个月一次。这样，网络企业的资金占用不但很小，而且周转率很高。比如，亚马逊书店的商品资金周转率一年是 12 次，而实体书店仅为 3～4 次。无论是传统商店还是电子商店，提高企业竞争力和对顾客吸引力的重要法宝就是商品价格。为顾客提供品种齐全、质优价廉的商品，是经营者需优先考虑的问题。网络商店由于低经营成本和高周转的巨大优势，使商品价格的降低成为可能。这也成为网络销售得以快速发展的根本原因。亚马逊书店的价格折扣率一般为 20%，畅销书的折扣率可高达 30%～40%。美国"及时采购公司"（just time）的商品价格比普通商店和连锁店还要便宜 40%左右。

4. 全天候 24 小时营业，真正方便顾客

受营业员精力、体力和经营成本、劳动法的限制，传统商店难以做到 24 小时营业。一些号称全天候营业的连锁店，也只能是延长营业时间而已。网络商店高度智能化的电脑设备和网络技术，使全天候营业成为可能。现在所有网络销售企业的服务器，已经实现了 24 小时不间断自动运行，顾客在任何时候都可以购买。

5. 完整的顾客数据库，促销效果显著

顾客在进入网络商店购物时，一般需进行个人资料注册，包括姓名、性别、年龄、职业、地区、住址、对企业和商品的态度等，企业的电脑能够自动生成完整的顾客数据库。"数据库可以帮助企业识别不同类型顾客的特征，是最佳顾客，最糟糕顾客，还是介于两者之间。数据为顾客群体划分提供了基础，可以把顾客划分成有相似特征、态度和需求的相对统一的群体。数据对分辨识别潜在顾客也是必要的，可以帮助找出与最佳顾客有相似特征的人。"（David Ship,1995），利用顾客数据库，企业可以了解掌握顾客的职业背景、生日、购买习惯、对产品的偏好、购买产品的频次和数量等情况，在合适的时间，以针对性极强、吸引力颇大的促销方案，通过电子邮件方式"有的放矢"地向顾客推荐他喜欢的和购买频次高的商品。这种方式，不但效果明显，而且成本十分低廉。传统商店无法建立完整的顾客数据库，永远是"等客上门"，即使通过报刊、广播、电视做促销广告，由于是"无的放矢"，广告效果如何没有把握，促销成本也不菲。

二、旅游业发展的一场革命：旅游网络营销

旅游业可能是受网络影响最大的行业了。这是因为，旅游业的发展依赖于其产品信息的发布传播，而这正是网络的强项。旅游服务供应商一直都在寻找拓宽传播渠道的新方法，以便以更有效、更高效的方式找到目标游客。旅行社的崛起解决了部分问题，但他们会向旅游服务委托方收取相应的费用。毫无疑问，从供应商的角度讲，减少信息发布和信息服务的费用是颇具诱惑力的。网络的出现提供了一个更有效的发布旅游信息和提供旅游服务的方法，不仅是旅行社，整个旅游行业都受到了广泛影响。

这给旅游业发展带来了一场变革——旅游网络营销，即以互联网为基础，利用数字化的信息和网络媒体的交互性来辅助旅游营销目标实现的一种新型的市场营销活动过程。

（一）对供应商的影响

网络营销对于供应商的影响是多方面的，且是巨大的，突出的影响表现在：

1. 对行程供应商的影响

对于汽车、火车和航空公司等行程供应商而言，网上在线预订和定票能广为流行的关键，在于提供"用户化"的旅游产品和服务的理念。在网上预订出现之前，这项"用户定制"过程是由旅行社完成的。旅行社在许多方面是顾客与旅游产品之间的第三方中介。旅游服务供应商如果能根据顾客的特定需求进行生产，就可以更好地管理存货清单，并使其产品个性化。幸运的是，为顾客定制航空等产品并不是很复杂的。因此，网络成了一个完美的销售渠道。

2. 对住宿业的影响

旅游产业中,住宿业虽然在网络营销方面起步较晚,但很快就追赶了上来。在美国,像 Travel city.com 和 Expedia.com 这样的第三方在线旅游网站,完成了网络上消费者在线宾馆预订 28% 的份额。事实上,各主要的住宿连锁店都不同程度地对网络营销和信息技术进行了投资。这些投资主要包括:客房快速的 Internet 接入、在线直接预订网站、在线购买产品。一些企业正在建立电子化宾馆,提供的服务主要包括:在所有客房安装 100Mb 的高速 Internet 接口;视频点播系统和受控视频会议系统;整栋大楼的无线接入;大厅内安装 Internet 服务亭;提供用户化的应用程序,让顾客进入后台办公系统定购餐饮、服务或者支付账单等。其他的住宿经营者,也开始注意到了网络营销市场,甚至一些提供住宿的小旅馆同样建了自己的网站。在网上查找或者预订这些小的旅馆只需点击鼠标而已。如顾客可以登录 www.bedandbreakfast.com,去查询分布在世界各地约 27 000 家旅馆的相关信息。

3. 汽车租赁业

20 世纪 90 年代,汽车租赁业开始采用电子技术来改进其预订系统。2007 年,《旅行社》杂志刊登新闻,报道说 National 汽车租赁开始采用了一种新的网络预订系统。几乎同一时间,汽车租赁公司都认识到消费者对网络营销更加感兴趣。相应地,它们把资源更多地投向了在线预订和在线营销。在线预订和在线营销帮助汽车租赁公司简化了业务、扩大了服务范围并提高了效率,使其能更好地满足顾客的需要。

现在,所有主要的汽车租赁公司都建立了自己的网站,用来提供电子商务、市场营销、客户服务以及信息发布等方面的服务。在这些网站,人们可以通过浏览平面图来查找行驶路线,也可以在线预订。大部分汽车租赁公司都设立专门的代理部门,并提供激励项目信息、支付预订佣金。

(二)对旅行社的影响

受网络营销影响最深的是旅行社。因为,几乎所有的旅游供应商,都在尝试着直接和顾客进行交易。佣金减少了,顾客们都转向网上交易,并且由于缺乏资源和相关技术知识,旅行社正意识到网络营销是一条艰难的路。

各种类型的旅游供应商,诸如宾馆饭店、航空公司、汽车租赁公司等都开始提供在线实时预订服务。事实上,它们不仅开始提供在线实时预订服务,并且还用一些激励措施来吸引顾客在线预订。例如,英国航空公司(British Airways)建立了一个以伦敦为目的地的网站(www.londontraveller.com),该网站深入地介绍从各种各样的旅行指南收集到的有关伦敦的信息,以及最新的餐厅、酒吧、俱乐部、剧院和展览会的信息。游客登录这个网站也能预订机票和宾馆客房。

一方面,旅游者对网上旅游信息查询和网上预订的兴趣增加了;另一方面,旅游供应商也致力于网上交易。因此,旅行社两边都受到排挤。面对巨大的生存压力,旅行社针对新的现实情况采取了各种对策。这些策略包括从早期的抵制 Internet 的影响,到后来建立自己的中心预订系统,以摆脱传统的全球分销系统制约。

(三) 对传统印刷手册信息发布的影响

传统上,旅游者很大程度上依靠印刷手册来获取关于目的地、旅游产品和服务方面的信息。每年,企业和目的地商家花费巨额费用来印制和分发印刷手册。随着 Internet 的发展,对以印刷手册作为营销工具的依赖已弱化。

中国互联网协会(2008 年)作了一次关于 Internet 和印刷手册使用的调查。调查结果显示,多数的被访者已经能接入 Internet,大约 63% 以上的人在家就可以上网;平均每周上网的时间为 16.39 个小时;计划未来旅游将 Internet 作为信息来源或旅游信息补充来源的人有近 80%。越来越多的旅游公司和目的地销售商已经认识到,印刷手册的作用已经开始减弱;Internet 为发布旅游社和目的地信息(包括地图)提供了完美的备选方式。

(四) 对在线旅游网络营销市场的影响

在线旅游市场的潜在利益也吸引了其他商家来参与竞争。一大批提供旅游信息发布和旅游预订服务的纯在线旅游网站,如雨后春笋般涌现出来。所有的这些网站,都拥有强大的经济和市场后盾,它们基本上都从属于某个大的公司。如 Expedia.com 原来从属于微软公司,而 Travelocity.com 的大部分股份为 Sabre 所持有。

网络营销对于旅游业的影响是多方面而又深远的。它不仅影响到供给、需求双方,还影响到夹在它们之间的那些中介。紧接着又出现了新的竞争者——网上(在线)旅游企业。它们作为一种新的电子中介,与旅游供应商和传统的旅行社进行着激烈的竞争。旅游产品供应商看到了直接向消费者销售的机会,而消费者也渴望利用网络营销来帮助达成他们的旅游需求。

旅游网络营销成功的关键,在于能提供顾客定制的服务、方便的接入、友好的界面、全天候客户服务、有价值的信息、网上交易及全球范围的吸引力。

案例 13-1 航空公司的网络旅游中介

长期以来,航空公司主要是依靠旅游中介,例如旅行社,来发布信息,出售机票。这不是因为航空公司不喜欢省钱或者不愿意直接为旅游者提供服务,而是它们除了这样做以外别无选择,至少在网络出现之前是这样的一种情况。网络改变了一切,它为航空公司提供了一种越过旅游中介直接和顾客联系同时又省钱的方法。

从一开始,当网络刚刚显示出能使航空公司直接为顾客提供服务的能力时,航空公司就已致力于利用网络营销来降低成本。第一步是减少付给旅行社的佣金，从15%降到10%，很快又降至8%，随后是5%；另一方面，航空公司投资建造了自己的网站，作为网络营销的在线销售点。航空公司运用网上定价等策略，来吸引旅游者在他们的站点制定旅游计划并预订旅行。

直接为旅游者提供服务的这个能力产生了一个新的市场，并且改变了旅游者、供应商和中介这三者之间的关系。1996年，美国西北航空公司宣布，它把旅行社在线订购机票的佣金降至5%，或者每张票支付25美元。其他航班很快效仿。2001年，西北航空公司又一次宣布不再向其他的第三方在线旅行代理机构支付订票佣金，例如不再向Expedia公司支付网上订票的佣金。而在此之前，该航空公司是付所售机票价格的5%，每张10美元。

联合航空公司是另一家积极推行网络营销策略的公司。2001年，联合航空公司宣布要建立一个全国性的网站，目的是为不同国家的顾客服务。其中，最大的海外市场是日本和德国。在那里，网站可以提供以下服务功能：接受当地信用卡，用当地货币显示票价，以及提供当地关心的信息内容。由于在这两个市场无线设备的使用比较普遍，联合航空公司提供了一个针对当地移动电话网所设计的航班调度系统，以便当航班延迟或取消时可以提醒顾客。

现在，几乎所有的航空公司都拥有自己的网站，用来提供在线预订或者其他旅游服务，使用各种营销策略吸引顾客在其网站预订或购买，收到了很好的效果。2008年，美洲航空公司的网站日访问量达到了85万次，比2007年同期增长了165%。

（资料来源：同程旅游网，http://www.17u.net）

第二节　旅游企业网站建设与网络系统

在旅游市场竞争愈益激烈的情形下，旅游企业发展网络营销，更需要合适技术的支持和采用相应的策略。伴随着Internet技术的不断成熟，宽带、无线通信技术在未来将会有巨大的发展。人们会看到以Internet为主要通信平台，各种技术将在此集成。另外，跟踪系统将变得更加成熟而有价值。

一、旅游企业网站建设与网络营销

一个设计出色的网站往往会成为Internet上最强大的营销工具。每个网站都试图通过对内容的允诺将人们"拉进"来,而电子邮件则是将信息"推送"到以前的访客的信箱里。对于旅游企业而言,网站则可以看做它的一个分支机构(或者一个办公室)。网站的质量将直接影响到它所代表的企业形象。就像一家零售商店希望通过满足顾客的需求来赢得回头客一样,网站也要做到不仅吸引人们到此访问,还要让他们一次又一次地来光顾。

如同网络营销要求一个营销计划一样,一个网站也需要有网站建设计划(web site construction plan)。一个网站建设计划应该包含三个部分:网站设计前、建设中以及建成后。

(一)设计网站过程中要解决的主要问题

1. 在设计网站之前,不妨考虑一下这些问题:
- 企业的性质是什么(产品和服务)?
- 网站的目的是什么?(发布信息?客户服务?在网上进行交易?)
- 谁是已有的顾客,哪些人可能成为顾客?
- 已有的和潜在的顾客都有些什么特点?(是男是女?是老是幼?是活跃的群体?是受过教育的人?或者是富裕的人?)
- 这些顾客在哪里(本区域的,本国的,或者是国际的)?

2. 在建立网站的过程中,考虑一下这些问题:
- 网站的访问者可以在这里找到他们需要的信息吗?
- 访问者如何能便捷地找到所需信息?
- 访问者如何能快速地获取信息?
- 访问者使用邮件列表或新闻组吗?或者我们应该为他们开启这样的功能吗?
- 如何使信息的展示既生动又吸引人?如何定义访问者眼中富有趣味并吸引人的标准?
- 怎样才能使访问者在我们的网站上停留更长的时间?
- 当访问者对我们的产品和服务产生疑问时,我们是否能够及时地给予答复?我们怎样做才使得这样的交流通信成为可能?
- 什么决定了访问者进入或者不进入我们的网站?
- 我们的网站有什么理由可以使得访问者一次又一次地光顾?
- 怎样才能使这些访问者经常使用我们的网站查询所需信息?
- 我们的网站是否可以使我们知道这些访问者是谁?
- 我们如何建立与访问者之间的信任?(保密措施或者声明?安全检测?)
- 我们在网站中可以使用哪些营销工具?

3. 在网站建成后,考虑一下这些问题:

- 访问者能够找到我们的网站吗？
- 访问者从哪里、如何找到我们的网站？
- 如何增加访问者找到我们的网站的可能性？
- 有哪些可行的方法能使我们的网站为人们所获知？（在搜索引擎上登记？做横幅广告？实施会员计划？与顾客沟通？用传统媒体宣传？）

（二）网站建设与网络营销的步骤

1.网络营销的第一个重要步骤，就是在主要的搜索引擎上进行注册。大部分搜索引擎，都是通过在一个用 HTML 编写的 Web 文档中查找标题和元标签（meta tags，或者叫元标记）来工作的。元标签是包含网页信息的 HTML 标签，它包括对网页的描述、关键词以及页面标题。要想知道竞争者是如何编写元标签的，最直接的方法就是进入它们的站点，利用浏览器源代码功能进行查看。另一种方法就是查找你想通过网站提供的产品和服务，看看哪个站点是位居第一的。你可以查看这个网站的元标签，从中学习。以下这些诀窍可以使网站更容易被搜索引擎找到：

(1)命名页面标题。由于搜索引擎是根据标题匹配来查找网页的，因而应为每一个网页写一个 5~8 个单词组成的描述性标题。用词应能引起访问者的注意。将标题放在页面最上方的＜HEADER＞和＜/HEADER～＞两个标签之间。例如，它看起来应该是这样的：＜TITLE＞互联网作为变革的代表——旅游业中的网络营销和信息技术＜/TITLE＞。

(2)列出关键词。在线访问者是使用关键词在搜索引擎中查找信息的。因此，就应该为典型的用户准备一份最重要的关键词的列表，便于他们查找与网站信息相近的内容。这张列表应包含 20 个左右的单词，将这些词放在页面最上方置于＜HEADER＞与＜/HEADER＞两个标签之间。关键词列表应该为如下形式：＜META NAME＝"关键词"CONTENT＝"互联网,电子商务,网络营销,在线营销,电子邮件营销,接待与旅游,旅游信息技术,网络营销,网络营销（英语,首字母大写）,……"＞。不要使用同一个关键词 3 次以上；否则，搜索引擎会认为是关键词滥用。还要考虑在最重要的单词中，同时使用大小写形式的问题。因为，有些搜索引擎区分大小写。

(3)写一段网页介绍。搜索引擎通常取一个网页的第一组句子，作为对该网页的描述。因此，建议把最关键的描述词语放在第一组句子中。这些描述性关键词，包括空格在内一般不超过 250 个字符。将这些关键词放置在页面上方＜HEADER＞和＜/HEADER＞两个标签之间，形式如下：＜META NAME＝"描述"内容＝"理解网络营销的规则和工具,掌握网络营销的技术,以及审视互联网的影响"＞。

(4)将网页提交给搜索引擎。网站设计完成以后,将网页提交到一些重要的搜索引擎和地址录。你可以到个别的搜索引擎注册你的网页,也可以使用提交服务。比如,通过 Submit (http://submitit.linkexchange.com)或者 A1140ne Submission Machine (www.all40ne.om/a114submit)。

(5)将网页提交给其他地址录。有一些网站搜索引擎和地址录,尝试着挂在那些专用于你的业务领域的搜索引擎和地址录上。这是一种很好的策略。比如,如果你经营"住宿加早餐"旅馆业务,就可登陆 www.bedandbreaMast.com 去提交你的网页。这个网站宣称为全球 27 000 家经营"住宿加早餐"业务的旅馆提供服务支持。

2.网站营销中第二个考虑的重点,就是在线访问者如何能够便捷接入你的网站。这里涉及的问题,是下载速度。在设计你的网站时,应当考虑现有的和潜在的用户,在家和在办公室使用的是哪一种 Internet 连接类型。如果你建立了一个花哨的网站,在同一个网页上放置许多的表格、颜色以及图形,那么你的访问者可能需要等上很久才能使页面显示在他们的屏幕上,尤其是当他们使用标准的调制解调器上网时。研究表明,大部分的访问者会离开一个网站,甚至在它还没有完全显示之前。

3.网站营销的第三个策略,就是为现有的以及潜在的用户提供一个门户网站。门户(portal)是指一个房间或者空间的门或入口。门户网站(Web portal)是指一个网站,它可以提供大范围的服务、资源以及对人们感兴趣的许多或某一方面的链接。在这个定义下,大多数在线服务的提供商都是门户网站。因为,它们提供了一个 Internet 的入口,以及一系列丰富的网络工具。例如,电子邮件、新闻组、论坛和其他资源。大部分的搜索引擎已经发展成为门户网站,以此来增加它们对更多用户的吸引力。

案例 13-2 迪斯尼通过 Internet 将米老鼠带到中国

2008 年 8 月 27 日,娱乐和媒体巨头福特·迪斯尼公司在国内在线市场失意后,开通了中文门户网站,首次打入一个主要的国外 Internet 市场。周日晚上,迪斯尼公司执行官在北京为中文网站 www.disney.com 揭幕。演员们装扮为广为人爱的米老鼠和它虚拟的伙伴米尼,一同参加了新闻发布会。

(资料来源:http://biz.yahoo.com 2008)

一些大型的旅游网站都是门户型的。它们聚焦于"旅游/旅行"这个兴趣点,提供多样化的功能。诸如 Expedia.com (www.expedia.com)和 TraVeIocIty.com (www.travelocity.com)。这些的网站努力在自己的网站上提供所有与旅行和旅游计划有关的内容,且除了提供与旅游相关的服务外,并不提供其他服务。

类似地,小型企业可以将它们的网站聚焦于特定顾客感兴趣的领域。换言之,它们可为特定的市场领域创建一个恰当的门户网站。例如,一个专门从事生态旅游业务的旅行社,就可以创建一个门户网站,为那些对生态旅游感兴趣的访问者提供服务资料。例如,其门户网站中可以包含以下内容:

- 生态旅游目的地的旅游计划和旅行预订;
- 目的地的地图和介绍;
- 与 Usenet 中关于生态旅游的讨论组和邮件列表建立链接;
- 关于最新生态旅游消息的电子邮件和电子快讯;
- 对电子快讯和邮件列表的在线订阅;
- 链接到其他的在线旅游预订网站(不要担心失去你的顾客,无论如何他们都会找到其他同类网站的);
- 链接到其他的旅游服务。

建立这样一个门户网站的理念,就是使每当顾客有与生态旅游相关的(甚至是无关的)需求时,都会一次次地回来访问。因为,你的网站建立了与各种各样旅游服务的链接,你的顾客会首先想到来你的网站寻找他们所需的信息。如果无法找到,他们还可以通过你的网站进入其他旅游网站来满足他们的需要。这样就节约了他们的时间和精力,使得他们有理由经常回访你的网站。

4. 网络营销策略

(1)会员营销计划(associator marketing program)是一个广泛运用的策略,它有点像传统的伙伴营销,但在实际操作中有很大差别。会员营销由于会员计划方式的销售力量拓展,因而可以增强营销的力度。只需请其他网站设置一个与你的链接,就可大大地增加你的网站被在线访问者注意的机会。你可以加入那些能够在网站上互相显示横幅广告的会员计划。

会员计划成功的秘诀之一,就是保证你和你的合作网站能够吸引那些最有可能对你提供的产品感兴趣的访问者。那些与你的业务形成互补甚至是竞争的网站,是会员计划的最佳候选人。然而,它们并不需要来自同一产业或行业,其最为关键的问题,是访问者的特征。如果你的销售对象是女性,那么一个以女性为目标的网站将是会员计划的一个很好选择。你应该考虑到目标顾客可能访问的其他网站。拥有越多的互惠链接,搜索引擎就会认为你越受欢迎,这样的网站点击率就可能越高。

(2)有一种策略就是运用"病毒性营销"(viral marketing)。这是 Internet 的口碑营销。病毒性营销快速成为网络营销中最重要的营销技术之一。它受欢迎有许多原因。第一,Internet 已经建立了很多虚拟社区和虚拟的社会网络。思想观点和新闻报道只需通过点击,就能轻而易举地在这些在线社区和网络得以流传，远远快于口头传播。第二，新闻报道和思想观点在网上由一个用户传递给另一个用户更为便捷。因为，Internet 上有更好的通信工具可以用来完成这一任务。第三，这个网络越多的人加入 Internet，其成员间的信息就传播得越快。

病毒性营销假设：人们总会有意无意地将有价值的、有趣的或者有娱乐性的信息，传送给他们的朋友或者网络中的其他人。病毒性营销可以通过多种多样的途径来实现信息的传递。第一种情形，用户并不知道他或她正在为企业做病毒性营销。举例来说，一位雅虎（Yahoo）电子邮箱的用户，当他发送邮件给其他用户时，就在为雅虎的邮件服务做推广。因为，每一封邮件都会在最后附带一个注册邮箱的信息。我们称这种类型的病毒性营销为伴随式传播。第二种情形，病毒性营销给予用户一定的激励，使其招募其他新成员。这样，越多用户注册服务或者购买产品，原先的用户所得到的好处就越多。我们称这种病毒性营销为网络化激励。第三种情形，企业可以支付给作为招募者的用户现金或者佣金。这些获得报酬的招募者，是社会网络以及虚拟社区中典型的舆论向导，他们的建议和推荐对那些网络以及社区的成员，有着重要的影响。我们将此类病毒性营销称为有偿舆论向导。

二、计算机预订系统

计算机预订系统（Computerized Reservation System）是一种开放和多面向适用于整个旅游活动，包括机票、宾馆等预订供应商及客户的专业预订系统。计算机预订系统从其起源上看，主要可分为专门的中介系统和依托航空公司的系统。

旅游企业运用计算机预订系统，是在旅游企业内部网络化的基础上，利用网络来吸引顾客，接受顾客的预订。而要真正达到这样的要求，就必须实现企业外部的网络化。国际上先进的计算机预订系统，主要分为中央预订系统和专门的中介系统。

（一）中央预订系统

这主要是指集团旅游企业，如集团宾馆所采用的内部预订系统。它是一种封闭的、归属特定企业集团的、由集团成员共享的预订网络。它具有排他性，较少对外开放，既是企业集团综合实力的体现，同时又是其垄断客源的一种途径。在国际旅游宾馆业中，80%的客源市场为企业集团所分割，而这些集团的宾馆客房数量却不及 30%。CRS 具有旅游集团信息共享、客户资源共享的联网销售优势。例如，香格里拉集团新近推出的"金环计划"，可以储存所有集团房客的个人资源、偏好等信息，供所有成员宾馆共享。某位客人若曾经在一家香格里拉饭店消费，等他预订另一家香格里拉饭店时，该信息便可自动显示，从而使这家饭店能够提高预订效率,并进一步提供有针对性和个性化的服务。由于中央预订系统主要是针对旅游系统的一种内部预订系统,其所需要的资金投入相当大。

(二)专门的中介系统

专门的中介系统是指专门从事宾馆营销的企业和宾馆促销联合体所建立的销售网络;它通过自己设立在世界各地的销售点或终端接受客人委托预订,同时与入网宾馆建立代理销售合同,通过佣金的形式实现自己的利润。

三、全球分销系统

全球分销系统 GDS(Global Distribution System)是一种迅速发展中的新型营销网络,是为代理人提供航空和旅游产品分销服务的计算机技术与网络服务系统的系统总称。它通常是以国际性航空公司为龙头,与连锁饭店、度假村、汽车租赁公司、铁路公司以及旅游公司等旅游相关企业联盟共同建设,是提供航班订位、订房及旅游预订等综合服务的分销与信息服务系统。通过 GDS,遍及全球的旅游销售机构,可以及时地从航空公司、旅馆、出租车公司、旅游公司获取大量的与旅游相关的信息,从而为顾客提供快捷、便利、可靠的服务。全球分销系统的业务现已扩展到包括预订游船、租车、订房、预订包价旅游线路和度假产品的广阔领域,宾馆业尤为热衷于通过全球分销系统销售产品。

GDS 以使用专用的增值网络为特征,与互联网旅游网络营销相比较,既有共同点,又有差异性。其共性主要表现在:一是可提供数字化信息服务的计算机广域网系统;二是可实现远程的销售服务;三是适应旅游服务业的市场需要。其差异性主要表现为:其一,GDS 的数字化信息服务必须使用限定的软硬件,而网络营销可以使用互联网的各种资源;其二,GDS 属于主机终端体系,网络营销使用的互联网属于客户机服务器体系;其三,GDS 是封闭系统,互联网是开放系统;其四,GDS 使用特定软硬件,要成为 GDS 用户,上网所需的投资较大,而网络营销的其他多种形式上网所需的投资不大;其五,因 GDS 使用特定软硬件,是封闭系统,掌握在开发经营商手中,用它进行市场销售业务时必须依靠代理商(GDS 的开发经营商),而网络营销不一定需要依靠中间的经营商;其六,使用 GDS 销售要按照业务量的一定比例付佣金给代理商,而网络营销不一定要支出佣金;其七,GDS 在销售服务中能够提供的服务信息有限,而网络营销中互联网可以提供丰富的信息。

国际上,较为知名的 GDS 网络系统,主要有 Amadus、Galileo、Apollo、sabre、Worldspan、Axess 及 sahara 等,加入全球分销系统组织的各个宾馆集团或独立酒店都可以使用 GDS 开展预订服务。美国几乎所有的旅行社都接入了美国的大型 GDS 信息系统,法国 85% 的旅行社接入 GDS,全欧洲大约 40% 的旅行社接入 GDS。中国加入 GDS 的基本上是三星以上的宾馆。全球航空领域有 Amadeus、Galileo、Sabre 和 WorldSpan 四大销售系统。Sabre 率先建立航空公司计算机预订系统(CRS),为旅游代理商提供便捷的机票销售方式。此后,全球分销系统的发展带来了全球旅游分销的革命性变化。

(1) Amadeus 是最大的全球分销系统,其前身是法国航空公司、西班牙航空公司、德国汉莎航空公司及北欧航空公司组建的"欧洲全球销售系统"。"欧洲全球分销系统"解体后,经改组而产生了 Amadeus。其间,北欧航空公司离开了这个集团(但仍用 Amadeus 品牌促销),后来又有大陆航空公司加盟进来。

(2) Galileo 全球分销系统由英国航空公司、荷兰航空公司、加拿大航空公司及美国航空公司、美国联合航空公司组建成立,与 Amadeus 几乎同时成立,规模比 Amadeus 小,其核心 GDS 技术是美国联合航空公司的 Apollo 系统。其他合作伙伴还有爱尔兰航空公司、意大利航空公司、奥林匹克航空公司及瑞士航空公司。

(3) Sabre 全球分销系统是美国航空公司 1959 年与 IBM 公司合作成立的。20 世纪 60 年代初期,Sabre 被视为现代全球分销系统的先驱,它经营企业旅游系统和电话呼叫中心,经过技术升级后的全球分销系统扩大了经营领域,成为唯一经营互联网旅行社——Travelocity 的全球分销系统;同时,经过与 Abacus 公司的合作将业务扩大到亚太市场,并致力于美国航空公司技术服务输出工作,由传统国际航空客票分销商,扩展成为集航空、国际旅行社及 GDS 网络营销技术供应商为一体的综合性全球系统。

(4) Worldspan 公司成立的起因是三角航空公司(Datasii)和 Pars(其母公司是 Twa 和西北航空公司)的合并。它是 4 个全球销售公司中最小的一个,业务主要在美国,在伦敦设一分公司管理美国之外的业务。在与 Sabre 合作之前,Abacus 曾是 Worldspan 公司的合作者。

四、旅游目的地营销系统

旅游产品所具有的综合性特点,决定了旅游市场供给方构成的复杂性。旅游供给方与需求方之间存在的空间距离,决定了旅游市场营销对于吸引旅游者到来具有重要的作用。而宾馆、景点、旅行社等企业开展的大量营销活动,使旅游者面对分散而杂乱的产品信息时要付出更多的"搜寻成本"。因此,旅游目的地建立完整而有序运作的营销系统,将使旅游营销的效率得到显著提高。

旅游目的地营销系统是一个描述性概念,指为了实现共同的目标,在一定机制作用下,由参与旅游目的地营销活动的所有成员构成的作用空间。理解这一概念,至少要了解三个方面的内容,即系统的目标、系统的构成和系统的运作机制。

（一）旅游目的地营销系统的目标

旅游目的地营销系统的运作目标，在于以旅游目的地为平台开展旅游营销活动，包括市场信息收集与整理、产品信息发布、树立旅游目的地形象、设立分销系统以及协调企业间的营销活动等。系统内应该包括目的地内所有与旅游活动相关的组织。这些组织中，有些是参加了正式目的地营销组织的单位，有些游离于正式目的地营销组织之外，但是在目的地营销活动中独立发挥着作用。

所以，旅游目的地营销系统的"所有与旅游活动相关的组织"，与目的地旅游业的概念相吻合。可以认为，所谓旅游目的地营销系统的范围应该包括了整个旅游业的范围。

（二）旅游目的地营销系统的构成要素及其相互关系

旅游目的地营销系统（DMS）通常被理解为旅游目的地信息系统，且是以信息技术为基础的计算机系统。因特网信息技术在旅游目的地营销系统中，可达到成功推广旅游目的地及其下属的旅游企业，并帮助企业有效地促销旅游产品的目的。它可以利用自身的特性，通过各种方式，诸如，通过关系型营销方式和对网站使用情况作有效分析，更有效地瞄准潜在顾客；与其他有用的网站和组织连接；最新消息和在线新闻发布；通过在线服务如市场情报、新闻论坛、信息更新等加强与旅游产品供应方的关系等等。这些方式被证明能有效地与特定群体增进联络和加强关系，降低成本、做好服务公共关系工作。例如，"金旅工程"就是对目的地营销系统这种理解的典型代表。

"金旅工程"是由中国国家旅游局主持建设的旅游信息发布网络，目标在于最大限度地整合国内外旅游信息资源，做到政府旅游管理电子化，利用现代化技术手段管理旅游业，并且利用网络技术发展旅游网络营销，与国际接轨。为此，国家旅游局实施建立全国旅游部门的国家——省（自治区、直辖市）——重点旅游城市三级计算机网络，重点建立起面向全国旅游部门的，包含旅游业的业务处理、信息管理和执法管理的现代化信息系统，初步形成旅游电子政务的基本构架；同时，该系统也将建立一个旅游网络营销的标准平台，建立行业标准，提供对旅游网络营销应用环境与网上安全、支付手段的支撑，支持国内传统企业向电子旅游企业转型。

旅游目的地营销系统的构成因素，包括目的地所在国家或地区的经济发展阶段、目的地旅游业的发展阶段、旅游业内非营利组织的发展状况和旅游者的消费偏好等。这些因素的共同作用决定了目的地旅游业所处的状态，该状态可以用旅游业在当地社会经济中的地位、政府对旅游业的干预程度、旅游业内第三方组织的势力、旅游企业的经营模式和旅游者的消费行为特征等几个维度进行描述。而旅游目的地营销系统的构成正是旅游业所处状态的函数,即目的地营销系统包括哪些内容受到当地旅游业发展状态的影响。例如,当一地的旅游业采取的是"政府主导型"的战略时,目的地营销的主体多半要由政府的相关部门来充当;而当行业协会是旅游企业之间的主要的协调力量时,行业协会将充当目的地营销的主体。

无论从社会经济的发展角度还是从消费者的行为偏好角度来看,信息技术的广泛应用,都是目的地营销系统建设过程中不可忽视的力量。信息是旅游业的生命线,旅游相关信息的发布与收集是旅游目的地营销系统的重要功能之一。信息技术的应用范围,不仅仅局限于"旅游目的地信息系统",而且在旅游目的地的其他营销活动中也承担着重要的任务。例如,旅游者可以通过互联网进行旅游产品的预订,此时互联网充当了旅游产品的分销渠道。另外,目的地营销组织可以通过互联网发布广告并进行其他类似的产品信息沟通,此时,互联网充当了目的地促销活动的媒体。

旅游目的地营销系统的组织架构由旅游业的几大部门组成。然而,考虑到旅游业各部门虽然基本利益密切相关,但在经营方面和利益方面又是相对独立的。因此,目的地营销系统不会承担应该由企业进行的营销活动。于是,营销系统的内部主要分化为促销和分销两个部分,而且促销部分主要承担建设目的地形象的任务,分销部分也是以提供平台为主,不应该参与到具体的交易细节中去。

(三)旅游目的地营销系统的运作机制

旅游目的地营销系统的一种物理表现,是技术层面上的"信息系统",其运作的前提是营销系统组织架构的存在。然而,营销系统的组织架构很难在既得利益不相关的企业组织之间建立起来。所谓既得利益是指短期的利益,一次价格调整或者扩展一条销售渠道就会使企业的既得利益发生变化。但是从长远来看,目的地内的所有企业共同受到目的地经济状况的影响,反过来也共同决定着目的地的经济状况。因此,旅游营销系统的主体应该是旅游企业的利益代表,如果由政府机构出面建设目的地营销系统,好处在于财力雄厚、技术起点高,然而系统的维系确有可能后继乏力;如果由行业协会出面建设目的地营销系统则刚好可以弥补这种不足。因为,毕竟独立于政府与企业之外的第三方组织牵涉到了企业的切身利益,而且将以行业的可持续发展为重,并会得到行业内大多数企业的认同。

事实上,目的地营销系统并不是一个完整而独立的组织,其建设也是有阶段性的,在不同的阶段呈现出不同的特色。而且系统的构成也不是单一的,通常是几个小系统共同构成了整个营销系统。旅游业内各级营销组织的共同运作,促成了目的地营销系统的正常运行。政府、行业协会和企业都承担着促销并分销目的地旅游产品的任务,只不过在分工上政府和行业协会更重视目的地形象的宣传和基于信息技术的、涉及旅游业整体的分销渠道的建立,而旅游企业更重视微观的营销活动,其目的在于实现企业的战略目标。此外,利用信息技术开展分销活动的旅游产品的分销商,如旅游网站和订房中心等,也属于目的地营销系统的一部分。

同时,一个一体化的旅游目的地营销系统,不仅支持目的地营销机构的网站,还可广泛地支持各种传统的推广、营销和销售应用,与传统旅游营销模式达到很好的融合,支持包括设计和生产印刷品(并可降低制作成本及缩短周期)、信息中心服务(信息和预订)、通过传统渠道(邮件、电话销售等)的数据库营销、给第三方出版商(包括广播在内的媒体)提供数据,以及支持其他的目的地管理功能,诸如:项目/活动管理、调研、设计和分析、业绩监督和评估、企业新闻/公共关系－新闻发布、年度报告等,为游客做旅游区、景点的翻译、旅游供应商/会员的联络/联系人管理、财务管理、办公室功能,包括电子邮件、展示等等。

第三节 网络新技术与旅游营销线上线下协同新战略

每天都不断地有新的技术被引入市场,为旅游网络营销开拓新的领地和机遇。随着新技术的诞生,新的范式被不断创造出来,为了在这个不断变化又充满利润的旅游网络营销领域里竞争搏击,新的战略思想更是层出不穷。旅游企业应该不失时机地推广应用网络新技术,以新范式实施线上线下协同配合新战略。

一、网络新技术趋势

在思考技术的发展趋势时,需要理解人类对于交流通信、信息发布和商务交易的需要。正如Internet是人们不懈追求即时、实时和全天候交流的产物一样,未来技术趋势应该朝着能够解决交流和商务中仍然存在的问题的方向发展。

(一)宽带和速度

拨号上网的方式,已经成为人们满足复杂交流需要的瓶颈。大量的数据传送,诸如影像、图形和其他多媒体形式都需要一定的带宽,而这种带宽是传统拨号电话线所不能满足的。因此,宽带成为解决问题的关键。宽带技术在Internet用户中的推广,将大大提高旅游网络营销对人们的吸引力。因为,旅游服务的无形性使它相较于其他行业,需要更多的视频信息和互动。

宽带技术的发展和应用,在未来将越来越受到人们的重视。到那时,人们所面临的问题将从"你将什么东西挂到网上,消费者才能够毫无困难地浏览?"转变为"你如何使你的展示和交流更具效率?"由于提供这些服务的竞争愈加激烈,导致价格下降,消费者对于宽带的接受度将迅速上升。同时,旅游企业继续将宽带技术作为满足顾客宽带服务需要的主要技术支持。现在,绝大多数主要的宾馆集团,早已在客房和商务中心安装了高速宽带上网接口,越来越多的旅游者希望每家宾馆都可以有这样的接口,就如他们期望每间客房都有有线电视一样。

(二)移动性和可接入性

旅游者需要随时随地都能获得信息。移动性和可接入性是满足消费者这种需要的关键。无线和卫星通信为解决这个问题提供了方案。掌上手持设备,诸如个人数字助理(PDA)和蜂窝电话将成为未来市场的主导。为了满足旅游者的需要而发展了一种更加先进的无线技术:定位技术(Location—based technology)。通过这种技术,旅游者如果知道他目前的位置或者前进方向,只需输入他们所在地或目的地的地址,就可以方便地找到餐馆、商场、剧院等等。这种技术同时可以提供交互式功能,允许处于不同位置的人们通过 IM(即时消息)进行交流,或者共同浏览餐馆菜单以决定会面场所。

(三)即时消息(IM)

即时消息(Instant Messaging,IM)就是实时聊天和电子邮件服务。它使你可以在朋友在线的时候方便地找到他们,并且互传消息或通过私人聊天室聊天。通过 IM,每个用户都有一份私人即时消息地址名单,即时消息系统会在名单上的对象上线的时候提醒你。你也可以向没有在线的对象留一封电子邮件。旅游网络营销可以用这种技术发送各种用户化的信息,如旅行条件和航班取消等。

(四)技术集成

有一种发展将是对所有通信媒体通过 Web 进行集成。这并不意味着所有的通信都发生在 Web 上;而是 Web 将作为一个中心通信平台(central communication platform),各种通信方式在这里相互融合,创造出更具力量和更加便捷的信息发布、通信和网络营销渠道。

集成是指将声音、数据和影像综合为一个单一的、基于 IP 的网络。我们已经看到了眼前所发生的集成过程。旅游网络营销对于内联网和外联网的广泛应用,加速了这种集成进程。目的地营销组织(destination marketing organizations,DMO)开始将 Internet 作为简化市场营销、旅游信息发布和客户服务等功能的中心平台。宾馆的资产管理系统(property management systems,PMS)不仅被内联网的运用所重塑,而且通过外联网向顾客开放,提供全天候的客户服务。

(五)业务一体化和网络营销技术

伴随着不同技术集成的趋势,网络营销技术正被集成到旅游企业日常业务运作中。趋势背后的动因是双重的。首先,新技术的发展,使企业运用Internet技术将旧的商业解决方案转化为一个集成系统成为可能。其次,更为重要的是推动在采用新技术过程中对成本的削减。减少成本的需要非常紧迫。由于技术帮助企业不断提高业务运作和顾客服务的效率,在保持竞争优势方面开始发挥越来越重要的作用,采用新技术不再是企业奢侈的需要,而是一个对大多数企业来说生死攸关的问题。关键是如何找到开销和采用新技术之间的平衡点。

答案并不简单,但是有一个普遍原理。只有当被采用的新技术成为企业运作的一部分时,它才能为企业节省开支并提高生产率。不然,将会导致额外高昂的支出和对技术的低效使用。

(六)语音识别

一种已比较成熟并开始引起人们新的兴趣的技术,就是语音识别。这是自计算机技术被引入以后对人工智能探索的产物。通过语音识别技术,旅行者可以在驾车或做其他有趣的事情时,将自己的双手解放出来。例如,使用手提电脑时,通过向语音识别设备说话的形式发出指令而不是敲击键盘。借助语音指令服务,旅行者可以使用无线设备(手提电脑或者个人数字助理),收取电子邮件并阅读或获得答复,获取标题新闻和预订服务。

(七)跟踪技术

跟踪技术将会有新进展。网络营销企业需要利用跟踪技术,使用户登录它们的网站,帮助购物者容易地找到和购买他们所需的产品,并通过用户化和个性化,支持电子客户关系管理(electronic customer relationship management)成为可能。

(八)无线通信

Internet加速了全球化的进程和技术革新,推动无线技术在全世界范围内高速成长。但是,一切正在改变。一些关键的无线技术已经飞快地涌现出来,以满足旅游者的需要。已被使用并在不断完善的技术有定位服务(location based service,能够定位蜂窝电话并发送信息)、语音指令服务(voice command service,基本语音识别技术)、多媒体(multimedia,观看简短的视频,例如电影预告片和假日录像)、速度(speed,快速无线网络,即一种"以太网"连接,每秒11兆字节的连接速度可以与宽带的速度相匹配)和协同性(interoperability,改善与别人交谈的能力)。

旅游业将继续寻求通过对网络营销的无线技术拓展来提高生产力的途径。

随着无线技术的日益成熟,并实现从声音到数据的转换,从有限的私人应用扩展到移动网络营销和个性化,可以预见更多的企业将利用无线技术。

二、网络营销新范式

对于旅游而言,信息就是"国王"。Internet 使得这个特征空前显著。从旅游者的角度来说,他们梦想可以在任何时间、任何地点获得信息。但是对消费者而言,最重要的事可能是做出明智选择的能力,即建立在有见多识广的决策基础上的选择自由。对旅游企业而言,从旅游者处收集信息并从中了解消费者需要,是它们向顾客提供满意客户服务的关键。另外,对消费者直接销售也是旅游销售商的目标之一,这个目标因为 Internet 的引入而成为可能。

(一)将信息作为资产

伴随着 Internet 的发展,更多的新的信息范式(information paradigm)开始出现:客户资料成为企业的资产。当顾客对一家企业拥有他的个人信息表示信任时,他们希望企业可以为他们的资料隐私安全负责,就像他们信任银行对他们钱财的保管一样。他们同时希望可以因为这份信任获得有价值的回报,并且在任何他们希望的时间撤回这份信任。

客户资料是企业资产,也就意味着企业要寻求途径去投资这份资产。一个简单的方法,就是理解这些客户资料,并为顾客量身定制最有价值的服务。在网络营销领域,这个方法称为 e-CRM(电子客户关系管理),是旅游管理最令人关注的发展趋势之一。

一旦我们使用"资产"和"投资"的术语来提及客户资料,我们就必须接受"与客户保持长期友好的关系比任何暂时收益更重要"的观念。否则,一旦你滥用顾客的信任并利用他们的资料来欺骗他们,你将失去他们的信任。

(二)个性化和用户化是关键

在 Internet 时代,大规模市场营销和商业化已经过时,人们追求的是个性化、用户化和目标市场营销的理念。在 Internet 出现以前的很长时间里,市场细分就在营销和信息发布中扮演着重要的角色。Internet 技术使目标市场营销更加容易、快捷、精确。旅游企业已经意识到向现有的和潜在的顾客递送目标化和个性化信息的重要性;同时,也意识到不同的人需要不同的信息、不同的人会以不同的方式来获取和使用这些信息。一个难度更大的挑战,是如何将信息针对最终用户进行用户化,并在一个高科技的环境中传递信息。

旅游业已经意识到用户化和个性化在传递营销信息和服务中的重要性,却没能找到简单、经济的方法。Internet 改变了这一切。借助 Internet 搜索和通信工具,传递用户化和个性化信息不再是一件费时费钱的事情。事实上,它比过去大规模的邮寄更加便宜和快捷。

跟踪技术是帮助企业实现用户化和个性化的一个重要工具。例如,许多网络营销网站安装了导购系统,以帮助消费者更加快捷和方便地找到想要购买的东西。更重要的是,当这些消费者再次登录网站时,系统会记住他们的兴趣喜好并向他们提供更加个性化的服务。

(三)网站是一个全天候的办公室

在 Web 主导的网络营销日益激烈的竞争中,只有能够吸引访问者并把他们转变为忠诚客户的网站才是最后的赢家。由于在线用户可以在一天中的任何时段、在世界的任何角落访问网站,因而企业网站必须作为企业的一个全天候办公室(24/7 office,意思是每周工作 7 天,每天工作 24 小时)或分支机构(extension branch)来运转。只有当访问者在网站能够快捷而方便地找到所需要的东西,并获得满意的浏览经历时,他们才有可能再次登录该网站并成为可能的顾客。

将网站作为全天候办公室的理念,是网络营销的关键。这也就意味着你必须 24 小时在线,以回应顾客的需要和问题。实现这种服务的方式,一是尽力在用户访问网站的第一时间了解要求并满足他们的需要,这种方式要求高度的个性化和用户化;二是通过网站的设置来实现,即预测用户的需要并以方便寻找和方便理解的方式提供所需要的信息;三是创建尽可能多的交互式交流通信渠道,使用户的问题可以被即时满意地答复。

(四)许可营销关乎一切

与个性化和用户化相关联的,是许可营销和销售。Internet 使企业与顾客接触,并使他们的交流通信变得更加简单和便宜;与此同时,顾客对隐私和消费者权益的敏感度也在提升。旅游网络营销企业在向顾客发送营销或其他任何信息之前,都必须确定它们已经获得了顾客明确的许可。此外,企业还应该提供消费者在决定终止合作关系时,可以自由退出的选择权。

(五)非中介化和再中介化

Internet 被指责为中间商消亡的重要原因。的确,Internet 为直接营销和销售提供了优越的替代平台,把大多数传统的中间商赶出了市场。这个取代中间商的过程,就是非中介化(disintermediation)。同时,Internet 为网络营销企业的引入创建了一个新的平台,填补了传统中间商留下的空白。纯在线旅游网站(如 expedia.com)的出现,就是这种非中介化过程的最好例证。旅游者并非不需要旅行社,即中间商;他们只不过需要一个更加有效和高效的途径来获取旅游信息和预订服务。

三、旅游网络营销新战略

新技术和新范式要求旅游网络营销企业采用新的战略。企业的某些基本原则不会改变,但是企业运作的方式必须为了适应 Internet 环境而改变。

(一)服务导向

第一个旅游网络营销战略:将重点放在顾客和客户服务而不是产品。一个顾客和服务导向(customer-and-service-oriented)的企业会努力理解顾客的需要,寻求满足他们需要的解决方案。一个产品导向(product-oriented)的企业试图售卖产品的功能特色,让消费者决定他们想要什么。举例来说,一个顾客和服务导向的旅行社,会在理解顾客需要和喜好的基础上,策划出个性化的方案去满足顾客的需要,并与顾客建立长期友好的关系。另一方面,一个以产品导向的旅行社,仅仅简单地告诉顾客,他们可以从代理处获得什么服务,例如机票预订、宾馆预约或巡游线预订,然后就让顾客自己决定去哪里买或买些什么。在这个例子中,旅行社变成了一个简单的票务零售店。当人们可以从网上方便快捷地获得订票,他们就会绕过这种旅行社。如果旅行社只是简单地扮演售票的角色,那必然会招致旅行社的普遍衰退。

(二)建立虚拟社区

另一种战略是建立虚拟顾客社区。Internet 为企业提供了各种可能的工具,为顾客交流通信、共享产品和服务信息提供了大量机会。这些工具,诸如邮件列表、论坛、聊天室和各种门户网站,为那些有相同兴趣的人们在网络空间里相聚、交流和共享信息提供了极好的平台。

在网络营销中,基于虚拟消费者社区的理念,是一种最令人激动和最有前途的市场营销技术。它被称为虚拟营销(virtual marketing),也就是顾客基于自己的经历自愿地传播关于某个企业、某项产品或某一服务的信息的过程。这是一种 Internet 形式的口碑营销。当对你满意的客户在一个虚拟社区里,向他们的朋友推荐你的网站或服务时,这种推荐的影响力将大大超过直接从你的公司得到的信息。如果你的客户将他或她的推荐介绍给他们的朋友,那么你就得到了虚拟营销的效果。这一切得益于在 Internet 上传播信息比传统方式更加简单而方便。

(三)伙伴关系

传统旅游市场营销中除了经典的价格、产品、渠道和促销这 4P 营销外,重要的元素之一便是伙伴关系(partnership)。旅游业的性质决定了在满足旅游者需求的过程中,各企业之间相互关联而形成团队。这就使伙伴关系变得十分重要。宾馆的利润来自与航空业的合作,小企业的利润来自于与大型的、有声望的公司的合作。在旅游业中，许多利益来自于伙伴关系，尤其是在营销中。这些益处包括用于营销的大的资源市场，顾客基数的扩展，利用合作伙伴的独特产品和服务提升自己产品和服务对顾客的价值，以及提升顾客对于便捷和价值的概念。

在网络营销领域，伙伴关系继续承担着它原有的角色，同时又发挥着新的作用，它的地位比以往任何时候更加重要。在旅游业的各个部门开始发生合并，尤其在旅游信息发布部门。对于小企业来说，要在市场竞争中立足，建立伙伴关系是被大型公司合并的一个替代选择。

Internet技术使得另一种新的伙伴关系维度成为可能，即会员忠诚计划或称为会员营销。这种网络营销战略的建立是基于这样的事实：Internet本质上是一个信息网络，任何一个事物都与其他事物相联系。针对你的产品和服务确认吸引消费者的网站和网页，你就可以与这些网站或网页建立交互链接，或通过付费在其他网站刊登广告或建立链接。

（四）多渠道沟通

这种战略运用多渠道沟通（multi channel communications）进行营销和客户服务。多渠道沟通意味着将传统媒体和Internet技术组合应用于市场营销和客户服务。你需要意识到，并不是所有的顾客都拥有相同的技术、技巧，也并不是所有的顾客都喜欢使用相同的通信手段。另外，虽然技术在不断突破，但消费者正变得愈加没有耐心。如果他们不能在购买产品之前找到他们想要的信息，或者不能询问他们需要得到解答的问题，他们就会离开并消失在网络空间。

（五）以诚信构建品牌

最后一个战略就是通过顾客的信任建立企业的品牌。和店铺型企业相比，网络营销是相对无形和神秘的。这源于消费者看不见网站背后的操作者，看不见他或她如何键入那些在网络空间中传递的信息。因此，在Internet中，诚信是消费者在选择服务和产品时考虑的首要因素。雅虎的一项调查显示，84%的消费者更倾向于在已经被认证的、更值得信赖的网站购买。

业已存在的、众所周知的品牌，能够很快就赶上Web企业，并且在很多情况下做得比后者更好。因为，消费者觉得和这些品牌做生意更加安全，哪怕在网络空间中也是如此。旧的规则是"酒香不怕巷子深"，但这已不适宜于网络营销。另一种盛行于网上企业繁荣时代有关网络营销的旧法则，是"先入为王"。这种说法对于老于世故的网民们就不再正确了。只有赢得消费者的信任，才是网络营销取得成功的关键战略。

网络营销虽不是我们能够确定地预见的一种选择，却是未来企业生存的关键。网络营销时代刚刚拉开帷幕，Internet还需要不断展示自己的巨大潜力和能量。最大的受惠者将是旅游业和旅游者，Internet和旅游业乃是天作之合。

案例 13-3 "美国爱纽约"

"美国爱纽约":接待业的一个电子邮件营销活动,针对 2001 年 9 月 11 日的恐怖袭击做出的回应美国爱纽约运动。

第一,"大苹果"向您致敬!大苹果·顶顶挑

旅行社一直以来对纽约市酒店业的帮助很大,我们深深地感谢你们不懈的支持!让你们的客户到"大苹果"来吧,享受世界上顶级的购物、餐饮、酒店、剧院和风景,以表示他们对纽约市的支持!现在就来"大苹果"!

第二,WJ 酒店:纽约最时髦的地方!地狱中的厨房!

请你和朋友到 WJ 享受 229 美金(包括税在内)的单人或双人客房;2002 年 1 月 2 日至 3 月 31 日:三天两夜,享受豪华住宿。新到受欢迎的香槟/巧克力、两顿早餐、《纽约时报》,外加优惠券。WJ 是拥有 132 间客房的豪华酒店,位于"餐馆一条街"的中心地带,十分便捷;位于因"西区故事"而出名的社区;步行就能到达百老汇剧院区、时代广场、无线电城和洛克菲勒中心。WJ 是富有朝气的和具现代风格的,也是令人感到舒适的。这是因为它是世界性的,有绿树林荫的街道、庭院和鹅绒被!如果你正打算到纽约做生意或游玩,那就让 WJ 的员工好好为您服务!(周日至周四,看情况而定)如要预订,请拨打 1-888-567-7550 或者访问酒店的网站:http://www.wjhotel.com。

第三,曼哈顿东方套房酒店:我们爱纽约的周末

您的客户能够享受城市提供的所有设施。然后在宽敞的套房里得到休息。

纽约有许多让人喜欢的理由。梦幻般的饮食,顶级的娱乐场所,毗邻的购物商场以及世界闻名的艺术品。在"我们爱纽约"活动的周末,您的客户能够享受城市提供的所有设施,然后在我们八家各具特色的酒店中的一家的宽敞套房里休息。他们还能收到美西(Macy)和花之谷(Bloom dale)百货的特别优惠券。费用为每个工作间套房 138 美元一晚,每个标准套房 178 美元一晚。如要预定,请从你的全球分销系统(GDS)中进入"纽约"或者拨打 1-800。想获得更多信息,请点击 www.mesuite.com。

第四,纽约 Warwick

无与伦比的地理位置,距离百老汇、洛克菲勒中心、无线电城、卡内基大厅、第五大道仅几步之遥。由 William Randolph 为他的好莱坞朋友所建,是许多名人的又一家园。Warwick 最近已恢复其具有的欧洲风格的典雅风貌,以反映出昔日的辉煌。异常宽敞的房间装饰得十分漂亮,员工也时刻待命。预订"纽约之心"每间房 179 美元起。拨打 800233-4099 或发邮件至 salesny@warwickhotels.com。

第五,来 Algonquin 度假

在过去的一个世纪里,世界闻名的Algonquin酒店接待了一代又一代的游客,在其迎来100周年庆典之际,游客可以在这家镇上最负盛名的酒店里享受纽约市提供的一切服务。Algonquin坐落在西44大街59号——第五与第六大道之间——距离百老汇剧院、高级商店、古玩店,以及像洛克菲勒中心、帝国大厦、现代艺术博物馆这样的景点仅几步之遥。在2002年1月和2月,Algonquin的价格是单人或双人间每晚149美元起。税是另算的。在纽约市最无助之际,请拨打1-800-555-8000来预订客房。

第六,华尔街假日酒店:纽约科技含量最高的经典酒店

坐落于金融中心的纽约科技含量最高的经典酒店,商务旅行者和休闲游客均适宜的,就是华尔街假日酒店。这是第一家房间里装有高速的T1线路Internet连接并能即插即用的酒店,不同的房间里配有个人电脑、膝上电脑、网络电视、可直拨的个人电话号码以及移动连接服务。所有的138间客房和套房都可作为"虚拟办公室",8英尺的L型工作空间伴有免费的办公用品提供。对于休闲游客,我们距离南街港仅几步之遥,去休南区、翠贝卡区、唐人街和小意大利区也很便捷。点击此处获取更多信息:www.holidayinnwsd.com。

第七,Battery公园的纽约Ritz—Carlton酒店

2002年2月开张的,位于Battery公园的纽约Ritz—Carlton酒店是曼哈顿滨水区的唯一一家豪华酒店,与时尚的休南区和翠贝卡区毗邻。是商务旅行者和休闲游客寻求Ritz—Carlton所设立的遍及全球的高级服务和住宿标准的理想场所。全部298间精心装饰的客房,其中有44间套房设计具有20世纪20年代艺术装饰风格的灵感,伴随有许多奢华的小细节。所有的海景房都配有望远镜,纽约全景一览无余,自由女神像举目可望。www.ritzcarlton.com

背景

2001年9月11日之后,旅游业遭受了难以估计的经济损失,并且使消费者失去了信心。"美国爱纽约"活动是在2001年11月初开始的,5个月运行得直至全市酒店的入住率开始全面提升。根据Price Water—houseopens的调查,2002年2月纽约市的客房入住率超过了2001年2月,在如此短的时间内真是惊人的复苏。

(资料来源:同程旅游网,http://www.17u.net)

思考与练习

1. 与传统的营销相比,网络营销有哪些优势和优点?
2. 网络营销对于旅游企业的影响如何?

3. 旅游网站建设时,应注意哪些问题?
4. 国际上最流行的计算机预订系统主要是哪几种类型?
5. 全球分销系统对于旅游企业有哪些影响?
6. 旅游目的地营销系统的构成要素及其相互关系怎样?
7. 旅游业网络营销发展策略需要注意哪些问题?
8. 案例分析题

旅游网站过分追求功能而忽略用户体验

一项新的调查显示,旅游网站忽略了什么是对于客户最重要的,而过分将重点放在开发最新的工具和功能上。调查由哈里斯互动调研公司(Harris Interactive)为 Tealeaf 公司开展。结果显示,在线安全性、交易的完成以及获取收据,是客户认为最重要的三个方面。

尽管有许多旅游网站正专注于个性化方面,但 Tealeaf 公司营销和产品策略副总裁 Geoff Galat 表示,个性化对于在线消费者而言并非那么重要。旅游公司必须重点关注的其中一个领域是将分销渠道,包括店铺、电话预订中心和网站结合起来。

2008 年的一项调查还显示,在线用户在遇到网络问题时,有 49% 的人会完全放弃交易,或转向另一家网站预订。而在在 2007 年,这一比例为 37%。人们忽略了自助服务通常也讲究服务质量。企业并没有考虑过如何能够保持网站的正常运作。旅游业的情况虽不比其他行业糟糕,但由于其复杂性,旅游企业更容易受到网络故障的影响。

"用户要转为访问其他网站非常容易,使他们在旅游网站上逗留的时间更短。因此,我们要弄清楚我们的客户在使用网站中遇到了什么问题,并意识到这些问题的存在。"Galat 总结道。

(资料来源:远见旅游规划设计研究院,http://www.yuanjian.net)

思考题:结合案例,分析一个好的旅游网站应该具备哪些主要功能?这些功能又是如何影响旅游者的决策过程的?

主要参考文献

1. [美]菲利普·科特勒等著,谢彦君译.旅游市场营销(第二版).北京:旅游教育出版社、培生教育出版集团,2002
2. [美]菲利普·科特勒等著,谢彦君主译.旅游市场营销(第四版).大连:东北财经大学出版社,2006
3. [英]A.V.西顿,M.M.班尼特编著,张俐俐、马晓秋主译.旅游产品营销——概念、问题与案例.北京:高等教育出版社,2004
4. [美]帕洛格著,李天元,李曼译.旅游市场营销实论.天津:南开大学出版社,2007
5. [美]克里斯蒂·格鲁诺斯著.服务市场营销管理.上海:复旦大学出版社,1998
6. 张俐俐主编,杨莹副主编.旅游市场营销.北京:清华大学出版社,2005
7. 梁骥主编.旅游市场营销.大连:大连理工大学出版社,2006
8. 郭英之,张丽编著.旅游市场营销.长沙:湖南大学出版社,2005
9. 孙庆群,王铁主编.旅游市场营销学.北京:化学工业出版社,2005
10. 包子著.深度聚焦旅游赢销.广东:广东旅游出版社,2004
11. 郭英之著.旅游市场研究理论与案例.北京:科学出版社,2008
12. 徐泛编著.中国旅游市场概论.北京:中国旅游出版社,2004
13. 吴金林主编.旅游市场营销.北京:高等教育出版社,2003
14. 俞锋主编.旅游市场营销学.北京:中国商业出版社,2002
15. 赵西萍等编著.旅游市场营销学.北京:高等教育出版社,2002

16. 苟自钧主编.旅游市场营销学.郑州:郑州大学出版社,2002
17. 姜若愚等编著.现代旅游市场营销学.昆明:云南教育出版社,2002
18. 谷慧敏编著.旅游市场营销.北京:旅游教育出版社,2002
19. 刘德光主编.旅游市场营销学.北京:旅游教育出版社,2002
20. 马勇,毕斗斗编著.旅游市场营销.汕头:汕头大学出版社,2003
21. 黄晶,刘太萍,金英梅编著.旅游市场营销学.北京:首都经济贸易大学出版社,2008
22. 赵毅,叶红主编.新编旅游市场营销学.北京:清华大学出版社,2006
23. 鲁峰主编.旅游市场营销学.北京:中国科学技术出版社,2008
24. 杨益新主编.旅游市场营销学.北京:清华大学出版社,2008
25. 韩勇,丛庆主编.旅游市场营销学.北京:北京大学出版社,2006
26. 刘德光主编.旅游市场营销学(第二版).北京:旅游教育出版社,2006
27. 钱炜等编著.饭店营销学.北京:旅游教育出版社,2001
28. 郭国庆主编.市场营销学通论(第三版).北京:中国人民大学出版社,2007
29. 吴健安.市场营销学(第三版).北京:高等教育出版社,2007
30. 王方华.市场营销学.上海:上海人民出版社,2007

后 记

本教程是 21 世纪全国高等院校旅游专业现代应用型系列教材之一,由叶骁军教授任该系列教材总主编。

苏州科技学院王仲君教授任此教程的主编,负责全书编写的思路框架设计、纲要拟定和书稿编审;黎宏宝任副主编,负责全书统稿工作,以及全书案例的选择与改编。各章编写的具体分工如下:第一、二、七、十一章,苏州科技学院王仲君;第三章(第一、二节),浙江树人大学范轶琳;第三章(第三节)、第八、十二章,苏州科技学院王晖辉;第四、五、十三章,苏州科技学院杨传明;第六章,浙江树人大学黄玮;第九、十章,苏州科技学院黎宏宝。

在编写过程中,编者总结了多年的教学探索积累及相关教研成果,特别是注重体系创新和知识的应用;此外,吸收了国内外专家、学者在旅游市场营销理论等相关方面研究的新成果,参考并引用了国内外大量的文献、文案资料和案例材料,但书中尚未逐一标注或列出,谨此对相关人士深表感谢和歉意。书中有欠妥的,敬请同仁和读者指正。

编者

2009.6